世界の民間航空図鑑

旅客機・空港・エアライン

The Complete Book of Flight
—— Facts, Figures and the Story of Airports, Airlines and Aircraft

青木謙知=日本版監修　アンドリアス・フェッカー=著　上原昌子=訳
❖ Yoshitomo Aoki　❖ Andreas Fecker　❖ Masako Uehara

原書房

世界の民間航空図鑑

The Complete Book of Flight
Facts, Figures and the Story of Airports, Airlines and Aircraft

旅客機・空港・エアライン

青木謙知 日本版監修
Yoshitomo Aoki

アンドリアス・フェッカー 著
Andreas Fecker

上原昌子 訳
Masako Uehara

目次

さあ、テイクオフだ！——006

人類の飛行と航空の歴史　008
- ▶レオナルド・ダ・ヴィンチに始まる
- ▶鳥から学ぶ
- ▶人類初の動力飛行
- ▶長距離無着陸飛行の長い道のり
- ▶空を飛ぶことが社会的に容認された1920年代と1930年代
- ▶より高く、より早く
- ▶ジェット機時代に向かって——1940年代から1950年代
- ▶1950年代から1960年代
- ▶石油危機と航空会社の破産到来——1970年代と1980年代
- ▶1座席1セントから10万ドルまで——1990年代と2000年代
- ▶航空会社の系譜

世界の主要な旅客機　036
- ▶ユンカースJu-52「タンテ・ユー（ユーおばさん）」
- ▶シュド・カラベル
- ▶ロッキードL-1049G スーパー・コンステレーション
- ▶ボーイング社物語
- ▶初期のボーイング機
- ▶ボーイング787の組み立て
- ▶マクドネル・ダグラス社物語
- ▶コックピットの変遷
- ▶コンベア
- ▶エアバス社物語
- ▶エアバスA380のコックピット
- ▶ツポレフ
- ▶ドルニエ
- ▶サーブ
- ▶エンブラエル
- ▶ATR
- ▶フォッカー
- ▶航空機の製造開発
- ▶世界で運用中の旅客機

世界の主要空港　098
- ▶世界の空港
  - ❖米国・カナダ
  - ❖メキシコ・中米・西インド諸島・バミューダ諸島
  - ❖南米
  - ❖ヨーロッパ
  - ❖アフリカ
  - ❖中東
  - ❖アジア
  - ❖オセアニア
- ▶空港間の距離

世界の主要なエアライン　156
- ▶格安航空会社（LCC）
- ▶世界の主要なエアライン

フライトに関する諸事　　222

- ▶航空券（チケット）
- ▶世界一周航空券
- ▶ファースト、ビジネス、エコノミー
- ▶座席シート
- ▶航空関連団体と条約
- ▶航空会社の運航方針
- ▶チェックイン
- ▶空港解剖図
- ▶さまざまな構造のターミナル
- ▶保安検査
- ▶機内持ち込み制限
- ▶出入国スタンプとビザ
- ▶免税
- ▶ラウンジ
- ▶航空連合（アライアンス）
- ▶シートマップ
- ▶搭乗
- ▶整備・運航準備
- ▶空港敷地内の施設
- ▶極限の環境下で
- ▶航空機各部の仕組み
- ▶航空管制の共通言語は英語
- ▶フライト準備
- ▶フライト
- ▶システムの冗長化
- ▶私たちが飛行する上空
- ▶ジェット気流
- ▶ケータリング
- ▶機内食
- ▶フライト中におこるさまざまな出来事
- ▶ホールディング
- ▶着陸
- ▶考え尽くされたサラエボアプローチ
- ▶夜間フライト
- ▶スーツケースの旅
- ▶航空機の検査（点検・整備）
- ▶航空業界の職業
- ▶航空機に降りかかる出来事
- ▶ETOPS（イートップス）
- ▶救命胴衣
- ▶シミュレータ
- ▶なぜパラシュートを積まないのか？
- ▶飛行機恐怖症
- ▶機内アナウンス
- ▶フライト・エピソード
- ▶こんな場面にもかかわらず……フライトの安全性は絶えず向上し続けている
- ▶なぜ事故は起こるのか
- ▶緊急事態訓練
- ▶主な航空機事故
- ▶ハイジャック
- ▶2001年9月11日 米国同時多発テロ事件

日本版監修者あとがき——301
索引——302
図版クレジット——306

凡例

＊本書は、Andreas Fecker, "The Complete Book of Flight——Facts, Figures and the Story of Airports, Airlines and Aircraft (2012)の全訳である。

＊本書の各種データは原書に依るが、航空会社各社のウェブサイトや国土交通省の統計資料などを参照し、可能な限りアップデートした。

＊訳注は [　] 内に記した。

さあ、テイクオフだ！

本書は、航空機やフライトに関することに興味のある人・好きでたまらない人・夢中になっている人——機内で映し出されるフライトマップの飛行距離に見入ったり、航空関連の記事を手当たり次第むさぼり読んだり、新型航空機開発のニュースを追いかけたり、航空会社の合併に目を光らせたりするような人たち、すべてに捧げる本だ。単に地球上のある地点から別の地点に飛ぶだけでは飽き足らず、空の旅の複雑さに興味をそそられ、自分が利用するフライトの出発時間やゲート番号だけでなく、もっと多くのことを知りたいという旅行者に読んでほしい。

何のトラブルもないフライト——それは、途方もない技術やエンジニアリングの賜物ではあるが、それだけで実現するものではない。さまざまな機関や会社間における周到な計画や出資、後方支援や協力が不可欠だ。またそれは、多くの人々の力に依存している。自身の仕事に情熱を傾けるパイロット、意欲的な客室乗務員、勤勉な技術者、航空業務の中枢にいる決断力ある危機管理官——フライトに関わるすべての人々が、空の旅を楽しい経験にしたいという私たちの願いに、有形無形の貢献をしている。

- 国際航空運送協会（IATA）によると、航空機の旅客は1年に30億人、1日にすると800万人。ニューヨーク市の人口に等しい数の人々が毎日離陸していることになる。
- 常時、約46万人の人々が上空を飛んでいる。これは、1機あたりの最大乗客数が約400人のジャンボジェット、ボーイング747-400が1150機すべて満席で、1時間あたりおよそ1万4000トンのケロシン（燃料）を消費しながら飛んでいるのに等しい。
- 民間航空便の旅客輸送量は、年間約4兆5000億乗客キロメートル。これは、赤道を1億周するか、地球から月までおよそ1200万回旅するのに相当する距離だ［「乗客キロメートル」は個々の乗客の移動距離をすべての乗客について積算したもの］。
- およそ1万6000機の航空機が約20万人のパイロットによって操縦されている。
- ロンドン発ニューヨーク行きの旅客機は30分おきに離陸する。ロンドン～ニューヨーク間は、毎年約200万人が行き来する、世界で最も乗客の多い国際路線だ。
- 米中央情報局（CIA）によると、世界にはおよそ4万4000の空港が存在する。

人類の飛行と航空の歴史

レオナルド・ダ・ヴィンチに始まる

❖ ダイダロスとイカロス。飛行の歴史上最初の失敗は、ギリシャ神話に描かれている。

1505年 | レオナルド・ダ・ヴィンチ（建築家・画家・彫刻家・音楽家・機械工学技術者・自然哲学者・発明家）が鳥の生体構造を研究する。ダ・ヴィンチはその飛び方を模倣して、人間の筋力で推進する機械の概念図を描いている。

1738年 | スイスの数学者ダニエル・ベルヌーイが、気流（または水流）によって低圧が生じること（ベルヌーイの定理）を著書に記す。

1783年 | フランスのモンゴルフィエ兄弟が、「モンゴルフィエ」として知られる世界初の熱気球を製作する。

1783年 | フランスのジャック・シャルルが、「シャリエール」として知られる世界初の水素気球を製作する。

1783年 | フランスのジャン゠フランソワ・ピラートル・ド・ロジェが、パリ上空で熱気球に乗り、世界初の気球有人飛行に成功する。

1783年 | ジャック・シャルルが、世界初の水素気球でほぼ3000メートルの高さに到達する。

1785年 | フランスのジャン゠ピエール・ブランシャールが水素気球に乗り、初めて気球でイギリス海峡を横断する。

1810年 | イギリスのトーマス・ウォーカーが、21年間の研究の末、飛行技術に関する論文を発表する。

1811年 | 「ウルムの仕立屋」として知られる、ドイツのアルブレヒト・ベルブリンガーが、ハンググライダーのような飛行装置を製作する。だが、その初飛行は不運な吹き下ろしの風のため、墜落という結果に終わる。

1848年 | 英国シェフィールド近郊アタークリフ出身のジョン・ストリングフェローが、蒸気機関（スチームエンジン）で駆動する二重反転プロペラを搭載した模型飛行機の実験をする。

1857年 | フランスのフェリックス・デュ・タンプル・ド・ラ・クロワが、湾曲させた木製または金属製のスパーを使った構造に絹布を被せた両翼を持つ、飛行機械の特許を取得する。エンジンを積む機体の両側に翼が取り付けられ、機械の先頭に推進用のプロペラが設置されたこの航空機は、垂直舵で左右方向を調整し、水平舵で飛行の角度を制御するものだったが、飛ぶにはあまりにも重いことが判明する。

1867年 | ロシアの砲兵隊の退役将校ニコライ・テレショフが、『改良型"空気より軽い飛行装置"〔"軽航空機"と同義〕』の特許を申請する。それは、今日でいえば、デルタ（三角）翼を持つジェット機で、45度の角度で後方に傾斜して端が水平になった強固な翼が、円すい型のノーズを持つ円筒形の胴体に取り付けられ、ジェットエンジンで推進するものだった。テレショフは時代の100年先を行っていたため、ロシアでは特許申請を断られ、フランスに行かなければならなかった。残念なことに、この航空機はつくられることなく、紙面上で存在するだけである。

1871年 | イギリスのフランシス・ウェナムが、揚力を計測するために世界初の風洞を製

❖ 1783年、自作の水素気球に乗るジャック・シャルル

アルブレヒト・ベルブリンガーは「ウルムの仕立屋」と呼ばれ、実に個性的な人物だった。若く腕の良い仕立屋だったが、機械に異常なほど強い関心があり、そのために人々からは冷笑されていた。ベルブリンガーが飛行装置を設計したときには同業者の組合と仲違いしている。あらゆる障害にもかかわらず、彼はハンググライダーのような飛行装置の製作に成功し、それを人々に披露するのにふさわしい機会を待った。1811年、ヴュルテンベルク王国のフレデリック王が町を訪問したとき、チャンスは到来した。ベルブリンガーはアドラーバスタイ（『ワシ稜堡』の意。ドナウ川の岸にある高い壁）の上に足場を建設した。しかし、飛び降りる直前になって怖じ気づき、装置の不具合を口実に初飛行を延期した。その翌日、ベルブリンガーは再び足場にのぼり、集められた群衆を見下ろした。残念ながら、このときまでに王は帰途についていた。その日、ベルブリンガーが自ら跳んだのか、誰かに押されたのかは定かではない。だが、いずれにせよ、彼と彼の飛行装置は、ほんの1メートルも飛ばないうちにドナウ川に墜落してしまった。

ベルブリンガーは、すぐに町中の物笑いの種になった。貧困に陥った末、58歳でこの世を去り、墓標のない貧困者の墓に葬られている。

1986年、ベルブリンガーの飛行実験のシミュレーションを行い検証した結果、彼が飛び降りる場所を別の地点にしていれば、飛行は成功した可能性があることが判明する。アドラーバスタイには特有の吹き下ろしの風が吹くため、ベルブリンガーの試みは最初から望みがなかったのだ。

❖ レオナルド・ダ・ヴィンチ、ヘリコプター図（細部）1487〜1490。

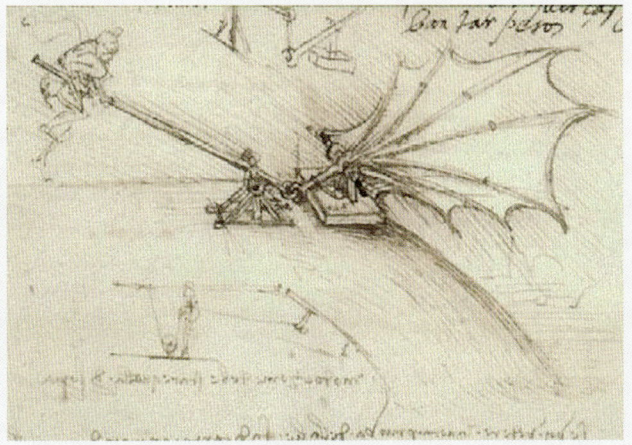
❖ レオナルド・ダ・ヴィンチ、翼の負荷試験図（細部）1487〜1490。

❖ ダ・ヴィンチ、パラシュート図（細部）1485〜1487。

作する。彼は、入射角が小さい（5〜15度）方が、より大きな揚力を得られるという驚くべき発見をする。また、現代のグライダーのように、翼の表面が長く狭い方が、表面積が等しい短翼より大きな揚力を起こすことも明らかにしている。

1879年 | フランス人のヴィクトル・タタンが、機体を圧縮空気のタンクにした模型飛行機をつくる。タンクの口を開けて排出される気流により2つの牽引式プロペラを動かす方式のこの模型飛行機は、翼幅が190センチメートルあり、杭にロープでつながれて円を描いて飛んだ。

1884年 | ホレイショ・フィリップスという名のイギリス人が、幅や外形の異なる、8つの揚力面[揚力を生む"翼"のような形状]の特許を取得する。それぞれの揚力面ごとに期待される揚力を引き出すのに必要となる気流の速度測定に風洞を使ったフィリップスは、片側にふくらみのある翼（キャンバー翼）の方が、平らな翼より大きな揚力が得られることを発見する。1893年、フィリップスは、杭にロープでつなげられ、1周180メートルの円運動をする、重さ158キログラムの模型飛行機をつくる。これは、プロペラを1分間に400回転させる。

1889年にパリで開かれた万国博覧会で、フランス航空当局のシャルル・ルナール司令官は操縦可能な気球を展示し、それと共に、自身がその16年前に開発した別の飛行装置――未来の飛行を予想した操縦可能なパラグライダーのようなもの――も紹介している。この装置は、底部にブレードを取り付けた中空の卵型の本体に10枚の多層翼が取り付けられたもので、後方に舵があった。
　ルナールは、自分のグライダーが気球からでも、（エンジンを備えれば）地面からでも離陸可能だと確信していた。だが、鳥の翼がふくらみのある曲面であることを観察していたにもかかわらず、その装置の翼は蝶や大方の昆虫、あるいは紙凧を模した平らなものだった。

小型エンジンを搭載し、1メートル以上の高さを時速64キロメートルの速度で円を描いて飛行した。その翼は、50枚の湾曲ブレードが5センチ間隔でベネチアンブラインドのように並ぶ多層構造だった。

1889年 | オットー・リリエンタールが、自著『飛行技術の基礎としての鳥の飛翔』でコウノトリの群れの観察結果を発表し、当時「manflight（人間の飛翔）」と呼ばれていた長年の課題を解決しようとする。1891〜1896年の間、グライダーの改良を少しずつ重ねながら、丘から2000回の飛行実験を試みたリリエンタールは、最高高度500メートル（1640フィート）の飛行に成功する。だが、1896年8月9日、墜落事故によりこの世を去った。

011

鳥から学ぶ

❖オットー・リリエンタール。

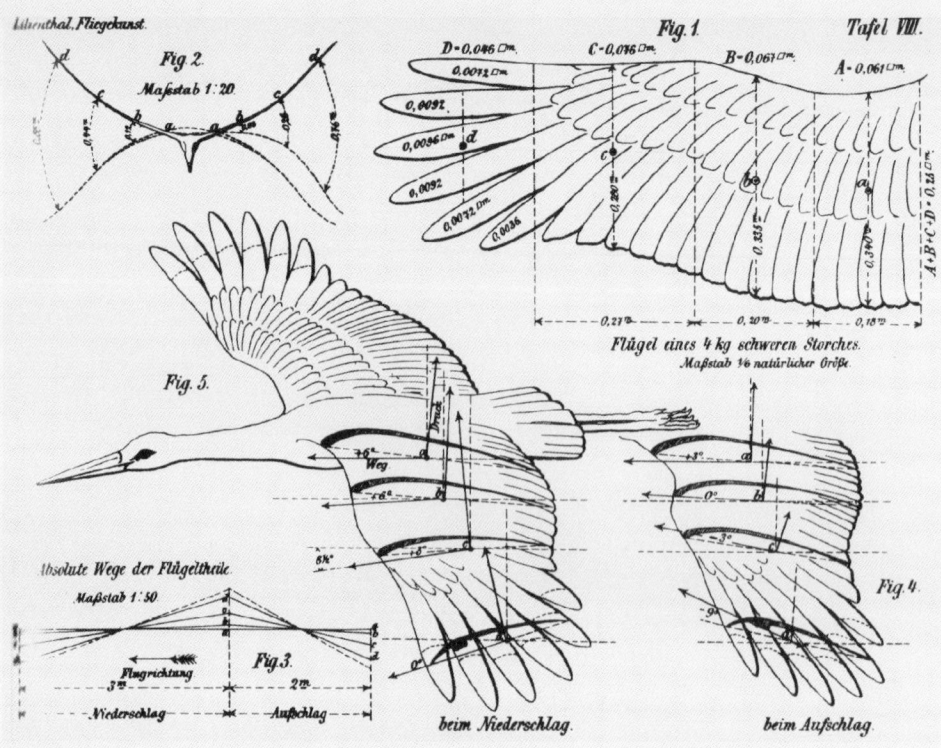

❖「滑空機の父」リリエンタールによる研究、1889年。

1890年 | フランス人のクレマン・アデールが、空気より比重の重い飛行機械（重航空機）を開発する。最初のモデルは蒸気機関（スチームエンジン）で駆動するもので、形がコウモリに似ていた。その航空機は1890年に準備ができていたが、駆動装置が不適当だとわかり、陸軍省は後にアデールへの研究資金提供を取り止め、プロジェクトは終了された。

1894年 | オーストラリアの発明者ローレンス・ハーグレイブが、4つの箱型凧を結びつけて簡単な座席を取り付けた装置に乗り、5メートル強の距離を飛ぶ。

1894年 | フランス生まれで米国に移住したオクターヴ・シャヌートが、世界中から集めた航空機に関するデータと専門知識を照合して整理し、『飛行機械の進歩』を出版する。その後、シャヌートは資料から過去の航空機を製作した上で、自分自身のモデルを開発した。のちにライト兄弟は、世界の航空研究についてまとめたシャヌートの著書を活用している。

1895年 | パーシー・ピルチャーが、リリエンタールのようにグライダーの飛行実験をする。ピルチャーは、自分が観察したさまざまな生き物の飛ぶ様子にならって複数のタイプの航空機を製作し、グラスゴーの北西に位置するカードロス町の丘を飛び降りた。コウモリを模した「バット」、カブトムシを模した「ビートル」、カモメを模した「ガル」を次々に試したピルチャーは、第4のデザイン——タカを模した「ホーク」に注目する。しかし、有望な「ホーク」号にエンジンを搭載する夢を追いかけて、1899年に公開飛行実験をしているとき、グライダーの尾部構造が壊れワイヤーが切れる。ピルチャーは群衆の前で墜落し、2日後にこの世を去った。

1903年 | ライト兄弟が世界初の動力飛行に成功（詳細はP15）。

1908年 | 7月4日、科学雑誌『サ

❖飛行実験中のオクターヴ・シャヌートのグライダー（1896年）。

イエンティフィック・アメリカン』に「飛行機"ジューン・バグ"の大成功を収めた飛行がサイエンティフィック・アメリカン賞受賞」というタイトルの記事が掲載される。若きグレン・カーチスの研究を非常に詳しく記述したもので、カーチスがアレクサンダー・グラハム・ベル（のちに電話を発明）と協力して開発したこの飛行機は、ライト兄弟（P15参照のこと）の飛行機より優れていると考えられている。カーチスの研究は、のちに初の航空機メーカーとなるまでに発展した。

1910年｜1月7日 イギリスのユベール・ラタムが、単葉機アントワネットVIIによる飛行で、高度1000メートル（3280フィート）に達した最初の人物になる。

3月10日 フランスのエミル・オーブランが、ブレリオの単葉機に乗り、ブエノスアイレスで世界初の夜間飛行をする。

5月18日 パリで初めての国際航空会議が始まる。主な議題は国家間の航空交通について。

1911年｜2月18日 アンリ・ペケが、ソメールの複葉機に6000通の手紙や葉書の入った袋を積み、インドのアラハバードから世界初の郵便飛行をする。ペケは8キロメートル離れたナイニジャンクションまで飛び、郵便物はそこの駅で列車に積み替えられた。この飛行は定期的な航空郵便事業の始まりでもある。

4月12日 フランスのピエール・プリエが、乗客を乗せてロンドンからパリまで初めての無着陸飛行を行う。ブレリオの航空機で3時間45分のフライトだった。

1912年｜9月19日 ドイツ飛行船旅行株式会社（DELAG）の飛行船ツェッペリンLZ13「ハンザ」が、ハンブルク〜コペンハーゲン〜マルメ間を結ぶ世界初の定期旅客便として就航する。DELAGは世界初の航空会社で、現在のルフトハンザドイツ航空の前身である。

1914年｜1月1日 米国フロリダのセントピーターズバーグ－タンパ・エアボートラインが定期的な旅客航空便を開始し、世界最初の定期運航旅客輸送路線となる。セントピーターズバーグからタンパまで、タンパ湾を横断して32キロメートルのフライトに使用された飛行艇ベノイストXIVは、アンソニー・ジャナスが操縦した。通常料金は片道5ドルだったが、セントピーターズバーグの元市長エイブ・C・フェールは、競売にかけられた就航便のチケットを400ドルで購入した。

1919年｜2月5日 ドイツの航空会社ドイツ・ルフト・レーデライ（DLR）が、ベルリン〜ワ

❖ 自ら築き、命名した『Fliegerberg（飛行の丘）』から、グライダーの飛行実験をするオットー・リリエンタール。

イマール間でドイツ初の旅客便を就航する。この便には、退役後の軍用機──アルゲマイネ・エレクトリツィテート・ゲゼルシャフト（AEG）社とドイツ飛行機製作所（DFW）が製造したもの──が使用された。

3月3日 ウィリアム・ボーイングとエドワード・ハバードが、シアトル〜ビクトリア（カナダ、ブリティッシュコロンビア州）間で航空郵便事業を開始する。

6月25日 世界初のすべて金属製の旅客機、ユンカースF13が公開される。その後、322機が相次いで製造された。

7月21日 アンソニー・フォッカーが、アムステルダムの近郊のスキポールで、自身の名前を冠した飛行機工場を開く。

8月28日 オランダのハーグで国際航空運送協会（IATA）が設立される。

10月7日 オランダで、KLMオランダ航空が設立される。

10月13日 国際連盟が、国際的な航空交通を管理する「パリ条約」を締結する。特に、この条約で無線のコールサインは5文字で構成されると定められた。

❖ 1909年、フランス航空界の先駆者ルイス・ブレリオが、初のドーバー海峡横断飛行に成功し、1000ポンドの賞金を獲得した後、英国で熱烈な歓迎を受ける。ブレリオ自身が設計した単葉機ブレリオXIによるものだった。

013

航空機による旅客運送時代の幕開け

飛行船に代わって乗客を飛行艇で輸送する**最初の商業航空路線**となった**セントピーターズバーグ−タンパ・エアボートライン**は、飛行艇ベノイストXIVを運用して1914年に就航した。最初の便の数チケットは競売にかけられ、フロリダ州セントピーターズバーグの元市長、**エイブ・C. フェール**が400ドルで落札した。3000人という大勢の見物人に見守られて離陸した飛行艇は、タンパ湾上空を高度およそ10メートル（33フィート）で、32キロメートルの距離を23分で飛行した。その短いフライト中にエンジンは38リットルの燃料と3.8リットルのオイルを消費した。

これは、通常料金5ドルの定期運航便の始まりだった。週6日、日に2便のフライトを続けたが、4か月を過ぎた頃、長引く収益不足のために運航は停止された。

1995年、フェール氏の子孫は

❖ エイブ・C・フェール。

米国の航空会社で100億人目の乗客を祝うセレモニーに立ち会った。

今日、航空機の旅客数は、1年に約30億人を数え、この数字は2025年までに2倍になる可能性がある。

2007年には、ある競売が開催された。シンガポール航空がシンガポール発シドニー行きのエアバスA380の就航便チケットを提供したもので、最高額の入札者は39歳の英国人ジュリアン・ヘイワードだった。ヘイワード氏はダブルベッドとフラットテレビを備えた2つのスイートに10万380ドル（US）を支払った。

❖ ベノイストXIV、タンパへの着陸。

ちなみに……

米国の**100万人目**の乗客は、1937年にセレモニーで祝福された。

100億人目の達成は、1995年6月13日に世界中の新聞に取り上げられた。

1000億人目は2031年に、**1兆人目**は2124年に達成されると予想されている——化石燃料がそのときまで残っていたらの話だが。

世界で最も短いフライト

スコットランドの航空会社ローガンエアーは、世界最短距離の定期便を運航している。オークニー諸島のウェストレー島からパパ・ウェストレー島行きのフライトLOG 313便は、飛行距離がわずか1.5キロメートルで、フライト時間は通常2分（午前9時51分にウェストレー島を出発し、午前9時53分に到着する）。風向きが良ければ、わずか56秒で到着することもある。だが、この辺りに頻繁に発生する嵐のため、最高で12分かかることも珍しくない。

人類初の動力飛行

1903年3月23日、**ウィルバーとオーヴィルのライト兄弟**は、自作グライダー、ナンバーIIIをベースにした航空機に関する特許を申請した。

　1903年12月14日、ウィルバー・ライトはフライヤーI号(ライトフライヤー号)で最初の飛行を試みたが失敗に終わり、機体に損害を受けた。ノースカロライナ州キティーホークに成功の瞬間が訪れたのはその3日後だった。**1903年12月17日、オーヴィル・ライト**がフライヤー号で歴史上初の公式フライトを実現させたのである。そのときの飛行距離は36.5メートルを超え、飛行時間は12秒だった。事前に発表されて集まった目撃者の前での出来事であったため、空気より比重の重い航空機による制御され継続した世界初の有人飛行と考えられている。同じ日、兄弟はさらに3回のテスト飛行を行い、最長飛行時間はほぼ1分にまで延びた。

ライト兄弟は何百回もの飛行実験を繰り返し、改良を重ねた。1904年9月、ウィルバーは初めて旋回飛行に成功し、その1カ月後には継続飛行時間を5分以上に延ばして4.43キロメートルの飛行距離を実現した。こうして、2人が持つ特許は市場に出された。最初の顧客は米国政府だった。ライト兄弟は一連のテスト飛行を終え、動力飛行の歴史が始まった。

飛行機初の乗客は、ライト兄弟の飛行機製作を手伝った整備士、チャールズ・W・ファーナスだった。ファーナスは、その働きへの感謝のしるしとしてウィルバー・ライトからフライトの機会を何度か与えられた(最初の搭乗は1908年5月14日)。何よりも、このデモンストレーションは飛行機で乗客が運べることを米国陸軍に示した。だが、ファーナスは飛ぶことへの関心を突然失ってしまう。別の機会にオーヴィルが操縦していた飛行機が空中で壊れて墜落し、乗客が死亡したからだった。

❖おそらく航空史上最も有名な写真
1903年12月17日午前10時36分、オーヴィル・ライトによる世界初の動力飛行の瞬間(ノースカロライナ州キティーホーク)。フラフラとした飛行ではあったが36.5メートルの距離を12秒間飛んだ。使われた複葉機は木製のレールに沿って自力で離陸した。エンジンの重さは90キログラム、2つのプロペラはチェーンで駆動し、翼幅13.2メートル、翼表面積47平方メートルだった。そのフライトは、始めから終わりまでがボーイング747の胴体の中で済むような距離だった。

女性パイロット、**エリー・バインホルン**は、1907年5月30日にドイツのハノーファーで生まれ、1930年代に次々と長距離飛行記録を樹立した空のパイオニアだ。

1931年、バインホルンはアフリカで学術調査の航空写真撮影の仕事に関わっていた。ドイツへの帰路、操縦していた飛行機のエンジン内にある燃料管が破裂し、現在のマリ共和国の町、バマコとトンブクトゥの間にあるニジェール川の湿地に緊急着陸を余儀なくされた。彼女は、好戦的といわれるトゥアレグ族から手厚くもてなされ、そのうち、フランス語が話せる人を見つけて、トンブクトゥへ一緒に連れて行ってもらった。4日間歩き続けてようやくトンブクトゥに到着したとたん、消耗しきったバインホルンは熱を出したが、そこでドイツ中が自分の失踪に大騒ぎしていることを知り、驚いた。体調を回復するのに2、3日費やした後、バインホルンは助っ人を数人雇い、飛行機のエンジンや機器を回収するため不時着現場に戻った。一方、エリー・バインホルンが無事だったというニュースは世界中を駆け巡り、彼女を迎えに行くためにアフリカへ2人乗りの救援機が向かった。いまや英雄的パイロットとなったバインホルンは、汽車と船を乗り継いでカサブランカまで行き、そこで救援機と落ち合った。ベルリンに凱旋帰国したバインホルンは、頭を振りながらこう述べている。「私の緊急着陸は、航空史上最も偉大な成功よりも大きく報じられました」。

1931年12月4日、バインホルンは再び単独飛行に出発する。今度はオーストラリアへ向けた長距離飛行だった。ヴロツワフ、ブダペスト、ソフィア、イスタンブール、コンヤ、アレクサンドレッタ、アレッポ、バグダッド、ブーシェフル、ジャースク、グォーダー、カラチ、ジョードプル、デリー、アラハバード、コルカタ、ヤンゴン、バンコク、アロースター、シンガポール、ジャカルタ、スラバヤ、ビマ、クパン、ダーウィン、ニューカースル・ウォーターズ、クロンカリー、ロングリーチ、チャールビル、ブリスベンを経由して、ベルリンからシドニーまで単独でクレム単葉機を操縦し、1932年4月2日に到着した。

そのころは飛行機での太平洋横断が不可能だったので、当時24歳のバインホルンはクレム単葉機を解体して木枠に詰め、パナマ行きの貨物船に載せた。そこからまた海岸に沿ってチリに飛び、アンデス山脈を横断してブエノスアイレスへと進んで再び飛行機を降り、ドイツのブレーメルハーフェンには船で帰った。主要な海を除いて、出力約60キロワットのエンジンを1基搭載しただけの小型飛行機で世界周航ができることをエリー・バインホルンは証明した。

アフリカや北米や中米など、さらに長距離飛行の旅を繰り返した後、彼女はついにドイツのフライブルグに落ち着き、本やラジオドラマを執筆して後年を過ごした。2007年11月28日、エリー・バインホルンは100歳でこの世を去った。

空を飛ぶことが社会的に容認された
1920年代と1930年代

❖ 12エンジン・ドルニエ Do-X、1929。

1920年｜12月12日 旅客機のブレリオ・スパッドS33が初飛行する。

1921年｜6月5日 航空機の客室内の気圧調節をする初の試みをエアコーUSD9A［米国製エアコーDH.9A］で実施する。

❖ トランスコンチネンタル・アンド・ウエスタン航空（トランス・ワールド航空の前身）は、1930年に全米での営業を始めた。

1922年｜4月7日 2機の定期旅客機による初の空中衝突事故発生。北フランス上空で、ダイムラー・エアウェイズの運航するデ・ハビランドDH.18のルートに、グラン・エクスプレス・アエリアンの運航するフランス製のファルマンF.60ゴリアトが侵入して衝突し、両機の乗員乗客7人全員が死亡する。

6月9日 パリ発ロンドン行きの初めての夜間定期便が始まる。

1923年｜8月22日 ウイッテンマン・ルイスXNBL-1の初飛行。この長距離爆撃機が当時世界最大の航空機となる。

1924年｜7月1日 米国初の定期的な大陸横断航空便事業の開始。

9月28日 初めて世界一周飛行が実現する。シアトルを出発したダグラス・ワールド・クルーザー（ダグラスDWC）4機のうち、「シカゴ」号と「ニューオリンズ」号が再びシアトルに戻ってきた。飛行時間は371時間11分、途中給油着陸は57回だった。

また……この年、ジョージア州メーコンで世界初の農薬の空中散布会社で、のちにデルタ航空となる、ハフ・ダランド・ダスターズが設立される。

1925年｜3月12日 フォッカーF.VIIa（F.VIIa/1m）の初飛行。

1925年｜4月13日 ヘンリー・フォードが米国初の航空貨物輸送会社を設立し、デトロイト〜シカゴ間で運航を始める。

1926年｜1月6日 航空会社のドイツ・エアロ・ロイドとユンカース空輸が合併し、ドイツ・ルフト・ハンザ［現在のルフトハンザドイツ航空の前身］が設立される。運航は4月6日に始まった。

4月6日 ユナイテッド航空の前身である、航空会社バーニー・エアラインズが設立される。

6月11日 フォード4-ATトライモーターの初飛行。

7月24日 ドイツ・ルフト・ハンザのユンカースG24、2機がベルリンから北京まで飛び、9月26日に戻ってくる。

❖ 1926年、ドイツ・ルフト・ハンザのフォッカー・クーリッヒF.III［ドイツ製のフォッカーF.III］に乗り込む乗客。

1927年｜1月15日 サンフランシスコ〜シカゴ間の航空郵便事業会社、ボーイング・エア・トランスポート（BAT）が設立される。

3月14日 フロリダ州のキーウエストとキューバのハバナの間で行う航空郵便事業のため、パンアメリカン航空（当時の英名はパンアメリカン・エアウェイズ）が設立される。

5月20〜21日 チャールズ・リンドバーグが「スピリットオブセントルイス」号に乗り、ニューヨーク〜パリ間、大西洋横断単独無着陸飛行に初めて成功する。飛行距離は5800キロメートル、飛行時間は33時間39分だった。

6月4〜6日 チャールズ・A・レヴィンが大西洋横断飛行の

初めての乗客となる。パイロットのクラレンス・D・チェンバレンがライト・ベランカWB−2「コロンビア」号を操縦し、ニューヨークからドイツのアイスレーベンまで飛行距離6234キロメートルのフライトだった。

10月14〜15日 デュドネ・コストとジョセフ・ルブリが、初めて南大西洋無着陸横断飛行に成功する。使用した機材はブレゲー19GRで、セネガルのサンルイを出発し、ブラジルのナタールに着陸した。

✤ 旅客機での旅行に関する本の表紙（ドイツ1925年）。

1928年｜4月12〜13日 西回りの大西洋逆横断飛行が初めて達成される。ヘルマン・ケール、ギュンター・フォン・ヒューネフェルト、ジェイムス・フィッツモーリスが、ユンカースW33に乗り、アイルランドのダブリンからカナダのラブラドル沿岸にあるグリーン島まで飛行した。

5月31日〜6月8日 チャールズ・キングスフォード・スミスが他の乗員と共に初めて太平洋横断飛行に成功する。彼らを乗せたフォッカーF.VIIb/3m「サザンクロス」は、カリフォルニア州オークランドからホノルルとフィジーを経由してオーストラリアのブリスベンに83時間で到着した。

6月17日 米国のアメリア・イアハートが女性で初めて大西洋横断飛行を経験する。

9月18日 飛行船LZ127グラーフ・ツェッペリンの初飛行。

10月11日 LZ127グラーフ・ツェッペリンがドイツのフリードリヒスハーフェンからニュージャージー州レイクハーストまで、71時間で大西洋を横断する。

また……1926年と1927年には、24件の航空機事故が発生し、1929年にはそれまでで最多の51件となった。これは、飛行距離160万キロメートルあたり1件事故が発生している計算になる。これを現在に当てはめれば、年間7000件航空機事故が発生するのに等しい。だが実際には、現在の事故発生率は飛行距離32億キロメートルあたり1件に過ぎない。

1929年｜1月1日 ポーランドでLOTポーランド航空が設立される。

3月30日 英国海外航空（BOAC）の前身の1つ、インペリアル航空が、ロンドン〜インド間の定期便を開始する。

7月25日 ドルニエDo-Xの初飛行。

8月4〜16日 初めての国際旅客機競技会「チャレンジ1929」開催。ヨーロッパの中心パリをスタートとゴールにして行われた飛行距離3692マイル（約5942メートル）のラリー部門で、パイロットのフリッツ・モツィック率いるドイツが優勝した。使用されたBFW M.23は時速140キロメートルの最高速度を記録した。

8月29日 フーゴー・エッケナーが飛行船LZ127グラーフ・ツェッペリンで世界一周飛行を成し遂げる。飛行船は8月8日にニュージャージー州レイクハーストを出発し、途中ド

✤ 乗客の体重計測の様子（1926年）このような手続きが現代に復活できるだろうか？

イツ、日本、ロサンゼルスに立ち寄りながら、再びレイクハーストに戻ってきた。3万5200キロメートルという長旅の飛行時間は、21日と5時間31分だった。

9月24日 米国陸軍ジェイムズ・ハロルド・ドーリットル中尉が、操縦席の窓を目隠しした状態で計器だけを頼りに離陸・飛行・着陸する実験に成功する。

10月21日 ドルニエDo-Xが10人の乗員と正規の乗客150人と密航者9人を乗せるフライトを行い、航空機搭乗者数の世界記録を樹立する。

✤ フォード・トライモーター。1700万台製造された自動車、T型フォード"ティン・リジー"と違い、"ティン・ギース"と呼ばれるトライモーターの製造は199機にとどまった。

より高く、より速く

❖ドイツ・ルフト・ハンザのユンカースG38（1931年）。

1930年 | **1月25日** アメリカン・エアウェイズ〔現在のアメリカン航空〕設立。

5月15日 エレン・チャーチが史上初の女性客室乗務員となる。アイオワ出身の元看護師チャーチは、カリフォルニア州オークランド空港でユナイテッド航空の3発レシプロ機ボーイング80Aに11人の乗客を迎え入れた。乗客は皆一様に、彼女に対して驚きの表情を浮かべた。それ以来、ユナイテッド航空は月給125ドルで女性客室乗務員を雇い、乗客にフルーツカクテルやローストチキン、紅茶やコーヒーを提供した。

5月18日 飛行船LZ127グラーフ・ツェッペリンが南大西洋を横断する。

10月25日 トランス・コンチネンタル・アンド・ウエスタン航空（TWA）が全米で運航を開始。

また……ドイツ・ルフト・ハンザが最も広範な路線網を持つようになり、欧州で一番の急成長を遂げる。

1931年 | **8月29日** 飛行船LZ127グラーフ・ツェッペリンがドイツ〜ブラジル間の運航を開始する。

10月3〜5日 ベランカ スカイロケット「ミス・ビードル」号に乗った、クライド・パングボーンとヒュー・ハーンドンが日本から米国への北太平洋無着陸横断飛行に成功する。

10月1日 エールフランスが欧州で初めて女性客室乗務員を雇用する。

1932年 | **5月19〜24日** 旅客用飛行艇ドルニエDo-Xがニューヨークからドイツのフリードリヒスハーフェンまで飛行する。

5月20〜21日 アメリア・イアハートが女性初の単独大西洋横断飛行に成功する。ロッキード・ベガを操縦し、ニューファンドランド島のグレース湾からで出発し、北アイルランドのロンドンデリーに着陸した。

7月21日 ウォルフガング・フォン・グロナウが飛行艇ドルニエ Do J（通称「ワール」クジラの意）に乗り、ドイツのシリト島を出発する。グロナウは、世界1周の旅6万キロメートルを3週間で飛行してきた。

1933年 | **3月30日** ボーイング247が世界で初めて格納式着陸装置を搭載する。

6月7日 飛行艇ドルニエ Do J ワール「モンサン」が、汽船上に一度ストップオーバー（途中降機）しながら飛行を続け、ブラジルのナタール沖の海上に着水して南大西洋横断に成功する。

7月1日 ダグラス DC-1が公開され初飛行する。

1934年 | **1月30日** ソ連（現在のロシア）の高高度気球「オソアヴィアヒム」が、高度2万2000メートル（7万2200フィート）に達し、世界最高高度到達記録を樹立する。降下中、与圧室（乗員室）が氷に覆われて非常に重くなったため、ついに気球部分から脱落して地面に墜落し乗員全員が死亡した。

1935年 | 世界最長航続時間記録が更新される。「フライング・キーズ」として有名な、アル・キーとフレッド・キーの兄弟は、ミシシッピー州メリディアンで高翼単葉輸送機カーチス・ロビンを借りて出発し、27日間無着陸で飛行した後、ついに7月1日に着陸した。飛行距離は8万4000キロメートルで、2万2700リットルの燃料を消費した。635時間34分という記録だった。彼らの功績は、空中給油システムを開発したことで、これはのちに米国陸軍航空隊に採用された。

1935年 | 米国の航空の先駆者、ウィル・ロジャースとウィリー・ポストがアラスカ州にあるバロー岬で離陸中に墜落し死亡する事故が起きる。

1935年 | ダグラス・エアクラフト社が寝台旅客機ダグラス・スリーパー・トランスポート（DST）を発表する。ダグラスDC-2をベースに14の折りたたみ式ベッド（昼間は28座席になる）を配置したDSTは、DC-3やその軍用輸送機型のC-47（英空軍での呼称は「ダコタ」）と並んで、のちに航空史上最も名の知れた輸送機の1つとなった。

1936年 | ハンス・ヨアヒム・パプスト・フォン・オハインとマックス・ハーンがジェットエンジンの開発のため、エルンスト・ハインケルに採用される。

1936年 | フランスのジョージ・デトレがポテーズ50に乗り、高度1万4843メートル（4万8697フィート）を飛行して、これまでの最高到達高度記録を塗り替える。

1937年 | イタリアのマリオ・ペッツィ中佐が、飛行機の最高到達高度の新記録を達成する。このときの高度は1万5655

✣ インペリアル・エアウェイズのハイドレページH.P.42。

メートル（5万1361フィート）だった。

1937年 米国航空界のパイオニア、アメリア・イアハートと航法士のフレッド・ヌーナンがロッキードL-10エレクトラ10Eで世界一周飛行に挑戦中に太平洋上で行方不明になる。

1938年 ドイツ・ルフトハンザ［1933年にドイツ・ルフト・ハンザから改称］がベルリン～ロンドン間でフォッケウルフ社のFw 200を導入する。

1938年 米国の億万長者で、のちに世界一の富豪となるハワード・ヒューズが、自らロッキードL-14を操縦し、世界一周飛行——飛行距離2万4700キロメートルを3日と19時間17分という速さで達成し、ニューヨークに戻ってくる。

1938年 フォッケウルフ社のFw 200がベルリンからニューヨークまで無着陸飛行を成し遂げる。

1938年 マリオ・ペッツィ中佐が、自身の持つ飛行機の世界最高到達高度記録を塗り替える。エンジンに過給機が装備されてパワーアップしたカプロニ Ca.161bisに乗ったペッツィ中佐は、モンテチェーリオ飛行場上空で高度1万7083メートル（5万6047フィート）に到達した。ピストンエンジンを搭載していない飛行機でこの記録を破るものはいまだにない。

1938年 フォッケウルフ社のFw 200、D-ACON「ブランデンブルク」がベルリンから東京まで飛行する。途中給油のため3回着陸し、総飛行時間は46時間15分だった。

1938年 世界で初めて客室を与圧した旅客機の初飛行。このボーイング307ストラトライナーは、「フライングフォートレス（空飛ぶ要塞）」と呼ばれた爆撃機、B-17の一部を流用し開発された。

1939年 パンアメリカン航空に導入された飛行艇ボーイング314の1号機が、米国大統領の妻、ルーズベルト夫人によって「ヤンキー・クリッパー」と命名される。

1939年 ハインケルHe 100 V8が時速746キロメートルを出し、世界速度新記録を樹立する。

1939年 ハインケルHe 100 V8による記録が、フリッツ・ヴェンデル大尉によって破られる。メッサーシュミットMe 209 V1を操縦して出した時速755キロメートルというヴェンデルの世界最高速度記録（ピストンエンジン搭載の飛行機によるもの）は、以後30年間その座を維持した。

1939年 ロケットエンジンを搭載した航空機ハインケルHe 176の初飛行がドイツのペーネミュンデで行われる。

1939年 ドイツ・ルフトハンザがフォッケウルフFw 200を運用し、ベルリンとバンコクの2都市間の定期便を就航する。

1939年 第二次世界大戦のため、欧州の航空旅行が休止状態に追い込まれる。

1939年 ドイツ・ルフトハンザとソ連のアエロフロートが、両国の首都ベルリンとモスクワ間の定期便を就航する。

✣ 1930年代の機内サービス——フォッケウルフFw 200「コンドル」内にて。

021

ジェット機時代に向かって
──1940年代から1950年代

1941年 日本がハワイの真珠湾で米海軍を攻撃。日本の6隻の航空母艦が400機の戦闘機を戦地に運び、米国の戦艦5隻とその他の船10隻を破壊、さらに別の戦艦3隻に大きなダメージを与えた。その夜、日本は米国と英国に宣戦布告する。

1943年 エルンスト・ヤッハマンが自分の単座グライダーに乗り、絶好の上昇気流をとらえて55時間51分の飛行に成功する。

1944年 国際民間航空条約（別名シカゴ条約）が、シカゴで調印される。

1945年 キューバのハバナで国際航空運送協会（IATA）が設立される（ハーグで設立されたIATAの継承機関）。

1946年 ウィリアム・H・カウンシル大佐が、北米大陸横断飛行の速度記録を塗り替える。ロサンゼルスのロングビーチからニューヨークのラガーディアまで、ロッキードP-80シューティングスターで、2、3年前には数日かかったところをわずか4時間13分24秒で飛んだ。これは、ジェット機による最長無着陸飛行記録でもある。

1946年 パンアメリカン航空のロッキード・コンステレーションが、ヒースロー空港に着陸。ニューヨーク～ロンドン間初の定期便の運航を開始する。

1946年 「ノット」[1ノット＝毎時1海里]と「海里」[1海里（国際海里）＝1852メートル]が航空速度と飛行距離測定の公式基準であると、米軍が宣言する。

1946年 ロッキードP2V（米国軍の愛称：ネプチューン）が、オーストラリアのパースからオハイオ州のコロンブスまで1万8081キロメートルをノンストップで飛び、最長航続距離記録を塗り替える。

1946年 ボーイングB-29が、ハワイから1万7498キロメートル離れたエジプトまで、北極上を通って初めて無着陸飛行を成し遂げる。

1947年 国連の専門機関、国際民間航空機関（ICAO）が、カナダのモントリオールで設立される。

1947年 パンアメリカン航空が、ニューヨークからサンフランシスコまで西から東へ向かうルートの運航を開始する。この路線が世界一周路線[単一の航空会社により、出発した空港から地球を一周し、再び出発空港に戻る定期路線のこと]を結び、全世界の主要都市をつないだ。

1947年 ニューファンドランド島のスティーブンヴィルから英国イングランドへ、ダグラスC-54スカイマスターの完全自動飛行が行われる。

1947年 "チャック"こと、チャールズ・イーガー大尉が、ロケットエンジンを搭載したベルX-1に乗り、水平飛行で音速の壁を壊す。イーガーは、1万2800メートル（4万1995フィート）の高度で、時速1127キロメートル、およそマッハ1.06の速度を達成する。

1948年 オーヴィル・ライト[ライト兄弟のうちの弟]が76歳でこの世を去る。

1948年 4月1日　ベルリン～西ドイツ間の列車が、ソ連によって運行停止となる。
4月18～19日　ベルリンと西ドイツの間を結ぶすべての道路が、ソ連によって閉鎖される。
6月24日　ソ連の占領地を通る、ベルリン～西ドイツ間の鉄道は『技術的な理由』のため、通知があるまで運転中止の措置がとられる。
6月26日　「ベルリン空輸」が開始される。米国、英国、フランスの輸送機が西ドイツにある8つの空港と空軍基地から西ベルリンへ飛び、1、2分の間隔で着陸した。
7月23日　米国空軍（USAF）と陸軍航空輸送司令部は、西ベルリンに食料と燃料の継続的な供給を確実にするため、空輸の延長準備をする。
8月21日　ダグラスC-54スカイマスターがベルリン空輸に使用される。
9月14日　オーストラリア空軍（RAAF）がベルリン空輸に参加する。
10月16日　南アフリカ空軍（SAAF）がベルリン空輸に人員を派遣する。
11月3日　ニュージーランド

❖1948年のベルリン空輸の際に、テンペルホフ空港に着陸する輸送機。

❖1947年、ベルX-1のような実験機によって、ジェット機時代は幕を開けた。

❖ ボーイングB-29（1946年）。

空軍（RNZAF）もベルリン空輸に航空機の乗員を派遣する。

1948年 米国空軍のコンベアB-36が、テキサス州フォートワースからハワイまでの往復1万5128キロメートルを空中給油することなく飛行する。

1949年 米国空軍のジェームズ・ガラッガー大尉が世界初の無着陸世界一周飛行を成し遂げる。ボーイングB-50「ラッキー・レディⅡ」号には飛行中に4回空中給油が行われた。ガラッガーは、94時間1分で3万7742キロメートルの距離を飛行した。

1949年 **4月16日** ベルリン空輸のピークの日、24時間の間に1398機によって1万3000トンの物資がベルリンに届けられた。

1949年 米国人ビル・バリスとディック・リーデルが、低速飛行でエアロンカ15ACセダン「サンキスト・レディ」号を操縦し、カリフォルニア州フラートンからマイアミまで飛んで着陸せずに戻ってくる。滞空時間は合計で1008時間1分だった。これは、6週間に相当する時間だが、彼らの記録破りの飛行には途方もない後方支援が必要だった。パイロットが交替で眠る「サンキスト・レディ」号には、3人のクルーが乗った2機目のエアロンカ「レディズ・メイド」号が同行していた。「レディズ・メイド」号のクルーは、ルートに沿った場所にある飛行場に着陸しては11リットルの容器に燃料を満タンに入れ、滑走路に沿って低空飛行する「サンキスト・レディ」号の下を、ジープに乗って走りながら燃料と物資を詰めていたのだ。マイアミでは、悪天候によりカリフォルニアへ戻る前に14日間旋回し続けることを余儀なくされた。この"労働集約型"の記録はたった6か月で破られてしまった。

1949年 **5月12日** ソ連が、西ベルリンの封鎖を解除する。空輸は、備蓄のために続けられる。

9月30日 ベルリン空輸が終了する。15カ月続いた活動の間に、144万トンの石炭と49万トンの食料を含む235万トンの物資がベルリンに輸送された。その中に含まれる16万トンの建材も飛行機で輸送されている。合計27万7804回のフライトが行われ、その間、41人の英国人と31人の米国人が命を落とした。

1950年 **5月17日** 米国の航空会社トランスコンチネンタル・アンド・ウエスタン航空がトランス・ワールド航空（TWA）と社名変更する。

1951年 **8月1日** 日本航空（JAL）が設立される。

8月21日 カンタス・エンパイア・エアウェイズ（現在のカンタス航空）が、オーストラリアのパースからココス島とモーリシャス経由でヨハネスブルクまで飛ぶ旅客便の運航を開始し、インド洋に浮かぶココス島への移動手段が改善された。

1952年 **7月29日** ノースアメリカンRB-45により、アラスカから日本まで、ジェット機による初めての太平洋無着陸飛行に成功。

12月5～6日 スカンジナビア航空（SAS）のダグラスDC-6が、ロサンゼルスからコペンハーゲンまで北極上空をノンストップで飛行する。

1953年 **1月6日** ドイツの航空会社ルフターク設立。（前身は戦前の「ドイツ・ルフトハンザ」）

5月15日 セントラル・ブリティッシュ・コロンビア・エアウェイズがパシフィック・ウエスタン航空に社名を変更する。

❖ 乗客にたばこを提供することがスタイリッシュと見なされ、1950年代の機内サービスでは当たり前の光景だった。

023

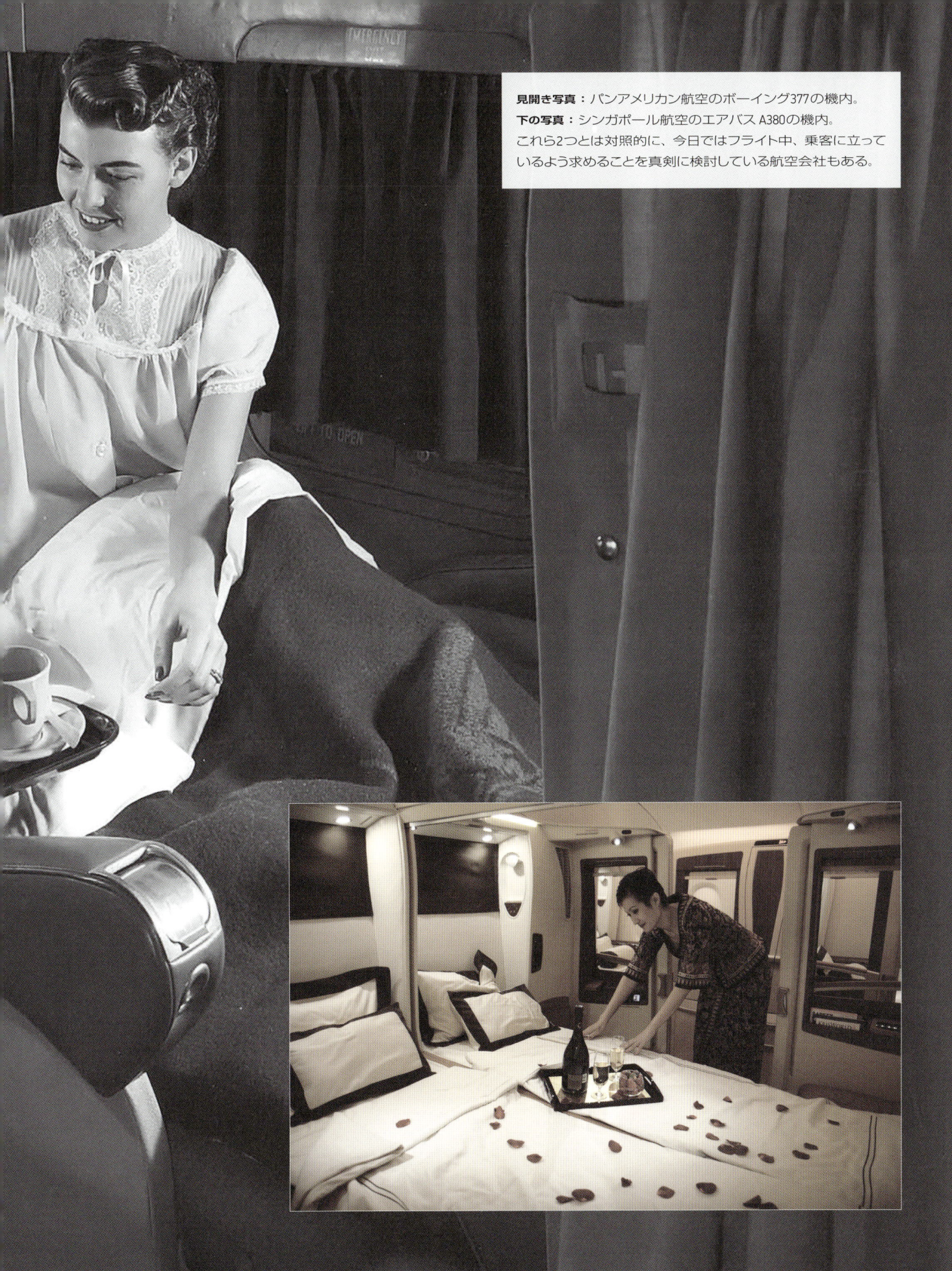

見開き写真：パンアメリカン航空のボーイング377の機内。
下の写真：シンガポール航空のエアバスA380の機内。
これら2つとは対照的に、今日ではフライト中、乗客に立っているよう求めることを真剣に検討している航空会社もある。

1950年代から1960年代

1954年 | **5月15日** カンタス・エンパイア・エアウェイズが英連邦太平洋航空（BCPA）からオーストラリア～カナダ間とオーストラリア～米国間の路線を買収する。
8月6日 ルフタークがルフトハンザドイツ航空（通称：ルフトハンザ航空）に社名変更することを決め、ドイツの民間航空会社再編の第1章が終わる。3カ月後に、連合国が航空機と訓練の導入に必要な特別許可証を交付するが、運営に対して自動的にライセンスが与えられるものではなかった。

1955年 | **4月1日** ルフトハンザドイツ航空が戦後初めて公式フライトを行う。
5月16日 ルフトハンザ航空が欧州の他の国々へのフライトを開始する。
7月27日 エルアル航空の旅客機が航路を外れてブルガリアの領空内に迷い込み、2機のミグ15戦闘機に撃ち落とされ、乗客乗員58人全員が死亡する。
10月16日 ボーイング367-80を原型機とするボーイング707の試作機が、シアトルからワシントンD.C.まで3時間58分で無着陸飛行する。
11月1日 ユナイテッド航空のダグラスDC-6の中に仕掛けられた爆弾がコロラド上空で爆発し、乗客乗員44人全員が死亡する。自分の母親の生命保険金を狙った男性が、フライト前、母親のスーツケースの中に爆弾を隠していた。

1956年 | **6月1日** ダグラスDC-7が、パンアメリカン航空で運用開始。
9月15日 アエロフロート（現在のアエロフロート・ロシア航空）がツポレフTu-104ターボジェット機をラインナップに加える。

1957年 | **1月18日** 3機のボーイングB-52ストラトフォートレスが、ジェット機で初めて共同で世界一周無着陸飛行を成し遂げる。飛行時間は45時間19分だった。

1958年 | **1月14～20日** カンタス・エンパイア・エアウェイズが、世界一周路線の運航を開始する。使用機はロッキード・スーパー・コンステレーションで、「サザンオーロラ」号がシドニーから米国経由でロンドンまで東に飛び、「サザンゼファー」号がインドや中東経由で西へ飛んだ。
4月1日 大西洋横断路線にエコノミークラスが導入される。

1959年 | **9月18日** ダグラスDC-8の運航が始まる。

❖ スカンジナビア航空のDC-6（1965年）。

❖1970年代までは、フライトクルーには、パイロットに加えて航法士（ナビゲーター）と無線通信士がいた。

1960年 | **7月9～28日** ベルギー領コンゴが独立後、サベナ・ベルギー航空が2万5711人のベルギー国民をヨーロッパへ運ぶ。

1961年 | **7月19日** トランス・ワールド航空（TWA）が、長距離フライトのファーストクラスラウンジで映画を上映する。

1962年 | **12月31日** 最後の米国の飛行船が解体される。

1963年 | **7月19日** ジョセフ・ウォーカー（ジョー・ウォーカー）の搭乗するノースアメリカンX-15が、宇宙高度［高度100キロメートル以上］となる106キロメートル（66マイル）に達する。

1965年 | **11月15日** 米国の航空貨物会社フライング・タイガー・ライン（フライング・タイガース航空）のボーイング707が、北極・南極の両方の上空を通り、世界を1周した最初の航空機となる。

1966年 | **12月6日** ドイツ空軍は、同タイプの迎撃機による事故が65件に達したため、770機のロッキードF-104スターファイターを飛行禁止にする。

1967年 | **6月5日** アメリカン航空のために製造された、1000機目のボーイング707-120Bのロールアウト（完成公開）。

1968年 | **6月30日** ロッキードC-5Aギャラクシーの初飛行。
12月31日 超音速旅客機ツポレフTu-144の原型機の初飛行。コンコルド（この時点ではまだ製造中だった）とよく似ているため、「コンコルドスキー」とあだ名をつけられている。

1969年 | **2月9日** ボーイング747の初飛行。
3月2日 英国が欧州のエアバス共同開発計画から撤退する。ドイツとフランスがエアバスA300の共同開発に進む。

027

石油危機と航空会社の破産到来
——1970年代と1980年代

❖1970年代のスカンジナビア航空ダグラスDC-7。

1970年 | **1月21日** ボーイング747の運航開始。
9月6日 パレスチナのテロリストが同時多発ハイジャック事件を起こす。乗っ取られたTWAのボーイング707、スイス航空のダグラスDC-8は、犯人と人質を乗せてヨルダンのドーソンにある「革命空港」へ向かったが、パンアメリカン航空のボーイング747はカイロ空港に飛び、人質脱出直後に爆破される。9月9日にはBOACのビッカースVC-10がハイジャックされ「革命空港」に着陸させられた。
9月12日 テロリストたちが「革命空港」に着陸していた3機の人質を全員解放した後、旅客機をすべて爆破する。

1972年 | **5月30日** テルアビブ空港の到着ロビーで、エールフランスの旅客機から降りたばかりの乗客に、日本赤軍の3人が銃を無差別に発砲する。この事件でプエルトリコからの巡礼者16人を含む26人が死亡し、76人が負傷した。
10月29日 リビアのテロリストが、収監されている仲間の釈放を要求してルフトハンザドイツ航空のボーイング727をハイジャックし、行き先を変更させてクロアチアのザグレブに向かわせる。
12月22日 1972年10月13日に発生したアンデス山脈飛行機墜落事故の生存者が事故現場付近で救助される。

1973年 | **6月3日** 第30回パリ航空ショーで展示飛行中、ツポレフTu-144製造2号機が空中分解し墜落する。
11月29日 1000機目のボーイング727のロールアウト。
12月17日 ローマ・フィウミチーノ空港で、警察が乗客の手荷物の中に武器を発見した直後、複数のテロリストが銃をとり、人のごった返すラウンジ内で無差別に発砲する。犯人の一部が、出発準備中だったパンアメリカン航空の旅客機内に手榴弾を投げ込み、石油会社の米国人従業員14人を含む、29人が死亡する。残りのテロリストたちは人質を連れてルフトハンザドイツ航空の大型旅客機を乗っ取り、点々と飛行しながら最終的にクウェートに飛び、当局と交渉の末、投降した。

1974年 | **3月3日** トルコ航空のマクドネル・ダグラスDC-10が、パリ郊外北部に墜落し、乗客乗員346人全員が死亡する。
3月8日 シャルル・ド・ゴール国際空港の開港。
5月23日 エアバスA300 B2が就航。
8月26日 チャールズ・リンドバーグががんのため72歳で死去。

1975年 | **4月4日** ベトナム孤児250人と関係職員らを乗せた米国空軍のロッキードC-5Aギャラクシーが、サイゴンから離陸して12分後に墜落し、孤児と大人合わせて138人が死亡した。

1976年 | **3月4日** 東京からニューヨークへ向かう、日本航空のジャンボジェットによる初の直行便が始まる。ボーイング747が1万キロメートルを11時間30分で飛行した。
3月24日 1万6500キロメートルという、旅客機の世界最長航続距離記録がボーイング747-SPによって樹立される。
12月22日 エアバスA300による、世界初の完全自動着陸が行われる。

1977年 | **3月27日** 深い霧に包まれたカナリア諸島のテネリフェ島にあるロス・ロデオス空港の滑走路上で、2機のボーイング747が衝突し、583名の命が失われるという史上最悪の航空事故が起こる。
5月21日 チャールズ・リンドバーグの大西洋単独無着陸飛行の50周年を祝い、ニューヨークからパリへコンコルドの記念フライトが行われる。リンドバーグが33時間29分かかったルートを、コンコルドは3時間44分で飛行した。
9月26日 フレデリック・レイカーが、レイカー航空で世界初の格安航空ブランド「スカイトレイン」の運航を開始する。

1978年 | **1月1日** エア・インディアのボーイング747が、インド沿岸の海に墜落し、搭乗者213人全員が犠牲になる。
4月20日 大韓航空のボーイング707が誤ってソ連領空に迷い込み、ソ連防空軍の戦闘機に攻撃され、不時着（胴体着陸）を余儀なくされる。
5月20日 4年間続いた抗議行動の末、新東京国際空港（現成田国際空港）が、現在でもいまだに効力のある特定の規制を

❖世界1周から帰還した際のボイジャー（1986年）

❖1985年に公開されたアントノフAn-124は、数年間世界最大の航空機だった。

設けて開港する。
10月24日 米国の航空規制が緩和される。

1979年 | **5月25日** マクドネル・ダグラスDC-10が、離陸直後にエンジンが脱落し墜落する。この事故後、7月13日まですべてのDC-10に飛行停止の措置がとられる。
11月29日 オークランド空港を離陸し、南極上空で観光飛行中だったニュージーランド航空のDC-10が、南極の山腹に衝突、搭乗者257人全員が死亡する。

1980年 | **8月1〜8日** ウィスコンシン州オシコシで開催された航空ショーに、6000機の航空機と25万人の見物人が集まり、最多新記録を樹立した。

1981年 | **8月5日** 米国のロナルド・レーガン大統領が、ストライキ中の航空管制官1万1345人を解雇して、生涯にわたり二度とその職に戻れないようにする。

1982年 | **2月16日** エアバスA310の1号機のロールアウト。

1983年 | **7月23日** エア・カナダのボーイング767が、モントリオールからエドモントンへのフライト中に燃料切れを起こす。システムにメートル法を初めて導入した旅客機だったため、必要給油量の計算を誤り給油が足りなかったことが原因だった。だが、機長がグライダーの操縦に長けていたため見事な滑空を成功させ、ウィニペグ近郊にある元カナダ空軍ギムリー基地に無事着陸した。その後、この767は「ギムリー・グライダー」と呼ばれるようになった。
9月1日 ソ連防空軍のSu-15戦闘機が、北太平洋のサハリン島沖で大韓航空のボーイング747を撃ち落とし、269人の命が失われる。
12月9日 1000機目のボーイング737がロールアウト。

1985年 | **5月29日** ル・ブールジェ空港で開催されたパリ航空ショーで、世界最大の航空機アントノフAn-124が公開される。
6月23日 エア・インディアのジャンボジェットが、スーツケースに仕掛けられた爆弾によりアイルランド南部上空で爆破され、329人が犠牲となる。

1986年 | **8月17日** ボーイング社が大型旅客機の5000機目のロールアウトを祝う。

1986年 | **8月14〜23日** 最長航続距離の新記録が無給油無着陸で達成される。ルータンモデル76ボイジャーは、9日と3分44秒で世界1周飛行4万812キロメートルを飛行した。

1987年 | **11月23日** 米国で規制緩和後に設立された新しい航空会社128社のうち、存続しているのはわずか37社にとどまる。

1988年 | **3月28日** エアバスA320が初めて納入される。
7月3日 米国海軍のミサイル巡洋艦「ヴィンセンス」がイラン航空のエアバスA300にミサイルを発射し撃墜する。乗員乗客290人全員が犠牲となった。
12月21日 パンアメリカン航空のボーイング747「クリッパー・メイド・オブ・ザ・シーズ」が、スコットランドのロッカビー上空で爆破される。16人の乗員と243人の乗客と地上にいた11人の住民が死亡した。リビアのテロリストによるものだった。

1989年 ノースロップ・グラマン社のステルス戦略爆撃機B-2の初飛行。1機5億1600万ドルという、航空史上最も高価な航空機である。

1989年 | **8月18日** オーストラリアのカンタス航空が運用するボーイング747-400「スピリット・オブ・オーストラリア」が、19時間10分でロンドンからシドニーまでノンストップで飛行する。

1989年 ロシアの航空機設計士アレキサンドル・ヤコブレフが、84歳で死去。

❖軍用、民間双方の航空機における非常に大きな進歩は、1970〜1980年代に成し遂げられた。DC-7が運用され続ける一方で、このノースロップ・グラマン社のステルス戦略爆撃機B-2のように、現代的でエレガントなデザインが世に出てきた。

1座席1セントから10万ドルまで
——1990年代と2000年代

1990年｜1月10日 3発エンジンの大型旅客機、マクドネル・ダグラスMD-11が初飛行。

1991年｜ ボーイング社が開発から37年の歴史を持つ707の生産を中止する。パンアメリカン航空が財政難に陥り破産したため、運航路線やシャトル便など有益な資産がデルタ航空などに売却され、パンナム64年の歴史に幕を下ろした。

1995年｜8月16日 コンコルドが、31時間27分で世界一周飛行（ニューヨーク－トゥールーズ－ドバイ－バンコク－グアム－ホノルル－アカプルコ－ニューヨーク）を達成する。

1996年｜3月15日 84年の歴史を持つオランダの航空機メーカー、フォッカーが破産する。

11月6日 USエアウェイズがエアバスA320とその派生型機を合わせて400機注文する（オプション数を含む）。一度にこれほど多くの航空機を発注した航空会社はこれまでにない。

12月15日 ボーイング社がマクドネル・ダグラス社の買収計画を発表する。

1997年｜9月8日 ボーイング777-300のロールアウト。全長73.86メートルで、現在にいたるまで双発機では世界で最も長い民間航空機である。

1998年｜1月16日 ロシア航空当局が、1992年以降に誕生した200以上のロシアの小規模航空会社を安全上の理由から操業停止にする。それまでに存在した航空会社375社のうち、残ったのはわずか53社だけだった。

1999年｜12月22日 大韓航空のボーイング747貨物機が、ロンドン郊外のスタンステッド空港から離陸直後に墜落する。

2000年｜7月25日 パリのシャルル・ド・ゴール国際空港から離陸直後にコンコルドが墜落し、113人の命が失われる。別の飛行機から滑走路上に落ちた金属片が事故の原因（航空史上初めての事例）だった。金属片でコンコルドのタイヤの1つが破裂し、ゴムの破片がその上部の燃料タンクを直撃して燃料タンクが燃え出したため、コンコルドは失速し、空港の近くのホテルに衝突した。

2000年｜ シンガポール航空が、2億3500万ドルでエアバスA380を10機注文し、オプションで同型機を15機追加注文できる契約を結ぶと発表する。

2000年｜ それまでボーイング社の"お得意様"だったカンタス航空が、エアバスA380を12機注文する。

2001年｜9月11日 アメリカン航空とユナイテッド航空のボーイング767、2機が、アルカイダのテロリストにハイジャックされる。両機ともボストンからロサンゼルスへ向かう国内便で燃料を満タンにしており、マンハッタンの国際貿易センタービルに別々の軌道で突入した。2つの高層ビルは崩壊し、約2800人が犠牲となった。また、ワシントン州のダレス空港からロサンゼルスへ向かっていたアメリカン航空のボーイング757もハイジャックされ、ペンタゴン（米国国防総省）に激突した。
ニュージャージー州のニューアークを離陸した2機目のボーイング757もまた乗っ取られたが、乗客たちがテロリストたちを取り押さえ、国会議事堂かホワイトハウスへの突入計画を阻止。だが、田園地帯に墜落してしまう。航空保安対策が直ちにとられ、米国領空の民間機飛行が停止された。国際線の航空業界は深刻な影響を受けた。

9月12日 以前から財政難に陥っていたアンセット・オーストラリア航空が、9月11日の事件でとどめを刺され、管財人の管理下に入る。

10月2日 スイス航空が破産を申告する。

11月7日 サベナ・ベルギー航空が倒産し、78年の歴史の幕を閉じる。

2002年｜ ユナイテッド航空が破産を申し立て、連邦倒産法第11章の適用を受けたが、営業は続行する。

2003年｜ コンコルドが11月26日に完全に退役し、超音速旅客機時代の幕を下ろした。

2004年｜ シンガポール航空のエアバスA340-500が、シンガポール～ニューヨーク間の最短ルート──1万6500キロメートルの距離をノンストップで飛行する。乗客を乗せた

❖ 2001年9月11日のテロ攻撃を受けて、米国は領空内の旅客機運航を停止した。飛行中の旅客機は直ちに着陸するか、米国領空から出なければならなかった。この写真は、カナダのノバスコシア州ハリファックス空港で当時の状況を撮影したもの。

030

❖ コンコルドは、速度が亜音速のときやや不安定になる翼型だったが、その問題を強力なエンジンで補った。

直行便では世界で最も長い航続距離で、午後11時にシンガポールを出発し、現地時間で2日後の午前6時に到着する18時間以上のフライトである。低料金だが3回の食事付きで、飛行中の飲食物は長距離飛行に適したものが選ばれている。

❖ 世界最大の旅客機、エアバスA380は、シンガポール航空に最初に納入された。

航空会社の系譜

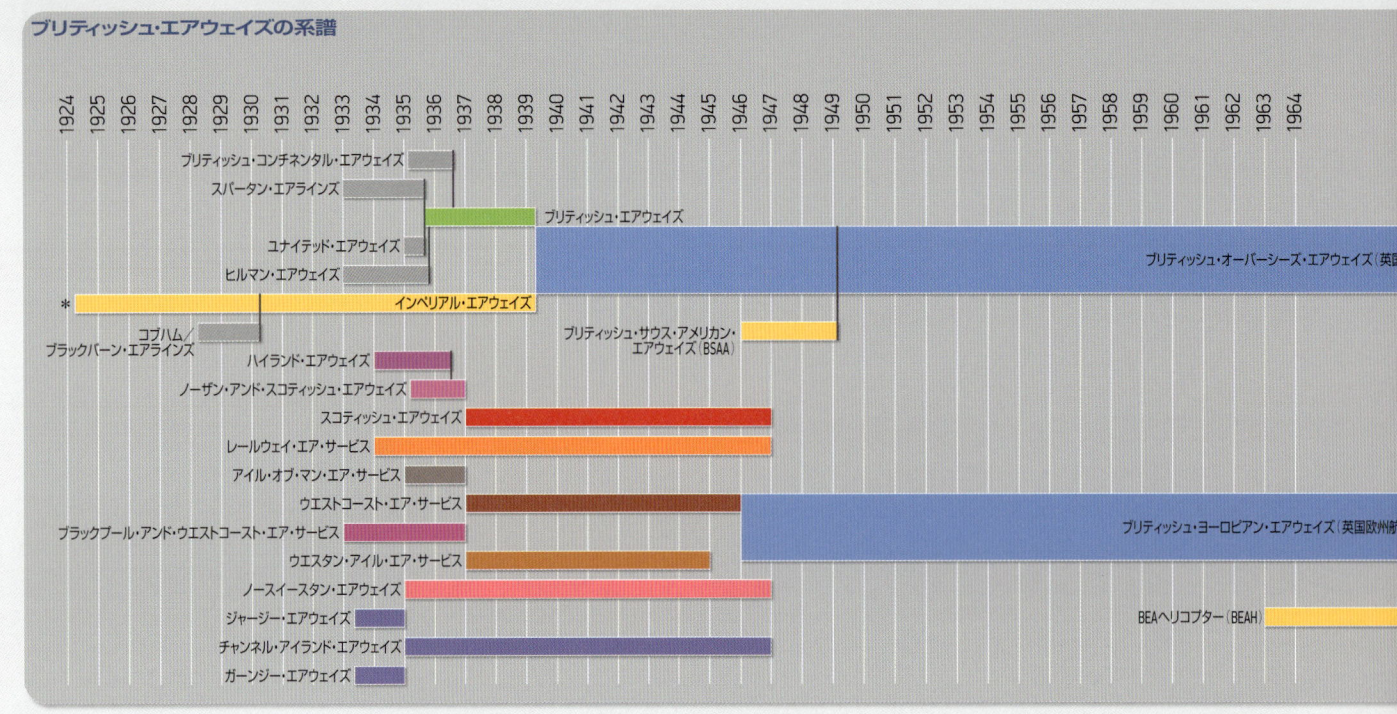

系譜学は非常に面白い。時代を遡って現代に生きる人の系図を追跡し、人間関係やつながり、両親、祖父母、兄弟などを見つけていくものだが、名前が別のものに変わっていると、調べるのに苦労するものだ。同じようなことが航空会社にもいえる。50～60年以上前に設立された当時と現在の社名が同じ会社などはごく少数だ。

デルタ航空は、かなり初期の頃から社名の中に「デルタ」が含まれ、同じく長い伝統を持つノースウエスト航空との合併まで、"跡取り息子"の役割を演じていた。だが、それとは対照的に、USエアウェイズの沿革はかなり複雑だ。オール・アメリカン・エヴィエーションとして1937年に創立され、後にアレゲニー航空に改称し、USエアーを名乗るのにふさわしい規模になるまで、徐々にいろいろな地元の競争会社や他の地域の航空会社を買収してきた。この社名は、次にUSエアウェイズに改められたが、2004年までにその財政状況は売却に出されるほど悪化した。そして、アリゾナに拠点を置く、創業わずか20年のアメリカウエスト航空によって、この経営難の大手航空会社は買収された。USエアウェイズはその後、アメリカウエスト航空に合併吸収され、本拠地をアリゾナ州テンピーへ移転させられる。だが、通常の慣行に従わず、アメリカウエスト航空は社名を買収相手の名前に改めた。「USエアウェイズ」の方が歴史は古く、非常に認知度の高い、より確立された社名だったからだ。

同じように誤解を招きやすかったのが、フィジーに拠点を置く2つの航空会社の名前だ。当初は、太平洋領域一帯をカバーするのが「エア・フィジー」、小型旅客機でフィジーの島々を行き来するだけだったのが「エア・パシフィック」だった。2社が名前を交換したことによって、初めて航空会社の社名と自社のルートマップがマッチした。

政治的な地域を飛行するために、世界の各地で設立される子会社もまた、混乱を招きやすい。たとえば、KLMアジア航空は、台湾へ運航することによって、親会社のKLMオランダ航空の中国国内での運航に支障を来さないよう、1995年に台湾で創立された。保有機の機体には、オランダの旗も国王の冠も示さなかった。もう1つのKLMの子会社は、KNILM（オランダ領インド航空）という社名で、1928～1947年に営業していた。

宗主国の歴史がその国を代表する航空会社の沿革に反映されているといってもよく、このような会社は、後に独立国家となる植民地で子会社を設立することが多かった。さもなければ、常に優位に立つルフトハンザドイツ航空に南米で挑戦した米国の航空会社PANAGRA［パンアメリカン航空とW.R.グレース・アンド・カンパニーの合弁事業］のように、子会社を設立してライバル会社と代理戦争をするような場合もある。

民間航空は、性質上、乱気流のように変化が激しく、航空業界は興味深い提携や合併や買収の場であり続けるのは必至だ。これらはコードシェア便（共同運航便）の合意から始まり、アライアンスに発展した後、完全な買収が発表されることがよくある。インドのキングフィッシャー航空とエア・デカンの例がそうだった。後者は買収されてキングフィッシャー・レッドという名称の格安航空会社として、贅沢な部門に専念する野心的な親会社の運航を補っていた［キングフィッシャー航空とキングフィッシャー・レッドは経営不振のため2012年に運航停止］。これから先の系図学者は安心だ。航空会社の祖先をたどるとき、さらにもっとたくさんの楽しみが待っているのだから。

＊インストーン・エアライン、ダイムラー・エアウェイズ、ハンドレイページ・トランスポート、ブリティッシュ・マリン・エア・ナビゲーションはインペリアル・エアウェイズに合併された。

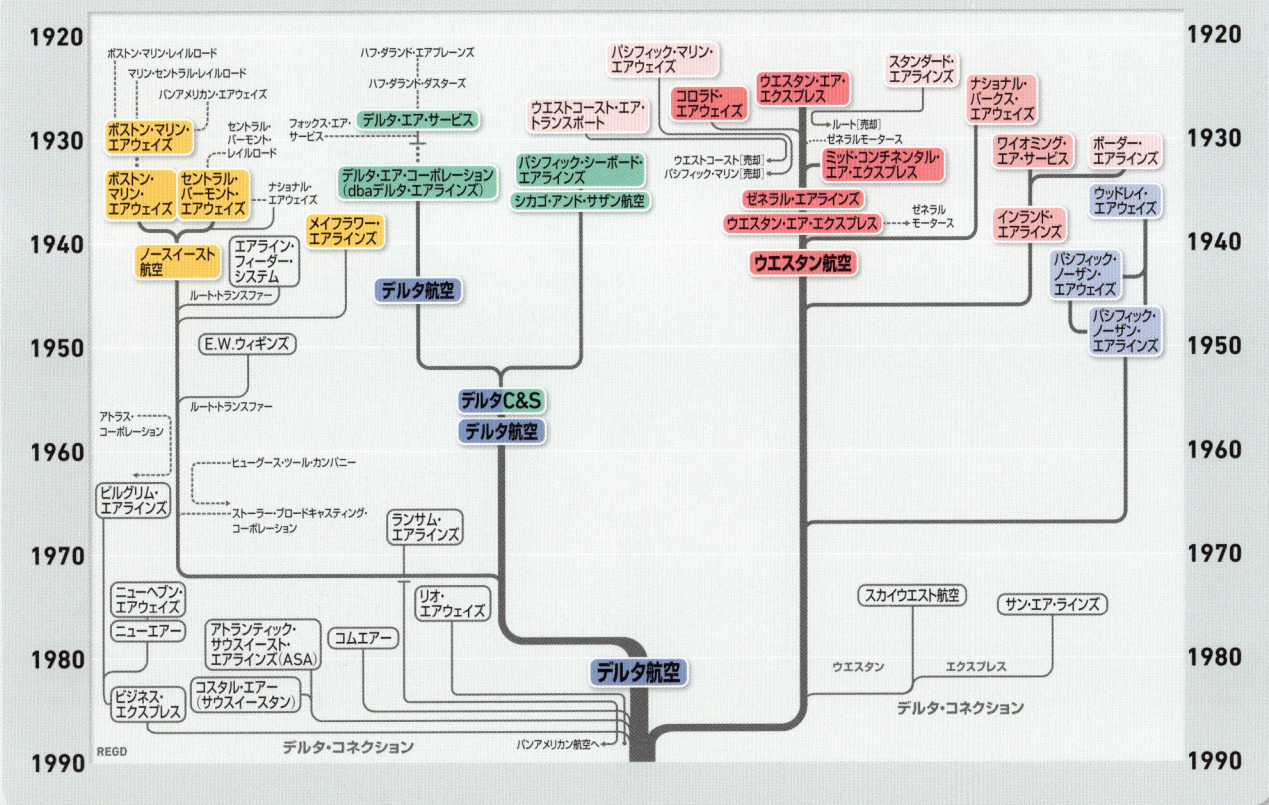

❖ デルタ航空は、2008年にノースウエスト航空と合併して以来、およそ800機の航空機を保有し、さまざまな地域の子会社を持つ、現在世界最大の航空会社だ。しかし、そのスタートは、ハフ・ダランド・ダスターズという小規模の農薬の空中散布会社だった。

連邦倒産法第11章
——米国企業のための避難場所

連邦倒産法第11章によって無数の米国企業が債権者から保護されている。第11章に基づいて債務超過を申請する企業は、自社の負債について心配する必要がなくなり、リストラを行うことができる。第11章を一躍有名にしたのは、航空会社だった。

1979	ニューヨーク・エアウェイズ
1979	エアロアメリカ
1980	フロリダ・エアラインズ
1980	インディアナ・エアラインズ
1980	エア・バヒア
1980	テジャス・エアラインズ
1981	マウンテン・ウエスト
1981	LANICA
1981	コーラル・エアー
1981	パシフィック・コースト
1981	スウィフト・エアライン
1981	ゴールデンゲート・エアライン
1982	パインハースト・エアラインズ
1982	シルバーステート・エアラインズ
1982	エア・ペンシルベニア
1982	エア・サウス
1982	コーチーズ・エアラインズ
1982	ブラニフ航空
1982	アステック・エア・イースト
1982	ウィルズ・エアー
1982	エアロ・サン・インターナショナル
1982	エアロ・ヴァージン・アイランド
1982	アルテア
1989	パータンエアー
2002	USエアウェイズ
2002	ユナイテッド航空
2003	エア・カナダ
2004	フラッシュ航空
2004	USエアウェイズ
2004	ユナイテッド航空
2005	ノースウエスト航空
2005	デルタ航空
2007	マックスジェット・エアウェイズ
2008	アロハ航空
2008	ATA航空
2008	スカイバス航空
2008	フロンティア航空
2008	Eos航空
2008	サン・カントリー・エアラインズ
2008	プライマリス航空

航空規制緩和

米国のカーター大統領が1978年10月28日に航空規制緩和法に署名したとき以来、商業航空界はすっかり変貌を遂げた。

航空会社は収益性を考慮して自社の運航路線を選ぶことが可能になり、また、自社の航空運賃を自由に設定することもできるようになった。

- 国家の保護がなくなったことで、航空会社は自由企業の原理に基づく経営の形をとることを強いられた。
- 航空運賃は需要と供給によって決められるようになった。
- 価格競争によってコストを下げる必要性が生じた。
- 経費への圧迫が組合との労使紛争につながった。

100社以上の航空会社が破綻したが、その中には、エア・フロリダ、ブラニフ航空、キャピトル・エアウェイズ、イースタン航空、マークエア、パシフィック・サウスウエスト航空（PSA）、リパブリック航空、テキサス・インターナショナル航空、トランス・ワールド航空（TWA）、ウエスタン航空といったビッグネームが含まれていた。

規制緩和による結果として最も重要なのは、近距離フライトがより高額になり、長距離フライトがより安くなったということだ。

この頃を契機に不採算路線があっさりと廃止され、世界中の多くの航空会社が民営化された。

世界の主な航空会社の動き
——設立・合併・解散／倒産・買収

1909	●	DELAG（ドイツ飛行船旅行）
1916	●	ノースウエスト・エアウェイズ
1916	●	エアクラフトトランスポート・アンド・トラベル
1917	●	チョークス・オーシャン・エアウェイズ
1918	●	ダニッシュ・エアラインズ
1918	●	ソシエテ・デ・リーニュ・ラテコエール
1919	●	スヴェンスカ・ルフトラフィク
1919	●	ファルマン航空
1919	●	グランズ・エクスプレス航空
1919	●	CMA
1919	●	ダイムラー・エアウェイズ
1919	●	KLMオランダ航空
1919	●	コロンビア・ドイツ航空公社（SCADTA）
1919	●	ハンドレイページ・トランスポート
1919	●	インストーン・エアライン
1920	●	CFRNA
1920	●	カンタス航空
1921	●	メキシカーナ航空
1921	●	ウエスト・オーストラリアン・エアウェイズ
1921	●	エアロマリン・ウエスト・インディーズ・エアウェイズ
1921	✚	エアクラフトトランスポート・アンド・トラベル
1921	✚	スヴェンスカ・ルフトラフィク
1922	●	マレート
1923	●	エア・ユニオン
1923	●	ドブロリョート（アエロフロート・ロシア航空の前身）
1923	●	サベナ・ベルギー航空
1923	●	チェコ航空
1923	●	フィンランド航空
1923	●	ABエアロトランスポート（ABA）
1923	●	タジキスタン航空
1923	●	グランズ・エクスプレス航空
1923	✚	CMA
1924	●	ブリティッシュ・マリン・エア・ナビゲーション
1924	●	インペリアル・エアウェイズ
1921	●	ハフ・ダランド・ダスターズ
1924	∞	ダイムラー・エアウェイズ ▶ インペリアル・エアウェイズ
1924	∞	ハンドレイページ・トランスポート ▶ インペリアル・エアウェイズ
1924	∞	インストーン・エアライン ▶ インペリアル・エアウェイズ
1924	✚	エアロマリン・ウエスト・インディーズ・エアウェイズ
1924	∞	ブリティッシュ・マリン・エア・ナビゲーション ▶ インペリアル・エアウェイズ
1925	●	ウエスタン・エア・エクスプレス
1925	●	CIDNA
1925	●	LAB航空
1926	●	ドイツ・ルフト・ハンザ
1926	●	イースタン航空
1926	●	バーニー・エアラインズ
1926	●	ノースウエスト航空
1926	●	コロニアル・エア・トランスポート
1926	●	クルゼイロ航空
1927	●	パンアメリカン航空（英名：パンアメリカン・エアウェイズ）
1928	●	ブラニフ航空
1928	∞	ハフ・ダランド・ダスターズ ▶ デルタ・エア・サービス
1929	●	パンアメリカン・グレース・エアウェイズ（PANAGRA）

年	記号	航空会社
1930	●	トランス・コンチネンタル・アンド・ウエスタン航空（TWA）
1930	∞	ウエスタン・エア・エクスプレス：スタンダード・エアラインズ＋トランスコンチネンタル・エア・トランスポート▶TWA
1930	●	ウエスタン・カナディアン・エアウェイズ
1930	∞	ウエスタン・カナディアン・エアウェイズ▶カナディアン航空
1930	∞	コロニアル・エア・トランスポート▶アメリカン航空
1931	●	スイス航空
1932	✣	ソシエテ・デ・リーニュ・ラテコエール〈仏〉
1933	●	ファルイースト航空
1933	∞	ファルマン航空▶エールフランス
1933	∞	CFRNA▶エールフランス
1933	●	エア・ユニオン
1933	∞	CIDNA▶エールフランス
1934	●	ナショナル航空
1934	∞	バーニー・エアラインズ▶ユナイテッド航空
1935	●	DELAG（ドイツ飛行船旅行）
1936	✣	ウエスト・オーストラリアン・エアウェイズ
1937	●	マレーシア航空（MAS）
1938	●	ダービィ・エアウェイズ
1939	●	ブリティッシュ・オーバーシーズ・エアウェイズ（英国海外航空：BOAC）
1939	∞	インペリアル・エアウェイズ▶BOAC ブリティッシュ・エアウェイズ▶BOAC
1940	●	アビアンカ航空
1940	∞	コロンビア・ドイツ航空公社（SCADTA）▶アビアンカ航空
1941	●	ウエスタン航空
1941	∞	ウエスタン・エア・エクスプレス▶ウエスタン航空
1942	●	カナディアン・パシフィック・エアラインズ（CPエアー）
1944	●	アイスランド航空
1945	✣	マレート
1945	●	フライング・タイガー・ライン
1945	✣	ドイツ・ルフトハンザ（※旧ドイツ・ルフト・ハンザ、1933年に改称）
1945	●	モホーク・エアラインズ
1946	●	ブリティッシュ・ヨーロピアン・エアウェイズ（英国欧州航空：BEA）
1946	●	ブリティッシュ・ワールド・エアウェイズ
1946	●	キャピトル・エアウェイズ
1946	●	イースト・アフリカン・エアウェイズ（EAA）
1946	●	ソベルエア
1945	●	ダニッシュ・エアラインズ
1947	●	エア・セイロン
1948	●	アビアコ
1949	●	CAAC（中国民航）
1949	●	パシフィック・サウスウエスト航空
1950	∞	ABエアロトランスポート（ABA）▶スカンジナビア航空（SAS）
1952	●	ノースセントラル・エアラインズ
1953	●	アレゲニー航空
1953	●	バルエア
1953	●	ダン・エア
1953	●	ワードエア
1953	∞	ハフ・ダランド＋シカゴ・アンド・サザン航空▶デルタC&C
1954	●	ルフトハンザドイツ航空（通称：ルフトハンザ航空）
1954	●	エールアンテール
1954	●	インターフルク
1956	●	サウスイースト航空
1957	●	バヴァリア
1959	●	スパンタックス
1961	●	イネックス・アドリア・エアウェイズ
1961	●	ヴィアサ
1962	●	スターリング航空
1963	●	アリア
1963	●	アリサーダ
1963	●	UTAフランス航空
1964	●	ジャーマンエア
1964	✣	ダービィ・エアウェイズ
1966	●	デルタ・エア・トランスポート（DAT）
1966	●	レイカー航空
1967	✣	パンアメリカン・グレース・エアウェイズ（PANAGRA）
1967	●	キャピトル・エアウェイズ
1967	∞	ウエスタン航空＋パシフィック・ノーザン・エアラインズ
1968	∞	パシフィック・エアラインズ▶エア・ウエスト
1969	●	テキサス・インターナショナル・エアラインズ
1970	●	ブリティッシュ・カレドニアン航空
1970	●	パンインターナショナル
1970	∞	エア・ウエスト▶ヒューズ・エア・ウエスト
1971	✣	パンインターナショナル
1972	●	エア・リットラル
1972	●	サウスイースト航空
1972	●	モホーク・エアラインズ
1972	∞	ノースイースト航空▶デルタ航空
1973	●	アイスランド航空
1974	●	DLT
1974	●	NFD
1974	∞	英国海外航空（BOAC）▶ブリティッシュ・エアウェイズ
1974	∞	英国欧州航空（BEA）▶ブリティッシュ・エアウェイズ
1974	●	ブリティッシュ・エアウェイズ
1974	●	バハマ・ワールド・エアウェイズ
1975	●	クロスエア
1977	●	イースト・アフリカン・エアウェイズ
1978	●	エア・ヨーロッパ
1978	●	デルタ・エア・レギオナルフルクファケア
1978	●	オーバーシーズ・ナショナル・エアウェイズ
1979	●	エア・ランカ
1979	●	ジャージー・ヨーロピアン・エアウェイズ［2000年にブリティッシュ・ヨーロピアンに改称］
1979	●	エア・セイロン
1979	●	ノースセントラル・エアラインズ
1979	●	アレゲニー航空
1979	●	サウスイースト航空
1979	●	バヴァリア
1979	●	ジャーマンエア
1979	∞	ノースセントラル・エアラインズ＋サザン航空▶リパブリック航空
1980	●	ナショナル航空
1980	∞	リパブリック航空＋ヒューズ・エア・ウエスト
1981	●	アエロ・ロイド
1981	●	国際コルシカ航空（コルセ・エア・インターナショナル）
1981	●	グレイトレイクス航空
1982	●	ブラニフ航空
1982	✣	テキサス・インターナショナル航空
1984	✣	カナディアン・パシフィック・エアラインズ
1985	●	CAAC（中国民航）
1985	●	レイカー・エアウェイズ
1986	●	インターロット・エア・サービス
1986	●	イネックス・アドリア・エアウェイズ
1986	●	アリア
1986	∞	リパブリック航空＋ノースウエスト航空
1986	●	ウエスタン・エア・エクスプレス
1987	●	エア・ボスニア
1987	●	カナディアン航空
1987	●	エメリ・ワールドワイド
1987	✣	ブリティッシュ・カレドニアン航空
1987	∞	ウエスタン航空▶デルタ航空
1988	●	LTU Sud
1988	●	パシフィック・サウスウエスト航空
1988	●	スパンタックス
1989	●	ジャーマンウイングス
1989	●	ワードエア
1990	●	ジャーマンウイングス
1991	●	イースタン航空
1991	●	パンアメリカン航空（英名：パンアメリカン・ワールド・エアウェイズ）
1991	✣	アリサーダ
1991	∞	パンアメリカン航空（路線）▶デルタ航空
1992	●	シュルークエア
1992	●	ダン・エア
1992	●	UTA
1992	●	DLT
1993	∞	クルゼイロ航空▶ヴァリグ・ブラジル航空
1994	●	セーバー・エアウェイズ
1998	●	エア・ボスニア
1994	●	インターフルク
1994	●	ニュルンベルク・フルクディンスト
1994	●	RFGリージョナルフルーク
1995	●	エールアンテール
1995	●	インターロット・エア・サービス
1997	●	Go!航空
1997	●	KLM uk
1997	●	ヴォラーレ航空
1997	●	ヴィアサ
1997	✣	LTU Sud
1999	●	バズ航空
1999	●	JMC
1999	●	アビアコ
1999	●	エア・ランカ
2000	●	セーバー・エアウェイズ
2001	●	サベナ・ベルギー航空
2001	✣	トランス・ワールド航空（TWA）
2001	✣	スイス航空
2001	∞	カナディアン航空▶エア・カナダ
2002	●	クロスエア▶スイスインターナショナルエアラインズ
2002	●	デルタ・エア・トランスポート（DAT）
2002	✣	ナショナル航空（1999年に復活したもの）
2002	✣	Go!航空
2002	✣	VGエアラインズ
2003	●	Vバード・エアラインズ
2003	●	アエロ・ロイド
2003	●	シュルークエア
2003	●	バズ航空
2003	✣	JMC
2004	●	ソベルエア
2004	✣	エア・リットラル
2007	●	スイスインターナショナルエアラインズ航空▶ルフトハンザドイツ航空
2007	●	チョークス・オーシャン・エアウェイズ
2007	●	LAB航空
2008	●	デルタ航空＋ノースウエスト航空
2008	∞	アリタリア・イタリア航空▶エールフランス／KLM
2009	●	AUA▶ルフトハンザドイツ航空
2009	●	BMI▶ルフトハンザドイツ航空

［表中記号］
●＝設立　∞＝合併　✣＝解散・倒産　▶＝買収

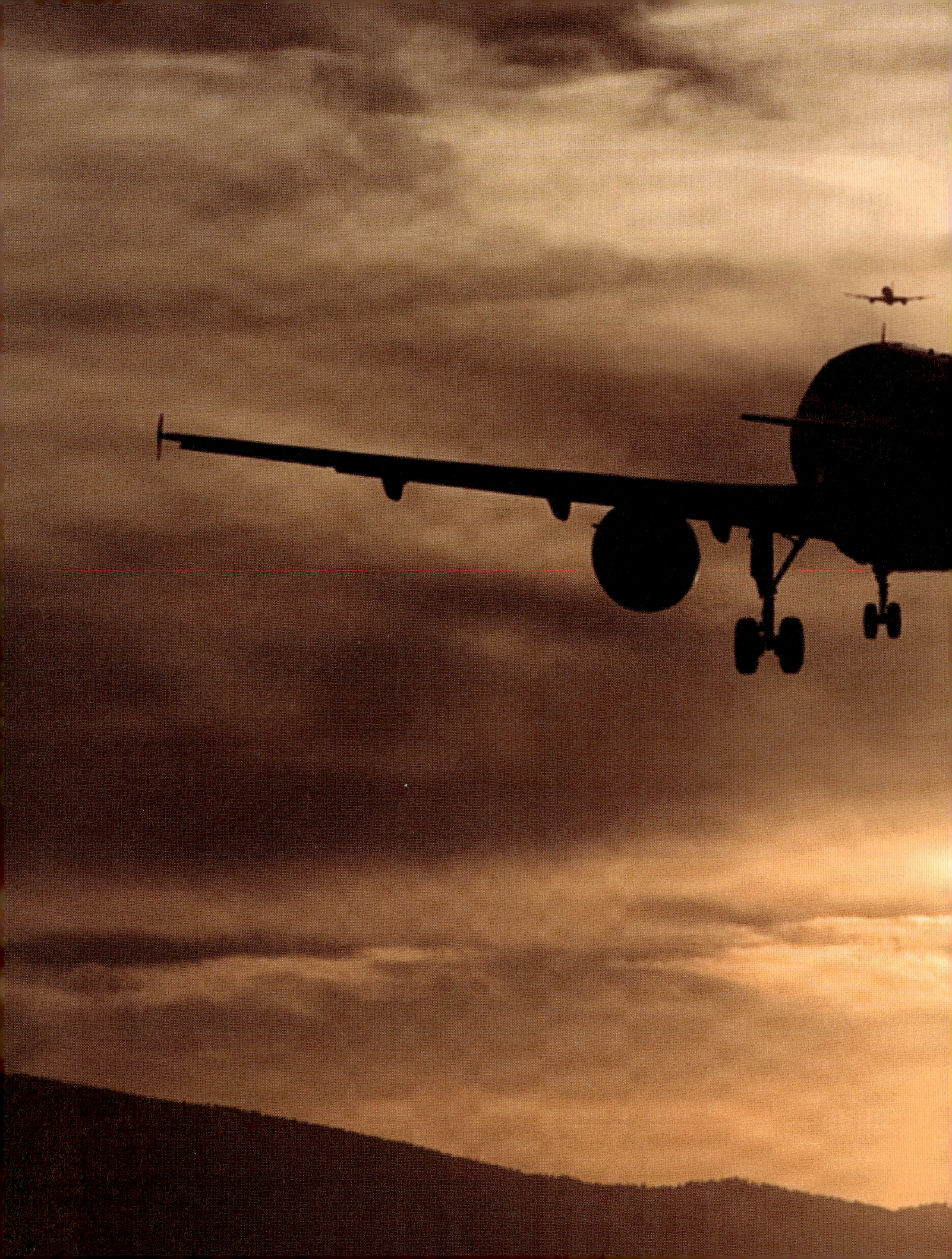

世界の主要な旅客機

ユンカースJu-52「タンテ・ユー（ユーおばさん）」

一般的にユンカースJu-52といえば、Ju-52/1m（軍事利用のために開発された単発エンジンの航空機）から発展したJu-52/3mのことで、元々はインフラの整っていない地方での使用を念頭に、メンテナンスが最小限で済むような頑丈な輸送機、あるいは補助爆撃機として設計された。しかし、設計者フーゴー・ユンカース教授のビジョンを追求し、また、ドイツ・ルフト・ハンザからの依頼を受けて、最終的に3発エンジンのJu-52/3mとなり、世界で初めて大量生産された旅客機となった。Ju-52は数多くの航空会社に購入され、合計で4800機以上生産された。中には今日でもまだ飛んでいるものがある。Ju-52は、アルゼンチン、オーストリア、ベルギー、ボリビア、ブラジル、コロンビア、ドイツ、英国、イタリア、ノルウェー、ペルー、南アフリカ、ソ連、スウェーデン、ウルグアイ各国の航空会社で運用され、また、ドイツ・ルフト・ハンザが中国に作った子会社、ユーラシア航空でも使われた。当時のルフト・ハンザの機内パンフレットには次のように書かれている。

「空の旅は、時間を節約しながらリフレッシュできる楽しい体験です。今日の高速旅客機なら、長距離のご旅行も短時間でご到着いただけます」。

当時、航空会社は喫煙者に対してまだ寛大だった。「煙草をお吸いになりたいお客様は、喫煙室をご利用ください。皆様に楽しんでいただくために、喫煙室にいらっしゃるお客様には後からご利用を希望される方に席を譲っていただくようお願い申し上げます」。

また、"飛行機酔い"への対処も入念に準備されていた。「ルフト・ハンザでは、飛行機で乗り物酔いになられたお客様が万が一機内を汚されても、追加料金をいただくことはありません。ただし、それが客室内でお客様がお連れになっている犬に起因する場合、飼い主のお客様に1ライヒスマルク［1924年から1948年6月まで使用されたドイツの正式通貨］の清掃料のお支払いをお願いしております。お預かりした料金は、そのような事態への代償として、乗り物酔いを起こされた方にお渡しいたします」。

ユンカースJu-52/3m	
全長	18.5m
翼幅	29.25m
翼面積	110.5m²
最大離陸重量 (MTOW)	10,500kg
最大速度	250km/h
巡航速度	190km/h
航続距離	1,200～1,300km
実用上昇限度	6,300m (20,669ft)
運航乗員数	3
座席数	15～17
エンジン数	3基
初飛行	1932年3月7日

❖ メンテナンスに手のかからない設計のおかげで時間通りの運航ができたJu-52は、信頼性が高いという評判を勝ち取って絶大な人気を得、たちまち世界中で使われるようになった。

❖ ウルフ・ディーター・グラフ・ツー・カステル=リューデンハウゼンは、ドイツ・ルフト・ハンザの中国内の子会社、ユーラシア航空向けに1930年から広域運航路線網を構築した。だが、物事がそう簡単に進んだわけではない。雨が降り続いた後に、間に合わせの滑走路が沼地のようになることは珍しいことではなかった。この写真は、10頭の水牛の助けを借りて8トンのJu-52をぬかるみから引っ張り出そうとしているところ。

❖ 業界観測筋の驚きをよそに、米国のユナイテッド航空がフランスで20機のシュド・カラベルを購入した。

シュド・カラベル

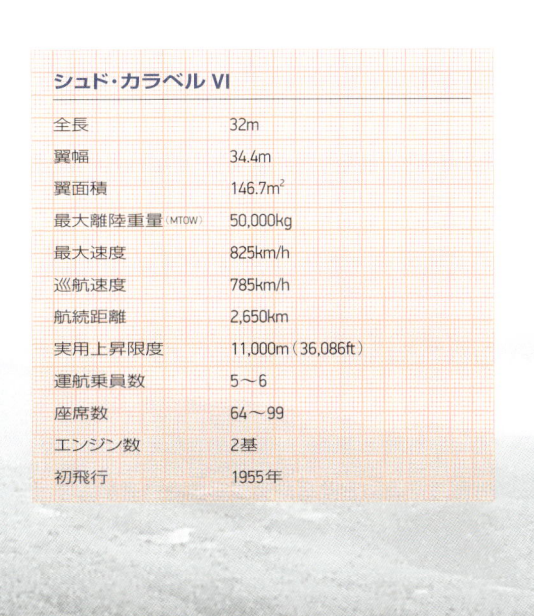

シュド・カラベル VI

全長	32m
翼幅	34.4m
翼面積	146.7m²
最大離陸重量（MTOW）	50,000kg
最大速度	825km/h
巡航速度	785km/h
航続距離	2,650km
実用上昇限度	11,000m（36,086ft）
運航乗員数	5〜6
座席数	64〜99
エンジン数	2基
初飛行	1955年

フランスの航空機メーカー、シュド・アビアシオンは、EADS（ヨーロッパの航空・防衛・宇宙関連企業）の前身会社の1つだ。1951年、シュド・アビアシオンは、フランス民間航空局が求めるジェット旅客機の仕様——航続距離2000キロメートル以上、巡航速度が時速600キロメートル程度で乗客55〜65人と1トンの荷物の積載が可能——を満たす航空機の開発を始めた。当初は、3基のフランス製エンジンを後部に搭載する計画だったが、結局、設計者たちは実績ある英国製のターボジェットエンジン、ロールス・ロイス「エイヴォン」を選んだ。エイヴォン2基でも同様のパフォーマンスが見込めたからだ。

だが、2基を翼の下に搭載する一般的な方式ではなく、リアマウント方式はそのまま継続された。結果として、空気力学的に"邪魔物のない"翼を生み、エンジンポッドによる抵抗がなくなった。先に開発されていたデ・ハビランド・コメット［英国のデ・ハビランド社が製造した世界初のジェット旅客機］の技術も一部流用され、そのライバル機となった。また、機体後部の形状を変えたことで最初に生産されたモデルは60〜90人の乗客が収容可能になり、後発モデルでは座席数が最高139までになった。

シュド・カラベルは大成功を収めた。フランスの航空会社エールフランスとエールアンテール（2社合計で92機購入）に加え、ヨーロッパやアフリカの多くの航空会社もこのフランス製航空機を運用した。米国のユナイテッド航空でさえも20機注文したほどだった。シュド・カラベルは、1953〜1973年の間に合計283機生産された。

❖ミドル・イースト航空が保有したシュド・カラベル7機のうちの1機。1964年4月17日、この旅客機はサウジアラビアのダーランへ向かう途中、海に墜落した。だが、原因はまったく特定できなかった。

◆ロッキード社のコンステレーション、スーパー・コンステレーション、スター・ライナーがレシプロエンジン旅客機の最後を飾る。その後、歴史はターボプロップ機時代へと移り変わり、長距離の空の旅はボーイング707とダグラスDC-8で支配されるようになる。

ロッキード L-1049G スーパー・コンステレーション

全長	35.42m	航続距離	8,700km
翼幅	38.47m	実用上昇限度	7,050m
翼面積	153.7m²		（23,130ft）
最大離陸重量 （MTOW）	62,370kg	運航乗員数	5
		座席数	62〜109
最大速度	610km/h	エンジン数	4基
巡航速度	570km/h	初飛行	1950年10月13日

ロッキード L-1049G スーパー・コンステレーション

1939年、トランス・ワールド航空(TWA)は、4基のレシプロ(ピストン)エンジンを搭載した40座席の長距離航空機をロッキード社に発注した。製造されたロッキード・コンステレーションの初期型は1943年1月9日に初飛行をおこなったが、戦時下となり製造された同型機や派生型はすべて軍用機に回された。

大戦後、TWAに加え、パンアメリカン航空、KLMオランダ航空、エールフランス、エア・インディア、南アフリカ航空も同型の航空機を発注した。コンステレーションは、派生型もすべて合計すると856機製造されている。

戦後、座席数増加の要望が急速に高まると、ロッキード社は機体を5.6メートル延長し、エンジンをグレードアップした。さらに座席間を狭くしたことで、乗客収容数を最大99人にまで増やした。しかし、6500キロメートルという航続距離は、ノンストップで大西洋横断するには短すぎたため、航空会社はニューファンドランドのガンダーやアイルランドのシャノンで給油のための着陸を余儀なくされた。

翼に燃料タンクを搭載し航続距離を延ばした"スーパー・コニー"ことスーパー・コンステレーションは、4発旅客機ながら整備していてもエンジン1基がよく故障したので「世界最高の3発機」と揶揄された。それでも非常に人気が高く、TWAが48機、イースタン航空が46機、KLMが35機保有した。また、エールフランス、カンタス航空、ルフトハンザドイツ航空、ヴァリグ・ブラジル航空など、長距離路線の運航を手がけるあらゆる航空会社もスーパー・コンステレーションに目を向けた。合計259機の"スーパー・コニー"が誕生したが、今日でもまだ運用されているものがあり、航空機愛好家の熱狂的な愛着の対象になっているようだ。

L-1049Gの後にL-1649スター・ライナーが続いたが、この型は44機しか製造されなかった。世界はすでにジェット機時代に向かっていたのである。

❖ 米国の航空会社ATAはトライスターでクルーズ客船の乗客を乗船場所まで運んでいた——アルゼンチンのウシュアイア空港にて撮影。

ロッキード L-1011 トライスター

	L-1011-1	L-1011-200	L-1011-500
全長	54.2m	54.2m	50m
翼幅	47.3m	47.3m	50.1m
翼面積	321.1m²	321.1m²	329m²
最大離陸重量 (MTOW)	195,000kg	209,000kg	225,000kg
最大速度	999km/h	999km/h	999km/h
巡航速度	950km/h	950km/h	950km/h
航続距離	7,419km	7,419km	10,200km
実用上昇限度	10,670m (35,007ft)	10,970m (35,997ft)	12,496m (40,997ft)
運航乗員数	3	3	3
座席数	253（3クラス）	263	234（3クラス）
エンジン数	3基	3基	3基
初飛行	1970年11月16日	1976年8月12日	1976年10月1日

ロッキード L-1011 トライスター

1966年、アメリカン航空が座席数250以上の中距離航空機の仕様を出すと、ロッキード社はこれを今後の需要が見込める市場のすき間ととらえた。ロッキードとマクドネル・ダグラス両社が提案した設計はどちらも3発式のよく似たモデルだったが、ロッキード社はボーイング727と同様に3番目のエンジンを尾部に融和させた。しかし、これがネックとなった。ロッキード社が契約していたエンジンメーカーのロールス・ロイス社が、運悪く破産してエンジンの供給が困難になり、プロジェクト全体が遅れてしまったのである。

そのためアメリカン航空はダグラス社のDC-10を選択することになるのだが、その一方で、イースタン航空とトランス・ワールド航空はロッキード社のトライスターをそれぞれおよそ50機、デルタ航空は70機発注した。結局、L-1011はDC-10とほぼ同時に製造開始となったが、トライスターの生産は250機にとどまり、RB.211エンジンが次第に古くなって不経済になっていくのと同時にトライスター自体も古臭いものになっていった。一方DC-10は相当な人気を博し、その後のMD-11の基礎を築いたのである。

ボーイング社物語

1915年に飛行機の操縦を学んだウィリアム・E・ボーイングは、翌年、ボートハウスで最初の自作飛行機を完成した。その試験飛行のために雇った経験豊かなパイロットが遅刻したため、待ちきれなくなったウィリアムは自らコックピットによじ上った。パイロットがボートハウスに息を切らして到着したとき、ウィリアムはまさに彼の目の前で湖のほとりまで飛行機を加速して離陸し、400メートルの距離を飛んだ。かなりの先見性があるウィリアムは、航空学の教職員が将来のエンジニアを育成できるよう、シアトルにあるワシントン大学の風洞建設費を負担した。ウィリアムが1916年に設立し、1917年にボーイング・エアプレーン社と改称された若い会社は、当時パイロットから溶接工まで総勢28人という規模だった。米国が第一次世界大戦に参戦したとき、同社は50機の水上飛行艇を米国海軍に納入した。しかし、戦後、航空機市場は飽和状態となり、ビジネスにとどまるためにしばらく家具の製造に携わらなくてはならなかった。だがそうこうするうち、ボーイング社はなんとか航空郵便用の飛行機の注文をいくつか獲得し、まもなくユナイテッド航空から大口注文を得た——ボーイング247型機、60機だった。しばらくして、ウィリアムはこの発注が実際には競合会社の利益になることに気がつく。というのも、その契約はユナイテッド航空が同型機を2年間独占運用するというものだったからだ。つまり、その期間が終わるまでは他の航空会社に提供してはならないと義務づけられていた。その結果、ユナイテッド航空以外の会社は他のメーカーから選択肢を探すことを余儀なくされた。

❖ ボーイングの始まりは古いボートハウスだった。"Red Barn（赤い納屋）"のレプリカ。現在、博物館になっている。

米国が第二次世界大戦で再び軍用機（戦闘機、輸送機、軽爆撃機、重爆撃機など）を必要としたとき、ボーイング社では307ストラトライナーの製造が開始されるところだった。ボーイングとマクドネル・ダグラス両社で軍用機製造が最優先されるようになると、当然、航空機の設計や製造は、"より大きな機体で、より速くより安全により長い距離を飛ぶことができるメンテナンスが簡単な航空機"を製造するための開発努力、技術革新、競争、材料の制約に取り組むことを余儀なくされた。だが、それがメーカーの発展にとっては大きな恩恵となった。

1945年以後、人々が再び平時の生活を取り戻すと、航空機メーカーはますます大きく豪華な航空機を生産し始めた。ボーイング社は707型機で世界的なヒットを勝ち取り、民間旅客機型だけで723機を販売

ボーイング

	247D	307	314	377
全長	16.3m	22.6m	32.31m	33.63m
翼幅	22.66m	32.6m	46.33m	43.05m
翼面積	77.6m²	138m²	266.34m²	164.34m²
最大離陸重量 (MTOW)	5,950kg	19,050kg	37,422kg	66,000kg
最大速度	324km/h	396km/h	320km/h	695km/h
巡航速度	304km/h	350km/h	296km/h	603km/h
航続距離	約1,200km	3,846km	5,600km	8,500km
実用上昇限度	3,000m (9,843ft)	7,985m (26,197ft)	4,085m (13,402ft)	9,800m (32,152ft)
運航乗員数／座席数	3／10	5／33	3／74	4／55〜100
エンジン数	2基	4基	4基	4基
初飛行	1933年2月8日	1938年12月31日	1938年	1947年7月8日

初期のボーイング機

した。1970年代にはそれまでの航空史上最大で最も誇り高い大型旅客機、ボーイング747の生産が開始され、航空の輝かしい新世界に向け扉を開いた。

1996年、米国の航空業界が大きな合併吸収にゆれた時期に、ボーイング社はマクドネル・ダグラス社を買収し、世界の航空宇宙機器業界をリードする存在となった。ドイツ、ザウアーラント地方のホーエンリンブルクの人々にとって、1868年にウィルヘルム・ボーイングが米国に向けて旅立ったとき、このような将来が待っているとはまったく想像できなかっただろう。渡米後、ウィルヘルム・ボーイングは徐々に出世し、材木と鉄鉱石で富を得て、この世を去るとき、妻と3人の息子に150万ドルを残した。息子ウィリアムが彼の遺産から生み出したものは、現在、誰の目にも明らかだ。

ボーイング247D

本機は全金属製の近代的な航空機で、格納式着陸装置（引き込み脚）・可変ピッチプロペラ・防氷システム・自動操縦装置が装備されていた。ロサンゼルスからニューヨークまで7回の給油着陸をはさんで20時間で飛ぶことができた。生産された75機のうち航空輸送業のボーイング・エア・トランスポートが60機、ユナイテッド航空が10機、ドイツ・ルフトハンザがドイツと中国で5機運用した。

ボーイング307 ストラトライナー

本機はボーイング社で初めて与圧キャビンを持ち、より高い高度で飛ぶことができる旅客機だった。機体が広かったので、大富豪ハワード・ヒューズが1機購入し、『空飛ぶペントハウス』としてリビングルーム、ベッドルーム、2つのバスルーム、キッチン、バーを装備したことで知られている。生産されたのはわずか10機だった。

ボーイング314 クリッパー

パンアメリカン航空は、ボーイング社に4発エンジンの飛行艇を発注した。ボーイング社は、昔の大きな帆船の名にちなんだ「クリッパー」というニックネームを、314型機すべてに継承した。クリッパーは最大74人分の座席（夜間は40床前後のベッド）が用意できた。さらに広々とした化粧室、ラウンジに変えられる食堂と結婚式用のスイートルームが備えられ、料理は最高級ホテルのシェフによって提供された。314全体で12機生産された。

ボーイング377 ストラトクルーザー

第二次世界大戦後初めてのボーイングの旅客機377型機は爆撃機B-29のすべての先進技術を備えていた上、豪奢に装備された。広々とした化粧室があり、らせん階段が"地下室のバー"［2階構造の1階］に通じていて、客室乗務員が乗客のためにでき立ての食事を用意した。当然、夜通しのフライト用に折りたたみ式の40床ほどのベッドが装備されていた。377は合計56機生産された。

047

ボーイング707

❖ サベナ・ベルギー航空は、707型機を合計で30機導入した。そのほとんどすべてが、座席数141（チャーター機仕様は219席）のボーイング707-320だった。707-320は、ヨーロッパから米国西海岸、あるいはアフリカ内の目的地までノンストップで飛ぶことができる。

第二次世界大戦後、新型空中給油機の原型機にふさわしいものを探していたボーイング社は、すでに試作されていたボーイング367-80、通称「ダッシュ80」を選んでKC-135を製造した。だが、367-80の飛行特性や航続距離は旅客機にも適していた。こうして開発が着手された707は、横6列シートを実現するため、KC-135より胴体直径が10センチメートル（4インチ）広げられた。

ボーイング社は、各航空会社のニーズに合わせてカスタマイズする707の派生型の製造も請け負った。たとえば、カンタス航空には長距離フライトに対応するモデル（707-138）、ブラニフ航空には南米ルートの高高度飛行に対応するモデル（707-220）が製造されている。

この戦略は成果を上げ、ボーイング社初のジェット旅客機は世界的な成功を収めた。アイルランド国営航空会社エアリンガスからザンビア航空まで、600人の経営者から選ばれる航空機となり、トランス・ワールド航空やパンアメリカン航空では、保有機のうち130機がボーイング707だった。

707型機は、その寿命の長さが際立っている。今日の基準からすれば決して経済的とはいえず、現在、ヨーロッパのほとんどの空港で、航空機騒音規制をどうにかクリアする（時には高い追加着陸料を支払わなければならない）ようなレベルであることは避けられない事実だが、導入されて半世紀経った現在でも、まだ運用されているものがある。ジョン・トラボルタが所有する707（1964年に製造された707-138B）は、彼のお気に入りだ。

また、短距離用に改良したボーイング720も製造されており、合計すると720型機が154機、707型機が856機（総計1010機）、ボーイング社の工場から巣立っていったことになる。

ボーイング707-320（B）・（C）

全長	46.61m
翼幅	43.4m
翼面積	273.7m²
最大離陸重量（MTOW）	141,700kg
最大速度	950km/h
巡航速度	885km/h
航続距離	8,700km
実用上昇限度	12,800m（41,995ft）
運航乗員数	3〜4
座席数	219
エンジン数	4基
初飛行	1959年1月11日

ボーイング727

❖ ボーイング727は、パンアメリカン航空の主力旅客機だった。短距離のフライトにも、また最長飛行距離が5000キロメートルにも及ぶ大陸横断路線にも運用された。

ボーイング727-200

全長	46.69m
翼幅	32.92m
翼面積	157.93m²
最大離陸重量(MTOW)	95,030kg
最大速度	980km/h
巡航速度	965km/h
航続距離	4,020km
実用上昇限度	12,192m (40,000ft)
運航乗員数	2
座席数	169〜178
エンジン数	3基
初飛行	1964年5月17日

ボーイング社は、フランス製のジェット旅客機シュド・カラベルのように、エンジンを後部に搭載した大型旅客機を試作した。リアマウント方式は乗客に聞こえる騒音を減らす効果があり、主翼にエンジンが搭載されていないため空気抵抗が抑えられ、より低燃費でより速い巡航速度が見込めた。

その他の特徴として、乗客の搭乗口が機体の後部に追加されたこと、APU（補助動力装置）が装備されたことが挙げられる。727型機はAPUが搭載されたことで、地上からの電力供給に頼らずにエンジンを始動できるようになった。

当初、売り上げが伸び悩んだため、ボーイング社は、727を26カ国に立ち寄らせる12万キロメートルのワールドツアーに送り出した。結果的に、各航空会社は727の導入になびくことになったが、それには短距離での離陸が可能なこと、乗客収容能力、APUの搭載といった727の特徴が少なからず影響していたことは間違いない。

727型機は航空会社666社に購入され（ユナイテッド航空だけでも236機を運用していた）、総計1832機生産されている。そのうち400機以上がまだ運用中で、特にFedExのような貨物航空会社から支持を得ている。また、727の特徴から、滑走路が短いアフリカや南米やアジアの国々でも広く使われている。727は燃料を節約するためにウィングレット［主翼端に取り付けられる小さな翼］を装着することも可能だ。

ボーイング727型機は、長年にわたって他のどのジェット旅客機よりも多く生産された。

ボーイング737

❖ ボーイング737は、2000年に飛行時間総計1億時間を成し遂げる世界初の航空機となった。これは、1機のボーイング737型機が1万1415年間地球を回っているのに相当する。

ボーイング737

	737-100	737-900
全長	28.65m	42.11m
翼幅	28.35m	34.3m
翼面積	91.1m^2	124.6m^2
最大離陸重量（MTOW）	49,940kg	79,016kg
最大速度	990km/h	990km/h
巡航速度	917km/h	852km/h
航続距離	3,440km	3,630～6660km
実用上昇限度	11,000m（36,089ft）	12,500m（41,010ft）
運航乗員数	3	2
座席数	85～99	175～189
エンジン数	2基	2基
初飛行	1967年4月9日	2000年8月3日

1960年代初期までにボーイング社の顧客として定着していたルフトハンザドイツ航空は、BAC1-11やDC-9タイプの中距離航空機が不足していたため、ボーイング社にそのような仕様の小型ジェット旅客機を開発するよう依頼した。開発された737-100の最初の30機がルフトハンザに納入され始めたのは1965年だった。737-100はドイツでは「ボビー・ボーイング」と呼ばれていたが、米国では「ベイビー・ボーイング」というニックネームの方が好まれた。737は世界中で先例のないほどの成功を収め続けた。2012年の終わりまでにすべての派生型も含め7400機以上の737型機が生産された。たとえば、サウス・ウエスト航空だけでも624機を保有し、その時点でさらに317機が発注されている。ボーイング737は、エアバスA320と同様に、フルサービスを提供する既存の航空会社でも、あるいは格安航空会社でも大当たりした。その翼と素材の体系的な開発の恩恵を受け、737型機は経済的で、それ以前に生産されたどの航空機よりもメンテナンス間隔が長いという長所がある。特に800と900のバージョンは、ターンアラウンドタイム（着陸してから離陸可能になるまでの時間）が短いことで卓越している。これはとりわけ、改善されたブレーキ特性、低い着陸装置、簡略化されたメンテナンス手順によるところが大きい。さらに、旅客機の収容力も絶えず向上してきた。

737シリーズの開発は900ERでその長い道のりに終止符が打たれた。現在、ボーイング社は最新世代型となる737MAXの開発に取り組んでいる。この新世代737は2013年10月までに1495機の注文を集めているが、100〜189座席のマーケットセグメントは非常に重要なため、競争相手に負けるわけにはいかず、これからも販売に力が入れられる機種である。

737-100 世界で最も成功した旅客機737のベースとなったモデル。ルフトハンザドイツ航空は、737-100を他のどの航空会社よりも多く22機保有した。

737-200 1100機以上生産された737-200は、乗客数96〜133人、航続距離は4200キロメートルである。

737-300 より多くの乗客収容数とより高い経済性とより良いパフォーマンスを目指したこのモデルは、航続距離4400キロメートルで座席数を123〜149と増やし、1000機以上生産された。

737-400 737-400は、音が静かでより長い距離のフライト用に開発され、航続距離5000キロメートル以上で146〜162人の乗客を運ぶことができる。生産された約500機は、ほぼすべてがまだ運用中だ。

737-500 737-500は、乗客収容能力を増やしていく傾向からは離れ、103〜122人程の乗客に対応するモデルだが、航続距離は5200キロメートルに延ばされた。しかし、生産数は289機にとどまった。

737-600 1990年代に入ると、一連の"次世代"737型機が展開された。737-600は全長31メートルで110〜122人の乗客を収容し、航続距離が4000〜7200キロメートルだったが、わずかに69機生産されただけだった。

737-700 737-700は現在までに1200機以上が売られ、さらに180機が生産中だ。座席数が128〜149で、3600〜6600キロメートルの距離のフライトで燃費が良い。

737-800 737-800の生産数をしのぐモデルは他にない。3000機が工場を巣立ち、さらに1400機の注文が残っている。このモデルは737-700と同じ航続距離だが、全長39メートルと胴体が長く、162〜189人の乗客を収容することができる。

737-900 このモデルは737シリーズの頂点にふさわしい。その胴体は737-800よりさらに3メートル長くなった。737-900は乗客の最大定員が175〜189人で、737-900ERとなると1クラスなら最高215人が収容できる。

ボーイング747

❖ 1970年代、ボーイング747の人気は大変なもので、747なしでやっていける世界の主要な航空会社は1つもないほどだった。747-400は、これまでに生産された中で最もエレガントな航空機の1つだ。

ボーイング747ジャンボジェットが初めて公開されたとき、人々は驚きのあまり目をこすった——こんなに大きな怪物が空を飛べるとは信じられなかったのだ。400万個のパーツからなり、18個の車輪のある着陸装置を備え、366人の乗客収容力があり、航続距離がおよそ1万キロメートルだという話は驚愕としか言いようがなかった。

2009年、ボーイング747は40回目の誕生日を祝った。それまでに派生型を含め、合計1418機の「ジャンボ」が生産され、35億人の乗客を運んできた。そのうち182機が航空業界の危機的状況の終結を待ちながら倉庫で待機する中、820機が運航中だった。また、125機はスクラップ場内に保管中で、230機はすでにスクラップにされ、12機が博物館にある。49機は事故で破壊したか、撃墜されたり、テロリストによって爆破されたりしている。747型機すべてを合わせた9000万時間の総飛行時間と約800億キロメートルの総飛行距離からするとこれらの災害が起こる割合はごくわずかだが、それでもなお、被害者にとっては悲劇的だ。

民間の個人も貨物輸送会社も空軍もさまざまな理由でジャンボを注文した。イラン空軍はボーイング747を28機、米国空軍は29機保有していた。そのうちの1機は、米国大統領専用機VC-25（通称「エアフォースワン」）として1990年に導入されて以来いまだに飛んでいる。ユナイテッド・パーセル・サービス（UPS）は、2013年までに747を40機導入し、長年にわたって運用してきた。しかし、ジャンボジェット最大の導入会社は日本航空（JAL）だった。2013年8月までの総計でJALは114機導入（ただし、現在は運用0）した。101機のサウジアラビア航空（現サウディア）、80機のキャセイパシフィック航空がそれに続いている。

一方、ボーイング社は、747の後継機で機体がこれまでよりさらに大きくなった747-8の開発を2005年に発表したが、2013年7月までの受注数が107機と伸び悩んでいる。

❖ 長年、ボーイング747はルフトハンザドイツ航空が保有する長距離航空機材の中心的な存在で、同社はこれまでに69機のジャンボを購入し、そのうち31機が運航されている（2013年8月現在）。ルフトハンザは747-8の旅客型を発注した最初の航空会社である。

✥ ボーイング747-100は167機生産された。2階建て部分のアッパーデッキがラウンジとして用いられるようになっていたので、このモデルの上部には両側の3つの丸い舷窓があるだけだった。

✥ ボーイング747-200は航続距離が改善された。アッパーデッキの窓の列は、最初のC整備［1年〜1年半、または飛行時間6000時間程度ごとに実施される整備］まで増設されなかった。

✥ ジャンボの機体を短くしたコンパクトな747SPは、出現当時は群を抜いて長い航続距離を誇った。

✥ ボーイング747-300は747-200と似ているが、改良型エンジンの搭載により、燃料消費が25パーセント削減された。延長されたアッパーデッキは、エコノミークラスで86人分の宿泊が可能だ。

ボーイング747

	747-100	747-200B	747-SP	747-300	747-400（ER）	747-8
全長	70.6m	70.6m	56.31m	70.6m	70.6m	76.4m
翼幅	59.6m	59.6m	59.6m	59.6m	64.4m	68.5m
翼面積	511m²	511m²	511m²	511m²	541.2m²	524.9m²
最大離陸重量（MTOW）	333,400kg	374,850kg	317,515kg	374,850kg	368,000kg	439,985kg
最大速度	945km/h	945km/h	1044km/h	910km/h	988km/h	n/a
巡航速度	895km/h	895km/h	999km/h	894km/h	913km/h	920km/h
航続距離	9,800km	12,700km	15,400km	12,400km	14,205km	14,815km
実用上昇限度	13,100m (42,979ft)	13,100m (42,979ft)	16,500m (54,134ft)	13,100m (42,979ft)	13,100m (42,979ft)	13,100m (42,979ft)
運航乗員数／座席数	3／366	3／366	3／316	3／412	2／416	2／467
エンジン数	4基	4基	4基	4基	4基	4基
初飛行	1969年2月9日	1970年10月11日	1975年7月4日	1982年10月5日	1988年4月29日	2010年2月8日

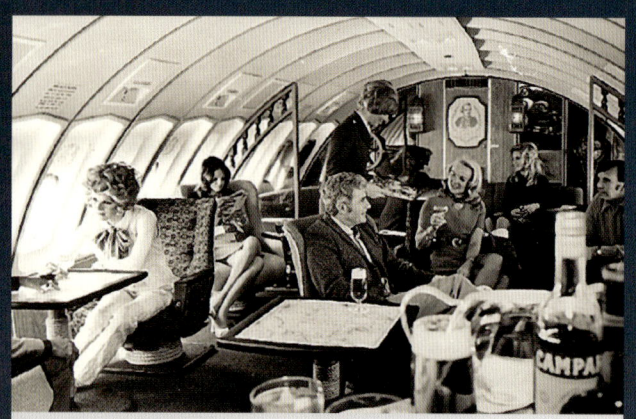

❖ ボーイング747型機のアッパーデッキのラウンジは大きな呼び物だった。多くの乗客にとってプレミアムチケットに高額の追加料金を払う気にさせるだけの価値があった。

ボーイング747の秘密

- 747-400は、300万本のリベットを含む600万のパーツからなる。
- 航空機1機の中に、274キロメートルのケーブルと8キロメートルのホースがある。
- 航空機1機に使用されるアルミニウムは66トン。
- メインの着陸装置には16個、フロントの着陸装置に2個の車輪がある。
- 1枚の主翼だけで、ボーイングが最初に建造した飛行艇の30倍の重さがある。
- エンジンの直径は2.6メートル。
- 初代747のコックピットには971個のライトやスイッチやダイアルがあった。現在では365個になっている。
- 747-400の一般的な離陸速度は時速290キロメートルで着陸速度は時速260キロメートル。
- ライト兄弟の世界初飛行は、ジャンボジェットの機体の中でできてしまう。
- 世界中の747型機すべて合わせると、35億人の乗客を運んだことになる。これは世界の人口の半分に匹敵する。800億キロメートルという総飛行距離は、地球と月をおおよそ7万5000回往復するのに等しい。
- 世界中の荷物の半分は747型輸送機で運ばれている。

ジャンボ設計者、ジョー・サッター

ジョー・サッターは1921年に生まれた。第二次世界大戦中、サッターは米国海軍の護衛駆逐艦に従事していたが、その後、航空機の設計者としてボーイング社に入社した。平日に休みをめったにとらないサッターが妻と山で平和な週末を過ごしているとき、その知らせを受け取った──「ジョー、747で決まりそうだ」。当時は米空軍輸送機の受注競争でロッキード社のC-5ギャラクシーに負けた直後で、ボーイング社は巨大旅客機の製造を求めるパンアメリカン航空の提案に応じたくてたまらなかった。通常、軍用機の設計者は、1000ページ以上にも及ぶ軍が定める仕様書に従わなければならない。だが、旅客機の必要条件となると50ページ程度だったので、サッターには比較的大きな自由裁量が任された。また、4500人の技術者やエンジニアスタッフの援助もあった。

そのような巨大な航空機を組み立てられるサイズの工場などどこにもない時代に、開発・建造・試験飛行まで、サッターには4年しか与えられなかった。したがって、航空機の開発と並行して世界最大の組立工場の建設も進められた。

航空会社はスタート時点からその旅客機について大きな留保をしていた。それが実際に飛ぶのかどうか、空港の大きさが十分かどうか、そして、自社のターミナルがそれほど多くの乗客を短時間で処理することが可能かどうか疑問視していたのだ。だが、だからといって後戻りすることはなかった。ボーイング社は、747と組立工場の建設に、まさしくその生き残りを賭けた。

ジョー・サッターは、飛行に適した完璧な状況下だけでなく、難しい状況でも簡単に問題なく飛行できる航空機を世に送り出したいと考えていたため、747に4つの油圧系統、4つの航空管制システム、4基のエンジン、4セットの車輪を装備した。彼の狙いは、大きな輸送能力を持つ輸送機として売ることもできる、安全で

❖ ジョー・サッター。

高品質の旅客機をつくることだった。

多くの発明家がそうだったように、ジョー・サッターは時代の遥か先を行っていたのだ。

❖ 興味深いペイロード（積載物）がジャンボの運送能力を印象づける。カリフォルニアのエドワーズ空軍基地からフロリダのケネディ宇宙センターまでスペースシャトルを輸送するため、NASAは2機のボーイング747-100を改造した。

ボーイング757

ボーイング757の初飛行は1982年だった。3発エンジンの727に代わる新型機として機体をより細長く設計したものだが、離陸距離が短いという727の特性は共有した。コンピュータ化されたコックピットはボーイング767のものと非常によく似ており、2つのモデルは並行して開発された。これは、パイロットがどちらの航空機も操縦でき、切り替えが簡単だということを意味している。1991年、757の飛行試験はうまく統制された状況下で行われた。チベットのラサ空港から4000メートル（1万3123フィート）の高度で、1基のエンジンだけで離陸し旋回して、再び同じ空港に着陸するというものだった。

757型機の最後となる1050機目の航空機は2005年の終わりに上海航空に納入された。民間航空の歴史の中で1000機以上生産された大型旅客機は両手で数えられるほどしかないが、757はそのうちの1機となった。

ボーイング767の初号機は、1981年に工場を出た。757とは異なり、767はメインデッキに2本の通路があるワイドボディ機だ。767は、一方では727や737と757のギャップを、もう一方では航続距離1万2000キロメートルで、747とのギャップを埋めるために設計された。快適に北大西洋を横断することができるように設計されていたのだ。

767は、1クラス構成で最高375人の乗客を収容することができる。767型機の最大の運用会社は100機以上導入したデルタ航空だ。アメリカン航空と日本の全日空（ANA）も767を数多く保有している。2010年2月現在で、984機の767型機が生産されている。

ボーイング777の開発は、最初の設計から初飛行までちょうど5年かかった。これは、コンピュータだけで設計された初めての航空機だった。このプロセスの一環として、ボーイング社は8つの航空会社の代表をシアトルに招待し、各社が期待する内容について23ページのアンケートに記入するよう依頼した。その結果は、CAD（コンピュータによる設計支援ツール）によってすぐに集積された。

世界最大のエンジンを搭載したこのワイドボディ機は、多くのメガキャリアを支える中心的存在となった。たとえば、シンガポール航空は56機を運用している（2013年7月現在）。だが、365人の乗客収容力のあるボーイング777でさえ、シンガポール航空の機材の中では最も小型の旅客機だ。777はその卓越した航続距離から選ばれたのである。

777型機は現在979機が納入され、さらに340機が注文済みとなっている（2013年9月末現在）。この成功を収めたモデルは、1000機の壁を突破する快挙を果たした。

ボーイング767

ボーイング777

❖ ボーイング777-200LRは、技術的には世界のあらゆる2都市間をノンストップで飛ぶことができる——「技術的に」としたのは、ロンドン〜シドニー間の直行便としてまだどの航空会社もその旅客機を使用していないからだ。

ボーイング

	757-200	757-300	767-200D	767-400ER	777-200	777-300ER
全長	47.32m	54.47m	48.5m	61.4m	63.7m	73.9m
翼幅	38.05m	38.05m	47.6m	51.9m	60.09m	64.8m
翼面積	181.2m²	181.2m²	283.35m²	283.35m²	430m²	427.8m²
最大離陸重量(MTOW)	115,665kg	122,470kg	179,170kg	204,120kg	247,210kg	351,534kg
最大速度	990km/h	990km/h	950km/h	950km/h	950km/h	950km/h
巡航速度	950km/h	950km/h	851km/h	851km/h	890km/h	890km/h
航続距離	6,276km	6,455km	12,223km	10,454km	9,649km	14,594km
実用上昇限度	11,675m (38,304ft)	11,005m (36,106ft)	10,670m (35,007ft)	13,137m (43,100ft)	11,980m (39,304ft)	10,270m (33,694ft)
運航乗員数／座席数	2／200〜231	2／243〜280	2／255	2／375	2／305	2／365
エンジン数	2基	2基	2基	2基	2基	2基
初飛行	1982年2月19日	1999年3月10日	1981年9月26日	1981年9月26日	1994年6月12日	2003年2月24日

ボーイング787

❖ エチオピア航空のボーイング787（CG画像）。

　ボーイング787は、初公開前にすでに受注数が857機に達し、航空史上最も速いペースで売れている航空機になった。787は「ドリームライナー」と名づけられたが、メーカーにとってそれはすぐに供給元の問題が生じるという"悪夢"に変わった。特別なファスナー（留め具）の入手が不可能になって完成が遅れたのだ。

　個々のパーツの組み立てに使われていたファスナー（留め具）を取り外し、航空宇宙で使われる締結部品と交換しなければならなかったため、試作機のロールアウトはやや時期尚早であることが判明した。最初の顧客であるANAには2008年5月に第1号が納品されるはずだったが、中央翼ボックスの強化が必要であることがわかった。ソフトウェアに関してもさらに多くの仕事が求められ、サプライチェーンも改善が必要だった。

　787にはかなりの量の炭素繊維が使われている。機体をより軽くして燃料消費を減らすように設計されているのだ。787には非常に多くの技術革新が伴われているため、完成に遅れが生じること自体は意外でも何でもない。エアバスとの競争が過熱したり感情的になったりすることはなかったので、誰も遅れを特別気にしなかった。

　しかし、そのような状況を長引かせた結果、受注済みの契約に問題が生じ始めた。顧客である航空会社は30カ月の遅れを覚悟しつつも、ボーイング社にその代償として、値引きと待っている期間を乗り切るための代わりの航空機を要求した。そして、このような代替機が他のメーカーによって供給される可能性も低くはない状況だった……［2009年12月15日にようやく787-8の初飛行が行われ、2011年にANAが初号機の引き渡しを受けた。しかし2013年、ANAとJALの787-8がリチウムイオン・バッテリーの発火事故を起こし、各国で一時運航停止措置がとられた。2013年4月以降、安全が確認され次第、順次運航再開されている］。

ボーイング787		
	787-8	**787-9**
全長	56.7m	62.8m
翼幅	60.1m	60.1m
翼面積	n/a	n/a
最大離陸重量(MTOW)	227,930kg	250,840kg
最大速度	n/a	n/a
巡航速度	910km/h	n/a
航続距離	15,200km	15,750km
実用上昇限度	13,100m（42,980ft）	n/a
運航乗員数	2	2
座席数	210〜250（3クラス）	250〜290（3クラス）
エンジン数	2基	2基
初飛行	2009年12月15日	2013年9月17日

ボーイング787の組み立て

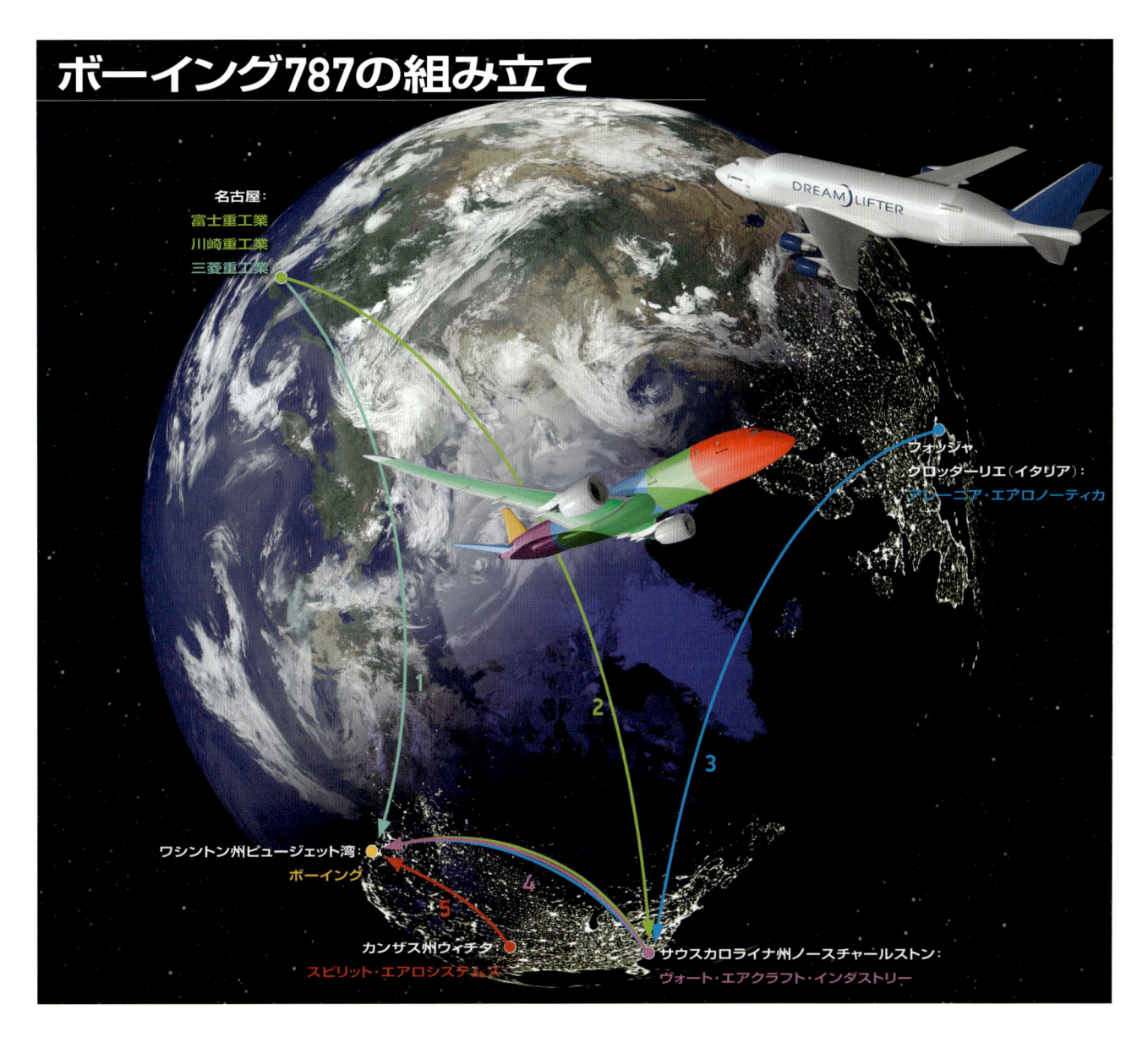

名古屋：
富士重工業
川崎重工業
三菱重工業

フォッジャ
グロッターリエ（イタリア）：
アレーニア・エアロノーティカ

ワシントン州ピュージェット湾：
ボーイング

カンザス州ウィチタ
スピリット・エアロシステムズ

サウスカロライナ州ノースチャールストン：
ヴォート・エアクラフト・インダストリー

ボーイング787ドリームライナーの部品製造の外注委託に関して、ボーイング社は不運だったようだ。結果的に、胴体部を製作するサウスカロライナ州のグローバル・エアロノーティカル社（現在はボーイングが吸収）の工場設備には5億8000万ドルを支払わなければならなかった。787の場合、個々の構成要素をすべてボーイング社の工場で組み立てる代わりに、大きなサブセクションの組み立ても外部の供給元に委託された。しかし、これらの供給元は、個々の部品を手に入れるのが困難なため、うまく対処することができない。さまざまな理由から、787完成までに関わる各過程を変えることは容易ではない。

重さが生命線

ファスナー（留め具）が異なる供給元から持ち込まれる製造過程で、たとえばその1本が予定より10グラム（およそ紙2枚分の重さ）重くなるだけで、100万本のリベットでは合計10トンも超過してしまう。不必要なものをすべて取り除き、重量を抑えるために機内で配るビスケットでさえ止めるような航空産業において、こんなことが起こったらとんでもない災難だ。

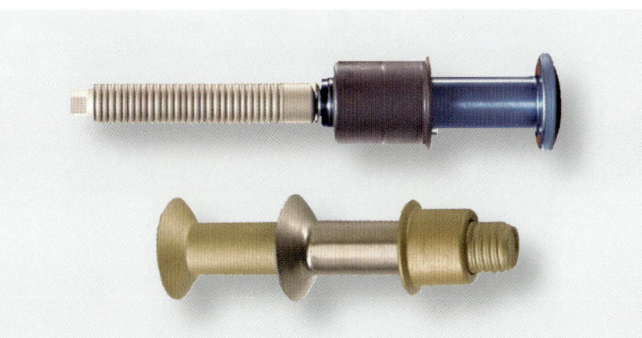

059

マクドネル・ダグラス社物語

ドナルド・ウィルズ・ダグラスは、1920年に裕福な友人とデービス・ダグラス社を設立したが、翌年、共同出資者から事業を買い取って、社名をダグラス・エアクラフトに変更した。1924年、ダグラスは自社が製造したダグラス・ワールド・クルーザー（DWC）を4機使って世界一周飛行に挑戦し、そのうちの2機が5か月半かけて帰還に成功した。この経験はダグラスにとって、後の航空機の設計に大きな影響を及ぼす価値あるものだった。当初、ダグラス・エアクラフト社は軍用機の製造専門だったが、トランス・ワールド航空（TWA）の要請に応じて新しい大型旅客機の原型機DC-1を試作した。この新しい航空機はボーイング247と遜色ない出来で、TWAはすぐに20機発注した。これがDC-1の胴体を延長した量産型のDC-2だ。DC-2はわずかに200機生産されただけだったが世界中で支持され、1934年に行われたマックロバートソン・エアレースでは、英国からオーストラリアまでの飛行でボーイング機より2時間速く到着してみせた。

DC-3は、もっと長距離のフライトで乗客にベッドを提供するためにDC-2から開発された。1935年に初飛行が行われ、合計1万6079機（ライセンス製造された5424機を含む）が世に出た。DC-3の後に、DC-4、DC-5、DC-6、DC-7が続き、それぞれ成功した。しかし、1955年の一般公開で人々の度肝を抜いて航空史に足跡を残したのはダグラス・エアクラフト社ではなく、ボーイング社の367-80だった。その後、あのボーイング707に発展した原型機である。

ダグラスがDC-8を一般公開してなんとか巻き返しを図ったのはその3年後だった。556機の注文があったが、DC-8は売上高に関してはまだしばらくボーイング707には届かなかった。一方、DC-9は非常に成功した中距離用ジェット旅客機で、総生産数は976機だった。しかし、このような成功にもかかわらず、同社は財政難に悩まされていた。

ジェームズ・スミス・マクドネルは、1938年に軍用機専門メーカーのマクドネル・エアクラフト社を設立した。そして、1967年にダグラス社と合併し、マクドネル・ダグラス社（MDC）が設立された。同社は世界最高の旅客機の数々を生産し続け、ボーイング747に対抗する答えとして、DC-10を市場に出した。MDC-10は合計446機を販売し、MD-11（生産数200機以上）へと発展していった。

1996年に航空業界を驚かせたのは、長年のライバル、ボーイング社とマクドネル・ダグラス社の合併の発表だった。ボーイングは資源集積と経費削減を狙い、最終的に損失を出している航空宇宙事業グループを効果的に買収した。当時、大型旅客機市場のシェアは、エアバスが35パーセント、MDCが5パーセントだったのに対し、ボーイングは60パーセントを占めていた。しかし、MDCも軍用機部門では成功を収めており、ボーイングは一刀両断のもとにそのすべてのエンジニア、航空機設計者、熟練労働者と製造工場を手中に収めることができたのである。

❖DC-3、DC-4、DC-5、DC-7、DC-8、DC-10――ユナイテッド航空は、ダグラス・エアクラフト社とマクドネル・ダグラス社製のすべての旅客機を数多く運用していた。

ダグラス DC-7

ダグラス DC-2

ダグラス		
	DC-2	DC-3
全長	18.89m	19.66m
翼幅	25.9m	29.98m
翼面積	87.23m²	91.7m²
最大離陸重量(MTOW)	8,419kg	13,190kg
最大速度	338km/h	368km/h
巡航速度	306km/h	290km/h
航続距離	1,750km	2,160km
実用上昇限度	6,980m	7,350m
	(22,900ft)	(24,114ft)
運航乗員数	2〜3	4
座席数	14	32
エンジン数	2基	2基
初飛行	1934年5月11日	1935年12月17日

DC-2はボーイング247に対抗して開発された。1934年から運用されるとすぐに航空史に残る成功を収め、すべて合わせて156機が生産された。振り返ってみれば、DC-2は大成功したDC-3の先駆けとしてとりわけ重要だった。

DC-3は、人気があって非常に有望だったDC-2を論理的に発展させたモデルだった。就寝用スペースとギャレーを装備するなど、より長い距離の飛行を想定して設計されていた。それでも、当時は米国東部から西海岸までのフライトで給油着陸が3回必要だった。そのフライトにまだ15時間もかかったのはそのためだ。

ベッドは多くのスペースをとったので、すぐに座席に取り替えられた。第二次世界大戦中、航空会社は保有するDC-3を軍隊に引き渡さなければならなかった。ダグラス・エアクラフト社も、全力を挙げて軍用の派生型の生産に取り組み、民間・軍用合わせて1万655機のDC-3を生産した。また、日本で487機が、さらにソ連でリスノーフ Li-2として4937機がライセンス生産された。

DC-3は新世紀に入っても特にアマゾン川の熱帯多雨林やカナダの最北地で運用され続けており、まだまだ壊れそうにもない。大きな音を立ててガタガタゆれ、誰かがかつて『バラバラに編隊飛行している部品の集まり』と表現したほど金属音がするが、DC-3が頑丈な上にメンテナンスが簡単で信頼性があることに変わりはない。

ダグラス DC-3

❖右：DC-2（1934年）

❖DC-3（1935年）。

❖シュド・カラベル（1955年）。

❖MD-87（1987年）。

❖ボーイング747-400（1995年）。

コックピットの変遷

ダグラス DC-4

❖ダグラスDC-4（同型軍用機はC-54スカイマスターとして知られている）は大当たりし、総生産数は1241機に及んだ。

DC-3に代わる航空機について尋ねられたパイロットはよくこう答えたという。「DC-3の最高の代替機は別のDC-3ですよ！」──DC-3はそれほど絶大な人気があった。それでも、より多くの乗客をより遠くまでもっと短時間にもっと少ない回数の給油着陸で運ぶことが求められていた。そこで、ダグラス社は後継機のDC-4を開発した。主な変更点は降着装置を尾輪式から前輪式にしたことだ。これにより、後発モデルで胴体の横幅を広げやすくなった。さらにDC-4は4基のエンジンを搭載し、将来に多くの可能性を残していた。1241機生産され、20機ほどがまだ運用されている。

DC-5は、DC-3とDC-4に代わる航空機として設計されたのではなく、2つのモデルを補完するものとして考えられた。しかし、戦争の影響で需要供給と生産される航空機は混乱に陥り、民間機の生産数はわずか5機だけだった。

ダグラス DC-5

❖DC-5は短距離用航空機として設計されたが、第二次世界大戦のため売ることができなかった。かなりの関心が集まったにもかかわらず、軍用機を合わせても12機しか製造されなかった。

ダグラス DC-6

❖DC-6はロッキード・コンステレーションに対抗して設計されたが、成功したとはいえなかった。

DC-6は、当初、軍の輸送機として開発されたが、戦争終結が見えてきたため、その設計は旅客機へと修正された。最初は機内で出火が発生したり、いくつか構造変更の必要性に迫られたりしたが問題を解決し、ユナイテッド航空、アメリカン航空、パンアメリカン航空、KLMオランダ航空、サベナ・ベルギー航空、スカンジナビア航空など、主要な航空会社から徐々に認められていった。総生産数は700機で一部はまだ運用中だ。

DC-7は、ダグラス社が製造した最後のピストンエンジン式航空機だった。当時、性能を測る目安は、ロンドン〜ニューヨーク間をノンストップで飛べるかどうかだった。改良した派生型DC-7Cセブン・シーズは、シャノンあるいはガンダーに給油着陸することなく、ニューヨーク発ロンドン行き直行便を可能にし、プロペラ大型旅客機の女王になった。また、DC-7は、アムステルダム〜アンカレジ（アラスカ）〜東京〜サンフランシスコ〜ロンドンという初めて北極を通るルートを開始した旅客機でもある。しかし、ジェット機時代の到来により、DC-7の生産は338機にとどまった。

❖DC-7の総生産数は338機だった。アメリカン航空は63機保有し最大の顧客だった。スカンジナビア航空もこの人気の航空機を18機運用していた。

ダグラス DC-7

ダグラス				
	DC-4	DC-5	DC-6	DC-7
全長	25.6m	18.96m	32.18m	37m
翼幅	35.81m	23.77m	35.81m	42m
翼面積	135.63m²	76.55m²	135.9m²	152m²
最大離陸重量（MTOW）	33,112kg	9,072kg	48,500kg	65,000kg
最大速度	451km/h	325km/h	526km/h	720km/h
巡航速度	365km/h	300km/h	507km/h	670km/h
航続距離	4,023km	2,575km	7,590km	9,070km
実用上昇限度	6,800m （22,310ft）	7,225m （23,704ft）	7,600m （24,934ft）	7,600m （24,934ft）
運航乗員数	5	6	3	4
座席数	86	22	102	105
エンジン数	4基	2基	4基	4基
初飛行	1938年6月7日	1939年2月20日	1946年2月15日	1953年5月18日

ダグラス DC-8		
	DC-8-32	DC-8-63CF
全長	45.87m	57.1m
翼幅	43.41m	45.24m
翼面積	257.4m²	271.9m²
最大離陸重量(MTOW)	140,600kg	161,000kg
最大速度	946km/h	959km/h
巡航速度	459km/h	459km/h
航続距離	11,260km	9,620km
実用上昇限度	10,972m (35,997ft)	10,972m (35,997ft)
運航乗員数	3	3
座席数	124	180
エンジン数	4基	4基
初飛行	1958年5月10日	1966年3月14日

ダグラス DC-8

DC-7まで、ダグラス・エアクラフト社は旅客機において世界で最も成功したメーカーだった。しかし、ボーイング社が707を世に送り出すと、状況は一変した。対抗してダグラス社が出した答えはDC-8だった。力強い見た目がライバルの707によく似た4発エンジンのジェット機である。しかし、ボーイング社はすでにこの市場では太刀打ちできないほどリードしており、ボーイング707で航空各社を説き伏せた。

ダグラス DC-9 マクドネル・ダグラス MD-80、MD-90

DC-9は乗客数90～100人の短・中距離用航空機で、DC-8のパートナーとして計画された。1963年に始まった開発は急ピッチで進められ、初飛行は1965年だった。マクドネル社との合併は、この非常に成功したDC-9の納入が始まった頃に起こった。マクドネル・ダグラス社はボーイング737に対抗するため、胴体を延長して座席数を増やし航続距離を延ばした派生型をいくつか開発し、1980年代初めにはDC-9-80（のちにMD-80に発展したモデル）を出し、新しいファミリーを生み出した。

一方、欧州ではエアバス社が急速に力をつけていた。そのため、DC-9とMD-80シリーズのMD-81からMD-87までの売上高は損害を被った。そこで同社はMD-90シリーズの開発計画を始めようと協調努力した。しかし、リアマウント方式のエンジンに伴う技術的な問題のため、胴体の幅を広げたり、長さを延長したりすることが難しいことが判明した。1996年のボーイング社によるマクドネル・ダグラス社買収の後、結局、MD-90-50（MD-95）の開発計画はボーイング717に発展した。そして、たいした成功を収めないまま、プログラムは2006年に終了された。

英国では、デ・ハヴィランド・コメットが707に挑戦したが、悲劇的な連続事故につながった構造上の深刻な問題に直面した。ダグラス社は価値ある時間を浪費したが、それでもうまく設計された航空機DC-8の生産に成功し、556機が生産された。そのうち、およそ100機はまだ貨物運輸航空会社で運用されている。

それでも、DC-9ファミリーは、史上最も成功したジェット大型旅客機シリーズの1つであることに変わりはない。MD-80、MD-90シリーズまで加えれば、総生産数は2283機で、最新の航空機より燃費が悪いにもかかわらず、1300機がまだ運用中である。

ダグラス DC-9

	DC-9-10	DC-9-21	DC-9-30	DC-9-40	DC-9-50
全長	31.8m	31.8m	36.6m	38.3m	40.7m
翼幅	27.3m	36.6m	36.6m	36.6m	36.6m
翼面積	86.8m²	93m²	93m²	93m²	93m²
最大離陸重量(MTOW)	41,777kg	44,492kg	49,940kg	51,756kg	54,885kg
最大速度	903km/h	910km/h	907km/h	917km/h	929km/h
巡航速度	900km/h	900km/h	900km/h	900km/h	900km/h
航続距離	2,340km	3,430km	3,030km	3,120km	3,030km
実用上昇限度	10,058m (32,999ft)	10,058m (32,999ft)	10,058m (32,999ft)	10,058m (32,999ft)	10,058m (32,999ft)
運航乗員数	2	2	2	2	2
座席数	90	90	115	125	139
エンジン数	2基	2基	2基	2基	2基
初飛行	1965年2月25日	1968年12月1日	1967年1月30日	1968年2月10日	1975年8月20日

マクドネル・ダグラス MD-80

	MD-81	MD-82／88	MD-83	MD-87	MD-90-30
全長	45.1m	45.1m	45.1m	39.7m	46.5m
翼幅	32.8m	32.8m	32.8m	32.8m	32.87m
翼面積	92.97m²	92.97m²	92.97m²	92.97m²	112.3m²
最大離陸重量(MTOW)	63,503kg	67,812kg	72,575kg	63,503kg	70,760kg
最大速度	811km/h	811km/h	811km/h	811km/h	811km/h
巡航速度	810km/h	810km/h	810km/h	810km/h	810km/h
航続距離	2,880km	3,790km	4,635km	4,395km	3,860km
実用上昇限度	11,277m (36,998ft)	11,277m (36,998ft)	11,277m (36,998ft)	11,277m (36,998ft)	11,277m (36,998ft)
運航乗員数	2	2	2	2	2
座席数	172	172	172	139	172
エンジン数	2基	2基	2基	2基	2基
初飛行	1980年9月13日	1981年8月5日	1985年2月20日	1987年11月11日	1993年2月22日

マクドネル・ダグラス DC-10

❖ N1818Uはマクドネル・ダグラスDC-10の派生型DC-10-10の初号機で1973年に製造されたもの。FedEx社で今も運用中だ。

マクドネル社とダグラス社の合併後初めて生産されたモデルがDC-10だった。ボーイング747は非常に大きく、滑走路の長さや荷重限度の不足、ターミナルゲートの不適合などの理由からすべての空港に着陸することができなかった。そこで、マクドネル・ダグラス社は機体が小さめでも大きな乗客収容力を持つ航空機に需要があると見込んだ。

DC-10はパイロットには人気があったが、大きな事故が複数発生して初めて修正された、さまざまな設計上の欠陥があった。たとえば、貨物室のドアが外開きのため内圧に弱く、100パーセント閉じてないとロックされずに爆発のような減圧が起こった。そのため、DC-10が飛行中に貨物ドアを失う大事故が2件発生している。そのうちの1つは、トルコ航空のDC-10が1974年にパリ近郊に墜落した事故で、346人の犠牲者を出している。

もう1つの問題はパイロンで懸架しているエンジンポッドからエンジンを取り外すのが難しい点だった。このため、航空会社の整備士がエンジン付きのままエンジンポッドを外すことでメンテナンスをより効率的に済ます方法を考えた。しかし、そのような不適切な整備方法の代償として、1979年にアメリカン航空のDC-10のエンジンが飛行中に脱落した。DC-10は墜落し、271人の尊い命が犠牲となったのである。

1989年には、DC-10の後部エンジンが故障し、金属の破片が近接している3か所の油圧系統すべてを破壊した。この事故で旅客機はアイオワ州スーシティーにある空港に緊急着陸したが、搭乗者296人中111人が犠牲となる惨事となった。

現在、DC-10は頑丈で信頼性があると考えられているが、機体が完全に破損する事故が合計32件発生したことでその評価は永久に傷つけられた。その結果、いくつかの航空会社は時期を早めてDC-10を手放し、現在は貨物輸送機として主に運用されている。DC-10の民間機は386機生産され、2013年現在でも70機以上が空を飛んでいる。

DC-10は期待したほど数を売ることができなかった。そこで新たな需要を掘り起こすため

マクドネル・ダグラス DC-10		
	DC-10-10	DC-10-40
全長	55.55m	55.04m
翼幅	47.43m	50.39m
翼面積	329.8m²	338.8m²
最大離陸重量(MTOW)	186,025kg	251,815kg
最大速度	960km/h	960km/h
巡航速度	908km/h	908km/h
航続距離	10,220km	11,190km
実用上昇限度	12,802m (42,001ft)	12,802m (42,001ft)
運航乗員数	3	3
座席数	265〜380	265-380
エンジン数	3基(ターボファンエンジン)	3基(ターボファンエンジン)
初飛行	1970年8月29日	1972年2月28日

マクドネル・ダグラス MD-11

改良が行われた。胴体の延長、航続距離の増加、2人乗務が可能なグラスコックピットの導入などが行われて完成したのがMD-11だった。しかし、アリタリア・イタリア航空、ブリティッシュ・カレドニアン航空、香港ドラゴン航空、FedEX、フィンランド航空、大韓航空、スカンジナビア航空、スイス航空、タイ国際航空、ヴァリグ・ブラジル航空からの注文があったにもかかわらず、MD-11は「失敗」だった。

エアバスA340やボーイング777との競争がマクドネル・ダグラス社に影を落とし、そのうえ、MD-11は予想より燃料消費が多く、前身のDC-10の悪い評判がいつまでも尾を引いていたのだ。

1990〜2001年にMD-11は200機生産されたが、そのうち163機が貨物用だった。

❖MD-11はFedEx、UPS、ルフトハンザ・カーゴなどの航空貨物会社に人気がある。旅客機型の主な運用会社はKLMオランダ航空だ。

マクドネル・ダグラス MD-11

	MD-11	MD-11CF	MD-11F	MD-11C	MD-11ER
全長	62.21m	61.23m	61.23m	61.23m	61.23m
翼幅	51.66m	51.97m	51.97m	51.97m	51.97m
翼面積	333.9m²	333.9m²	333.9m²	333.9m²	333.9m²
最大離陸重量(MTOW)	273,314kg	285,990kg	285,990kg	283,700kg	283,700kg
最大速度	945km/h	945km/h	945km/h	945km/h	945km/h
巡航速度	876km/h	876km/h	876km/h	876km/h	876km/h
航続距離	13,408km	13,408km	13,408km	13,408km	13,408km
実用上昇限度	9,940m (32,612ft)	9,940m (32,621ft)	9,940m (32,621ft)	9,940m (32,612ft)	9,940m (32,612ft)
運航乗員数	2	2	2	2	2
座席数	410／323／293	410／323／293	26パレット	410／214／181	410／323／293
エンジン数	3基	3基	3基	3基	3基
初飛行	1990年1月10日	1991年4月1日	1986年5月15日	1986年8月21日	1994年2月12日

コンベア

❖ コンベア240（CV-240）は、軍用機CV-110から初めて民間機として開発されたモデルだ。扉に階段が内蔵されているため、搭乗に地上の機材を必要としなかった。CV-240は、3枚ブレードのプロペラの双発機から4発エンジンのジェット機にいたるまで、コンベア社が製造した一連の旅客機の始まりだった。

コンベアとは、米国の航空機メーカー、コンソリデーテッド・エアクラフト社とヴァルティ・エアクラフト社との合併によって誕生したコンソリデーテッド・ヴァルティ・エアクラフト社のことである。

CV-240は成功を収めた旅客機で、一般的な特徴がダグラスDC-3に似ており、3枚ブレードのプロペラで2基のエンジンを搭載していた。アメリカン航空はDC-3の代用となる旅客機の製造をコンベア社に要請した。だが、尾輪式のDC-3と違い、乗客の乗り降りをより簡単にするために、格納式の前輪を装備することになっていた。

その後継機のCV-340は、胴体を延長し翼を大きくしたモデルで、それ以降のすべてのモデルがCV-340の派生型とそれを元に開発されたモデルだった。

CV-990コロナードは4基のジェットエンジンを搭載した旅客機だが、ボーイング社とダグラス・エアクラフト社がそれよりさらに優れた航空機であると証明済みの競合モデルをすでに市場に出していた。37機目のCV-990が工場を出た後、プログラムは終了された。その最後のCV-990はNASAが所有し、カリフォルニアのモハーヴェ空港で展示されている。

コンベア

	CV-240	CV-340	CV-440-660	CV-990
全長	22.76m	24.13m	24.84m	42.49m
翼幅	29.97m	32.12m	32.12m	36.58m
翼面積	75.9m^2	85.5m^2	85.5m^2	209m^2
最大離陸重量(MTOW)	19,320kg	21,320kg	22,250kg	115,750kg
最大速度	500km/h	500km/h	500km/h	1030km/h
巡航速度	450km/h	450km/h	450km/h	917km/h
航続距離	1,930km	935km	2,800km	6,116km
実用上昇限度	4,880m (16,010ft)	4,880m (16,010ft)	7,770m (25,492ft)	12,495m (40,994ft)
運航乗員数	2〜3	2〜3	2	3
座席数	40	52	52	90〜149
エンジン数	2基	2基	2基	4基
初飛行	1947年3月16日	1952年10月5日	1956年3月8日	1961年1月24日

❖ このCV-900Aはさまざまな航空会社で運用され、最後はデンバー消防隊の火災消火訓練機となって生涯を終えた。

❖ CV-990コロナドの生産はわずか37機だった。運用したのは、アラスカ航空、アメリカン航空、ガルーダ・インドネシア航空、スカンジナビア航空、スイス航空、ヴァリグ・ブラジル航空などの航空会社だった。

❖ フィンランド航空はCV-440を9機保有していた。このモデルは世界中で75機が今でも運用されている。

エアバス社物語

フランス、ドイツ、英国は、20世紀の航空機産業を最初に成功に導き発展させた代表的な国々だった。しかし、旅客機の製造は2つの世界大戦によって中断され、1950年代に入って、ようやく欧州各国は大型旅客機の製造を再開した。一方、航空機の世界市場は、米国航空機メーカーのボーイング、ダグラス、ロッキード3社の独壇場となっていた。これら3社と比較すれば、英国のホーカー・シドレー、ドイツのVFWやドルニエ、オランダのフォッカー、スペインのコンストルクシオネス・アエロナウティカス（CASA）、フランスのシュド・アビアシオンといった当時の欧州の航空機メーカーは足下にも及ばない状況だった。

1970年、たまりかねた欧州では各国政府の相当な関与の下、エアバス・インダストリーG.I.E.（現エアバス）が設立された。欧州の航空機メーカーによる多国籍共同会社である。時の経過とともに、創立メンバーのドイツ企業はダイムラー・ベンツに買収され、ダイムラー・ベンツ・エアロスペースSA（DASA）の傘下に置かれた。フランスのメーカー、アエロスパシアルとDASAはエアバス資産の37.9パーセントを所有し、残りはスペインのCASA（4.2パーセント）とブリティッシュ・エアロスペース（20パーセント）が所有した。国際共同会社エアバス・インダストリーが最初に取り組んだ唯一のプロジェクトがエアバスA300の開発だった。

フランスがコックピットと航空管制システムと胴体中央の下部分を、英国が翼とエンジンを、ドイツが客室を、それぞれ製造した。翼のフラップはオランダから、テール部分はスペインからで、すべてのパーツはフランスのトゥールーズ市に集められた。しばらくして、フランスと英国で座席数300の超大型旅客機が成功するかどうか、疑問視する声が浮上した。その結果、250席に縮小したA300Bを再設計することになった。しかし、これだけで参加国間の意見の相違に終止符を打つことはできず、すべてのプロジェクトが破綻する恐れが出てきた。そのような中、英国メーカーがエアバスから撤退したため、ドイツは50パーセントまでA300への投資額を増やした。

結局、一連の困難な状況は、初期に起こりがちな生みの苦しみに過ぎなかった。A300の売り上げが伸び悩む中、その後継機のA320の注文は初飛行前にすでに合計で400機に達していた。多国籍による生産システムはその真価を証明し始め、さらに新型モデルが開発された。まもなく、エアバス社はボーイング社の強力なライバル企業と目されるようになった。

1999年、ダイムラー・クライスラー・エアロスペース（DASA）、アエロスパシアル・マトラ、CASA各社が合併してEADSとなり、エアバスを始め、航空宇宙部門、防衛・安全保障部門、軍用輸送機、ユーロコプターなどを傘下に収めた。

最も新しいところで、世界最大の旅客機A380まで、経済的で最高水準の技術を誇るエアバスの姉妹機が次々と製造されていった。

しかし、A380開発プロジェクトはすべてが順風満帆だったわけではない。ボーイング社が、エアバス開発に国家による違法な助成があると世界貿易機関に訴えを起こしたのだ。それに対抗し、エアバス社はボーイング社が米軍のプロジェクトのために隠れた助成金を受領したとして訴えた。2005年、米国はエアバス社に対する国家の違法な援助に関して、欧州連合（EU）に対する法的手続きを始めた。そこで、EUは翌日即刻米国に対して対抗措置を始めた。

このような状況で最終的に危機に直面するのは、2つの大陸の最先端産業に従事する5万人と関連する供給産業に従事する何十万人もの人々だ。最終的に両社は、世界中をより安全に旅する効率的で経済的な航空機を求める乗客の要望に応じる努力をする道を歩んだ。

その後、米ドル下落を受けて、エアバス社は財政的な打撃を受けた。航空機の価格は

❖ エアバス社とボーイング社は、現在、複数のメーカーの生産力を活用している。各メーカーが事前に製造した個々の部品やセクションは、最終的な組み立てのためにメイン工場に空輸される。つまり、新しい航空機はすべて、初飛行の前に別の航空機の貨物室に入れられ、すでに数千マイルもフライトを経験しているということになる。

エアバス A300

❖このエアバスA300B4はルフトハンザドイツ航空からの貸与機。

エアバス A310

❖エアバスA310は、エアバスのワイドボディ旅客機による新時代の幕開けを告げた。

ドルで見積もられるようになっていたため、米国通貨価値が10セント下落するごとにエアバスは10億ユーロの損失を被ったのである。

A300は、国際共同会社エアバス・インダストリーが生産する最初の航空機だった。それは、米国メーカーによる市場支配に欧州製の航空機で対抗しようとする欧州の政治的な決意の表れだった。その過程では、克服しなければならない数多くの政治的なハードルが存在したのは当然のことだった。

A300は燃料効率に関して他の追随を許さず、パイロットには非常に人気が高かったが、そのワイドボディ・ジェット機は米国では大きな結果を残すことはできなかった。ようやくイースタン航空が、購入前にメンテナンスと器材の無償提供付きで1年間4機の航空機を貸与された末、納得して32機を注文したため、他の航空会社でも採用されるようになった。

A300は比較的航続距離が短いため大西洋横断ルートで無着陸飛行ができず、その点でボーイングより劣っていたが、乗客収容力の大きい中距離航空機としては最高だった──フライトコンピュータがあらゆる速度に対して最も効果的な燃料消費を計算するシステムがあることだけが理由ではない。

しかし、より重要なのはその新しい試みが成功したという事実だった。結果的に、あらゆる航続距離や乗客数に対応するエアバス機ファミリーへの試験計画として、A300は効果的な役目を果たした。

2007年7月12日に生産終了となるまでに、561機のA300が誕生している。

胴体を短くした、さらに現代的なA310は、A300にさまざまな改良をおこなったバージョンだ。航空機関士の仕事をコンピュータに任せた2人乗務用のコックピットを採用し、フライ・バイ・ワイヤ(FBW)システム採用と、航空機史上初めて尾翼に複合材を使用したおかげで機体重量のさらなる軽減が実現した。

A300のように、A310は中距離用ジェット機として想定され、航続距離は比較的短かった(唯一、A300-310では航続距離が延長された)。このバージョンはより静かなエンジンが採用されただけでなく、離陸・巡航・着陸の際に重心を調節する燃料ポンプシステムとトリムタンクとして使用できる尾部の燃料タンクが装備された。

A310シリーズの販売数は255機にとどまったが、A310は完全な成功だった。後のエアバスシリーズの標準となる多くの技術革新の基盤を提供したという点は特筆に値する。

エアバス

	A300B2	A300B4	A300-600R	A310-200	A310-300
全長	53.62m	53.62m	54.08m	46.66m	46.66m
翼幅	44.84m	44.84m	44.84m	43.9m	43.9m
翼面積	260m²	260m²	260m²	219m²	219m²
最大離陸重量(MTOW)	142,000kg	165,000kg	165,000kg	157,000kg	157,000kg
最大速度	917km/h	917km/h	890km/h	897km/h	897km/h
巡航速度	847km/h	847km/h	875km/h	840km/h	840km/h
航続距離	3,430km	5,375km	6,968km	6,800km	9,580km
実用上昇限度	9,500m (31,168ft)	9,500m (31,168ft)	9,500m (31,168ft)	12,500m (41,010ft)	12,500m (41,010ft)
運航乗員数	3	3	3	2	2
座席数	250	266	250	220	220
エンジン数	2基	2基	2基	2基	2基
初飛行	1972年10月28日	1975年5月23日	1988年7月5日	1982年4月4日	1999年3月25日

エアバス A318

❖ コロラド州のデンバー国際空港を本拠地とする格安航空会社フロンティア航空は、経済的な中距離用旅客機の使用をビジネスモデルの基盤にしている。

A320ファミリーの最新メンバーであるエアバスA318は、最も胴体が短い。近距離用ジェット機として開発されたが、ETOPS〔双発旅客機がエンジン1基の状態で緊急着陸可能な空港まで一定時間内に飛行可能〕の認定を受け、大西洋横断ルートで使用可能だ。「ベイビーバス」とも呼ばれるA318は107人の乗客を運ぶことができるが、最も小型のボーイング737と比較すると重量の点で見劣りがする。だが、その真価を発揮するのは、他のエアバス機材の1つとして使われるときだ。共通部分が多く、パイロットに追加操縦訓練の必要がない。2002年から2013年4月までにA318シリーズは79機製造されている。

❖ 大部分のエアバスA318は米国内で運用されている。

❖ 各サイズのA320ファミリー。あらゆる市場に対応する中距離用旅客機だ。

エアバス	A319-100	A318-100
全長	33.84m	31.45m
翼幅	34.1m	34.1m
翼面積	122.6m²	122.6m²
最大離陸重量(MTOW)	75,500kg	68,000kg
最大速度	900km/h	900km/h
巡航速度	840km/h	840km/h
航続距離	6,800km	5,950km
実用上昇限度	12,000m (39,370ft)	12,000m (39,370ft)
運航乗員数	2	2
座席数	124	107
エンジン数	2基	2基
初飛行	1995年8月25日	2002年1月15日

エアバス A319

❖ フロンティア航空は、保有機に各々別の動物のモチーフを描き、顧客の心をつかむのに成功した。

基準となるA320モデルより胴体が4メートル短いA319は、通常の座席構成（2クラス）で124人の乗客収容力がある。48人乗りのビジネスクラスオンリーのバージョン（A319LR）もあり、このタイプは補助燃料タンクを備えているため、ルフトハンザドイツ航空はドイツ〜米国間のビジネスクラスのフライトに運用している。

コロラド州のデンバー国際空港を本拠地とするフロンティア航空は、大陸横断の運航網にほぼすべてA319を使用している。

A319の生産数は2013年4月までに1368機あり、さらに154機が受注済みだ。

エアバス A320

❖ 最高傑作。ボーイング737に次いで、エアバスA320は中距離航空機として世界のベストセラーとなった。

ワイドボディの旅客機A300とA310が成功したのち、エアバス社は100〜200座席規模の航空機市場を征服しようと、ボーイング737とマクドネル・ダグラスMD-80の競争に加わった。だが、結局米国2社が事実上市場を確実に手中にし、それぞれのモデルで非常に高い売上高を成し遂げた。

エアバス社は、A320の魅力を高めるために同型のファミリーを当初から慎重に計画した。座席数100〜220で国内線と大陸横断路線の両方の市場をカバーするため、同じモデルで胴体の長さが異なるいくつかのバリエーションをつくるという決定を下したのだ。これは、翼の設計に特別な注意を払うことを意味し、さらに低燃費で、胴体横断面が貨物の積載に都合の良いジェット旅客機を開発する必要があった。

航空管制システムは、たとえそれが人為ミスの結果であっても、航空機が設定限度を決して上回らないように互いをモニタリングする5台の連結したコンピュータからなり、操縦翼面は、サイドスティックによって一部は電子的に、一部は油圧で動くようになっている。

当然のことながら、複数の米国航空会社が何百ものA320を注文したとき、ボーイング社は快く思わなかった。というのも、A320の売れ行きは価格に助けられていたからだ——ボーイング社の競合モデルより500万ドルほど安かったのである。

エアバス社がマクドネル・ダグラス社とボーイング社の合併を誘発し、A320がMD-90を市場から追い出したと考えるのは妥当だ。A320は2013年9月までに3400機以上誕生し、さらに3000機以上の受注がある。エアバスは現在、次世代化するA320neoファミリーを開発中である。

エアバス A321

❖ A320ファミリーで最大の航空機は支持が高く、発注が途絶えることはない。

❖ ユナイテッド航空はおよそ100機のエアバスA320を保有する最大の運用会社だ。

A321は胴体が7メートル長く、離陸の際の回転安定性を確実にするために翼に新型フラップを必要とした。さもないと、ノーズが上がり機体後部が地面に接触する恐れがあるからだ。A321には新たなテクノロジーが追加され、最大離陸重量も重くなったため、A320より強力なエンジンが必要だった。

最高220人の乗客に対応するA321は、A320ファミリーの最大乗客収容力を誇る。2013年4月までに808機、さらに869機が受注済みだ。

エアバス

	A320-200	A321-200
全長	37.57m	44.51m
翼幅	34.1m	34.1m
翼面積	122.6m²	122.6m²
最大離陸重量(MTOW)	77,000kg	93,500kg
最大速度	903km/h	900km/h
巡航速度	840km/h	840km/h
航続距離	5,700km	5,600km
実用上昇限度	12,000m (39,370ft)	12,000m (39,370ft)
運航乗員数	2	2
座席数	150	185
エンジン数	2基	2基
初飛行	1987年2月22日	1993年3月25日

エアバス A330

❖ ノースウエスト航空のA330。2009年にデルタ航空へ引き継がれた。

ワイドボディの中長距離用ジェット旅客機エアバスA330は、DC-10とボーイング767のライバル機としてA340とともに開発された。A330の胴体はA300の胴体の割合を元にしており、A340とA330はウィングレット付きの翼と尾部の設計が共通している。一方、コックピットはA320のフライトデッキと同一で、同じフライ・バイ・ワイヤ方式を採用している。

大西洋運航路線のETOPS認定を受けるためには、エンジン1基だけで6時間継続して飛行できなければならないが、航続距離が長いという顕著な特徴を持ち、燃料効率がさらにアップしたおかげで、A330は非常に人気を集めている。

A330ファミリー全体の2013年4月までの注文数は、A340の3倍以上となる1246機である。A330、A340の後継機としてA350が開発されている。

エアバス A330

	A330-200	A330-200F	A330-300
全長	45m	58.37m	63.6m
翼幅	60.3m	60.3m	60.3m
翼面積	361.6m²	361.6m²	361.6m²
最大離陸重量(MTOW)	230,000kg	233,000kg	233,000kg
最大速度	913km/h	913km/h	913km/h
巡航速度	871km/h	871km/h	871km/h
航続距離	約12,500km	約7,400km	10,500km
実用上昇限度	12,500m (41,010ft)	12,500m (41,010ft)	12,500m (41,010ft)
運航乗員数	2	2	2
座席数	293	n/a	375
エンジン数	2基	2基	2基
初飛行	1987年8月13日	1997年8月13日	1992年11月2日

エアバス A340

❖ A340は間違いようがない。このサイズの航空機のうち、西欧諸国で4発エンジンの旅客機はボーイング747とA340だけだからだ。

A340はワイドボディの超長距離用4発式ジェット旅客機で、マクドネル・ダグラスDC-10とボーイング767がカバーしていた市場に打って出る競合モデルとして開発された。

A340を設計する際、エアバス社はすべての自社航空機に共通性を持たせるという原則を厳守した。多くの構成要素が同一なため、相互利用が可能だ。追加されたスロットルレバーと制御要素は別として、フライトデッキはA320、A330、A380、後継機A350の各ファミリーのものと同一である。それによって相互乗員資格が認められ、異なる機種でもパイロットが操縦できるように考えられている。

シンガポール航空は、最長距離の定期航空便の運航で、現在世界記録を持っている。シンガポール〜ニューヨーク間1万6600キロメートルの直行便で18時間がかかるが、これを快適なフライトにするため、シンガポール航空はA340-500をビジネス1クラス構成で座席数を100席まで減らし、乗客がちょっと歩いて脚をほぐせるように、スナックコーナーを設置している。

エアバス A340

	A340-200	A340-300	A340-500	A340-600	A340-600HGW
全長	59.4m	63.6m	67.9m	75.3m	75.3m
翼幅	60.3m	60.3m	60.3m	63.45m	63.45m
翼面積	361.6m²	361.6m²	439.3m²	439.3m²	439.3m²
最大離陸重量(MTOW)	257,000kg	271,000kg	368,000kg	368,000kg	368,000kg
最大速度	950km/h	890km/h	920km/h	920km/h	920km/h
巡航速度	881km/h	880km/h	905km/h	905km/h	905km/h
航続距離	14,800km	13,350km	16,050km	13,900km	14,600km
実用上昇限度	12,500m (41,010ft)	12,500m (41,010ft)	12,525m (41,093ft)	12,525m (41,093ft)	12,525m (41,093ft)
運航乗員数	3	2	2	2	2
座席数	300	335	359	419	419
エンジン数	4基	4基	4基	4基	4基
初飛行	1992年4月1日	1991年10月25日	2002年2月11日	2001年4月23日	2005年11月18日

エアバス A350

❖ A350XWBは、胴体と翼の素材として主に炭素繊維強化プラスチックを使用している初めてのエアバスだ。

A340-600は、現在、胴体が世界最長の航空機である。エアバス社は乗客ターミナルと接続できる航空機の最長限度が80メートルであることからその全長を決定した。機体が非常に長いため、パイロットが飛行機を地上走行させる際に役立つ外部カメラを取り付けている。荷物室と貨物室の広さは、ボーイング747-400と同程度だ。

ルフトハンザドイツ航空は、A340-600の乗客用のデッキにより広いスペースを確保するため、ギャレーと洗面所を下のデッキに設置することにした。尾部のトリムタンクには、A340-300では4.8トン、A340-600では6トンの燃料が入る。

2013年4月までにA340ファミリー全体で377機の注文があり、すべて納入されている。

A350XWBは、欧州がボーイング787に対抗して開発したモデルである。エアバス社は、787が自社のA330への対抗機種ととらえ、遅くとも2004年までにはボーイングの高い市場占有率を取り返す計画で、非常に成功したA330に改良を加え、最新の技術を取り入れた派生型を開発することにした。しかし、航空会社は猛烈にこれに抗議し、価値ある時間が浪費された。ボーイング社はA350の計画の遅れを利用して787をさらに市場に売り込んだ。2006年前半にエアバス社は改良型の設計を発表したが、再び航空会社から787の方がよいと退けられてしまう。しかし、2006年に開催されたファーンボロー航空ショーで、エアバスは航空会社の承認を受けた新しい設計図をようやく発表した。その1年後、使われる材料に関して詳細が公表された（かっこ内の数字はボーイング787における同素材の割合）：繊維強化プラスチック（CFRP）が52パーセント（50パーセント）、アルミニウム／リチウムが20パーセント（18パーセント）、チタンが14パーセント（15パーセント）、鋼が7パーセント（10パーセント）、その他の材料が7パーセント（7パーセント）だった。

キャビン、翼、フライトデッキ、エンジンは初期のエアバスモデルと（見方によっては大幅に）異なっている。A350XWBは2012年に初飛行、2013年に運用開始の予定だったが、初飛行は2013年6月まで遅延した。A350XWBファミリーは2013年10月現在、682機の注文を受けており、対するボーイング787の受注数は936機となっている。

エアバス A350XWBファミリー

	A350-800	A350-900	A350-900R	A350-900F	A350-1000
全長	60.6m	66.9m	66.9m	66.9m	73.9m
翼幅	64m	64m	64m	64m	64m
翼面積	443m²	443m²	443m²	443m²	443m²
最大離陸重量(MTOW)	245,000kg	265,000kg	295,000kg	295,000kg	295,000kg
最大速度	945km/h	945km/h	945km/h	945km/h	945km/h
巡航速度	903km/h	903km/h	903km/h	903km/h	903km/h
航続距離	15,400km	15,000km	17,600km	9,250km	14,800km
実用上昇限度	13,100m (42,979ft)	13,100m (42,979ft)	13,100m (42,979ft)	13,100m (42,979ft)	13,100m (42,979ft)
運航乗員数	2	2	2	2	2
座席数	270	314	310	n/a	350
エンジン数	2基	2基	2基	2基	2基
初飛行	n/a	n/a	n/a	n/a	n/a

エアバス A380

エアバスA3XXからA380までの歩み

1970年	エアバス・インダストリー G.I.E.設立。
1991年	構想中のスーパージャンボ機「A3XX」が満たすべき必要条件について、主要航空会社による最初の予備的協議実施。
1993年1月	ボーイング社が、アエロスパシアル、ダイムラー・ベンツ・エアロスペース、エアバス、CASA、ブリティッシュ・エアロスペース各社と協力し"超大型航空機"の開発に取り組む意向を発表。
1993年6月	ボーイング社が小型航空機の製造に指向を強め始めたため、エアバス共同開発各社はボーイング社抜きでスーパージャンボ機開発計画を推進することを決定。
1996年	「エアバス大型航空機部門」を設立。
2000年	A3XXの発売開始（のちにA380となる）。
2001年	国際共同会社エアバス・インダストリー G.I.E.が、フランス、ドイツ、スペイン、英国籍の4社による合弁会社、エアバス S.A.S.となる。
2002年	各パーツの製造開始。
2004年2月	ロールスロイスが、最初のエンジンをフランスのトゥールーズに配送。
2004年4月	スーパージャンボ機に対応するため、世界の主要な空港で受け入れ準備と施設の改修工事開始。
2004年5月	トゥールーズで機体の最終的な組み立て開始。
2004年12月	EADS（欧州航空宇宙防衛会社）が、当初計画よりプロジェクトの予算が15億ユーロ高くなることを発表。
2005年1月	エアバス社とボーイング社が、不正入札と国家の違法助成金に関する双方の訴えを取り下げ、議論終結。
2005年4月27日	トゥールーズでの初飛行。試験飛行はそれから12カ月間継続実施。
2005年6月	エアバス社が6か月の遅れを発表。
2006年3月	試験飛行で、出口が半分使えない状況でも、870人の乗客が80秒で全員退出することに成功。
2006年7月	エアバス社がさらに6か月の遅れを発表。
2006年10月	エアバス社がさらに1年の遅れを発表。これで当初計画より20か月の遅れとなる。
2007年10月	シンガポール航空に初号機が納入される。

❖ エアバスA380は大量の客席を備えているが、予約で満席になることも多い。

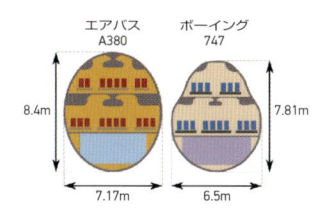

❖ エアバスA380とボーイング747のアッパーデッキの比較

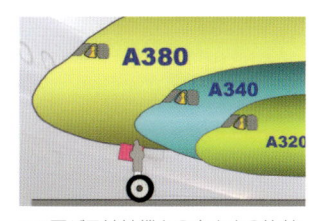

❖ エアバス姉妹機との大きさの比較

❖ エアバスA380は個性的で、そのサイズは息をのむほど大きい

❖ エアバスA380型機の両翼の下には、フォルクスワーゲンのゴルフなら114台駐車できる

エアバス A380

	A380－800	A380－900
全長	73m	79.4m
翼幅	79.8m	79.8m
翼面積	846m²	846m²
最大離陸重量（MTOW）	560,000kg	590,000kg
最大速度	955km/h	944km/h
巡航速度	900km/h	900km/h
航続距離	15,200km	14,200km
実用上昇限度	13,115m（43,028ft）	13,115m（43,028ft）
運航乗員数	2	2
座席数	555	約650
エンジン数	4基	4基
初飛行	2005年4月27日	n/a

エアバスA380のコックピット

- テレメトリ
- 非常用電力パネル
- 無線・インターホン制御装置
- オートパイロットコントロールパネル：速度計表示
- オートパイロットコントロールパネル：高度計表示
- オートパイロット選択パネル
- オートパイロット選択パネル
- 当該空港進入方式のクリップボード
- 一次飛行ディスプレイ
- ナビゲーションディスプレイ
- アナログナビゲーションディスプレイ
- システム・ディスプレイと操作装置類
- ナビゲーションディスプレイ
- 一次飛行ディスプレイ
- ネットワークシステムサーバー（NSS）
- NSS入力装置
- フライトマネジメントシステム（FMS）
- フライトマネジメントシステム（FMS）
- NSS入力装置
- ネットワークシステムサーバー（NSS）
- サイドスティック
- 左ラダーペダル
- 右ラダーペダル
- スロットルレバー
- 左ラダーペダル
- 右ラダーペダル
- サイドスティック
- 無線・機内通信制御装置
- 無線・機内通信制御装置
- シートベルトバックル
- 機長座席
- パーキングブレーキ
- 副操縦士座席
- 救命胴衣
- 機内電話用マイク
- 救命

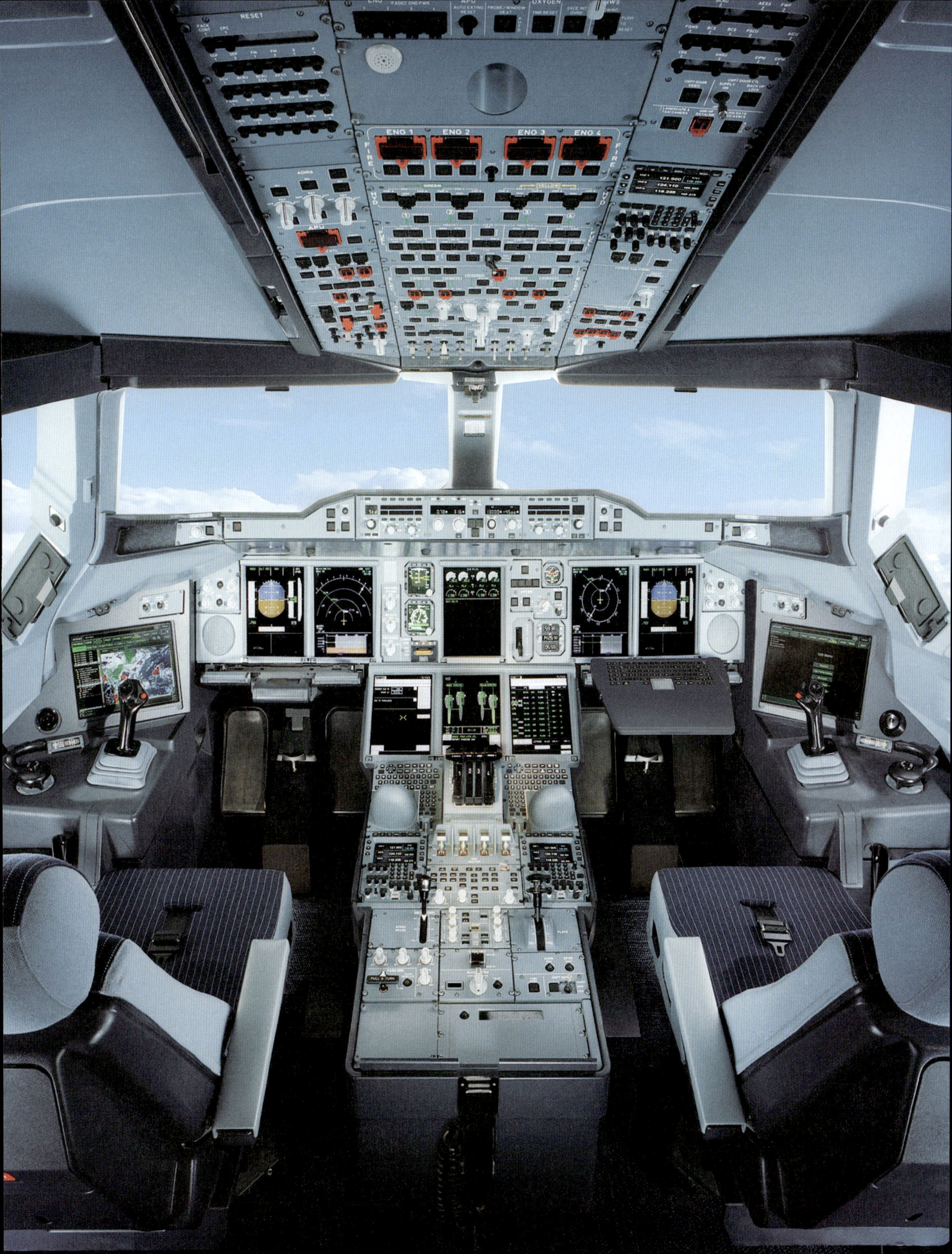
RESET
APU
OXYGEN
ENG 1
ENG 2
ENG 3
ENG 4
FIRE
APU

ツポレフ

ツポレフ・ストーリー

アンドレイ・ニコラーエヴィチ・ツポレフは、1888年11月10日にロシア帝国のプストマゾヴォで生まれた。航空に高い関心を抱いたツポレフは、モスクワ高等技術学校に入学する。1918年、ツポレフが30歳のとき、ニコライ・ジュコーフスキーを指導者とする航空流体力学中央研究所（TsAGI：ツアギ）——のちにロシアの最も重要な航空研究所に発展する機関——が設立され、ツポレフは航空機の設計に携わった。

ツポレフはTsAGIで世界初の全金属製双発片持ち式爆撃機を含む航空機の数々を開発した。しかし、このような業績にもかかわらず、1937年にスターリンはツポレフを反逆罪の容疑で逮捕し、終身刑を言い渡した。投獄中もツポレフは航空機を設計し続けることを要求されたが、1941年、ドイツがソ連への攻撃を開始したとき、解放された。スターリンは、1943年に彼に謝罪をしたとさえ考えられている。

ツポレフは爆撃機に加えて、旅客機の開発にも取り組み、すべて合わせると100以上の航空機開発プロジェクトに熱中した。彼のライフワークは、息子アレクセイ・アンドレーエヴィチ・ツポレフによって継承された。

❖ アンドレイ・N・ツポレフ。

Tu-154

✤ 1983年、北京に到着した、北朝鮮の高麗航空のTu-154B-2。

ツポレフ154

	Tu-154M
全長	47.9m
翼幅	37.55m
翼面積	201.5m²
最大離陸重量(MTOW)	100,000kg
最大速度	950km/h
巡航速度	900km/h
航続距離	4,000km
実用上昇限度	11,000m（36,089ft）
運航乗員数	3〜4
座席数	160〜180
エンジン数	3基
初飛行	1968年

ツポレフの最も重要なモデル、3発式ジェット機Tu-154の生産数は1000機を超えた。初期の頃には、東ヨーロッパの航空会社が好むと好まざるとにかかわらず広く運用した。最後のモデルのTu-154Mは、国際民間航空機関（ICAO）の定める騒音基準カテゴリーのステージ3の必要条件を満たしており、まだしばらくの間運用されそうである。

Tu-204

✤ 高麗航空は最新のツポレフ機も運用している。たとえば上の写真は、2007年に製造されたTu-204-300だ。

Tu-204K

Tu-204Kは、液化ガスを燃料とし低温技術を使用するTu-204派生型の研究機だ。Tu-204Kは210人の乗客収容力があり、航続距離は5200キロメートルで、1人の乗客を1キロメートル運ぶのに使われる燃料はわずか20グラムだ。ロシアは天然ガスの宝庫なので、これは将来可能性がある。

Tu-154の後継機Tu-204で、ロシア航空業界は自由市場経済への進出を果たした。Tu-204は、初期のモデルより経済的で、6台のカラーモニターを装備した2人乗員仕様のグラスコックピット、爆撃機で使われる透明なヘッドアップディスプレイ、フライ・バイ・ワイヤシステム、自動着陸装置、音が静かだが強力な新世代ロールスロイス・エンジン2基の搭載を特徴としている。

ツポレフ204

	Tu-204-100	Tu-204-120	Tu-214	Tu-204-300
全長	46m	46m	46m	40m
翼幅	42m	42m	42m	42m
翼面積	184.2m²	184.2m²	184.2m²	184.2m²
最大離陸重量(MTOW)	103,000kg	103,000kg	110,750kg	107,500kg
最大速度	850km/h	850km/h	850km/h	850km/h
巡航速度	810km/h	810km/h	810km/h	810km/h
航続距離	6,500km	6,500km	6,670km	7,500km
実用上昇限度	12,600m（41,339ft）	12,600m（41,339ft）	12,600m（41,339ft）	12,600m（41,339ft）
運航乗員数	2	2	2	2
座席数	210	210	210	157
エンジン数	2基	2基	2基	2基
初飛行	1989年	1998年	1996年	2003年

ドルニエ

❖1929年、ドルニエDo-Xは素晴らしい新世界へと飛び立った。当初は9気筒空冷式エンジン、ジュピターを使用していたが、後に12基の12気筒水冷式エンジン、カーティス・コンカラーに取り替えて、合計で7392馬力を生み出した。Do-Xは、最高速度が時速211キロメートル、航続距離は1700キロメートルだった。

フランス人の父を持つ、クロード・オノレ・デジレ・ドルニエは、1884年にドイツのケンプテンで生まれた。1912年、ツェッペリン飛行船会社社長のフェルディナンド・フォン・ツェッペリン伯爵は、自社の社員で才能あるエンジニアのドルニエがドイツの市民権を得られるよう個人的に介入し、その後、ドルニエに付属工場の運営を任せた――これが後にフリードリヒスハーフェンのドルニエ航空機製造（ドルニエ社）になった。そして、そこから時代を象徴する航空機の数々が誕生し続けた――当時、世界最大の航空機となった12基のエンジンを搭載した飛行艇Do-Xもその1つだ。1929年10月、コンスタンス湖上での飛行で、Do-Xは159人の乗客と10人のクルーを運んだ。その記録は1949年にロッキード・コンステレーションに破られるまで保持された。

軍用機の製造と航空・宇宙工学の開発に加え、ドルニエの工場は短距離での離着陸能力でその価値を証明した短距離用航空機（STOL機）もいくつか設計した。

ドルニエ社は引き継ぎに関わる対立やその複雑さから混乱状態に陥り、ダイムラー・ベンツ・グループによって買収され、同様に買収されたメッサーシュミット・ベルコウ・ブローム（MBB）社とともにダイムラー・ベンツ・エアロスペース株式会社（DASA）（後にオランダの倒産寸前のフォッカー社もDASAに吸収）となった。もし、ドルニエ社にこのようなことがなければ、ドイツにおいてボーイング社に匹敵する成功を成し遂げたかもしれない。

結局、DASAは分裂してその一部はEADSに組み込まれ、ドルニエは米国のフェアチャイルド・エアクラフトに売却された。フェアチャイルド・ドルニエ社となっていたドルニエの命運は、2002年の債務超過とともに尽き、その残りの資産は2005年に競売にかけられた。

❖Do228は、STOL（短距離離着陸）機だった。

Do328

❖ Do328JETは、"コミューター機のロールスロイス"といってもよい。しかし、非常に高価だったので、商業的な成功はかなわなかった。

Do328はとても快適な旅客機だがかなり高価だった。最高33人の乗客を収容できるターボプロップ機だったが、ジェット機の派生型も生産された。初飛行が1991年だったにもかかわらず、ボーイング787の開発まで二度と見られない高度なテクノロジーを取り入れていた。Do328の生産はドルニエの複雑な所有状況のために終了された。

ドルニエ

	Do228	Do328	Do328JET
全長	15.03m	21.28m	21.22m
翼幅	16.97m	20.98m	20.98m
翼面積	32m²	40m²	40m²
最大離陸重量(MTOW)	5,700kg	13,990kg	13,990kg
最大速度	433km/h	650km/h	756km/h
巡航速度	315km/h	620km/h	740km/h
航続距離	1,343km	1,350km	1,850km
実用上昇限度	8,535m (28,002ft)	10,670m (35,007ft)	10,670m (35,007ft)
運航乗員数	2	2	2
座席数	15	30～33	30～33
エンジン数	2基	2基	2基
初飛行	1981年3月28日	1991年12月6日	1998年1月20日

❖ 中国の航空会社が発注したことは、Do328JETにとって大きな勝利だった。

サーブ

❖ サーブ340は、スウェーデンの航空機メーカー、サーブが米国のフェアチャイルド・エアクラフト社と共同開発した旅客機だ。しかし、フェアチャイルド社が1985年にプロジェクトから撤退し、1999年の納入を最後に生産終了となっている。

スウェーデンのサーブ（SAAB）社は、ドイツのJu-86爆撃機などの航空機をライセンス製造するために、1937年に設立された。1940年からは、主にスウェーデンの軍用機ではあったが、自社独自のモデルを開発し始めた。しかし、同社は民間の中距離用旅客機市場においてもサーブ340とサーブ2000で成功を収めている。また、サーブはエアバスの重要な下請け会社でもある。

サーブ340

1983～1999年の間、この30座席の旅客機が459機生産された。サーブ340の航続距離は1490キロメートルだ。

サーブ2000

この50座席のサーブ2000は、1994～1999年の間にわずかに64機生産された。その航続距離は2868キロメートルだった。

サーブ		
	サーブ340	サーブ2000
全長	19.73m	27.2m
翼幅	21.44m	24.76m
翼面積	41.8m²	55.7m²
最大離陸重量(MTOW)	13,000kg	22,800kg
最大速度	525km/h	682km/h
巡航速度	463km/h	594km/h
航続距離	1,490km	2,868km
実用上昇限度	8,200m (26,903ft)	9,448m (30,997ft)
運航乗員数	2	2
座席数	33～37	50～58
エンジン数	2基	2基
初飛行	1983年3月26日	1992年1月25日

❖ サーブ2000はサーブ340の胴体を延長した派生型である。

エンブラエル

❖ エンブラエルは大手の競争相手に急速に追いつき、地域間輸送用旅客機市場に従来よりも大きな航空機で参入している。

エンブラエル（Embraer：Empresa Brasiliera de Aeronáutica）は、世界で3番目に大きいブラジルの航空機メーカーだ。この会社は主に軍用機を製造し、それと並行して、サイズが着実に大きくなりつつある地域間輸送用旅客機の製造も手がけている。そのモデルは、中国企業との合併で設立した工場でも生産されている。エンブラエル社はターボプロップ機やジェット機など幅広く展開している。Eジェットのエンジンを変更するE2ジェット・ファミリーを開発中。

ターボプロップ機
EMB-110：19座席
EMB-120：30座席

ジェット機
ERJ-135：37座席
ERJ-140：44座席
ERJ-145：50座席
エンブラエル170：78座席
エンブラエル175：86座席
エンブラエル190：106座席
エンブラエル195：118座席

エンブラエル Eジェットファミリー／ERJファミリー

	170	175	190	195	ERJ-135	ERJ-140	ERJ-145
全長	29.9m	31.68m	36.24m	38.65m	26.3m	28.45m	29.87m
翼幅	26m	26m	26m	28.72m	20m	20.4m	20.4m
翼面積	51.18m²	51.18m²	51.18m²	95.5m²	49m²	49m²	49m²
最大離陸重量（MTOW）	35,990kg	37,500kg	50,300kg	50,790kg	22,500kg	21,100kg	21,900kg
最大速度	870km/h	870km/h	870km/h	870km/h	850km/h	834km/h	833km/h
巡航速度	850km/h	850km/h	850km/h	850km/h	800km/h	830km/h	790km/h
航続距離	3,889km	3,889km	4,260km	3,334km	3,241km	3,019km	2,870km
実用上昇限度	12,500m（41,010ft）	12,500m（41,010ft）	12,500m（41,010ft）	12,500m（41,010ft）	11,200m（36,745ft）	11,200m（36,745ft）	11,200m（36,745ft）
運航乗員数	2	2	2	2	2	2	2
座席数	70〜78	78〜86	98〜106	108〜118	37	44	48〜50
エンジン数	2基	2基	2基	2基	2基	2基	2基
初飛行	2003年2月19日	2004年12月23日	2005年8月30日	2006年7月3日	1998年7月4日	2000年6月27日	1995年8月11日

ボンバルディア

❖DHC-6ツインオターは、辺境地の短距離運航に最適だ。20人の乗客を乗せて1000キロメートル前後の飛行距離を飛ぶのには十分な大きさで、北カナダや太平洋諸島で海上石油掘削基地など孤立した場所へのフライトに使われている。また、南極科学者の輸送機としても役立っている。上の写真は、バンクーバーのウォーターフロントにて撮影されたもの。

ボンバルディア・エアロスペース社は、航空史に残るレジェンドをいくつか生み出している。英国の軍需企業、ビッカースの軍用品をライセンス製造するため、1911年にカナディアン・ビッカースが設立されたのが始まりだった。1944年に同社は2つに分かれ、航空機の開発を行うカナディア社は、ライセンスを受けてDC-3とダグラスDC-4の派生型を製造、カナディアン・ビッカース社は造船に集中した。その後、カナディア社は売却されボンバルディア・エアロスペースとなり、英国産業史に残るデ・ハビランド・エアクラフト社をルーツとする、デ・ハビランド・カナダ(DHC)を後に買収した。DHCは1962年にアブロ・カナダを吸収したが、1992年にボンバルディアに買収される前の1980年代にはボーイングの子会社になっていた。

ボンバルディアは、2006年にカナダの航空機メーカー、バイキング・エアにDHC-6の製造権を売却した。バイキング社はデ・ハビランドの設計図を使い、DHC-400という名称の新しい航空機を製造し、2010年にはその初号機が納入されている。

DHC-6 ツインオター	
全長	12.566m
翼幅	19.81m
翼面積	39m²
最大離陸重量(MTOW)	5,700kg
最大速度	360km/h
巡航速度	338km/h
航続距離	1,300km
実用上昇限度	3,400m (11,154ft)
運航乗員数	2
座席数	20
エンジン数	2基
初飛行	1965年5月20日

❖ ボンバルディア・エアロスペース社は、CRJシリーズで中距離用旅客機の競争に加わっていた時期があった。

DHC-6

デ・ハビランド・カナダ社の最も有名な旅客機といえば、DHC-6ツインオターだろう。あらゆる砂漠や熱帯多雨林、あるいは南極と北極の間の氷帯をホームグラウンドにしているツインオターは、フロートを備えているので、南太平洋またはモルディブの島々の間を飛んだり、北極圏のツンドラの孤立した湖を結ぶのに用いられたりもしている。

Q8

DHC-8は、ボンバルディア・エアロスペース社がDHCを買収した後にDASH 8(ダッシュエイト)に改称され、1996年以降はQ8シリーズと再び改称されている。DASH 8Q-100からDASH 8Q-400まで、4つの異なるモデルがあり、シリーズ最大で78人の乗客を運ぶことができる。

カナデア・リージョナル・ジェット(CRJ)

CRJシリーズは大きな成功を収めている。

Qシリーズ

	DASH 8Q-100	DASH 8Q-200	DASH 8Q-300	DASH 8Q-400
全長	22.3m	22.3m	25.7m	32.84m
翼幅	25.9m	25.9m	27.4m	28.42m
翼面積	54.3m^2	54.3m^2	54.3m^2	63.1m^2
最大離陸重量(MTOW)	16,465kg	16,465kg	19,505kg	29,257kg
最大速度	490km/h	500km/h	560km/h	648km/h
巡航速度	440km/h	446km/h	532km/h	629km/h
航続距離	2,000km	2,000km	1,600km	2,825km
実用上昇限度	7,620m (25,000ft)	7,620m (25,000ft)	7,620m (25,000ft)	7,620m (25,000ft)
運航乗員数	2	2	2	2
座席数	39	39	56	78
エンジン数	2基	2基	2基	2基
初飛行	1983年6月20日	1995年4月2日	1987年5月15日	1998年1月31日

カナデア・リージョナル・ジェット(CRJ)シリーズ

	CRJ-100	CRJ-200	CRJ-700	CRJ-900	CRJ-1000
全長	26.77m	26.77m	32.51m	36.4m	36.13m
翼幅	21.23m	21.23m	23.24m	24.85m	26.18m
翼面積	48m^2	48m^2	68.83m^2	70.61m^2	N／A
最大離陸重量(MTOW)	23,134kg	23,995kg	33,995kg	36,515kg	41,050kg
最大速度	880km/h	880km/h	876km/h	881km/h	900km/h
巡航速度	860km/h	860km/h	829km/h	850km/h	870km/h
航続距離	1,850km	3,713km	3,676km	2,472km	2,761km
実用上昇限度	12,496m (40,997ft)	12,496m (40,997ft)	12,496m (40,997ft)	12,496m (40,997ft)	12,496m (40,997ft)
運航乗員数	2	2	2	2	2
座席数	50	50	75	86	104
エンジン数	2基	2基	2基	2基	2基
初飛行	1991年5月10日	1991年5月10日	1999年5月27日	2001年2月21日	2008年11月3日

ATR

❖ 地域間輸送用旅客機ATR42は、世界中で支持されている。現在（2013年）までの総生産数は400以上で、カリブ海やオセアニア、あるいは南米の熱帯多雨林でも同じようによく機能している。

この会社名の3つのイニシャルは、フランス語でAvions de Transport Régional、イタリア語でAerei da Transporto Regionaleを表している。ATRは、この2国の航空機メーカー、フランスのアエロスパシアルとイタリアのアエリタリア（現アレニア・アエロナウティカ）の共同事業体である。1980年代中頃、ATRは50座席のATR-42と72座席のATR-72を発表した。この2機は非常に成功し、両モデル合わせて1000機以上売り上げている。

❖ 機体の大きいATR72が最も成功し、米国のイーグル航空が45機保有、インドの航空会社キングフィッシャーは32機発注した。フランスとイタリアの共同事業体（コンソーシアム）ATRは、市場に絶えず新しいモデルを提供し続けている。

ATR-42／72

	ATR42-300	ATR42-500	ATR72-200	ATR72-500
全長	22.67m	22.67m	27.16m	27.16m
翼幅	24.57m	24.57m	27.06m	27.06m
翼面積	55m²	55m²	61m²	61m²
最大離陸重量(MTOW)	16,700kg	18,600kg	22,000kg	22,500kg
最大速度	491km/h	556km/h	510km/h	510km/h
巡航速度	470km/h	560km/h	490km/h	490km/h
航続距離	1,150km	1,550km	1,400km	1,330km
実用上昇限度	8,800m (28,871ft)	8,800m (28,871ft)	8,000m (26,247ft)	8,000m (26,247ft)
運航乗員数	2	2	2	2
座席数	50	50	72	74
エンジン数	2基	2基	2基	2基
初飛行	1984年8月16日	1994年9月16日	1988年10月27日	1997年6月1日

フォッカー

アントン・ハーマン・ジェラード・フォッカー（別名アンソニー・フォッカー）は、1890年にオランダの植民地、バタビア（現在のインドネシアのジャワ）で生まれた。フォッカーはドイツで自動車および航空エンジニアリングを学び、シュベリンに航空機工場を開いた。フォッカーの工場は第一次世界大戦中に成功を収めた。ドイツのエース・パイロット、マンフレッド・フォン・リヒトホーフェンに戦闘機を提供し、赤く塗装したフォッカー機で「レッドバロン（赤い男爵）」の異名を持つリヒトホーフェンに最初の勝利を導いている。戦後のベルサイユ条約により、ドイツ内での航空機製造が禁止されると、フォッカーは自分のルーツがオランダにあることから、6週間以内に工場の一切を鉄道でオランダへ輸送して移転した。

第二次世界大戦後、同社は旅客機の開発を始め、世界中に786機（ライセンス生産数含む）売り上げてベストセラーとなったフォッカーF27フレンドシップで大きな成功を収めた。もう1つのヒットは、ツインジェット旅客機フォッカー100で、販売数は合計283機だった。

しかし、フォッカー社にとってすべてが順調というわけではなかった。ブレーメンのVFWとの合弁事業は、地域間輸送用ジェット旅客機VFW614の販売数がわずか19機に終わった。DASAとダイムラー・ベンツとの連携も、1996年の倒産を食い止めることはできなかった。

それでも、受け入れ会社によって提供されるメンテナンスサービスと予備部品で、多くのフォッカー機が今も飛び続けている。

フォッカー

	F27	F27-500	F28-1000	F28-4000	フォッカー70	フォッカー100
全長	23.5m	25.5m	27.4m	29.61m	30.91m	35.53m
翼幅	29m	29m	23.58m	25.07m	28.08m	28.08m
翼面積	70m²	70m²	76.4m²	78.97m²	93.5m²	93.5m²
最大離陸重量(MTOW)	19,050kg	20,410kg	29,485kg	33,110kg	36,740kg	45,810kg
最大速度	483km/h	480km/h	849km/h	843km/h	856km/h	845km/h
巡航速度	450km/h	473km/h	820km/h	815km/h	734km/h	755km/h
航続距離	1,468km	1,315km	2,090km	2,590km	2,000km	3,167km
実用上昇限度	9,935m (32,595ft)	8,991m (29,498ft)	10,675m (35,023ft)	10,675m (35,023ft)	10,600m (34,777ft)	11,900m (39,042ft)
運航乗員数	2	2	2	2	2	2
座席数	44	52	65	85	80	85〜107
エンジン数	2基	2基	2基	2基	2基	2基
初飛行	1955年11月24日	1957年11月1日	1967年5月9日	1978年10月20日	1994年7月1日	1986年11月30日

航空機の製造開発

旅客機の新機種はどのようにして開発されるのだろうか？

需要分析
- ターゲットとする市場は？
- 求められる乗客数は？
- 求められる航続距離は？
- 短距離離陸機（STOL）か？
- 高地で気温が高く酸素濃度が低い状況への対応が必要か？
- 競合する機種は？
- 競合機の利用度と容認度は？
- パイロットが支持するのは？

動力装置と重量について
- どのような新素材を採用するか？
- 軽量化するか？
- パワフルだが重いエンジンか？
- 出力がやや劣るが比較的軽いエンジンか？
- 推力重量比は？
- 望ましい巡航高度は？
- メンテナンスコスト、ランニングコストは？

エンジンの搭載位置
- 胴体の後部（リアエンジン式）
- …翼とフラップの単純化
- …失速速度[＊]
- …翼の揚力増大
- …曲げモーメントの増大
- …構造の強化
- 翼の下部（主翼吊り下げ式）
- …重量による曲げモーメントの減少
- …効果的なエアフローの減少
- …より複雑なフラップのデザイン

翼のデザイン
- 想定されるペイロードと最大離陸重量（MTOW）
- …理想的な翼面積
- 離陸速度／着陸速度
- …翼幅

一連の試験
- 妥協点
- …費用対効果は？
- …競合機との差別化は？
- …売り上げ予測は？
- …期待利潤は？

＊——失速速度：気流に対して迎え角が極端に大きいために航空機が失速する速度。

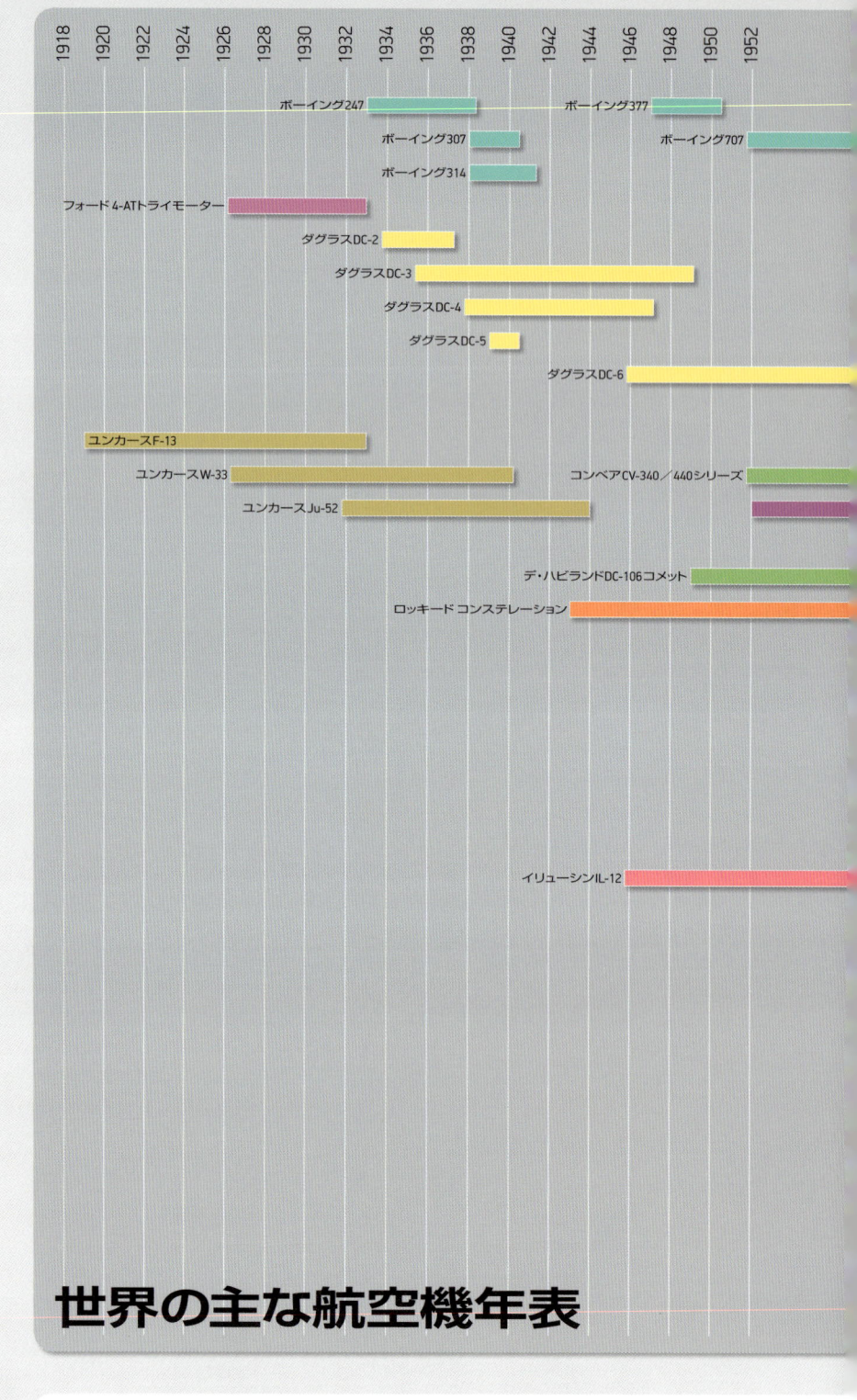

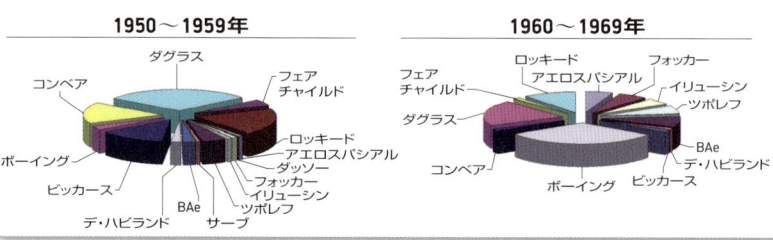

世界の主な航空機年表

（1918〜1952年）

- ボーイング247
- ボーイング377
- ボーイング307
- ボーイング707
- ボーイング314
- フォード4-ATトライモーター
- ダグラスDC-2
- ダグラスDC-3
- ダグラスDC-4
- ダグラスDC-5
- ダグラスDC-6
- ユンカースF-13
- ユンカースW-33
- コンベアCV-340／440シリーズ
- ユンカースJu-52
- デ・ハビランドDC-106コメット
- ロッキード コンステレーション
- イリューシンIL-12

1950〜1959年
ダグラス、フェアチャイルド、コンベア、ボーイング、ビッカース、デ・ハビランド、BAe、サーブ、ツポレフ、イリューシン、フォッカー、ダッソー、アエロスパシアル、ロッキード

1960〜1969年
フェアチャイルド、ロッキード、アエロスパシアル、フォッカー、イリューシン、ツポレフ、ダグラス、BAe、デ・ハビランド、ビッカース、ボーイング、コンベア

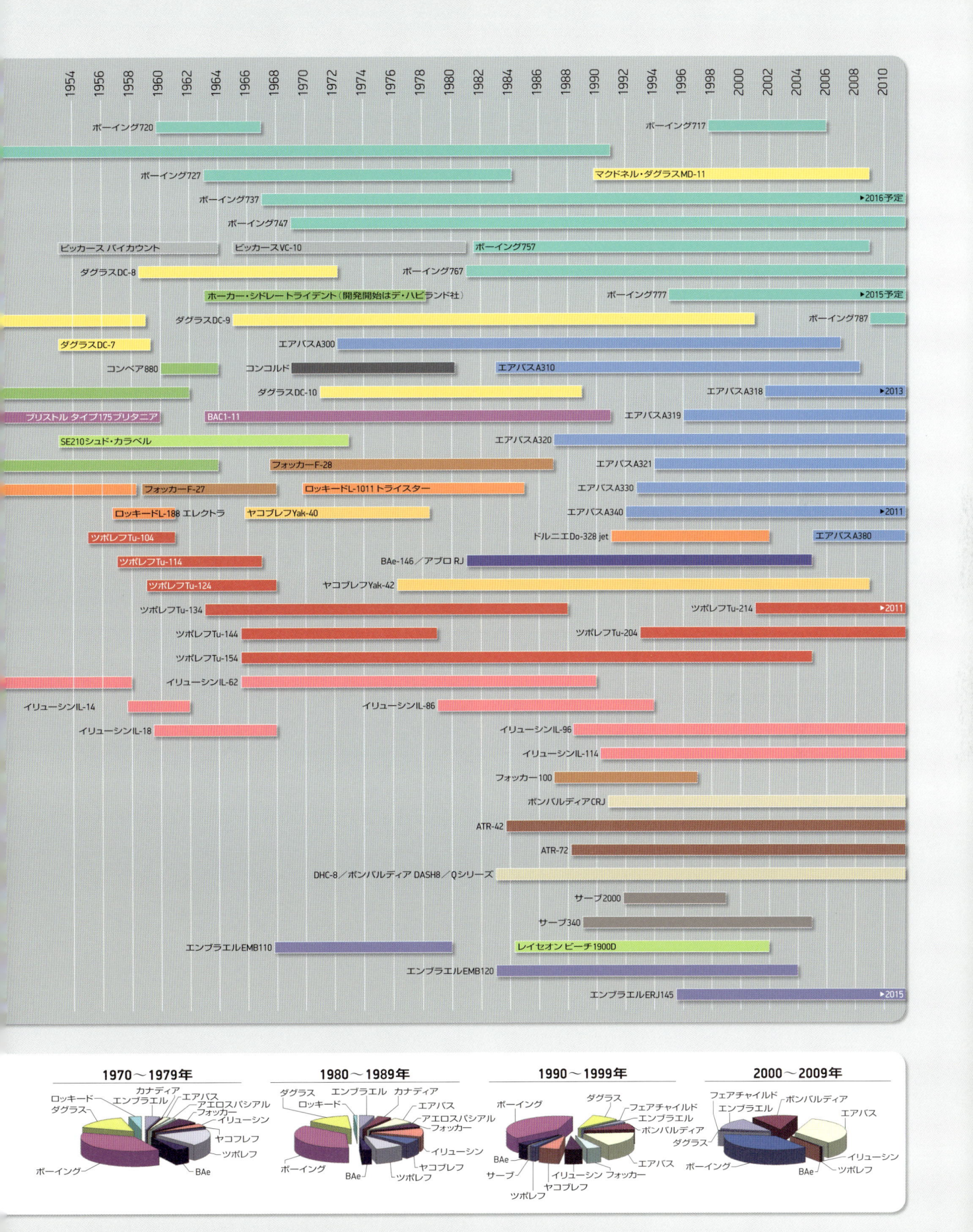

年	機種
1954–2010	以下、年表項目

- ボーイング720
- ボーイング717
- ボーイング727
- マクドネル・ダグラスMD-11
- ボーイング737 ▶2016予定
- ボーイング747
- ビッカース バイカウント
- ビッカースVC-10
- ボーイング757
- ダグラスDC-8
- ボーイング767
- ホーカー・シドレートライデント（開発開始はデ・ハビランド社）
- ボーイング777 ▶2015予定
- ダグラスDC-9
- ボーイング787
- ダグラスDC-7
- エアバスA300
- コンベア880
- コンコルド
- エアバスA310
- ブリストル タイプ175 ブリタニア
- ダグラスDC-10
- エアバスA318 ▶2013
- BAC1-11
- エアバスA319
- SE210 シュド・カラベル
- エアバスA320
- フォッカーF-28
- エアバスA321
- フォッカーF-27
- ロッキードL-1011 トライスター
- エアバスA330
- ロッキードL-188 エレクトラ
- ヤコブレフYak-40
- エアバスA340 ▶2011
- ツポレフTu-104
- ドルニエDo-328 jet
- エアバスA380
- ツポレフTu-114
- BAe-146／アブロRJ
- ツポレフTu-124
- ヤコブレフYak-42
- ツポレフTu-134
- ツポレフTu-214 ▶2011
- ツポレフTu-144
- ツポレフTu-204
- ツポレフTu-154
- イリューシンIL-62
- イリューシンIL-14
- イリューシンIL-86
- イリューシンIL-18
- イリューシンIL-96
- イリューシンIL-114
- フォッカー100
- ボンバルディアCRJ
- ATR-42
- ATR-72
- DHC-8／ボンバルディア DASH8／Qシリーズ
- サーブ2000
- サーブ340
- エンブラエルEMB110
- レイセオン ビーチ1900D
- エンブラエルEMB120
- エンブラエルERJ145 ▶2015

シェア（円グラフ）

1970〜1979年: ロッキード、ダグラス、カナディア、エンブラエル、エアバス、アエロスパシアル、フォッカー、イリューシン、ヤコブレフ、ツポレフ、BAe、ボーイング

1980〜1989年: ダグラス、ロッキード、エンブラエル、カナディア、エアバス、アエロスパシアル、フォッカー、イリューシン、ヤコブレフ、ツポレフ、BAe、ボーイング

1990〜1999年: ボーイング、ダグラス、フェアチャイルド、エンブラエル、ボンバルディア、エアバス、フォッカー、イリューシン、ヤコブレフ、サーブ、BAe

2000〜2009年: フェアチャイルド、エンブラエル、ボンバルディア、エアバス、イリューシン、ツポレフ、BAe、ボーイング

093

コンコルド

単刀直入に言おう――コンコルドは、もはや飛んでいない。この旅客機の大スターは、おそらく永久に「乗客を乗せて大西洋を横断した、最もエレガントで美しく均整のとれた最速の大型旅客機」という称号を冠され続けるだろう。現在、コンコルドはさまざまな博物館に展示されているが、運用中は騒音が非常に大きく不経済で、故障の影響を受けやすいという一面もあった。それでも、2000年7月25日にパリで起こった悲劇的な事故がなければ、今日でもまだ運用されていただろう。

コンコルドのロンドン発ニューヨーク行きのチケットはおよそ7000ユーロもしたが、片道およそ3.5時間だった。機内でまっすぐに立ち上がることがほとんど不可能なことや、座席がエアバスA320の現在のエコノミークラスより狭いことや、頭上のロッカーのスペースが手荷物を入れるのにどうにか間に合う程度だったことなどは、乗客にとってあまり問題ではなかった――重視したのは、超音速というその速度だ。ラダーの一部を海上でたびたび紛失したことさえも、一般の人々の不安を引き起こさなかったのである。

コンコルドの生産は1969年に始まった。合計で20機しか製造されなかったが、そのうち16機がエールフランスとブリティッシュ・エアウェイズで運用された。年月が経ち、そのエレガントな"鳥"はいつの間にか年をとった。搭乗中の快適さは、エアバスA380や待ち望まれたボーイング787は言うまでもなく、新しいエアバスA340やボーイング777に期待できるものよりはるかに遅れをとっていた。

それでも、コンコルドにはレーゾンデートル、つまり"存在理由"があった。ニューヨークあるいはワシントンでの会議のために、ロンドンやパリをその日の朝出発すること――始業時間に到着し、その日のうちに自宅に帰り着くこと――を可能にしたのだ。

当然のことながら、現在では、普通の人間が同日中に2つの日の出を経験することはできないのである。

コンコルド

全長	61.66m
翼幅	25.6m
翼面積	358m²
最大離陸重量 (MTOW)	186,800kg
最大速度	2,330km/h
巡航速度	1,320km/h
航続距離	7,250km
実用上昇限度	18,300m（60,039ft）
運航乗員数	3
座席数	100
エンジン数	4基
初飛行	1969年3月2日

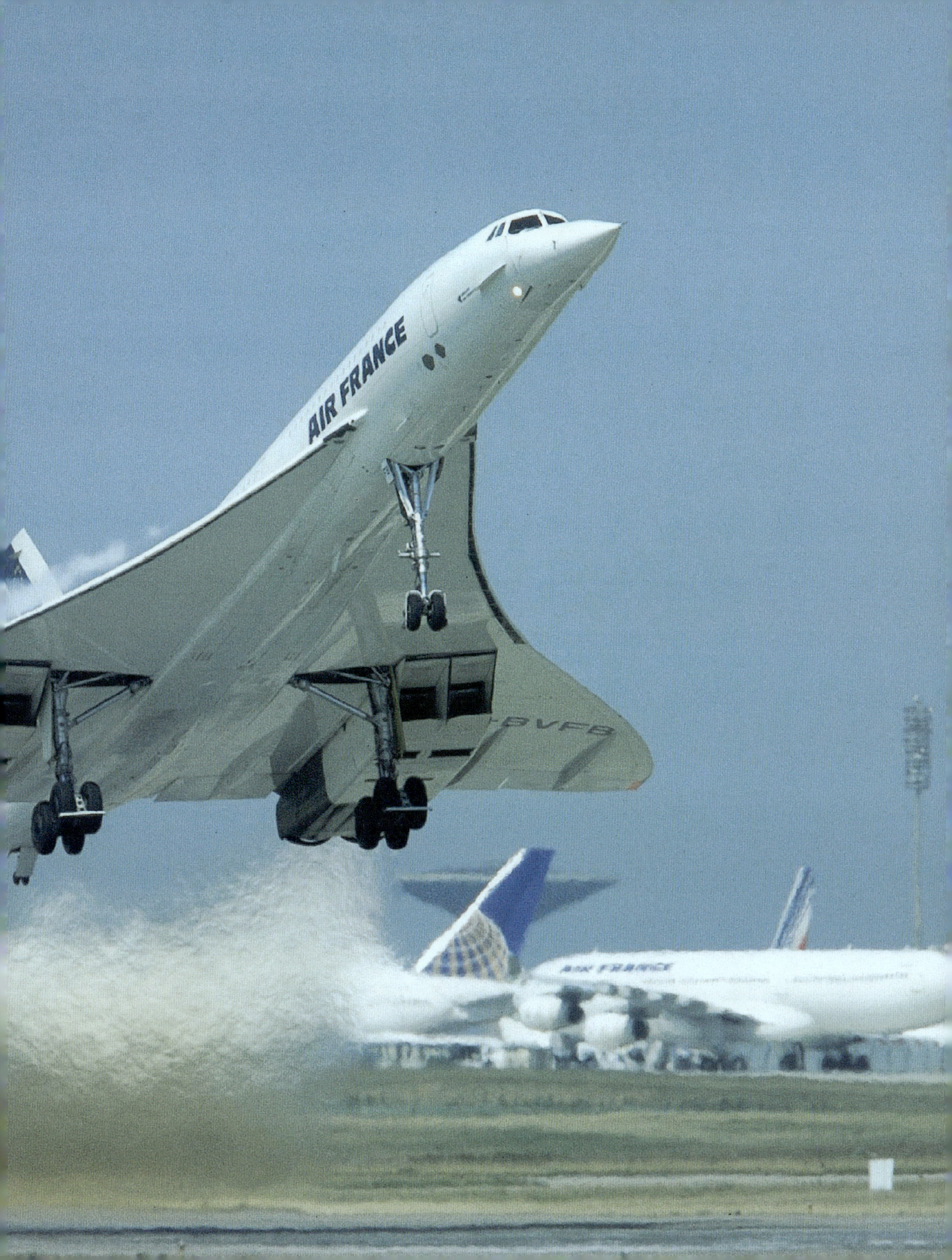
AIR FRANCE

世界で運用中の旅客機

座席数別分類	機種	座席数	クラス数	製造元	エンジン数	巡航速度 km/h	巡航速度 KTS	航続距離 km	航続距離 NM	最大離陸重量 kg	最大離陸重量 lbs	翼幅 m	翼幅 ft	全長 m	全長 ft	運用開始年	総生産数

ターボプロップ機

ターボプロップ機のカテゴリーには、ナローボディで乗客収容力が10〜80人のプロペラ機の地域間輸送用旅客機が含まれる。

座席数別分類	機種	座席数	クラス数	製造元	エンジン数	km/h	KTS	km	NM	kg	lbs	m	ft	m	ft	運用開始年	総生産数
15–19	AN-12	14	1	アントノフ	4	777	420	5700	3078	61000	134481	38.0	124.7	33.1	108.6	1960	835
	BE1900D	19	1	レイセオン	2	495	267	2900	1566	7530	16601	16.6	54.5	17.63	57.8	1982	438
	EMB110	19	1	エンブラエル	2	460	248	2000	1080	5900	13007	15.33	50.3	15.1	49.5	1972	500
20–39	AN-38	26	1	アントノフ	2	405	219	2200	1188	8800	19400	15.67	51.4	22.06	72.4	1991	
	DHC8-100	39	1	ボンバルディア	2	490	265	2000	1080	16465	36299	25.9	85.0	22.3	73.2	1983	291
	EMB120	30	1	エンブラエル	2	550	297	1500	810	11990	26433	19.78	64.9	20.0	65.6	1983	
40–59	ATR-42-300	50	1	ATR	2	490	265	1150	621	16700	36817	24.57	80.6	22.67	74.4	1984	417
	AN-24	50	1	アントノフ	2	500	270	2400	1296	21000	46297	29.2	95.8	25.53	83.8	1965	1114
	DHC8-300	56	1	ボンバルディア	2	532	287	1600	864	19505	43001	27.4	90.0	25.7	84.3	1989	215
	Fokker50	50	1	フォッカー	2	532	287	2055	1110	20820	45900	29.0	95.1	25.25	82.8	1983	205
	AN-140	52	1	アントノフ	2	575	310	2100	1134	19150	42218	24.51	80.4	22.61	74.2	1997	32
60–79	IL-114	64	1	イリューシン	2	500	270	4800	2592	23500	51808	30.0	98.4	26.88	88.2	1990	27
	ATR-72-200	72	1	ATR	2	526	284	1400	756	22000	48501	27.06	88.8	27.16	89.1	1988	551
	DHC8-400	78	1	ボンバルディア	2	648	350	2825	1525	29257	64501	28.42	93.2	32.84	107.7	1998	302

ナローボディ・ジェット機

ナローボディのジェット機は、通常、1本の通路をはさんで横1列に4〜6座席が並んでいる。

座席数別分類	機種	座席数	クラス数	製造元	エンジン数	km/h	KTS	km	NM	kg	lbs	m	ft	m	ft	運用開始年	総生産数
20–39	328JET	30〜33	1	ドルニエ	2	756	408	1850	999	13990	30842	20.98	68.8	21.22	69.6	1998	113
	ERJ-135	37	1	エンブラエル	2	834	450	3241	1750	22500	49604	20	65.7	26.3	86.3	1998	331
40–59	ERJ-140	44	1	エンブラエル	2	834	450	3019	1630	21100	46517	20.4	66.9	28.45	93.3	2000	74
	CRJ-200	50	1	ボンバルディア	2	860	464	3713	2005	23995	52899	21.23	69.7	26.77	87.8	1991	900
	ERJ-145	48〜50	1	エンブラエル	2	833	450	2870	1550	21900	48281	20.4	66.9	29.87	98.0	1995	700
60–79	ERJ-170	70〜78	1	エンブラエル	2	870	470	3889	2100	35990	79344	26.0	85.3	29.9	98.1	2004	754
	CRJ-700	75	1	ボンバルディア	2	876	473	3676	1985	33995	74945	23.24	76.2	32.51	106.7	1999	322
	ERJ-175	78〜86	1	エンブラエル	2	870	470	3889	2100	37500	82673	26.0	85.3	31.68	103.9	2004	178
80–99	B737-100	85〜99	2	ボーイング	2	917	495	3440	1857	49940	110098	28.35	93.0	28.65	94.0	1967	30
	CRJ-900	86	1	ボンバルディア	2	881	476	2472	1335	36515	80502	24.85	81.5	36.4	119.4	2001	252
	BAe-146-100	94	1	ブリティッシュ・エアロスペース	4	767	414	3000	1620	38100	83995	26.21	86.0	26.2	86.0	1982	30
	B737-200	96〜133	2	ボーイング	2	917	495	4200	2268	58100	128087	28.35	93.0	30.53	100.2	1967	982
	ERJ-190	98〜106	1	エンブラエル	2	870	470	4260	2300	50300	110893	26	85.3	36.24	118.9	2005	334
	RRJ-95	98	1	スホーイ	2	964	521	4420	2387	45880	101147	27.8	91.2	29.82	97.8	2008	
100–119	ERJ-195	108〜118	1	エンブラエル	2	870	470	3334	1800	50790	111973	28.72	94.2	38.65	126.8	2006	63
	B737-500	103〜122	2	ボーイング	2	907	490	5200	2808	53400	117726	28.35	93.0	31.01	101.7	1990	289
	Fokker100	85〜107	2	フォッカー	2	845	456	3167	1710	45810	100993	28.08	92.1	35.53	116.6	1988	279
	CRJ-1000	104	1	ボンバルディア	2	870	470	2761	1491	41050	90499	26.18	85.9	36.13	118.5	2008	24
	B717	106	2	ボーイング	2	811	438	2545	1374	49899	110007	28.45	93.3	37.81	124.0	1998	156

*この表は主な航空機の機種のみを掲載している。

座席数別分類	機種	座席数	クラス数	製造元	エンジン数	巡航速度 km/h	KTS	航続距離 km	NM	最大離陸重量 kg	lbs	翼幅 m	ft	全長 m	ft	運用開始年	総生産数
100–119	B737-600	110~112	2	ボーイング	2	852	460	4000~7200	3888	65150	143630	34.3	112.5	31.24	102.5	1998	69
	BAe-146-200	112	1	ブリティッシュ・エアロスペース	4	767	414	2910	1571	42185	93001	26.21	86.0	28.6	93.8	1982	98
	A318	107	2	エアバス	2	840	454	5950	3213	68000	149913	34.1	111.9	31.45	103.2	2002	79
	BAe-146-300	116	1	ブリティッシュ・エアロスペース	4	790	427	2817	1521	42185	93001	26.21	86.0	30.99	101.7	1981	61
120–169	B737-300	123~149	2	ボーイング	2	907	490	4400	2376	61250	135032	28.88	94.8	33.4	109.6	1984	1114
	A319	124	2	エアバス	2	840	454	6800	3672	75500	166447	34.1	111.9	33.84	111.0	1996	1520
	DC-9	125	2	マクドネル・ダグラス	2	898	485	2880	1555	54885	120999	28.47	93.4	40.72	133.6	1965	976
	MD-90-30	172	2	マクドネル・ダグラス	2	809	437	3860	2084	70760	155997	32.87	107.8	46.5	152.6	1993	117
	B737-700	128~149	2	ボーイング	2	852	460	7630	4120	69400	152999	34.3	112.5	33.63	110.3	1997	1273
	B727-200	145	2	ボーイング	2	990	535	4020	2171	95030	209503	32.92	108.0	46.69	153.2	1964	876
	B737-400	146~162	2	ボーイング	2	907	490	5000	2700	62820	138493	28.88	94.8	36.4	119.4	1988	500
	B707-320	219	2	ボーイング	2	990	535	8700	4998	141700	312395	43.4	142.4	46.61	152.9	1959	540
	A320	150	2	エアバス	2	840	454	5700	3078	77000	169754	34.1	111.9	37.57	123.3	1987	3300以上
	B737-800	162~189	2	ボーイング	2	852	460	6650	3591	79010	174185	34.3	112.5	39.47	129.5	1998	2326
	TU-154M	160~180	2	ツポレフ	3	950	513	4000	2160	100000	220460	37.55	123.2	47.9	157.2	1968	921
170–229	B737-900	175~189	2	ボーイング	2	852	460	6650	3596	79016	174199	34.3	112.5	42.11	138.2	2001	279
	B757-200	200~231	2	ボーイング	2	900	486	6276	4689	115665	254995	38.05	124.8	47.32	155.2	1982	997
	A321-200	185	2	エアバス	2	840	454	5600	3024	93500	206130	34.1	111.9	44.51	146.0	1994	808
	B767-200/200ER	181	3	ボーイング	2	851	460	12223	6600	179170	394998	47.6	156,2	48.5	159,1	1981	250
	DC-8	189	2	ダグラス・エアクラフト	2	887	479	8950	4833	162025	357200	45.23	148.4	57.12	187.4	1959	556
	TU-204-100	210	2	ツポレフ	2	850	459	6500	3510	103000	227074	42.0	137.8	46.0	150.9	1989	26

ワイドボディ・ジェット機
ワイドボディのジェット機のエコノミークラスでは、通常、2本の通路をはさんで横1列に7～10座席が並んでいる。

	機種	座席数	クラス数	製造元	エンジン数	km/h	KTS	km	NM	kg	lbs	m	ft	m	ft	運用開始年	総生産数
	B767-300/300ER	218	3	ボーイング	2	851	460	11306	6105	186880	411996	47.6	156,2	54.9	180.1	1986	724
	A310-300	220	3	エアバス	2	897	484	9580	5173	157000	346122	43.9	144.0	46.66	153.1	1999	170
230–309	A300-600	250	3	エアバス	2	890	481	6968	3762	165000	363759	44.84	147.1	54.08	177.4	1988	317
	B757-300	243~280	2	ボーイング	2	989	534	6455	3485	122470	269997	38.05	124.8	54.47	178.7	1999	55
	B767-400ER	375	3	ボーイング	2	851	460	10454	5645	204120	450003	51.9	170.3	61.4	201.4	1981	37
	DC-10(MD-10)	250	2	マクドネル・ダグラス	3	982	530	12055	6509	263085	579997	50.4	165.4	55.5	182.1	1971	446
	A330-200	293	3	エアバス	2	913	493	12500	6749	230000	507058	45.0	197.8	45.0	147.6	1987	461
	L-1011	253	2	ロッキード	2	973	525	7419	4006	195000	429902	47.3	155.2	54.2	177.8	1970	200
	A350-900	314	3	エアバス	2	900	486	15000	8099	265000	584225	64	210.0	66.9	219.5	2012	169
	A330-300	375	3	エアバス	2	989	534	10500	5670	233000	513677	60.3	197.8	63.6	208.7	1994	347
	MD-11(ER)(P)	410/323/293	2	マクドネル・ダグラス	3	945	510	13408	7240	283700	625452	51.97	170.5	61.23	200.9	1994	33
	B787	296	2	ボーイング	2	993	536	15200	8207	233000	513672	58.8	192.9	55.5	182,1	2009	
	A340-300	335	3	エアバス	4	880	475	13350	7208	271000	597447	60.3	197.8	63.6	208.7	1994	219
	B777-200/ER	305	3	ボーイング	2	896	484	14300	7721	351534	775000	64.8	212.6	63.7	209.1	1995	568
310–399	A340-500	359	3	エアバス	4	905	489	16050	8666	368000	811293	60.3	197.8	67.9	222.8	2002	33
	B777-300/ER	368	3	ボーイング	2	896	484	14594	7880	297560	656001	60.9	199.8	73.9	242.5	2003	347
	A340-600	419	3	エアバス	4	905	489	13900	7505	368000	811293	63.45	208.2	75.3	247.0	2001	103
400–499	B747-400/ER	416	4	ボーイング	4	913	493	14205	7670	368000	811302	64.4	211.3	70.6	231.8	1988	528
	B747-8	467	3	ボーイング	4	920	497	14815	7999	439985	969991	68.5	224.7	76.4	250.7	2010	21
Over 500	A380-800	555	3	エアバス	4	995	537	15200	8207	560000	1234576	79.8	261.8	73.0	239.5	2007	187
																	32368

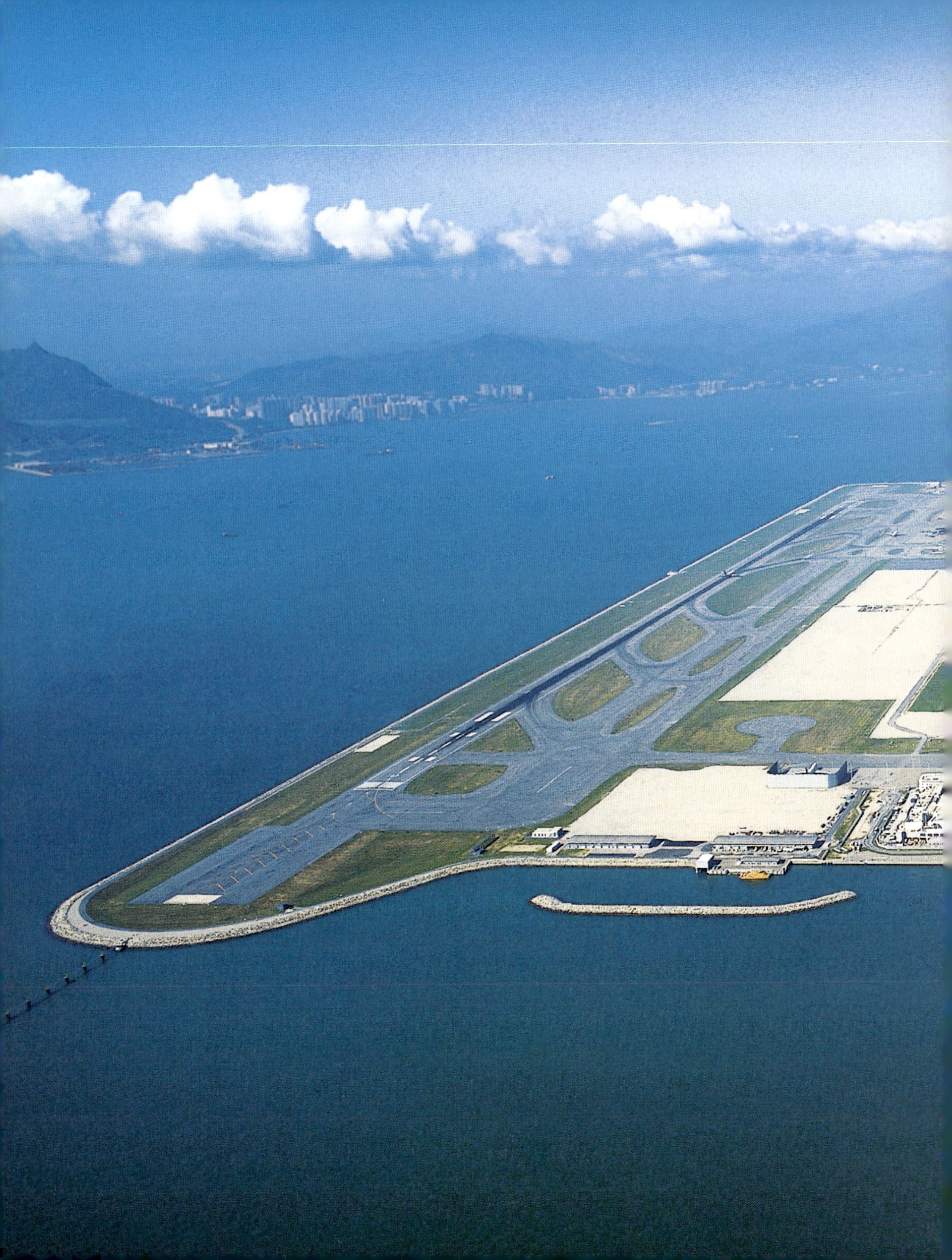

世界の主要空港

世界の空港

世界中には約4万4000の空港があり、年間約4000万の民間航空便が発着している。これは1空港につき1日平均およそ2便の計算になる。しかし、アトランタ国際空港のように世界で最も忙しい空港ともなると、年間ほぼ100万便——1日あたりおよそ3000便、つまり1分に2〜3便——が利用している。世界の国際空港の統計表でしんがりを務めるのは、計画性の欠如の適例であるモントリオールのミラベル国際空港と、イースター島のマタベリ国際空港で、共に1日に1、2便しか扱っていない。

初期の空港は都心の近くに建設された。だが、そのような空港は、たとえば香港啓徳国際空港［1998年閉港］のように難しい着陸方法を強いられることも多く、地元住民に重大な騒音公害をもたらした。このような古い空港は、遅くとも1980年代までには処理容量が限界に達し始めていた。一般的に、今日の主要空港は主な利用都市から一定の距離を置いた地域に、急な拡張にも対応できるよう巨大な敷地を確保して建設される。そのような空港の建築物は、滑走路の設計や建設と同様にしばしば息をのむほどだ。そして、次第に海の埋め立て地に建設されることが多くなってきた。

空港の名称の由来

当初、空港は所在地名を冠するのが常だった。現在は、重要な人物に敬意を表し、その名を空港名に取り入れる傾向が強くなっている。だが、その中に航空界の先駆者の名はさほど多くはない。一例を挙げれば、ライト兄弟はオハイオ州のデイトンにある小さな空港に名前を貸し、サンディエゴ国際空港にはリンドバーグの名をとって「リンドバーグ飛行場」という名称がついている。また、オーストラリアの航空先駆者キングフォード・スミスがシドニー国際空港、比較的無名の海軍飛行士オヘアがシカゴ国際空港でその名を不滅のものにしているものの、エリー・バインホルンやモンゴルフィエ兄弟は認められないままだ。

ガリレオとコペルニクスはそれぞれイタリアのピサとポーランドのヴロツワフにある空港に名前を貸し、レオナルド・ダ・ヴィンチはローマのフィウミチーノ空港に名を残している。しかし、作家や思想家は数少なく、これまでにシェークスピア、ディケンズ、ヴィクトル・ユーゴーにちなんで名づけられた空港はない。音楽家の方が少しはましで、ジョン・レノンがリバプールの空港に、ヴォルフガング・アマデウス・モーツァルトがザルツブルグの空港に、ショパンはワルシャワの空港に、ルイ・アームストロングがニューオーリンズの空港にそれぞれ名を残している。だが、バッハ、ベートーベン、ヘンデル、ビバルディはいまだ空港のフライトボードにはない。哲学者や自然科学者もさほど変わりはない。

映画スターの中で、どうにか名前を取り入れられた数少ない人物は、ジョン・ウェイン（カリフォルニア州オレンジカウンティのジョン・ウェイン空港）とロナルド・レーガン（ワシントンD.C.のロナルド・レーガン・ワシントン・ナショナル空港）だが、後者はおそらく俳優としてというよりむしろ大統領としての能力を評価されてのことだろう。

というのも、空港の所在地が政治家の地元だからだ。過去に何人の乗客が、アトランタ空港に名を残したハーツフィールド元市長とジャクソン元市長について聞いたこと

❖ 世界の主要な大都市圏までのルートを示したブリティッシュ・エアウェイズの大陸間運航網。

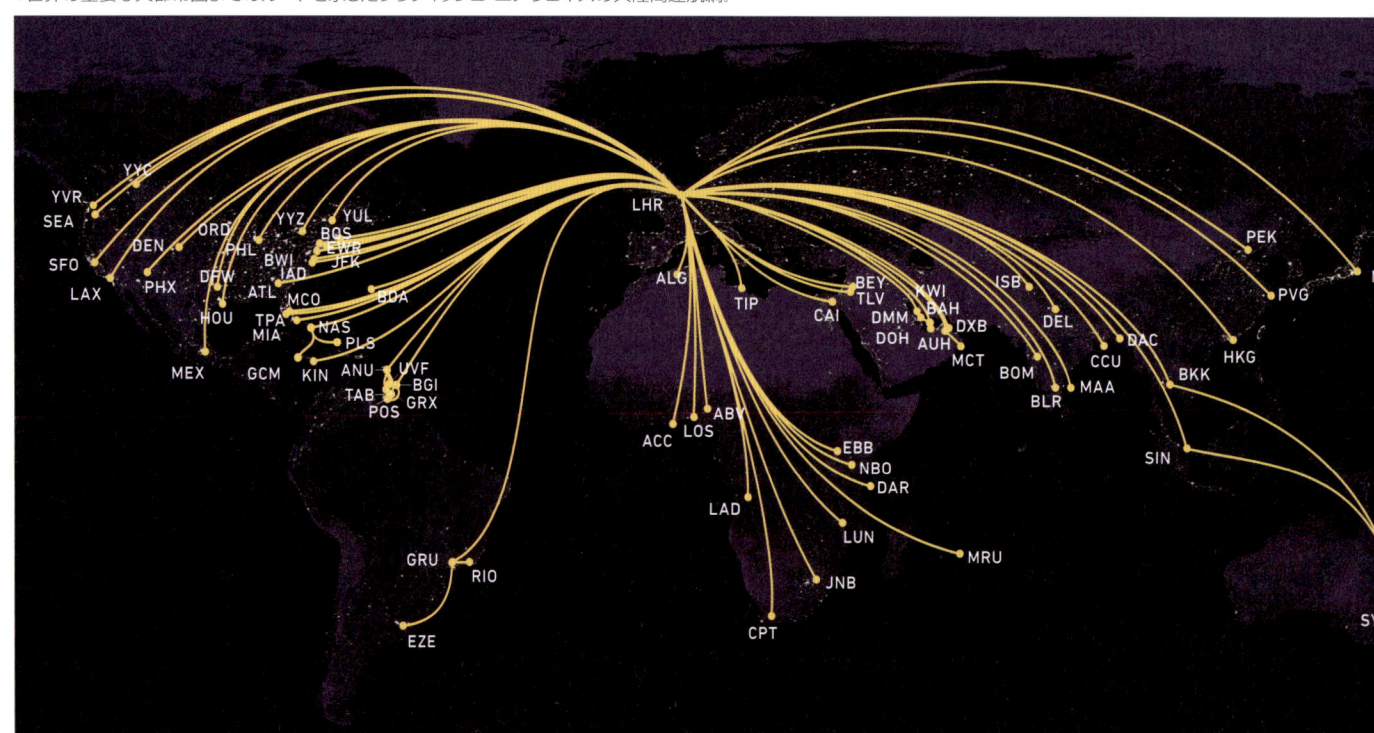

があっただろうか？ あるいは、エルバート・ダグラス元市長（ノースカロライナのシャーロット・ダグラス国際空港）、マッカラン上院議員（ラスベガスのマッカラン国際空港）、ドイツ前大臣でバイエルン州首相を務めたフランツ・ヨーゼフ・シュトラウス（ミュンヘン国際空港）の各氏についてこれまで耳にしたことがあっただろうか？

国家元首の将来展望は変化する。スターリン空港は（当然のことながら）存在しないが、ウィンストン・チャーチル空港もない。F・D・ルーズベルトはオランダ領アンティルの小さな空港にその名を貸しているに過ぎず、パリのシャルル・ド・ゴール空港は、シャルル・ド・ゴール将軍の名を冠して以来、今では当人よりも有名になっている。

米国航空界が敬意を表しやすいのは、民主党の大統領よりも共和党の大統領らしい。ジョージ・ブッシュ父はヒューストンの空港でスポットライトを浴びているが、ジミー・カーターやビル・クリントンはいまだに待機中だ。

空港の名称変更は、政治情勢の変化に影響を受けることがある。南アフリカでは、ヨハネスブルク国際空港に名を貸していた元首相のヤン・スマッツが反アパルトヘイトの政治家オリバー・タンボに道を譲っている。

しかし、これまでとは異なる新しい考えが検討されつつある。サッカースタジアムのように、空港の名前に賃貸料を課すネーミングライツという手法だ。年間160万人の観客が訪れるスタジアムは、広告収益で約500万ユーロ（観客1人あたりおよそ3ユーロ）を稼いでいる。将来、空港にどのような名前が誕生するか静観することにしよう。

順位	国名	所在地名	空港名	旅客数合計	名称の由来
1	米国	アトランタ	ハーツフィールド・ジャクソン・アトランタ国際空港	90039280	2人の元アトランタ市長の名
2	米国	シカゴ	シカゴ・オヘア国際空港	69353876	第二次世界大戦で活躍した米国のパイロットの名
3	英国	ロンドン	ロンドン・ヒースロー空港	67056379	1675年に記録が残る村の名
4	日本	東京	東京国際空港（羽田空港）	66754829	
5	フランス	パリ	シャルル・ド・ゴール国際空港	60874681	元軍人・大統領シャルル・ド・ゴール
6	米国	ロサンゼルス	ロサンゼルス国際空港	59497539	
7	米国	ダラス、フォートワース	ダラス・フォートワース国際空港	57093187	
8	中国	北京	北京首都国際空港	55937289	
9	ドイツ	フランクフルト	ライン＝マイン空港（フランクフルト国際空港）	53467450	所在地がライン川とマイン川の合流点
10	米国	デンバー	デンバー国際空港	51245334	
11	スペイン	マドリード	マドリード・バラハス空港	50824435	近郊の街バハラス
12	中国	香港	チェクラップコク国際空港（香港国際空港）	47857746	空港のある島の名
13	米国	ニューヨーク	ジョン・F・ケネディ国際空港	47807816	暗殺されたジョン・フィッツジェラルド・ケネディ元大統領
14	オランダ	アムステルダム	スキポール空港	47430019	干拓以前の湾で重なる船舶事故からついた地名"ship hole"（船の墓場）
15	米国	ラスベガス	マッカラン国際空港	43208724	上院議員パトリック・マッカラン
16	米国	ヒューストン	ジョージ・ブッシュ・インターコンチネンタル空港	41709389	ジョージ・ブッシュ父元大統領
17	米国	フェニックス	フェニックス・スカイハーバー国際空港	39891193	
18	タイ	バンコク	スワンナブーム国際空港	38603490	黄金国"スワンナブーム"
19	シンガポール	シンガポール	シンガポール・チャンギ国際空港	37694824	所在地域名
20	UAE	ドバイ	ドバイ国際空港	37441440	
21	米国	サンフランシスコ	サンフランシスコ国際空港	37264592	
22	米国	オーランド	オーランド国際空港	35660742	
23	米国	ニューアーク	ニューアーク・リバティー国際空港	35360848	2001年9.11テロ事件の犠牲者を追悼して
24	米国	デトロイト	デトロイト・メトロポリタン・ウェイン・カウンティ空港	35135828	空港のある郡（カウンティ）の名
25	イタリア	ローマ	レオナルド・ダ・ヴィンチ空港（フィウミチーノ空港）	35132224	偉大な科学者・芸術家の名
26	米国	シャーロット	シャーロット・ダグラス国際空港	34739020	元市長のベン・エルバート・ダグラス
27	ドイツ	ミュンヘン	フランツ・ヨーゼフ・シュトラウス空港（ミュンヘン国際空港）	34530593	長期にわたって在任したバイエルン州知事名
28	英国	ロンドン	ガトウィック空港	34214740	空港所在地は記録に残る限り13〜19世紀までガトウィック（"山羊牧場"の意）家所有の荘園だった。
29	米国	マイアミ	マイアミ国際空港	34063531	
30	米国	ミネアポリス	ミネアポリス・セントポール国際空港	34056443	

国名	IATA空港コード	ICAO空港コード	空港名	旅客数（2008年）	ターミナル数	滑走路数	最長滑走路 m	最長滑走路 ft	開港年
カナダ									
	YEG	CYEG	エドモントン国際空港	6 437 334	2	2	3353	11 001	1960
	YHZ	CYHZ	ハリファックス・ロバート・L・スタンフィールド国際空港	3 578 931	1	2	2682	8799	1942
	YLW	CYLW	ケロウナ国際空港	1 389 883	1	1	2713	8901	1946
	YMX	CYMX	モントリオール・ミラベル国際空港	200 000	1	1	3658	12 001	1975
	YOW	CYOW	オタワ・マクドナルド・カルティエ国際空港	4 339 225	2	3	3050	10 007	1950
	YQB	CYQB	ケベック・ジャン・ルサージ国際空港	1 026 090	1	2	2743	8999	1939
	YQR	CYQR	レジャイナ国際空港	1 005 270	1	2	2408	7900	1930
	YQT	CYQT	サンダーベイ国際空港	626 351	1	2	1890	6201	1939
	YQX	CYQX	ガンダー国際空港	n/a	1	3	3109	10 200	1938
	YUL	CYUL	モントリオール・ピエール・エリオット・トルドー国際空港	12 813 199	3	3	3353	11 001	1941
	YVR	CYVR	バンクーバー国際空港	17 852 459	4	4	3505	11 499	1930
	YWG	CYWG	ウィニペグ・ジェームス・アームストロング・リチャードソン国際空港	3 570 033	1	2	3353	11 001	1928
	YXE	CYXE	サスカトゥーン・ジョン・G・ディーフェンベーカー国際空港	1 135 113	2	2	2530	8301	1929
	YXS	CYXS	プリンス・ジョージ空港	417 484	1	3	3490	11 450	1941
	YXU	CYXU	ロンドン国際空港	449 745	1	2	2682	8799	1939
	YXY	CYXY	エリック・ニールセン・**ホワイトホース**国際空港	n/a	1	3	2895	9498	n/a
	YYC	CYYC	カルガリー国際空港	12 500 000	1	3	3863	12 674	1939
	YYJ	CYYJ	ビクトリア国際空港	1 538 417	1	3	2134	7001	1914
	YYZ	CYYZ	トロント・ピアソン国際空港	32 334 831	3	5	3389	11 119	1939
米国									
	ABQ	KABQ	アルバカーキ国際空港	6 467 263	1	4	3048	10 000	1939
	ALB	KALB	オールバニ国際空港	3 100 000	1	2	2591	8501	1910
	ANC	PANC	テッド・スティーブンス・アンカレッジ国際空港	523 500	2	3	3531	11 585	1951
	ATL	KATL	ハーツフィールド・ジャクソン・**アトランタ**国際空港	90 039 280	2	5	3624	11 890	1926
	AUS	KAUS	オースチン・バーグストロム国際空港	8 261 310	1	2	3733	12 247	1999
	BHM	KBHM	バーミングハム=シャトルワース国際空港	322 689	1	2	3658	12 001	1931
	BNA	KBNA	ナッシュビル国際空港（ベリー飛行場）	10 000 000	1	4	3362	11 030	1937
	BOI	KBOI	ボイシ空港	3 158 000	1	2	3048	10 000	1926
	BOS	KBOS	ジェネラル・エドワード・ローレンス・ローガン国際空港（**ボストン**）	26 102 651	4	6	3073	10 082	1923
	BUF	KBUF	バッファロー・ナイアガラ国際空港	5 526 301	2	2	2690	8825	1926
	BUR	KBUR	ボブ・ホープ空港（**バーバンク**、CA）	6 000 000	1	2	2099	6886	1930
	BWI	KBWI	ボルチモア・ワシントン国際サーグッド・マーシャル空港	20 488 881	1	4	3201	10 502	1947
	CLE	KCLE	クリーブランド・ホプキンス国際空港	11 106 194	1	3	3034	9954	1925
	CLT	KCLT	シャーロット・ダグラス国際空港	34 732 584	2	4	3048	10 000	1936
	CMH	KCMH	ポート・**コロンバス**国際空港	7 719 000	1	2	3086	10 125	1929
	CVG	KCVG	シンシナティ・ノーザンケンタッキー国際空港	17 000 000	3	4	3658	12 001	1947
	DAL	KDAL	ダラス・ラブフィールド空港	7 500 000	2	3	2682	8799	1917
	DCA	KDCA	ロナルド・レーガン・**ワシントン**・ナショナル空港	18 600 000	3	3	6869	22 536	1941
	DEN	KDEN	デンバー国際空港	51 435 575	1	6	4877	16 001	1995
	DFW	KDFW	ダラス・フォートワース国際空港	57 093 000	5	7	4085	13 402	1953
	DTW	KDTW	デトロイト・メトロポリタン・ウェイン・カウンティ空港	35 144 841	4	6	3659	12 005	1929
	ELP	KELP	エルパソ国際空港	3 302 764	1	3	3664	12 021	1929
	EWR	KEWR	ニューアーク・リバティー国際空港	35 299 719	3	3	3353	11 001	1928
	FLL	KFLL	フォートローダーデール・ハリウッド国際空港	22 621 500	6	3	2743	8999	1953
	GEG	KGEG	スポケーン国際空港（ガイガー飛行場）	3 400 000	1	2	2744	9003	1941
	HNL	PHNL	ホノルル国際空港	21 505 855	3	4	3749	12 300	1927
	HOU	KHOU	ウィリアム・P・ホビー空港（**ヒューストン**）	9 000 000	1	4	2317	7602	1927
	IAD	KIAD	ワシントン・ダレス国際空港	23 876 780	3	5	3505	11 499	1962
	IAH	KIAH	ジョージ・ブッシュ・インターコンチネンタル・**ヒューストン**空港	41 698 832	5	5	3658	12 001	1969
	IND	KIND	インディアナポリス国際空港	8 150 000	1	3	3414	11 201	1931
	JAX	KJAX	ジャクソンビル国際空港	6 002 698	1	2	3048	10 000	1968
	JFK	KJFK	ジョン・F・ケネディ国際空港（**ニューヨーク**）	47 790 485	8	4	4442	14 573	1948
	KOA	PHKO	コナ国際空港	3 216 642	1	1	3353	11 001	1970
	LAS	KLAS	マッカラン国際空港（**ラスベガス**）	44 074 707	3	4	4423	14 511	1942
	LAX	KLAX	ロサンゼルス国際空港	59 542 151	9	4	3685	12 090	1930
	LGA	KLGA	ラガーディア空港（**ニューヨーク**）	25 300 000	4	2	2135	7005	1929
	LIH	PHLI	リフエ空港	2 955 394	1	2	1981	6499	1949
	MCI	KMCI	カンザスシティ国際空港	10 469 892	3	3	3292	10 801	1956
	MCO	KMCO	オーランド国際空港	35 622 252	4	4	3659	12 005	1974
	MDW	KMDW	シカゴ・ミッドウェー国際空港	18 868 388	1	5	1988	6522	1923
	MEM	KMEM	メンフィス国際空港	10 532 095	1	4	3389	11 119	1929
	MHT	KMHT	マンチェスター・ボストン地域空港	4 100 000	1	2	2819	9249	1927
	MIA	KMIA	マイアミ国際空港	34 063 531	1	4	3962	12 999	1928

米国・カナダ

MKE	KMKE	ジェネラル・ミッチェル国際空港(**ミルウォーキー**)	7 956 968	1	5	3258	10 689	1920
MSP	KMSP	ミネアポリス・セントポール国際空港	34 056 443	2	4	3354	11 004	1921
MSY	KMSY	ルイ・アームストロング・ニューオーリンズ国際空港	7 944 397	1	3	3080	10 105	1910
OAK	KOAK	オークランド国際空港	11 500 000	2	4	3048	10 000	1928
OGG	PHOG	カフルイ空港	6 517 710	1	2	2132	6995	1919
OKC	KOKC	ウィル・ロジャース・ワールド空港(**オクラホマシティ**)	3 740 000	1	4	2988	9803	1930
OMA	KOMA	エプリー・エアフィールド(**オマハ**)	4 300 000	1	3	2896	9501	1959
ONT	KONT	オンタリオ国際空港	6 200 000	3	2	3718	12 198	1923
ORD	KORD	シカゴ・オヘア国際空港	69 353 654	5	7	3962	12 999	1943
ORF	KORF	ノーフォーク国際空港	3 800 000	1	2	2744	9003	1920
PBI	KPBI	パーム・ビーチ国際空港	6 476 303	1	3	3050	10 007	1936
PDX	KPDX	ポートランド国際空港	14 654 222	1	3	3353	11 001	1940
PHL	KPHL	フィラデルフィア国際空港	31 768 000	7	4	3202	10 505	1925
PHX	KPHX	フェニックス・スカイハーバー国際空港	39 891 193	4	3	3139	10 299	1930
PIT	KPIT	ピッツバーグ国際空港	8 710 291	2	4	3505	11 499	1923
PVD	KPVD	T・F・グリーン空港(**プロビデンス**)	4 692 974	1	2	2184	7165	1931
RDU	KRDU	ローリー・ダーラム国際空港	10 000 000	2	3	3048	10 000	1929
RIC	KRIC	リッチモンド国際空港	3 634 544	1	3	2744	9003	1927
RNO	KRNO	リノ・タホ国際空港	4 430 000	1	3	3353	11 001	1929
RSW	KRSW	サウスウェスト・フロリダ国際空港(**フォートマイヤーズ**)	7 603 845	1	2	3658	12 001	1973
SAN	KSAN	サンディエゴ国際空港	18 125 633	3	1	2865	9400	1928
SAT	KSAT	サンアントニオ国際空港	8 031 405	2	3	2591	8501	1941
SDF	KSDF	ルイビル国際空港(旧スタンディフォード飛行場)	4 000 000	1	3	3624	11 890	1941
SEA	KSEA	シアトル・タコマ国際空港	32 196 528	3	3	3627	11 900	1944
SFO	KSFO	サンフランシスコ国際空港	37 405 467	4	4	3618	11 870	1927
SJC	KSJC	ノーマン・Y・ミネタ・**サンノゼ**国際空港	9 717 717	3	3	3353	11 001	1940
SLC	KSLC	ソルトレイクシティ国際空港	20 790 400	2	4	3659	12 005	1911
SMF	KSMF	サクラメント国際空港	10 400 000	4	2	2622	8602	1967
SNA	KSNA	ジョン・ウェイン空港(旧オレンジカウンティ空港、**サンタアナ**)	8 989 603	2	2	1738	5702	1923
STL	KSTL	ランバート・**セントルイス**国際空港	14 431 471	2	4	3359	11 020	1920
TPA	KTPA	タンパ国際空港	18 867 541	2	3	3353	11 001	1914
TUL	KTUL	タルサ国際空港	3 261 560	1	3	3048	10 000	1928
TUS	KTUS	ツーソン国際空港	4 429 905	2	3	3352	10 997	1919

テッド・スティーブンス
アンカレッジ国際空港［ANC］

アンカレジ
米国

冷戦中、テッド・スティーブンス・アンカレジ国際空港（ANC）は東アジアに向かう乗客の乗り継ぎで忙しいハブ空港だった。ヨーロッパから東アジアへの最短ルートはソ連経由だったが、当時のソ連は領空通過権を与えることを拒否していた。東南アジアを経由する遠回りのルートは最長24時間のフライト時間を要した。当時のビジネス旅行者に嫌われていた「アエロフロート・オプション」とは、モスクワの空港ホテルで一夜を過ごすことを意味していた。最高の選択肢はアラスカ経由のフライトだったため、航空会社はこれに高い請求をしていたが、この収入源は1990年代には枯渇した。というのも冷戦後、シベリア運航ルートがメインとなり、また、旅客機の航続距離が延びて直行便も可能になったからだ。今日、アンカレジ空港はサハリンや貨物輸送の多いシベリアとの新しい接続に期待している。

カルガリー
カナダ

カルガリー国際空港（YYC）は、米国入国の事前審査が可能なカナダ国内の8空港の1つだ。これは、米国の入国審査と税関手続きを米国内の何百もの各空港で行う代わりに、出発国の空港で行われるもので、米国はこの他にもアイルランド、バハマ、バミューダでこのシステムを実施している。

カルガリー国際空港［YYC］

ハーツフィールド・ジャクソン
アトランタ国際空港［ATL］

アトランタ
米国

ハーツフィールド・ジャクソン・アトランタ国際空港（ATL）は6つのコンコースと176のゲートを持つ、世界最大の最も忙しい空港だ。年間ほぼ100万便が発着し、搭乗を待つ乗客がとまどうほど数多くのエンターテイメントを提供している。このような配慮にもかかわらず、2006年12月から2007年3月までの間に、何人かの名士を含む30人が"空港トイレ内での性行為を含む、公然猥褻罪"で逮捕されている。この空港の自慢は、人々を運ぶ非常に効率的な新交通システムだ。

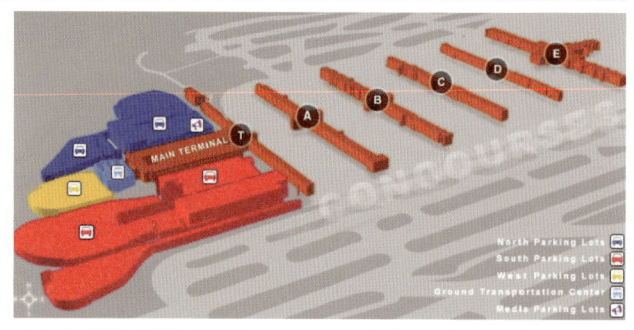

ボストン
米国

壮大な半島に位置するジェネラル・エドワード・ローレンス・ローガン国際空港（旧ボストン空港：BOS）は、ニューイングランドで最も重要な空港だ。この平和な空港からロサンゼルス行きの2機の大型旅客機が乗っ取られ、直後に世界貿易センターを破壊するとは、誰にも想像できなかった。

ボストン
ローガン国際空港［BOS］

シカゴ
オヘア国際空港 [ORD]

シカゴ
米国

過去10年間、乗降客の投票によって決まる「北米最高の空港」に"ウィンディシティ"(その気象よりもむしろ政治的な"乱気流"のために名づけられたシカゴのニックネーム)のメイン空港、シカゴ・オヘア国際空港(ORD)が選ばれている。とはいっても、このユナイテッド航空のハブ空港では、発着の遅れが往々にして起こる。60億ドルの投入と4本の新しい滑走路(完成すれば合計11本になる)の建設が、年間1億人以上の乗降客の処理能力を上げる手助けとなるだろう。

シカゴ
オヘア国際空港 [ORD]

バンクーバー
カナダ

バンクーバーに空港ができたのはチャールズ・リンドバーグのおかげだ。1927年、航空のパイオニアであるリンドバーグは、適切な空港がないことを理由にバンクーバーへ飛ぶことを拒否した。そしてその2年後、空港建設が始まったのである。2001年9月11日の同時多発テロ事件直後、米国領空の封鎖措置により、数多くの国際便がカナダに進路変更し臨時着陸しなければならなくなった(北アメリカ航空宇宙防衛司令部による"イエロー・リボン作戦")。カナダの西海岸では、実質的に他のどこにも適当な滑走路がなかったため、アジアから米国到着予定のす

バンクーバー国際空港 [YVR]

べてのフライトがバンクーバー国際空港(YVR)に着陸せざるを得なかった。

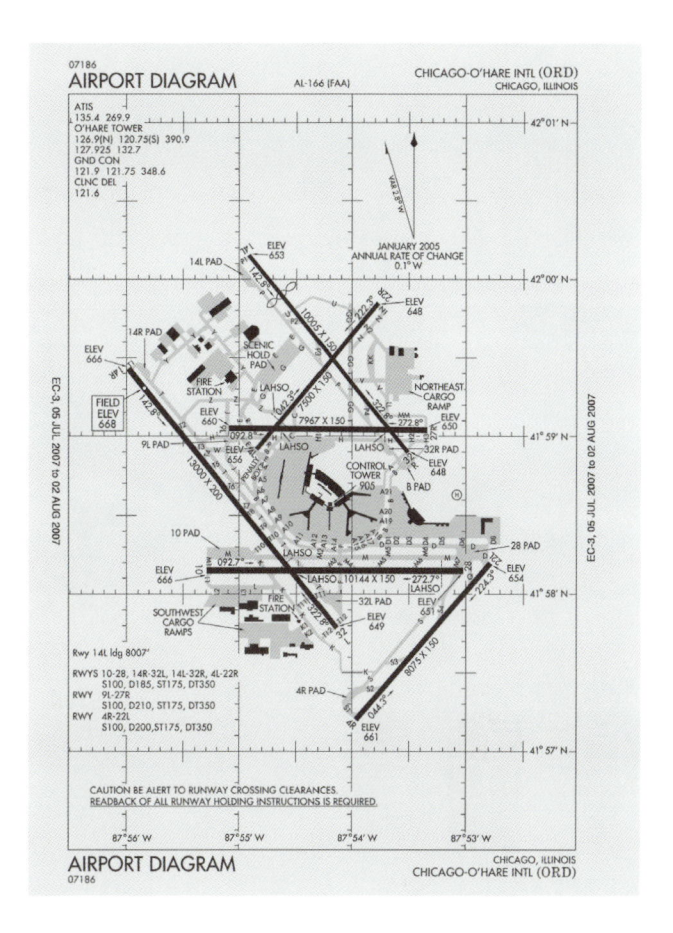

ダラス
米国

ダラス・フォートワース国際空港(DFW)は面積では世界で2番目に大きい空港である。それはまるで一都市のようで、それ自体が固有の郵便番号を持ち、公共サービスをおこなっている。DFWは世界で最も高額な民間機専用空港として1974年に開港した。そして、論争の的となったライト修正法が1979年に可決したことで恩恵を受けた。その法律は、ライバルのダラス・ラブフィールド空港(格安航空会社サウスウエスト航空の拠点:DAL)が離陸許可できるフライトを大幅に削減するものだった。

ダラス・フォートワース国際空港 [DFW]

ジョン・F・ケネディ国際空港［JFK］

ニューヨーク
米国

1948年に暫定名で開港されたジョン・F・ケネディ国際空港（JFK）は、ダラスで起こった大統領暗殺事件の後、1963年に現在の名前に正式決定した。それ以来、国際的な空の旅が持つ魅力の代名詞であり続けている。JFK空港に到着するニューヨークへの旅行者は、この都市の"玄関"から足を踏み入れたといわれるだろう。一方、1980年まではJFK空港より忙しい空港だったニューアーク・リバティー国際空港（EWR）の方は"通用口"といえる。JFK空港は、国際定期便を運航する、ほとんどあらゆる有名な航空会社のルートマップにその名を飾っており、扱うフライト数はアトランタ空港の半分未満だが、非常に洗練されている。

この空港は建築物についても他をリードしている。到着ロビーはシカゴのウィリス・タワー（旧シアーズ・タワー）や上海のジンマオタワーを手がけたSMO（スキッドモア・オーイングス＆メリル）、TWAターミナルはフィンランドのエーロ・サーリネンが設計している。

コンコルドが運航していた頃は、およそ100万人の旅行者がコンコルドでニューヨークに到着する経験を楽しんだ。ロンドン～JFK間とパリ～JFK間は、まさに超音速ジェット機にとって唯一の有益なルートだった。

マフィアもまた、JFK空港に惹き付けられた。1978年、ルフトハンザドイツ航空の貨物ターミナルで強奪事件を起こし、500万ドルを奪ったのだ。戦利品の分配を巡って関係者たちがもめ、1984年までにマフィアの13人のメンバーがルッケーゼ一家に殺された。この実話は、後にマーティン・スコセッシが監督して、映画『グッドフェローズ』となっている。

JFK空港の歴史には数多くの事故の記録が残っている。

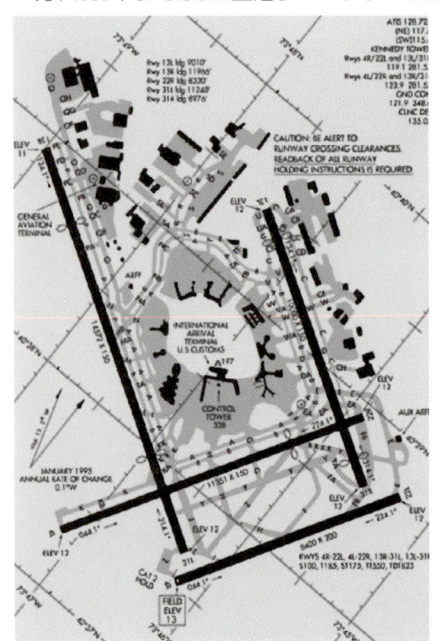

ジョン・F・ケネディ国際空港［JFK］

ロサンゼルス 🇺🇸
米国

映画の中心都市への玄関口、ロサンゼルス国際空港（LAX）には、空飛ぶ円盤の形をした1960年代ポピュラックススタイルの"テーマビル"と呼ばれる壮観な建築物のランドマークがある。このビルには360度回転するレストランがあるが、1961年にオープンしてまもなく、巨額のランニングコストがかかることから回転をやめている。1997年、ビルの内部は多額の予算をかけ、ウォルト・ディズニー・イマジニアリングによってリニューアルされた。展望台になっている屋上は、2001年9月11日のテロ攻撃後、セキュリティのために閉鎖されたが2010年に再び解放されている。

空港コードLAXのXに重要性はない。当初、空港コードは3文字ではなく2文字だったので、3文字で表すことに決まったとき、3文字目に意味もなくXをつけたのである。

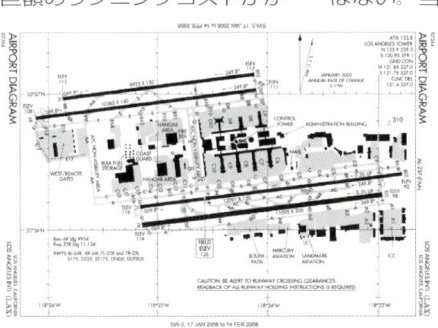

ロサンゼルス国際空港［LAX］

ロサンゼルス国際空港［LAX］

サンフランシスコ 🇺🇸
米国

サンフランシスコ国際空港（SFO）は、2本の平行滑走路の間隔が250メートル未満しかないことが問題点となっている。悪天候中は使用できるのがそのうちの1本だけとなり、長時間にわたる発着の遅れを引き起こすことがある。このため、多くの格安航空会社は周辺地域の他の空港に移っている。サンフランシスコ湾への拡張計画が進行中だが、現在まで、環境保護を唱える反対派により進展していない。

サンフランシスコ国際空港［SFO］

サンフランシスコ国際空港［SFO］

マイアミ
米国

パナマからマイアミ経由でサンパウロへ向かう運航路線など、長い間、マイアミ国際空港(MIA)は中南米の旅行者の乗り継ぎで忙しいハブ空港だった。このような旅を望む乗客は、北部ではマイアミ経由で1610キロメートルの回り道を強いられていたが、最近では、大陸南部のフライトの連絡は良くなっている。

2001年9月11日のテロ攻撃後、米国への旅行者のビザ要件はかなり厳しくなった。これを受けて、多くのヨーロッパの航空会社がマイアミ空港での乗り継ぎを避けるようになったため、国際空港としての重要性はかなり低下している。

マイアミ国際空港[MIA]

フェニックス
米国

アリゾナの重要なハブ空港であるフェニックス・スカイハーバー国際空港(PHX)は、安定した気象のために平行滑走路だけを持つ、世界最大級の空港の1つである。

フェニックス・スカイハーバー国際空港[PHX]

トロント
カナダ

カナダ最大の空港は1939年に開港した。トロント国際空港として1960年に拡張されると、すぐに国内で最も重要な空港になった。だが、トロント・ピアソン国際空港(YYZ)に改称された今日でさえ、都市と空港間が電車で結ばれていないのも事実だ——この状況は近い将来、どうやら解消されるようである。

この巨大な空港は航空史に何度も登場する。1970年、DC-8が着陸時の不適切な操縦方法から機体損壊し、ゴーアラウンド(着陸のやり直し)にも失敗して、空中で爆発炎上する事故が起こった。1985年には、トロント空港でエア・インディアのボーイング747に仕掛けられたスーツケース爆弾が大西洋上で爆発して329人の命が奪われた。2001年、エア・トランザット236便リスボン行きが当空港から離陸後に燃料漏れを起こし、史上最長の滑空飛行の末、アゾレス諸島の空軍基地に無事に緊急着陸した。2005年には、A340が濡れた滑走路をオーバーランし、川に突っ込んで炎上した。しかし、機内にいた309人全員は非常用シュートで飛行機から避難して無事だった。

トロント・ピアソン国際空港[YYZ]

トロント・ピアソン国際空港[YYZ]

ダレス
米国

ワシントン・ダレス国際空港（IAD）のメインターミナルビルは、エーロ・サーリネンによるもう1つの傑作で、その後、台湾桃園国際空港でコピーされた。現在は重要な国際空港だが、1960～1970年代にはフライト数はほんのわずかだった。都市から42キロメートル離れた場所にあることも手伝って、当時、ワシントン・ダレス国際空港はワシントンD.C.の人々に無用の長物だと考えられていた。

ワシントン・ダレス国際空港［IAD］

サンディエゴ
米国

都市の中心にあり、年間約2000万人の乗客を扱うサンディエゴ国際空港（SAN）は、滑走路が1本の空港としては全米で最も忙しい。しかし、飛行機の離着陸は午前6時30分から午後11時30分の間しか許可されておらず、年間およそ23万回の発着があるこの空港にとって、これは98秒おきに航空機の発着があることを意味する。乗客は、航空機がそのような短い間隔で離着陸を行うのを見て驚愕する。

1978年、サンディエゴに着陸しようとしていたボーイング727と小型セスナが空中衝突し（その模様は撮影されている）、144人が犠牲となる悲劇的な大惨事が起きている。

サンディエゴ国際空港［SAN］

109

マイアミ国際空港は、
米国南東部の重要な
ハブ空港の1つだ。
また、米国から
カリブ海諸島地域へ向かう
玄関口でもある。

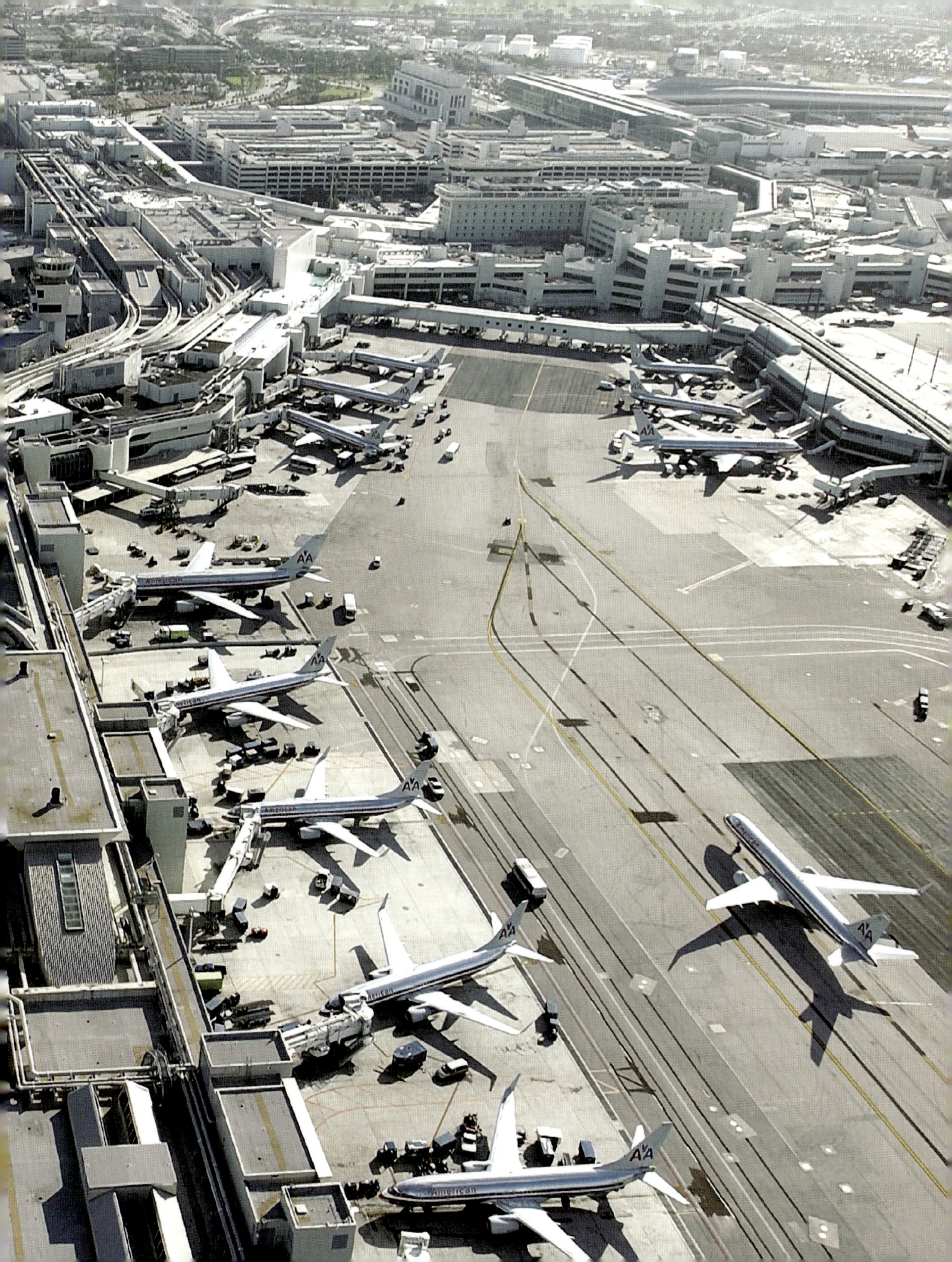
American

シアトル、タコマ
米国

シアトル・タコマ国際空港（SEA）は、シアトルから19キロメートル南、タコマから19キロメートル北に位置する。1962年に開催された万国博覧会に合わせ、国際空港に拡張された。タコマ市は、その名を永遠に空港に残す条件で建設費に10万ドルを寄付した。1983年、亡くなった上院議員ヘンリー・ジャクソンにちなんで空港名を変更する話が持ち上がったとき、タコマ市民はこれを侮辱と考え、名称変更阻止のための法廷活動を主導し成功に導いた。

シアトル・タコマ国際空港［SEA］

デンバー国際空港［DEN］

デンバー
米国

デンバー国際空港（DEN）は、地元のアメリカインディアンが死者を葬った「永遠の猟場」の上に建設されている。建設計画を進展させるための妥協策として、2棟のターミナルを結ぶ連絡橋にアメリカインディアンの葬送曲を24時間流し続けることで双方の同意がなされた。被覆キャンバス地でできた34のピークを持つテント屋根はティピーのようでもあり、またロッキー山脈を思い起こさせる。

約140平方キロメートルと、デンバー国際空港は米国最大の面積を誇る空港である。年間最高350万キロワット時のエネルギーを生み出せる太陽光発電システムがあり、2000トンの二酸化炭素排出削減に寄与している。また、標高1600メートルに位置し、米国で最も長い滑走路を誇る。これにより、空気密度の低い空港で、たとえ暑い夏の時期でも満席のジャンボやエアバスA380が離陸できる。

ラスベガス・マッカラン国際空港［LAS］

ラスベガス
米国

年間約4400万人のギャンブラーは、一足早くマッカラン国際空港（LAS）のスロットマシンでラスベガス体験を始めることができる。マイケル・ゴーハン・エアポート・スロットの約1300台のゲーム機による取引額が空港自体のそれより多いかどうかは、（おそらく）確認できないだろう。

112

デトロイト
米国

デトロイト・メトロポリタン・ウェイン・カウンティ空港（DTW）はかつてノースウエスト航空の主なハブ空港で、ノースウエスト航空は自社専用ターミナル「エドワード・H・マクナマラ・ターミナル」を持っていた（現在はデルタ航空がハブ空港としてターミナルも使用）。長さ1.6キロメートルのビルディング内でエクスプレス・トラムと呼ばれる新交通システムが乗客を運び、地下の「光のトンネル」が2つのコンコースを結んでいる。

デトロイトはパンアメリカン航空103便の最終目的地だった。1988年、103便はスコットランドのロッカビー上空で爆破された。また、2009年12月の爆破未遂事件の現場にもなっている。

デトロイト・メトロポリタン・ウェイン・カウンティ空港〔DTW〕

エドモントン国際空港〔YEG〕

エドモントン
カナダ

カナダ国内にある他のいくつかの空港のように、エドモントン国際空港（YEG）には米国の事前承認施設がある。カナダから出発する前に乗客が米国の入国審査と税関手続きをするもので、こうしておけば米国に到着したとき、国内便と同じ扱いになる。カナダの航空会社にとって、これは米国の税関空港に限定されることなく目的地へ飛ぶことができる利点となっている。

ホノルル
米国

ホノルル国際空港（HNL）は忙しさでは米国最大級で、4本の滑走路を持っている。「リーフ・ランウェイ」として知られている第1滑走路は世界初の沖合滑走路で、今日、エアバスA380とボーイング747が着陸することも可能だ。これに加えて、水上艇用の2本の水上滑走路がある。

1988年、アロハ航空243便ボーイング737は乗客95人を乗せ、ハワイのヒロからホノルルまでの短いフライト中だった。高度7500メートル（2万4000フィート）で、胴体の屋根のごく一部が金属疲労のためはがれ、そのために突然の減圧が起こって長さ5.5メートルにわたって天井が吹き飛んだ。完全に6列分の座席が露出した状態に陥ったにもかかわらず、737はなんとか無事に着陸することに成功した。途中、客室乗務員1名が機外に吹き飛ばされたが、乗客は全員生き残った。損傷を受けた航空機の写真は世界中に紹介された。

ホノルル国際空港〔HNL〕

ホノルル国際空港〔HNL〕

❖いわゆる「アロハ航空の"カブリオレ（オープンカー）"」は、航空史上最大級の劇的な事件だった。操縦していたパイロットでさえ、着陸後に客室に入ったとき自らの目を疑うほどだった。

113

国名 IATA空港コード	ICAO空港コード	空港名	旅客数（2008年）	ターミナル数	滑走路数	最長滑走路 m	ft	開港年
メキシコ・中米								
ベリーズ								
BZE	MZBZ	フィリップ・S・W・ゴールドソン国際空港（ベリーズ）	n/a	1	1	2957	9701	n/a
コスタリカ								
SJO	MROC	フアン・サンタマリーア国際空港（サンホセ）	3 300 000	3	1	3012	9882	1923
エルサルバドル								
SAL	MSLP	コマラパ国際空港（エルサルバドル国際空港）（サンサルバドル）	2 000 000	1	2	3200	10 499	1976
グアテマラ								
GUA	MGGT	ラ・アウロラ国際空港（グアテマラシティ）	n/a	2	1	3000	9843	1944
ホンジュラス								
TGU	MHTG	トンコンティン国際空港（テグシガルパ）	n/a	1	1	2163	7096	1921
メキシコ								
ACA	MMAA	ヘネラル・フアン・N・アルバレス国際空港（アカプルコ・アルバレス国際空港）	1 088 000	1	2	3302	10 833	n/a
CUN	MMUN	カンクン国際空港	12 646 451	3	2	3500	11 483	n/a
CZM	MMCZ	コスメル国際空港	511 043	1	1	3098	10 164	n/a
GDL	MMGL	ドン・ミゲル・イダルゴ・イ・コスティージャ国際空港（グアダラハラ）	7 193 200	2	2	4000	13 123	1966
MEX	MMMX	メキシコシティ国際空港	26 210 217	2	2	3952	12 966	n/a
MID	MMMD	マヌエル・クレセンシオ・レホン国際空港（メリダ）	1 000 000	1	2	3200	10 499	n/a
MZT	MMMZ	ヘネラル・ラファエル・ブエルナ国際空港（マサトラン）	819 200	1	1	2700	8858	n/a
NTR	MMAN	ヘネラル・マリアノ・エスコベド国際空港（モンテレイ）	5 250 000	3	2	3000	9843	n/a
PVR	MMPR	リセンシアード・グスタボ ディアス・オルダス国際空港（プエルト・バジャルタ）	3 139 100	2	1	3100	10 171	n/a
SJD	MMSD	ロスカボス国際空港（サン・ホセ・デル・カボ）	2 901 200	4	1	3000	9843	n/a
TIJ	MMTJ	ヘネラル・アベラルド・L・ロドリゲス国際空港（ティファナ）	3 968 700	2	1	2960	9711	n/a
ニカラグア								
MGA	MNMG	アウグスト・セサル・サンディーノ国際空港（マナグア）	n/a	1	1	2442	8012	1968
パナマ								
PTY	MPTO	トクメン国際空港（パナマシティ）	4 549 170	1	2	3050	10 007	1947
西インド諸島・バミューダ諸島								
アンティグア・バーブーダ								
ANU	TAPA	VCバード国際空港（セントジョンズ）	1 100 000	1	1	2744	9003	1949
バハマ								
FPO	MYGF	グランドバハマ国際空港（フリーポート）	n/a	1	1	3359	11 020	n/a
NAS	MYNN	リンデン・ピンドリング国際空港（ナッソー）	n/a	1	2	3358	11 017	n/a
バルバドス								
BGI	TBPB	グラントレー・アダムス国際空港（ブリッジタウン）	n/a	2	1	3361	11 027	1939
バミューダ諸島								
BDA	TXKF	L・F・ウェイド国際空港（バミューダ）	1 000 000	1	1	2961	9715	1948
ケイマン諸島								
GCM	MWCR	オーウェン ロバーツ国際空港（ケイマン諸島）	n/a	1	1	2139	7018	1954
キューバ								
HAV	MUHA	ホセ・マルティ国際空港（ハバナ）	3 471 920	5	1	4000	13 123	1930
VRA	MUVR	フアン・グアルベルト・ゴメス空港（バラデーロ）	n/a	1	1	3502	11 490	1989
ドミニカ共和国								
POP	MDPP	グレゴリオ ルペロン国際空港（プエルト・プラタ）	1 600 000	1	1	3081	10 108	n/a
PUJ	MDPC	プンタ・カナ国際空港	3 500 000	1	1	3100	10 171	n/a
SDQ	MDSD	ラス・アメリカス国際空港（サントドミンゴ）	3 500 000	3	1	3355	11 007	1959
ハイチ								
PAP	MTPP	トゥーサン・ルーヴェルチュール国際空港（ポルトープランス）	n/a	1	1	3040	9974	1965
ジャマイカ								
KIN	MKJP	ノーマン・マンレー国際空港（キングストン）	1 730 000	1	1	2713	8901	n/a
MBJ	MKJS	ドナルド・サングスター国際空港（モンテゴ・ベイ）	3 378 000	1	1	2662	8734	1947
マルティニーク								
FDF	TFFF	マルティニーク・エメ・ゼゼール国際空港（フォール・ド・フランス）	n/a	1	1	3300	10 827	1950
PTP	TFFR	ポワンタピートル国際空港（グアドループ）	2 500 000	1	1	3505	11 499	n/a
オランダ領アンティル								
AUA	TNCA	クィーン・ベアトリクス国際空港（アルバ島）	n/a	1	1	2814	9232	1933
BON	TNCB	フラミンゴ国際空港（ボネール島）	650 000	1	1	2880	9449	1936
CUR	TNCC	ハト国際空港（キュラソー島）	n/a	1	1	3410	11 188	1945
プエルトリコ								
SJU	TJSJ	ルイス・ムニョス・マリン国際空港（サンフアン）	10 500 000	2	2	3049	10 003	1955
セント・マーチン島								
SXM	TNCM	プリンセス・ジュリアナ国際空港（シント・マールテン）	1 662 226	1	1	2180	7152	1943
トリニダード・トバゴ共和国								
POS	TTPP	ピアルコ国際空港（ポートオブスペイン）	2 566 200	1	1	3200	10 499	1931
TAB	TTCP	クラウン・ポイント国際空港（トバゴ）	n/a	1	1	2744	9003	1940

バミューダ BDA

メキシコ・中米・西インド諸島・バミューダ諸島

中南米の空は北米と比較すればはるかに混み合ってはいない。これは、人口に対する旅客流動量比率によって裏付けられる。米国ではその数値が通常10（住民1人あたりの旅客流動量10人）以上だが、中南米（旅行者自身の地元は除外）では、およそ1だ。

主な都市とヨーロッパや北米の主な空港間の接続は常に良好で、スペインのイベリア航空と米国のアメリカン航空は、それぞれ、現在ヨーロッパと米国からすべてのラテンアメリカの国々への直行便を運航している。一方、中南米内のフライトは昔から難しく、乗客はマイアミ経由で飛ばなければならないことが多かった。ハブ空港がパナマにあるコパ航空は経済的な選択肢となっているが、ブラジルのTAM航空、エルサルバドルのTACA航空、チリのLAN航空が、それぞれラテンアメリカの運航網を拡大している。

ハバナ
キューバ

1961年、亡命キューバ人部隊と一部の米国人が、ピッグス湾侵入事件に先立ってハバナのホセ・マルティ国際空港（HAV）に爆弾を投下した。CIAはありとあらゆる口実とさまざまなトリックを使って、革命後の政権からキューバを取り戻す政治理由をこじつけていた。ピッグス湾侵入事件は、やり方が無節操なCIAの工作官、E・ハワード・ハント（ウォーターゲート事件の主な首謀者であり、フィデル・カストロ暗殺の主唱者の1人）によって導かれたが、侵入は惨敗に終わり、その影響でキューバにあった複数の米国会社が没収された。

米国人は執念深かった――米国は1962年以降、キューバに対する通商停止措置をとっている。それに対抗して、いかなる米国機もハバナに着陸するのを拒否され、米国人が島に行くにはトロントまたはメキシコでの複雑なストップオーバーを強いられた。他の国々は両国間のビジネスに分け入った。ホセ・マルティ国際空港は、カリブ海で最も大きな空港の1つだ。

ホセ・マルティ国際空港 [HAV]

ホセ・マルティ国際空港 [HAV]

115

メキシコシティ国際空港［MEX］

■ メキシコシティ
メキシコ

標高2240メートルに位置するメキシコシティ国際空港（MEX）は、世界最大の"暑くて標高の高い"空港である。標高が高くなると空気は薄くなり、発生する揚力が減少する。つまり、大きな航空機が離陸するには、より長い滑走路を必要とする。気温が高ければさらに空気密度は低下するため、ワイドボディ・ジェット機は、その多くがより涼しい夜の時間帯に離陸する。メキシコシティ国際空港にはそれぞれの長さがほぼ4000メートルの滑走路が2本あり、人口が密集した住宅地のごく近くに位置している。スペース不足が、ラテンアメリカ最大の空港の抱える問題点で、乗降客最大3200万人という処理能力の限界にほぼ達しているが、拡張はほとんど不可能だ。しかし、現在代わりの空港を建設する具体的な計画はない。

メキシコシティ国際空港［MEX］

■ サンホセ
コスタリカ

コスタリカのフアン・サンタマリーア国際空港（SJO）は、パナマシティの空港に次いで忙しい中米第2位の空港である。現在、一筋縄では行かない現代化に必死に取り組んでいる。空港運営受託会社のアルテラ・パートナーズ社は、長年、フアン・サンタマリーア国際空港の拡張問題に悪戦苦闘してきたが、計画の遅れや不満足な結果に加え、かなりの財政的な重圧がのしかかっていた。コスタリカはとうとう愛想を尽かし、2009年7月にヒューストン・エアポート・システム社に運営を受け渡している。

フアン・サンタマリーア国際空港 SJO

■ テグシガルパ
ホンジュラス

トンコンティン国際空港（TGU）には長い歴史があるが、ボーイング757の離着陸がぎりぎり可能なほどの非常に短い滑走路しかない。悪天候の際には、多くのフライトがサンサルバドルに回される。2008年、エアバスA320が滑走路をオーバーランし、5人の犠牲者を出した。追い風と濡れた滑走路に加えて、タッチダウンの遅れという人為的なミスが事故の原因とされた。

トンコンティン国際空港［TGU］

パナマシティ
パナマ

トクメン国際空港（PTY）は中米最大の空港で、コパ航空の主なハブ空港となっている。旅客数は長い間2桁のパーセンテージで増加し続け、「Muelle Norte（ムエリェ・ノルテ）」と呼ばれる拡張計画の第2段階で、旅客取扱量が年間1000万人（大部分は乗り継ぎ）になる用意が整っている。

トクメン国際空港［PTY］

リンデン・ピンドリング国際空港［NAS］

ナッソー
バハマ

リンデン・ピンドリング国際空港（NAS）からは楽園の島々にある20の地域空港に乗り継ぎが可能だが、乗客はある程度の忍耐が要求される。荷物の紛失や頻繁な発着の遅れといった問題からこんな風にいわれている――「時間に余裕がある方、バハマスエアに大歓迎！」。

バミューダ諸島
（イギリス領）

L・F・ウェイド国際空港（BDA）の名称はフレデリック・ウェイドにちなんで名づけられたもので、ドイツ人の乗客の多くが考えるように、バーミューダパンツから出る素足のことではない（「ウェイド」は、ドイツ語で"ふくらはぎ"の意）。L・F・ウェイド国際空港はスペースシャトルの緊急着陸地にも指定されていた。

L. F. ウェイド国際空港　BDA

モンテゴ・ベイ
ジャマイカ

カリブ海で最も現代的な空港の1つである、ドナルド・サングスター国際空港（MBJ）は、ジャマイカのモンテゴ・ベイにある。年間900万人の乗客処理能力があり、多数の航空会社が利用するカリブ海のハブ空港だ。首都のキングストンにあるノーマン・マンレー国際空港（KIN）にも勝っている。

ドナルド・サングスター国際空港［MBJ］

国名	IATA空港コード	ICAO空港コード	空港名	旅客数（2008年）	ターミナル数	滑走路数	最長滑走路 m	最長滑走路 ft	開港年
アルゼンチン									
	AEP	SABE	ホルヘ・ニューベリー空港（**ブエノスアイレス**）	5 665 808	1	1	2100	6890	1947
	BRC	SAZS	テニエンテ・ルイス・カンデラリア空港（**バリローチェ**）	724 010	1	1	2200	7218	n/a
	COR	SACO	インヘニエロ・アンブロシオ・タラベジャ国際空港（**コルドバ**）	981 143	2	2	3200	10499	n/a
	EZE	SAEZ	ミニストロ・ピスタリーニ国際空港（エセイサ空港／**ブエノスアイレス**）	8 012 794	3	3	3300	10827	1949
	USH	SAWH	マルビナス・アルゼンチン国際空港（**ウシュアイア国際空港**）	n/a	1	1	2800	9186	1995
ボリビア									
	CBB	SLCB	ホルヘ・ウィルステルマン国際空港（**コチャバンバ**）	800 000	1	2	3798	12461	n/a
	LPB	SLLP	エル・アルト国際空港（**ラパス**）	833 212	1	1	4000	13123	n/a
	VVI	SLVR	ビル・ビル国際空港（**サンタクルス**）	985 794	1	1	3500	11483	1984
ブラジル									
	BSB	SBBR	プレジデント・ジュセリノ・クビシェッキ国際空港（**ブラジリア**）	10 443 393	1	2	3200	10499	1960
	CGH	SBSP	コンゴニャス国際空港（**サンパウロ**）	13 672 301	1	2	1940	6365	1936
	FOR	SBFZ	ピント・マチンス国際空港（**フォルタレーザ**）	3 613 634	1	1	2545	8350	n/a
	GIG	SBGL	アントニオ・カルロス・ジョビン国際空港（**リオデジャネイロ**）	10 352 616	2	2	4000	13123	1923
	GRU	SBGR	ガバナー・アンドレ・フランコ・モントーロ国際空港（**サンパウロ**）	20 400 304	2	2	3700	12139	1985
	MAO	SBEG	エドゥアルド・ゴメス国際空港（**マナウス国際空港**）	2 021 668	1	1	2700	8858	1976
	REC	SBRF	グァララペス国際空港（**レシフェ**）	4 679 457	1	1	3315	10876	n/a
	SDU	SBRJ	サントス・ドゥモン空港（**リオデジャネイロ**）	1 600 000	1	1	1323	4341	1944
チリ									
	ANF	SCFA	セロ・モレノ国際空港（**アントファガスタ**）	n/a	1	1	2599	8527	1954
	IPC	SCIP	マタベリ国際空港（**イースター島**）	n/a	1	1	3318	10886	1967
	PUQ	SCCI	カルロス・イバニェス・デル・カンポ国際空港（**プンタ・アレーナス**）	n/a	1	3	2790	9154	1950
	SCL	SCEL	アルトゥーロ・メリノ・ベニテス国際空港（**サンティアゴ・デ・チレ**）	9 017 718	2	2	3800	12467	1967
コロンビア									
	BAQ	SKBQ	エルネスト・コルティソス国際空港（**バランキア**）	1 207 115	2	1	3000	9843	1920
	BOG	SKBO	エル・ドラド国際空港（**ボゴタ**）	6 000 000	2	2	3800	12467	1959
	EOH	SKMD	エンリケ オラヤ エレーラ空港（**メデジン**）	1 125 253	1	1	2510	8235	1923
	MDE	SKRG	ホセ・マリア・コルドバ国際空港（**メデジン**）	2 367 555	2	1	3557	11670	n/a
エクアドル									
	GPS	SEGS	セイモア空港（**ガラパゴス**、バルトラ島）	n/a	1	1	2401	7877	1942
	GYE	SEGU	ホセ・ホアキン・デ・オルメド国際空港（**グアヤキル**）	3 477 800	1	1	2790	9154	n/a
	UIO	SEQU	新**キト**国際空港	3 900 000	1	1	3120	10236	1960
フランス領ギアナ									
	CAY	SOCA	**カイエンヌ**・ロシャンボー空港	600 000	1	1	3200	10499	n/a
ガイアナ									
	GEO	SYCJ	チェディ・ジェーガン国際空港（**ジョージタウン**）	n/a	1	2	2270	7448	1945
パラグアイ									
	ASU	SGAS	シルビオ・ペティロッシ国際空港（**アスンシオン**）	593 911	1	1	3353	11001	n/a
ペルー									
	CIX	SPHI	キャプテン・FAP・ホセ・A・キュノネス・ゴンザレス国際空港（**チクラヨ**）	n/a	1	1	2519	8264	n/a
	CUZ	SPZO	アレハンドロ・ベラスコ・アステテ国際空港（**クスコ**）	1 252 478	1	1	3397	11145	n/a
	LIM	SPIM	ホルヘ・チャベス国際空港（**リマ**）	8 285 688	1	1	3507	11506	1960
ウルグアイ									
	MVD	SUMU	セサレオ・ベリーソ将軍カラスコ国際空港（**モンテビデオ**）	2 000 000	1	2	3200	10499	1947
スリナム									
	PBM	SMJP	ヨハン・アドルフ・ペンヘル国際空港（**パラマリボ**）	100 000	1	1	3480	11417	1941
ベネズエラ									
	CCS	SVMI	シモン・ボリバル空港（**カラカス**）	8 357 446	3	2	3500	11483	1945
	MAR	SVMC	ラ・チニータ国際空港（**マラカイボ**）	2 384 856	1	2	3000	9843	1969
	PMV	SVMG	カリベ・サンティアゴ・マリニョ国際空港（**ポルラマル**）	1 005 377	2	2	3200	10499	1974
	VLN	SVVA	アルトゥーロ・ミチェレーナ国際空港（**バレンシア**）	n/a	1	1	3300	10827	1991

南米

シモン・ボリバル空港［CCS］

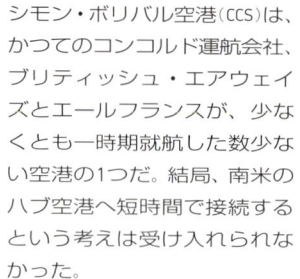

■ カラカス
ベネズエラ

シモン・ボリバル空港(CCS)は、かつてのコンコルド運航会社、ブリティッシュ・エアウェイズとエールフランスが、少なくとも一時期就航した数少ない空港の1つだ。結局、南米のハブ空港へ短時間で接続するという考えは受け入れられなかった。

■ リマ
ペルー

2005年以降、改修・拡張工事を進めてきたホルヘ・チャベス国際空港(LIM)には、建築事務所アーキテクトニカが設計した旅客ターミナルがあり、2010年から数回にわたり"南米最高の空港"に投票で選ばれている。

ホルヘ・チャベス国際空港［LIM］

■ サンパウロ
ブラジル

コンゴニャス国際空港［CGH］

コンゴニャス国際空港(CGH)にかかる負担を軽減するため、ブラジル最大の空港、グアルーリョス国際空港(GRU)が1985年に建設されると、コンゴニャスは国内線を扱い、グアルーリョスが国際線を扱うようになった。199人が犠牲になった2007年のTAM航空のオーバーラン事故後、コンゴニャス国際空港は重い批判の的となった。人口過密都市のど真ん中に空港があっていいのだろうか？

サントス・ドゥモン空港［SDU］

■ リオデジャネイロ
ブラジル

リオデジャネイロの主要国際空港はアントニオ・カルロス・ジョビン国際空港(GIG)で、年間1500万人の旅客処理能力がある。それよりももっと目を見張るような立地にあるのが国内線専用のサントス・ドゥモン空港(SDU)だ。非常に短い滑走路への進入方法の難しさに加え、シュガー・ルーフ山の存在によってさらに複雑になっている。パイロットは山の近くで進入・減速して降下しなければならず、最終的に長さが1323メートルしかない滑走路に巧みに着陸しなければならない。

エル・アルト国際空港［LPB］

アルトゥーロ・メリノ・ベニテス国際空港［SCL］

ラパス
ボリビア

1999年にエル・アルト（スペイン語で「高所」または「高いもの」の意）空港（LPB）という名称に変えられるまで、「ジョン・F・ケネディ空港」から「ジョン・F・ケネディ空港」へのフライトもあり得た——それ以前の名称が、ニューヨークのJFK空港と同じだったのだ。標高4061メートルに位置するこの空港は、標高の高さでは世界有数で、滑走路に沿って並んでいる航空機のさびた残骸が、特に人目を引く光景である。

サンティアゴ・デ・チレ
チリ

アーテューロ・メリノ・ベニテス空港（SCL）は、その名称を、1971年にノーベル文学賞受賞したチリ人にちなんでパブロ・ネルーダ空港に変えるべきかどうか、長い間議論されてきた。ここを訪れる乗客は、アンデス山脈の息をのむような眺めが楽しめる、機能的で現代的な空港に迎えられる。

ウシュアイア
アルゼンチン

ウシュアイア・マルビナス・アルゼンチン国際空港［USH］

世界最南端の空港、ウシュアイア・マルビナス・アルゼンチン国際空港（USH）は南極への拠点であり、ボーイング747のような大きな航空機の離着陸が可能だ。しかし、この空港から行けない目的地が1つある——マルビナス諸島だ。フォークランドに向かう乗客は、リオ・ガジェゴス国際空港か、チリのプンタ・アレーナス国際空港からのフライトを利用しなければならない。

イースター島
チリ領

世界で最も辺ぴな場所にある空港は、チリのサンティアゴから3760キロメートル離れた南太平洋の島にあるマタベリ国際空港（IPC）だ。1984年以降、この空港ではスペースシャトルの緊急着陸の受け入れ態勢が整えられていた。この小さい島の南西の先端は、滑走路で二分されていて、1967年開港当時は、1か月に1便しか扱っていなかった。1970年代には週1便にまで増加し、現在では1日1便になっている。ここの空港職員の労働時間は、働く者にとっては控え目に言っても"好都合"だ。税関と保安検査を含む空港職員は、近くの町ハンガロアから午前10時頃に到着し、午後2時前には切り上げている。

ミニストロ・ピスタリーニ国際空港［EZE］

ブエノスアイレス
アルゼンチン

ミニストロ・ピスタリーニ国際空港（通称：エセイサ空港、EZE）には、非常に整った設備を利用する"スリ"が活動していた——2007年、空港の保安検査員たちが乗客の荷物を通常よりじっくりとX線検査した後、自ら乗客の携帯電話やノートパソコンや宝石を盗んでいた事実が発覚したのだ。しかし、彼らの大部分は単にチョコレートを狙っただけだったようだ。

マタベリ国際空港［IPC］

121

国名 IATA空港コード	ICAO空港コード	空港名	旅客数（2008年）	ターミナル数	滑走路数	最長滑走路 m	最長滑走路 ft	開港年
アルバニア								
TIA	LATI	ティラナ・リナ空港	250 000	1	1	2734	8970	1958
アルメニア								
EVN	UDYZ	ズヴァルトノッツ国際空港（**エレバン**）	1 500 000	1	1	3840	12 598	1961
オーストリア								
INN	LOWI	インスブルック・クラーネビッテン国際空港	969 474	1	1	2000	6562	1948
VIE	LOWW	ウィーン・シュヴェヒャート国際空港	19 747 289	3	2	3600	11 811	1938
アゼルバイジャン								
GYD	UBBB	ヘイダル・アリエフ国際空港（**バクー**）	n/a	2	2	3200	10 499	1980
ベラルーシ								
MSQ	UMMS	ミンスク第2空港（ミンスク国際空港）	1 010 695	1	1	3641	11 946	1982
ベルギー								
BRU	EBBR	ブリュッセル空港	19 000 000	1	3	3638	11 936	1940
ボスニア・ヘルツェゴビナ								
SJJ	LQSA	サラエボ国際空港	506 398	2	1	2641	8665	1969
ブルガリア								
BOJ	LBBG	ブルガス国際空港	1 936 853	1	1	3200	10 499	1927
SOF	LBSF	ソフィア空港	3 000 000	2	1	3600	11 811	1935
VAR	LBWN	ヴァルナ空港	1 432 703	1	1	2500	8202	1916
クロアチア								
ZAG	LDZA	ザグレブ国際空港（プレソ空港）	2 192 453	1	1	3252	10 669	1928
キプロス								
LCA	LCLK	ラルナカ国際空港	5 500 000	1	1	2980	9777	1974
チェコ								
PRG	LKPR	ヴァーツラフ・ハヴェル・プラハ国際空港	13 000 000	4	3	3715	12 188	1937
デンマーク								
CPH	EKCH	コペンハーゲン国際空港	22 000 000	3	3	3600	11 811	1925
エストニア								
TLL	EETN	タリン空港	1 800 000	1	1	3070	10 072	1936
フィンランド								
HEL	EFHK	ヘルシンキ・ヴァンター国際空港	13 500 000	2	3	3440	11 286	1952
フランス								
CDG	LFPG	シャルル・ド・ゴール国際空港（**パリ**）	60 851 998	3	4	4215	13 829	1974
ORY	LFPO	オルリー空港（**パリ**）	26 000 000	2	2	3650	11 975	1932
グルジア								
TBS	UGTB	トビリシ国際空港	650 000	1	2	3000	9843	1995
ドイツ								
FRA	EDDF	フランクフルト国際空港（旧ライン=マイン空港）	53 472 915	2	4	4000	13 123	1936
MUC	EDDM	ミュンヘン・フランツ・ヨーゼフ・シュトラウス空港	34 552 189	2	2	4000	13 123	1992
ギリシャ								
ATH	LGAV	アテネ国際空港（エレフテリオス・ヴェニゼロス国際空港）	16 466 491	2	2	4000	13 123	2001
ハンガリー								
BUD	LHBP	リスト・フェレンツ国際空港（**ブダペスト**）	8 443 053	3	2	3707	12 162	1950
アイスランド								
KEF	BIKF	ケプラヴィーク国際空港	1 991 338	1	2	3065	10 056	1943
アイルランド								
DUB	EIDW	ダブリン空港	24 000 000	2	2	2637	8652	1940
イタリア								
CIA	LIRA	ローマ・チャンピーノ空港	5 500 000	1	1	2207	7241	1916
FCO	LIRF	レオナルド・ダ・ヴィンチ国際空港（**ローマ**・フィウミチーノ空港）	35 226 351	5	4	3900	12 795	1961
LIN	LIML	ミラノ・リナーテ国際空港	10 000 000	1	2	2442	8012	1937
MXP	LIMC	ミラノ・マルペンサ国際空港	24 000 000	2	2	3920	12 861	1919
ラトビア								
RIX	EVRA	リガ国際空港	3 690 549	1	1	2550	8366	1993
リトアニア								
VNO	EYVI	ヴィリニュス国際空港	2 048 439	2	1	2515	8251	1991
ルクセンブルク								
LUX	ELLX	ルクセンブルク・フィンデル空港	1 696 011	2	1	4000	13 123	1945
マケドニア								
SKP	LWSK	スコピエ・"アレクサンダル大王"空港	652 815	1	1	2450	8038	1928
モルドバ								
KIV	LUKK	キシナウ国際空港	847 900	1	1	3590	11 778	1926
オランダ								
AMS	EHAM	スキポール空港（**アムステルダム**国際空港）	48 000 000	1	6	3800	12 467	1920

ヨーロッパ

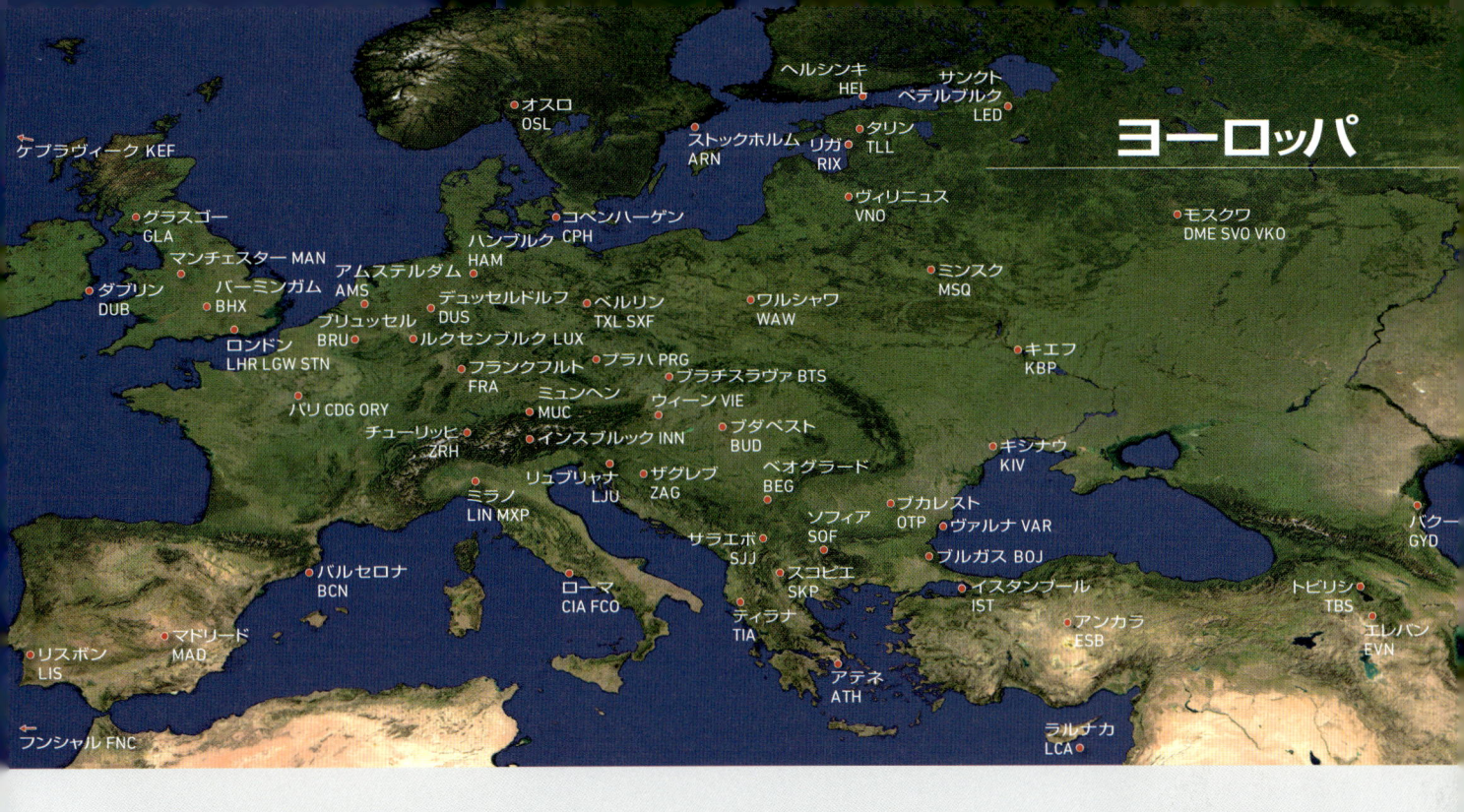

ノルウェー								
	OSL	ENGM	ガーデモエン空港（**オスロ**空港）	19 344 459	1	2	3600	11 811	1920
ポーランド								
	WAW	EPWA	**ワルシャワ**・フレデリック・ショパン空港	9 600 000	4	2	3690	12 106	1910
ポルトガル								
	FNC	LPMA	マデイラ空港（**フンシャル**）	2 446 924	1	1	2781	9124	1964
	LIS	LPPT	ポルテラ空港（**リスボン**空港）	14 000 000	2	2	3805	12 484	1942
ルーマニア								
	OTP	LROP	アンリ・コアンダ国際空港（**ブカレスト**）	5 064 230	1	1	3500	11 483	1968
ロシア								
	DME	UUDD	ドモジェドヴォ国際空港（**モスクワ**）	18 755 098	2	3	3794	12 448	1964
	LED	ULLI	プルコヴォ国際空港（**サンクトペテルブルク**）	5 121 222	2	2	3780	12 402	1932
	SVO	UUEE	シェレメーチエヴォ国際空港（**モスクワ**）	15 213 979	2	2	3700	12 139	1959
	VKO	UUWW	ヴヌーコヴォ国際空港（**モスクワ**）	5 117 000	1	2	3000	9843	1941
セルビア								
	BEG	LYBE	**ベオグラード**・ニコラ・テスラ空港	2 650 048	2	1	3400	11 155	1927
スロバキア								
	BTS	LZIB	ミラン・ラスチスラウ・シュテファーニク空港（**ブラチスラヴァ**）	2 218 545	1	2	3190	10 466	1951
スロベニア								
	LJU	LJLJ	**リュブリャナ**空港	1 673 050	2	1	3300	10 827	1963
スペイン								
	MAD	LEMD	**マドリード**・バラハス空港	50 846 104	4	4	4470	14 665	1928
	BCN	LEBL	**バルセロナ**・エル・プラット空港	30 208 134	4	3	3352	10 997	1918
スウェーデン								
	ARN	ESSA	**ストックホルム**・アーランダ空港	18 136 105	4	3	3301	10 830	1960
スイス								
	ZRH	LSZH	**チューリッヒ**空港	22 100 000	2	3	3700	12 139	1953
トルコ								
	ESB	LTAC	エセンボーア国際空港（**アンカラ**）	5 692 133	1	2	3750	12 303	1955
	IST	LTBA	アタテュルク国際空港（**イスタンブール**）	28 500 000	2	3	3000	9843	1912
ウクライナ								
	KBP	UKBB	ボルィースピリ国際空港（**キエフ**）	6 700 000	5	2	4000	13 123	1959
英国								
	BHX	EGBB	**バーミンガム**国際空港	9 627 600	3	1	2599	8527	1939
	GLA	EGPF	**グラスゴー**国際空港	8 178 900	1	2	2658	8720	1932
	LGW	EGKK	**ロンドン**・ガトウィック空港	34 178 600	2	2	3159	10 364	1958
	LHR	EGLL	**ロンドン**・ヒースロー空港	66 909 900	5	2	3901	12 799	1930
	MAN	EGCC	**マンチェスター**空港	21 219 500	3	2	3200	10 499	1938
	STN	EGSS	**ロンドン**・スタンステッド空港	22 337 500	1	1	3048	10 000	1942

レイキャヴィーク／ケプラヴィーク
アイスランド

アイスランドのケプラヴィーク国際空港(KEF)は、絵になるような背景を誇る空港で、第二次世界大戦中に米国軍によって建設された。1960年代と1970年代には、ここでマラソン・デモンストレーションが行われていた。毎年1回、「Ísland úr NATO, herinn burt（意味：アイスランドはNATOから脱退を！軍隊は撤退しろ！）」を繰り返し叫びながら、首都のレイキャヴィークから空軍基地に向けて50キロメートルの道のりを歩く抗議のデモ行進だった。著名な行進者の中には、後にアイスランド大統領となったヴィグディス・フィンボガドゥティルもいた。

ケプラヴィーク国際空港［KEF］

コペンハーゲン国際空港［CPH］

コペンハーゲン
デンマーク

旅客数ではスカンジナビアで最も忙しいコペンハーゲン国際空港(CPH)は、スカンジナビア航空の主要なハブ空港で、素晴らしい免税ショッピングセンターが自慢だ。レゴからベッドのスプリングまでありとあらゆるものを売る専門店がある。

ストックホルム
スウェーデン

スウェーデン最大の空港、ストックホルム・アーランダ空港(ARN)は、ストックホルムから約40キロメートル離れているが、速くて効率の良い電車で結ばれているため便利だ。スカンジナビア航空は3つのハブ空港の1つとしてこの空港を利用している。

過去25年の間にストックホルム・アーランダ空港は、乗客がかろうじて難を逃れたいくつかの大事故の現場となっているが、おそらく最も注目に値するのは、1991年に起こった事故だろう。マクドネル・ダグラスMD-81は、出発前に翼についた氷の除去を怠ったことが原因で、離陸直後に両方のエンジンが壊れ停止してしまった。MD-81は空港に戻ることができず、木々の枝に接触後、森の空き地に墜落した。機体は大きく3つに割れたが、奇跡的に乗客乗員129人全員が無事だった。

ストックホルム・アーランダ空港［ARN］

ダブリン
アイルランド

アイルランド国営のエアリンガスと欧州最大の格安航空会社ライアンエアーの本拠地、ダブリン空港(DUB)は1993年に結ばれたアイルランドと米国間の新しい合意によって大きな後押しを得た。遡ること1945年、アイルランドから米国へのフライトは、離陸地はシャノン空港（大西洋横断の最終出発地）のみ、着陸地はボストン、シカゴ、ニューヨークに限るという同意がなされた。1971年、米国は、米航空会社のダブリン着陸を許可しない限り、エアリンガス便のニューヨーク着陸権利を撤回すると脅した。1993年の協定では、シャノンからの出発便は、アイルランド発米国行きのあらゆるフライトの50パーセントとされた。そして、2007年のオープンスカイ協定以降、米国行きのフライトは、アイルランドのどこからでも出発可能となった。ダブリン空港がこれによって巨大な利益を得たのと引き換えに、シャノン空港にとっては大きな不利益となった。

ダブリン空港［DUB］

ロンドン・ヒースロー空港［LHR］

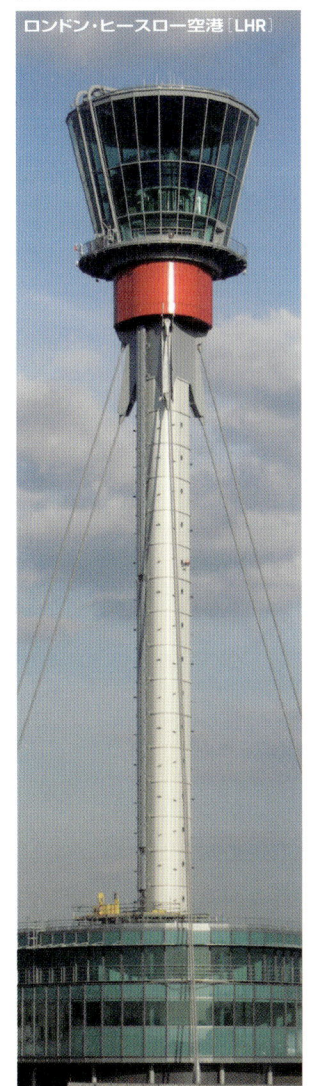

ロンドン・ヒースロー空港［LHR］

ロンドン
英国

"施設や運営が手際の悪い国際空港"という話題になると、人々の口には往々にしてロンドン・ヒースロー空港（LHR）の名が挙がる——もちろん、これは複雑な構造の第5ターミナルの開設に始まったことではない。幅の狭い通路で強いられる長い移動、荷物の紛失、乗り継ぎ便への遅れ……多くの人々は、ヒースロー空港を評価の基準と考えている。

ある乗客は、個人的な経験を統計的に次のように解説している。「私は、これまでの人生でおよそ5000回飛行機に乗っていますが、そのうちヒースロー空港へは約200回行きました。荷物を紛失した経験は全部で15回、そのうち11回はヒースロー空港（世界で最も忙しい遺失物取扱所）で起きています。十分な移動時間を確保していたにもかかわらず乗り継ぎ便を逃して、実に"魅力的な"空港ホテルで一夜を過ごした経験は全部で4回、そのうちの3回がヒースロー空港です。あるとき、ファーストクラスでシンガポールから到着した私には移動時間が70分ありましたが、シンガポール航空の親切なスタッフが手を取って私を連れて行きながらこう言ったのです——『急がないと遅れてしまいます』。

彼は、最初から最後まで私をうまく導いて、通り道を遮る人の列など、空港がばらまいたさまざまなハードルをすり抜けさせてくれました。しかし、75分後に疲れきってようやく乗り継ぎ便のゲートに到着したときにはすでに閉まっていたのです」——これでは「英国へようこそ」どころではない。

ロンドン・ヒースロー空港［LHR］

スキポール空港[AMS]

スキポール空港[AMS]

アムステルダム
オランダ

スキポール空港（通称：アムステルダム国際空港、AMS）は1848年に着手された干拓地、ハーレマーメールにある——スキポールとは"ship hole（船の墓場）"という意味だ。海面よりおよそ3メートル下に位置する欧州で最も標高の低い空港である。第二次世界大戦中、侵攻してきたドイツ軍により爆撃を受け、空港は広範にわたり破壊された。今日、スキポール空港は旅客数では欧州で5番目の空港となり、2008年、アムステルダム・キヤノン社の「50ウィンドウズ」（アムステルダム市のキーポイントとなる歴史的な出来事を列挙するリスト）のうちの1つとして、レンブラントの『夜警』、映画製作者テオ・ファン・ゴッホ殺害事件、ベイルメルメール地区の宅地造成地と並び、空港の開設が選ばれている。

ベイルメルメール地区は、1992年にエルアル航空の貨物機が住宅街の一画に墜落したとき、国際的に注目を集めた。空港から離陸直後に貨物機のエンジン2基が脱落し、乗員と43人の住人（大部分は移民）が犠牲となった。その時点で安全性を保証したにもかかわらず、墜落したボーイング747が、花や香水と共に神経ガスのサリンの製造に使われる200キログラムの化学薬品を積載していたことがその後明らかになった。事故後、この地域で生まれる子どもたちの奇形発生数は平均より高かった。

ブリュッセル
ベルギー

第一次世界大戦中、ベルギーを占領したドイツは、ツェッペリン用の飛行場をここに建設した。そして、第二次世界大戦中にメルスブローク空軍基地に変わり、戦後はその一部が民間空港専用のブリュッセル空港（BRU）となって徐々に拡張され、現在ではベルギー最大の民間空港となった。サベナ・ベルギー航空が2001年に破産したとき、ザヴェンテム地区にあるブリュッセル空港はその富の劇的な崩壊に苦しんだ。旅客利用数は、2000年の約2200万から2001年には1400万をやや超える程度にまで急落し、2008年になってもまだ年間およそ1850万までしか回復していない。

ブリュッセル空港[BRU]

チューリッヒ空港[ZRH]

ウィーン
オーストリア

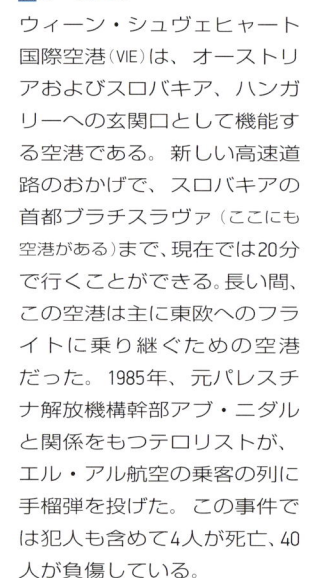

ウィーン・シュヴェヒャート国際空港（VIE）は、オーストリアおよびスロバキア、ハンガリーへの玄関口として機能する空港である。新しい高速道路のおかげで、スロバキアの首都ブラチスラヴァ（ここにも空港がある）まで、現在では20分で行くことができる。長い間、この空港は主に東欧へのフライトに乗り継ぐための空港だった。1985年、元パレスチナ解放機構幹部アブ・ニダルと関係をもつテロリストが、エル・アル航空の乗客の列に手榴弾を投げた。この事件では犯人も含めて4人が死亡、40人が負傷している。

チューリッヒ／クローテン
スイス

クローテンにあるチューリッヒ空港（ZRH）は、2001年のスイス航空の破産から数年間は難しい年が続いたが、最近の2、3年は回復している。スイス航空を継承したスイスインターナショナルエアラインズがルフトハンザ航空に買収されて以来、ルフトハンザ航空の3番目に重要なハブ空港となっている。

ウィーン・シュヴェヒャート国際空港[VIE]

フランクフルト・アム・マイン
ドイツ

1912年、ライン=マイン空港の前身となるツェッペリン用の飛行船基地がボッケンハイムに開港した。そこが手狭になってきたため、1933年に権力を掌握したナチスがフランクフルト郊外の市所有の森を切り開き、フランクフルト・ライン=マイン空港および飛行船基地として新しく1936年に開港した。第二次世界大戦中はそこからフランスを攻撃する爆撃機が離発着した。米国による占領と復興後、フランクフルト国際空港（FRA）は、1948〜1949年にはベルリン封鎖に対抗する「ベルリン空輸」の発着空港の1つとして使用され、1950〜1970年には旅客輸送量が100倍に増加した。新設された西側の滑走路は、環境保護を訴える大規模な抗議運動のために、1984年まで運用できなかった。フランクフルト空港は7万人以上のスタッフが働いており、現在ドイツ最大の地元雇用主で、市の象徴となっている。1978〜2000年には空港内にナイトクラブまであった。「ドリアン・グレイ」と呼ばれ、ニューヨークのスタジオ54からインスピレーションを得たものだった。北側の滑走路新設のため、隣接する化学工場がそっくり移転することになっている。

フランクフルト国際空港［FRA］

フランクフルト国際空港［FRA］

ミュンヘン
ドイツ

エルディングに建設される新空港の開港に先立ち、荷物処理システムは2年間のテストが行われた。そのビッグ・デーの6か月前には、空港全体が連続24時間のテストを受けた。すべての空港事業が車両と輸送機を用いてシミュレーションされ、各々のランプと積載ステーションがあらゆる点でテストされた。こうして、新空港が1992年にようやくオープンしたとき、すべてが滞りなくスタートした。これまでのミュンヘン・リーム空港は真夜中に閉港し、約30キロメートル離れた場所に新設されたフランツ・ヨーゼフ・シュトラウス空港（通称：ミュンヘン国際空港、MUC）が、翌朝午前5時にオープンしたのだ。それ以来、この空港は組織化と運営上の準備の成功例として、誰もがうらやむほどの高い評価を博している。

ミュンヘン・フランツ・ヨーゼフ・シュトラウス空港［MUC］

ミュンヘン・フランツ・ヨーゼフ・シュトラウス空港［MUC］

127

ミュンヘン・フランツ・ヨーゼフ・シュトラウス空港は、霧が多いことで有名だ。

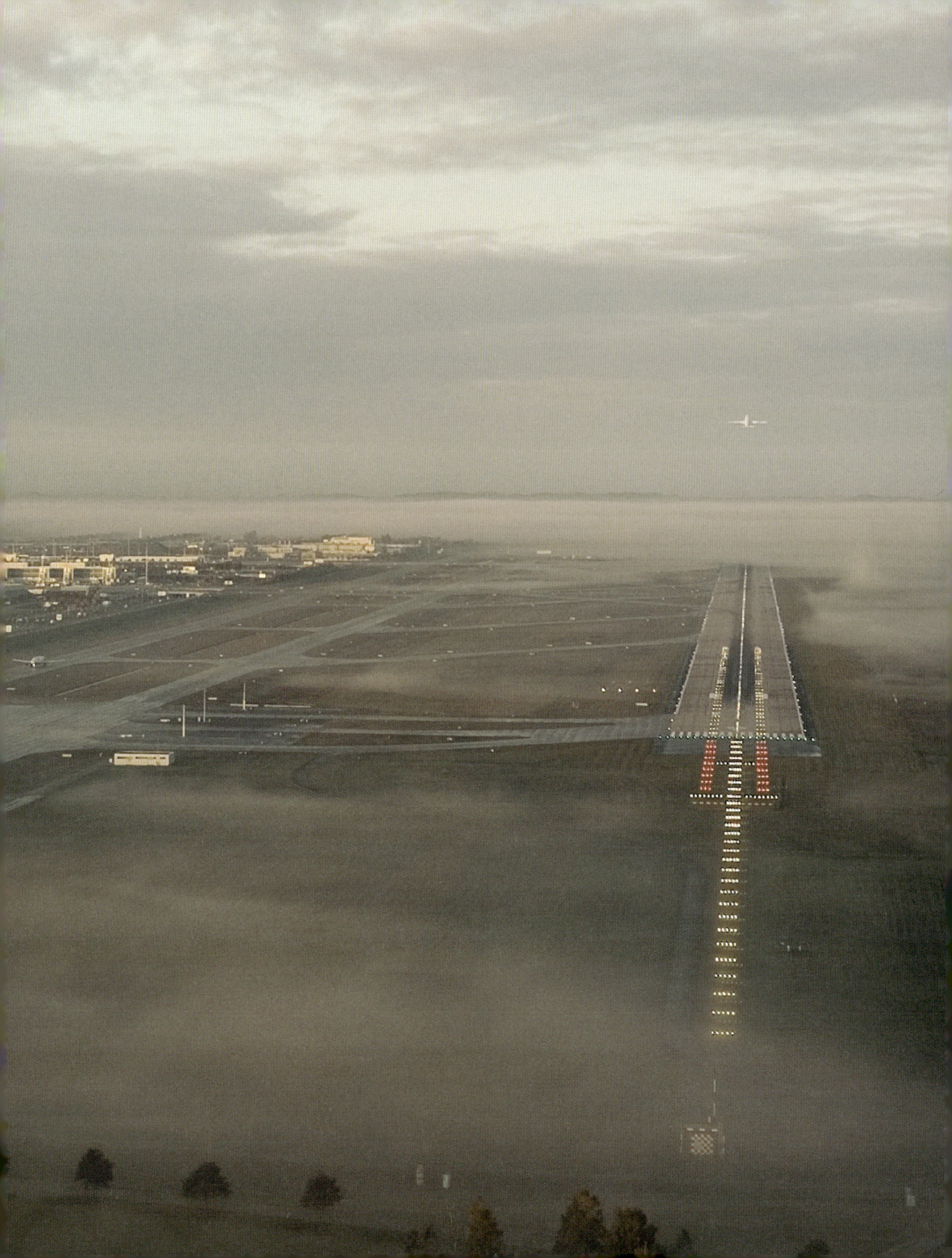

シャルル・ド・ゴール国際空港［CDG］

■ パリ
フランス

パリのシャルル・ド・ゴール国際空港（CDG）は、フランス流未来派である。1970年代初期に開設された第1ターミナルは、その時代としては非常に革新的だった。メインビルは、まるで内部にエスカレーターのある多層構造の宇宙船のようで、複数のサテライトビルがそれを取り囲むレイアウトになっており、そこからはゲートへのアクセスが簡単だ。空港からのお知らせの前に鳴る、やや滑稽なチャイムでさえも独特である。第2ターミナルは1980年代にオープンし、中央の通りの両側に沿ってブロックAからGまで徐々に拡張された。その構造上の特性は、2004年に4人の命が失われたターミナル2Eの屋根崩壊事故によって、不幸にも影が薄くなってしまった（2Eは改修され2008年に使用再開している）。

確かに、シャルル・ド・ゴール国際空港の歴史には劇的な事件がいくつも残っている。1974年の開港でさえ、数日前に起きたトルコ航空機のパリ墜落事故の騒ぎで台無しになっている。2000年、コンコルドが滑走路に落ちていた金属片を踏んでタイヤ片で機体を破損、そのまま離陸して墜落し、乗客乗員全員と墜落現場に居合わせた人、合わせて113人が犠牲となった。2009年には、リオデジャネイロ発CDG行きのエールフランスA330のフライト中にピトー管（対気速度測定装置）が故障し、フライトデッキに異なる速度測定結果が表示されて自動操縦不能になり、対応ミスから飛行機は乗客乗員228人を乗せたまま海に墜落した。このフライトの数回前に、エアバス社は装置の交換を勧告していた。事故後、装置は交換されたが、このときフランス製のものが使用された。再び同様のトラブルが起こって初めてエールフランスは信頼できる選択肢を採用することにした──米国の競合会社の製品だった。

航空業務でのフランス語の使用は、問題があり危険性さえあると広く考えられている。2000年5月に、貨物輸送機と旅客機が同時に離陸しようとしたために衝突する事故が起きた。管制塔は、フランス語で旅客機に離陸許可を出し、英語で貨物機に滑走路へ移動するようにと指示を出した。事故に関与した複数の要因の中でも、貨物機の副操縦士（事故で死亡）がフランスの旅客機に出された離陸許可の指示を理解できなかったことが鍵となった。この事故を受けて、フランスの空港で管制塔とパイロット間の連絡にフランス語の使用を禁止する動きが起こった。しかし、これに対して政治的な抗議があり、パイロットが自らの言語に疎外感を受ける可能性があるとの主張から、この分別あるルールの導入を妨げてしまった。2009年現在、国際的な航空交通におけるフランス語使用はいまだに認められており、航空の安全に対する脅威は残っている。世界中の航空交通管制の通信で使用されている規定言語は英語である。

シャルル・ド・ゴール国際空港［CDG］

シャルル・ド・ゴール国際空港［CDG］

130

バルセロナ
スペイン

バルセロナ国際空港(BCN)は、主に欧州と北米への運航に使われている。2008年までは、バルセロナ～マドリード間の"プエンテ・アエロ(空中の橋)"は、世界で最も忙しい定期航空便だった。現在、2つの都市は都心から都心まで2時間35分で人々を運ぶ高速鉄道AVEでも結ばれている。空港への移動とチェックインの時間を考慮すれば、これは飛行機より速い。さらに電車は二酸化炭素の排出量が乗客1人あたり13.8キログラムで、飛行機の71キログラムと比較すると、より環境に優しい。

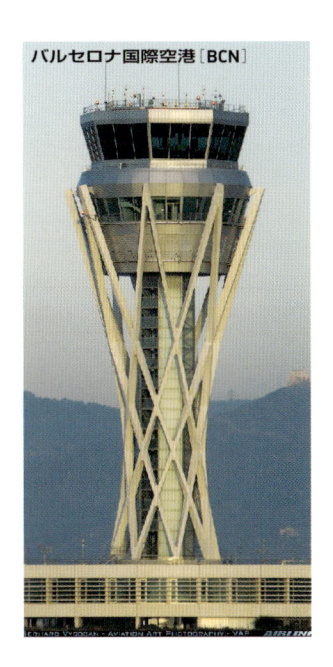

バルセロナ国際空港[BCN]

マドリード・バラハス空港[MAD]

マドリード
スペイン

マドリード・バラハス空港(MAD)は、現在、旅客処理能力では5000万人以上と、欧州で4番目に大きい空港である。その第4ターミナルは、英国の人気建築家リチャード・ロジャースの設計によるもので、110万平方メートル以上に及び、70億ユーロ以上の費用がかかっている。2006年にオープンしたとき、このターミナルは英国人の羨望の的だった。というのも、リチャード・ロジャースはヒースロー空港の第5ターミナルも設計したのだが、マドリードの新ターミナルの方がより素晴らしかったからだ。2006年12月30日、ETA[「バスク祖国と自由」：バスク地方の独立を要求する民族組織]が空港の駐車場の1つで爆弾を爆発させ、2人のコロンビア人が殺された。意固地になったETAは、爆破予告を受け取ったにもかかわらず建物から人びとを避難させなかったと主張して、その死の責任はスペイン当局にあると後に非難した。

マドリード・バラハス空港[MAD]

マデイラ空港[FNC]

マデイラ島 フンシャル
ポルトガル領

2000年まで、マデイラ空港には急で危険な海岸線上に短い滑走路があり、パイロットに恐れられていた。1977年、TAPポルトガル航空の旅客機がここで墜落する事故が起き、131人が犠牲となった。今ではこの滑走路は2781メートルまで延長され、新設された部分は高さ59メートルのコンクリート柱に支えられている。

マデイラ空港[FNC]

ミラノ・マルペンサ国際空港［MXP］

ミラノ
イタリア

ミラノからかなり離れた場所にあるミラノ・マルペンサ国際空港（MXP）は、1998年までは主に大陸間のフライトを扱い、ミラノの中心部により近いミラノ・リナーテ国際空港（LIN）は、欧州各国へのフライトを扱っていた。管制ミスから114人の命を奪ったリナーテ空港でのスカンジナビア航空の旅客機とセスナの衝突事故の後も、管制官たちはマルペンサ空港への移動の必要性に迫られた。マルペンサ空港では3本目の滑走路が現在設計中で、EXPO 2015（ミラノ国際博覧会）までには完成予定だが、地元住民からの激しい抵抗に直面している。

ローマ／フィウミチーノ
イタリア

レオナルド・ダ・ヴィンチ国際空港［FCO］

1960年代から1970年代にかけて、イタリアで最も忙しいレオナルド・ダ・ヴィンチ国際空港（通称：ローマ・フィウミチーノ空港、FCO）は、そのいい加減な保安対策のため、テロリストやハイジャック犯の格好の餌食だった。1973年、パレスチナのテロリストがパンナムの旅客機に30個の白リン弾を放り込み、30人の乗客を殺害した。1985年、パレスチナのもう1つのグループが、16人の乗客を空港ビル内で射殺した。1986年には、ローマからアテネへのフライト中に、プラスチック爆弾が爆発したが、機長が緊急着陸に成功した。しかし、4人の乗客が機体の破損箇所から落下し、命を落としている。

アテネ
ギリシャ

アテネ国際空港（別名：エレフテリオス・ヴェニゼロス国際空港、ATH）は、南東ヨーロッパで最も現代的で効率の良い空港の1つと考えられている。しかしまた、テナント料や着陸料について言えば、最も高額なことが憂慮されている。そこで働く最も有名な保安検査員がヘラクレスとユリシーズだ。この2台のロボットにとって、疑惑のあるものを排除するのはお手のものだ。2001年、英国の12人とオランダの2人の

イスタンブール
トルコ

アタチュルク国際空港［IST］

印象的な220台のチェックイン・デスク、74の入国審査場、25万平方メートルの総面積。これらの数字は、巨大なアタテュルク国際空港（IST）に完成予定の最新ターミナルのスケールを教えてくれる。この空港は、年間2700万人の旅客取扱量を想定して設計されていたが、最近の拡張計画完成後には、およそ5000万人にまで増加することになっている。

アテネ国際空港［ATH］

プレーンスポッター（飛行機愛好家）がカラマイの近くで空軍基地の写真を撮影したとして、スパイ活動の嫌疑をかけられて逮捕された。ギリシャ当局がどれほど真剣に航空保安業務を実施しているかを示す一例だ。14人は最高懲役3年を宣告されたが、2003年に無罪放免となっている。

132

リスト・フェレンツ国際空港［BUD］

ブダペスト
ハンガリー

リスト・フェレンツ国際空港（旧称：フェリヘジ国際空港、BUD）は、この地域にある他の空港と同時代に開港した。1977年、マサチューセッツ州ボストンの空港のものによく似た新しい管制塔が建設された。ブダペストにあるこの空港は、冷戦中に特別な政治的役割を演じた。東欧圏内のフライトへの乗り継ぎハブ空港として便利に利用されただけでなく、"鉄のカーテン"の両側の政治家たちが非公式会議の場として使用したのだ。1989年以後、運航数が急落したが、格安航空会社の出現によってどうにか空港の命運は保たれた。2005年に空港は民営化され、ドイツの空港運営会社、ホッホティーフ・エアポートが大株主になっている。

プラハ
チェコ

ヴァーツラフ・ハヴェル・プラハ国際空港（旧称：ルズィニエ国際空港、PRG）は、その70年の歴史の間に数多くの浮き沈みを経験した。停滞や発展を見ながら、交代した空港運営組織や会社は10社に及び、乗り入れる航空会社は増えたり減ったりした。世紀が変わるまでは今より現代化されていなかった。ジェームズ・ボンド映画『007カジノ・ロワイヤル』（2006年）に登場するのはマイアミ国際空港でのエピソードだが、実はプラハで撮影されている。ヴァージン・アトランティック航空の旅客機が明らかに映画の中に映っており、飛行中の場面では、ブリティッシュ・エアウェイズ機が、ライバル社の旅客機が映るあらゆる場面を遮っている。

ヴァーツラフ・ハヴェル・プラハ国際空港［PRG］

プルコヴォ国際空港［LED］

サンクトペテルブルク
ロシア

1930年代までは、プルコヴォ国際空港（LED）は、近くの村の名前にちなんでショッセイナヤ空港として知られていた。ロシアでは、空港や駅など、さまざまな建物や施設の写真撮影が罪に問われるのだが、プルコヴォ国際空港は最近盛夏にプレーンスポッティング・フェスティバルの開催を始め、飛行機を愛する世界中のカメラマンを招いている。このイベントは「ホワイトナイト（白夜）」と銘打って実施されている。サンクトペテルブルクがいつもと違う見事な光の中に際立つ、明るい北の夜に行われているからだ。

モスクワ
ロシア

モスクワのシェレメーチエヴォ国際空港（SVO）は、1959年に開港した。国営空港として、数十年の間、ソ連に訪れる外国の訪問客のための主な通関手続き地だった。冷戦中に建設されたため、秘密の部屋や通路や隠れたドアを備えており、さらに、すべてのゲートには出発を待つ乗客から秘密の情報を得ようと盗聴器が仕掛けられていた。1996年、モスクワにある別の主要空港、ドモジェドヴォ空港（DME）が個人的なコンソーシアムによって拡張され、その2、3年以内にロシア最大の空港としてシェレメーチエヴォを追い越した。ドモジェドヴォ空港は時代の最先端を行き、2005年からボディスキャナーを導入した――現在では他の空港でも選択的に導入されている。

シェレメーチエヴォ国際空港　SVO

国名	IATA 空港 コード	ICAO 空港 コード	空港名	旅客数（2008年）	ターミナル数	滑走路数	最長滑走路 m	最長滑走路 ft	開港年
アルジェリア	ALG	DAAG	ウアリ・ブーメディアン空港（**アルジェ**）	7 183 340	2	2	3500	11 483	1940
	TMR	DAAT	**タマンラセット**空港（ハジ・ベイ・アクハモック空港）	n/a	1	2	3600	11 811	n/a
アンゴラ	LAD	FNLU	クアトロ・デ・フェベレイロ空港（**ルアンダ**国際空港）	1 000 000	1	2	3716	12 192	n/a
ベナン	COO	DBBB	コトヌー・カジェフォウン空港	500 000	1	1	2400	7874	n/a
ボツワナ	GBE	FBSK	セレツェカーマ国際空港（**ハボローネ**）	300 000	1	1	3000	9843	n/a
ブルキナファソ	OUA	DFDD	ワガドゥグー空港	500 000	1	2	3028	9934	n/a
ブルンジ	BJM	HBBA	ブジュンブラ国際空港	100 000	1	1	3600	11 811	n/a
カメルーン	DLA	FKKD	ドゥアラ国際空港	n/a	1	1	2853	9360	n/a
	NSI	FKYS	ヤウンデ・ンシマレン国際空港	220 000	1	1	3400	11 155	n/a
カーボベルデ	RAI	GVNP	プライア国際空港	n/a	1	1	2096	6877	2005
	SID	GVAC	アミルカル・カブラル国際空港（**サル**国際空港）	n/a	1	2	3272	10 735	1949
中央アフリカ共和国	BGF	FEFF	バンギ・ムポコ国際空港	70 000	1	1	2600	8530	n/a
チャド	NDJ	FTTJ	ンジャメナ国際空港	n/a	1	1	2800	9186	n/a
コモロ	HAH	FMCH	プリンス・サイード・イブラヒーム国際空港（**モロニ**）	n/a	1	1	2900	9514	n/a
エジプト	CAI	HECA	カイロ国際空港	14 360 175	3	4	4000	13 123	n/a
	HRG	HEGN	フルガダ国際空港	6 743 199	1	1	4000	13 123	n/a
	LXR	HELX	ルクソール国際空港	2 168 700	1	1	3000	9843	n/a
	SSH	HESH	シャルム・エル・シェイク国際空港	7 758 859	3	2	3081	10 108	1968
赤道ギニア	SSG	FGSL	マラボ国際空港	n/a	1	1	2940	9646	n/a
エチオピア	ADD	HAAB	ボレ国際空港（**アディスアベバ**）	6 295 713	2	2	3800	12 467	n/a
ガボン	LBV	FOOL	リーブルヴィル国際空港	n/a	1	1	3000	9843	n/a
ガンビア	BJL	GBYD	バンジュール国際空港	1 000 000	1	1	3600	11 811	n/a
ガーナ	ACC	DGAA	コトカ国際空港（**アクラ**）	1 100 000	1	1	3403	11 165	n/a
ギニア	CKY	GUCY	コナクリ国際空港（ベシア国際空港）	n/a	1	1	3300	10 827	n/a
ギニアビサウ	OXB	GGOV	オスヴァルド・ヴィエイラ国際空港（**ビサウ**）	n/a	1	1	3200	10 499	n/a
コートジボワール	ABJ	DIAP	フェリックス・ウフエ・ボワニ国際空港（**アビジャン**）	n/a	2	1	3000	9843	n/a
ケニア	NBO	HKJK	ジョモ・ケニヤッタ国際空港（**ナイロビ**）	5 104 791	1	1	4117	13 507	1958
	MBA	HKMO	モイ国際空港（**モンバサ**）	n/a	1	2	3350	10 991	1942
コンゴ民主共和国（旧ザイール）	FIH	FZAA	ヌジリ国際空港（**キンシャサ**）	800 000	1	1	4700	15 420	n/a
コンゴ共和国	BZV	FCBB	マヤマヤ国際空港（**ブラザヴィル**）	451 000	1	1	3300	10 827	n/a
リベリア	MLW	GLMR	スプリングス・ペイン空港（**モンロビア**）	n/a	1	1	1829	6001	n/a
リビア	BEN	HLLB	ベニナ国際空港（**ベンガジ**）	n/a	1	2	3576	11 732	n/a
	TIP	HLLT	トリポリ国際空港	3 070 200	2	2	3600	11 811	1952
マダガスカル	TNR	FMMI	イヴァト国際空港（**アンタナナリボ**）	750 000	1	1	3100	10 171	n/a
マラウイ	LLW	FWKI	リロングウェ国際空港	n/a	1	1	3391	11 125	n/a
マリ	BKO	GABS	バマコ・セヌー国際空港	700 000	1	1	2706	8878	1974
モーリタニア	NKC	GQNN	ヌアクショット国際空港	n/a	1	1	3010	9875	n/a
モーリシャス	MRU	FIMP	サー・シウサガル・ラングーラム国際空港（**モーリシャス**）	2 609 805	1	1	3370	11 056	1945
モロッコ	AGA	GMAD	アル・マシーラ国際空港（**アガディール**）	1 455 194	1	1	3200	10 499	n/a
	CMN	GMMN	ムハンマド5世国際空港（**カサブランカ**）	6 209 711	3	2	3720	12 205	1943
	RAK	GMMX	マラケシュ・メナラ空港	3 100 495	1	1	3100	10 171	1943
モザンビーク	MPM	FQMA	マプト国際空港	n/a	1	2	3660	12 008	n/a
ナミビア	WDH	FYWH	ウィンドフック・ホセア・クタコ国際空港	700 000	1	2	4673	15 331	n/a
ニジェール	NIM	DRRN	ディオリ・アマニ国際空港（**ニアメ**）	150 000	1	2	3000	9843	1963
ナイジェリア	ABV	DNAA	ンナムディ・アジキウェ国際空港（**アブジャ**）	2 746 300	1	1	3609	11 841	n/a
	LOS	DNMM	ムルタラ・モハンマド国際空港（**ラゴス**）	5 136 697	3	2	3900	12 795	1979
	PHC	DNPO	ポートハーコート国際空港	n/a	1	1	3001	9846	n/a
ルワンダ	KGL	HRYR	キガリ国際空港	250 000	1	1	3500	11 483	n/a
サントメ・プリンシペ	TMS	FPST	サントメ国際空港	n/a	1	1	2220	7283	n/a
セネガル	DKR	GOOY	レオポール・セダール・サンゴール国際空港（**ダカール・ヨフ**）	2 205 000	1	2	3490	11 450	1942
セーシェル	SEZ	FSIA	セーシェル国際空港（**ヴィクトリア**）	n/a	1	1	2987	9800	1972
シエラレオネ	FNA	GFLL	ルンギ国際空港（**フリータウン**）	n/a	1	1	3200	10 499	n/a
ソマリア	MGQ	HCMM	アデン・アッデ国際空港（**モガディシュ**）	n/a	1	1	3018	9902	n/a
南アフリカ	BFN	FABL	ブルームフォンテーン国際空港	n/a	1	2	2559	8396	n/a
	CPT	FACT	ケープタウン国際空港	8 970 000	5	2	3201	10 502	n/a
	DUR	FADN	ダーバン国際空港（＊2010年5月よりキング・シャカ国際空港に移行）	4 458 715	1	1	2439	8002	n/a
	JNB	FAJS	O・R・タンボ国際空港（**ヨハネスブルク**）	18 501 628	3	2	4418	14 495	1952
	PLZ	FAPE	ポートエリザベス国際空港	1 491 591	1	3	1980	6496	1929

アフリカ

スーダン	KRT	HSSS	ハルツーム国際空港	n/a	1	1	2980	9777	n/a
タンザニア	DAR	HTDA	ジュリウス・ニエレレ国際空港（**ダルエスサラーム**）	n/a	1	2	3000	9843	n/a
トーゴ	LFW	DXXX	**ロメ**空港（ニャシンベ・エヤデマ国際空港）	350 000	1	1	3001	9846	n/a
チュニジア	DJE	DTTJ	ジェルバ・ザージス国際空港	2 626 742	1	1	3100	10 171	n/a
	MIR	DTMB	ハビブ・ブルギバ国際空港（**モナスティル**）	4 314 040	1	1	2903	9524	1942
	TUN	DTTA	チュニス・カルタゴ国際空港	4 068 233	1	2	3200	10 499	1941
ウガンダ	EBB	HUEN	エンテベ国際空港	720 000	2	2	3658	12 001	n/a
ザンビア	LUN	FLLS	ルサカ国際空港	n/a	1	1	3692	12 113	n/a
ジンバブエ	HRE	FVHA	ハラレ国際空港	600 000	2	1	4725	15 502	n/a

135

ムハンマド5世国際空港 [CMN]

カサブランカ
モロッコ

モロッコ最大の空港、ムハンマド5世国際空港（CMN）は、第二次世界大戦中の1943年に米軍基地として開港した。モロッコがフランス統治から独立すると、ムハンマド5世は米軍の撤退を要求した。1963年に米軍が去ってから、空港は排他的なモロッコの支配下に置かれている。

カイロ
エジプト

カイロ国際空港（CAI）は、スターアライアンスメンバーのエジプト航空の主なハブで、アフリカで2番目に大きい空港である。2004年以降、ドイツのフラポート株式会社によって運営されている。都市の地理的関係から、カイロ空港はおのずとヨーロッパ、アフリカ、中東間を結ぶハブ空港になる。

カイロ国際空港 [CAI]

ジョモ・ケニヤッタ国際空港 [NBO]

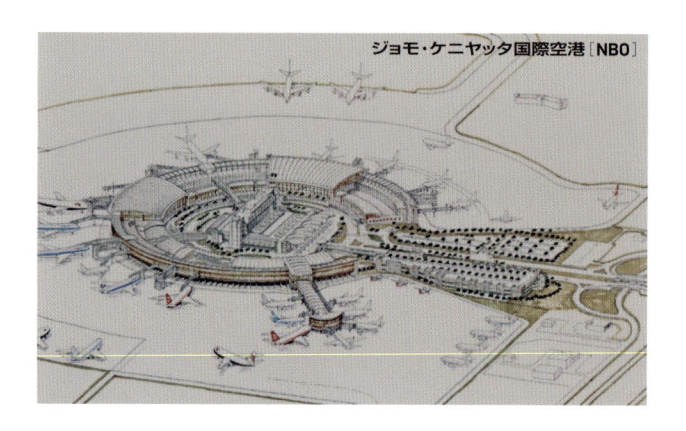

ナイロビ
ケニア

1974年、中央アフリカで最も忙しいジョモ・ケニヤッタ国際空港（NBO）は、ルフトハンザドイツ航空最大の事故の現場になった。事故機はまだ就航4年目の最初のジャンボシリーズ747-130で、手順通りに操作を行わず、確認を怠ったことによって、翼の前縁にあるクルーガー・フラップが正常に作動していなかった。旅客機は十分な揚力が得られず、離陸直後に墜落し、機体は3つに分断された。機内にいた157人のうち、98人が脱出して生き残った。ジャンボジェットでの初めての事故の後、ボーイング社は、乗員にフラップが正しい位置にないことを警告するため、音と光で知らせる警報システムを導入した。

トリポリ
リビア

1980年代、米国とリビア間の緊張は、スコットランドのロッカビー上空で起きた、パンアメリカン航空103便の爆破事件で頂点に達した。欧州と米国は、トリポリ国際空港（TIP）に制裁を加え、大きな打撃を与えた。2003年、リビアは急進的な方向転換に乗り出した。武器工場を破壊し、ロッカビー事件の犠牲者家族に27億ドルの補償金を支払ったのだ。この新たな姿勢は、国際空港の運命を改善する手助けにもなるはずだ。

トリポリ国際空港 [TIP]

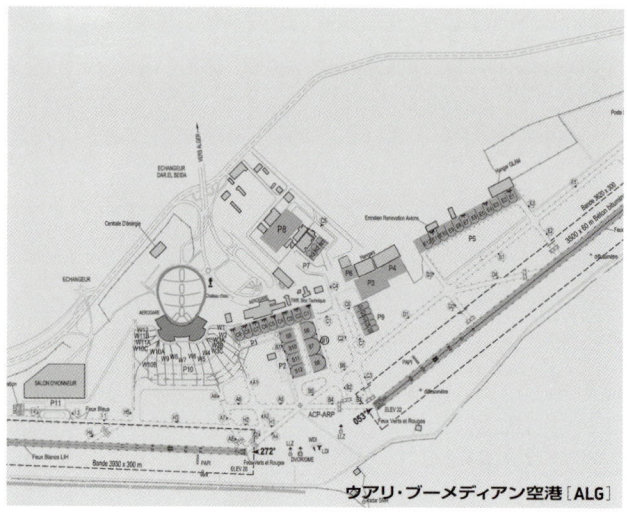

ウアリ・ブーメディアン空港 [ALG]

アルジェ
アルジェリア

ウアリ・ブーメディアン空港（ALG）は、情勢の不安定な歴史をもつ国アルジェリアにある、アフリカで最も現代的な空港の1つだ。1994年のクリスマスイブ、エールフランスのエアバスA300が4人の武装イスラム集団によって乗っ取られ3人の乗客が射殺された。給油のためマルセイユ・プロヴァンス空港に着陸すると、旅客機はGIGN（フランス警察選り抜きのテロ対策チーム）によって襲撃され、ハイジャック犯はすべて射殺された。

136

ムルタラ・モハンマド国際空港［LOS］

ラゴス
ナイジェリア

ムルタラ・モハンマド国際空港（LOS）は、長年にわたり世界で最も腐敗した空港の1つだった。飛行機は地上で待ち伏せされ、税関を通るには賄賂を払わなければならず、追加料金がでっち上げられた。米国連邦航空局（FAA）はついに我慢の限界に達し、1993年にラゴスと米国間のすべてのフライトを停止した。1999年、ナイジェリアの大統領にオルシェグン・オバサンジョが選出されると、それ以降、状況は著しく改善した。

モガディシュ
ソマリア

1977年、ドイツ経営者連盟会長、ハンス＝マルティン・シュライアーが、ドイツ赤軍（RAF、官憲からは「バーダー・マインホフ・ギャング」と呼ばれていた）によって誘拐された。1か月後、誘拐犯の要求を通すため、パレスチナ解放人民戦線のテロリストが、マジョルカ発フランクフルト行きのルフトハンザ便をハイジャックした。旅客機は、機長のユルゲン・シューマンが射殺された後、何回か着陸を強いられ、最終的に降り立ったのがモガディシュのアデン・アッデ国際空港（MGQ）だった。ソマリア政府はドイツ特殊部隊による救援活動を許可し、その劇的な突入で4人のハイジャック犯のうち3人が死亡したが、乗客は全員無事で活動は成功を収めた。誘拐犯やハイジャック犯が釈放を要求していた、投獄中のRAFのテロリストグループは、同夜、刑務所で自殺した。シュライアーはその翌日殺害され、遺体は車のトランク内で発見された。

アデン・アッデ国際空港［MGQ］

O・R・タンボ国際空港［JNB］

ヨハネスブルク
南アフリカ

もう1つの"標高が高く暑い"空港、ヨハネスブルク近郊のO・R・タンボ国際空港（JNB）は海抜1700メートルに位置する。このような条件は最大離陸重量を制限するため、必然的に航空機が搭載できる燃料の量も制限される。ヨハネスブルク発ワシントンD.C.行きのフライトは直行便として十分な燃料は搭載できないので、セネガルのダカールで給油着陸が行われている。一方、ワシントンは海水面からそれほど高くないため、ワシントンからの復路は、離陸はもちろん、15時間の直行フライトも技術的に問題はない。1980年代、多くの航空会社はアパルトヘイトを理由に南アフリカへの運航を停止した。さらにまた、南アフリカ航空の航空機は大部分のアフリカ諸国の上空を飛ぶのを禁じられ、特別なボーイング747SPを使用して長い回り道を余儀なくされていた。空港は拡張され、その旅客処理能力は2010年のFIFAワールド・カップに備えて増加した。

ケープタウン
南アフリカ

2017年までに、ケープタウン国際空港（CPT）の旅客処理能力は、年間およそ1500万人にまで拡大することになっている。これまでのところ、国際線ターミナルにしかボーディング・ブリッジが整備されていなかった。ケープタウンには、国内線8社と国際線の航空会社16社が乗り入れている。ケープタウンは、その手荷物受取場のコンベアのまわりに幅3メートルの立ち入り禁止ゾーンが設けられた数少ない空港の1つだ。乗客が自らの荷物を見つけるときだけ立ち入りが許可されている。

ケープタウン国際空港［CPT］

中東

国名	IATA空港コード	ICAO空港コード	空港名	旅客数（2008年）	ターミナル数	滑走路数	最長滑走路 m	最長滑走路 ft	開港年
バーレーン	BAH	OBBI	バーレーン国際空港	7 000 000	1	2	3956	12 979	1932
イラン	IKA	OIIE	エマーム・ホメイニー国際空港（**テヘラン**）	n/a	1	1	4249	13 940	2004
イラク	BGW	ORBI	バグダッド国際空港	n/a	2	2	4000	13 123	1982
イスラエル	TLV	LLBG	ベン・グリオン国際空港（**テルアビブ**）	11 081 231	4	3	3657	11 998	1936
ヨルダン	AMM	OJAI	クィーンアリア国際空港（**アンマン**）	4 000 000	2	2	3660	12 008	1983
クウェート	KWI	OKBK	クウェート国際空港	7 226 345	2	2	3500	11 483	n/a
レバノン	BEY	OLBA	ベイルート・ラフィク・ハリリ国際空港	4 004 972	1	3	3800	12 467	1954
オマーン	MCT	OOMS	マスカット国際空港	4 002 121	1	1	3589	11 775	1972
カタール	DOH	OTDB	ドーハ国際空港	15 000 000	1	1	4572	15 000	1960
サウジアラビア	DMM	OEDF	キング・ファハド国際空港（**ダンマーム**）	3 900 000	2	2	4000	13 123	1999
	JED	OEJN	キング・アブドゥルアズィーズ国際空港（**ジッダ**）	13 000 000	4	3	3800	12 467	1981
	RUH	OERK	キング・ハーリド国際空港（**リヤド**）	20 000 000	4	2	4205	13 796	1990
シリア	DAM	OSDI	ダマスカス国際空港	3 500 000	1	2	3600	11 811	1973
UAE	AUH	OMAA	アブダビ国際空港	9 026 000	3	1	4100	13 451	1982
	DXB	OMDB	ドバイ国際空港	36 592 307	4	2	4000	13 123	1960
イエメン	ADE	OYAA	アデン国際空港	n/a	1	1	3100	10 171	n/a
	SAH	OYSN	アル・ラハバ空港（**サヌア**国際空港）	n/a	2	1	3252	10 669	n/a

この50年ほどの間、中東はイスラム原理主義を背景にしながら、通常の航空交通活動を維持しようと努力してきた。イスラエルでは時間をかけた保安検査が行われ、イラクではミサイル攻撃を避けるため"コークスクリュー（らせん状に進む飛行方法）"を行いながらの着陸が実施されている。爆弾と誘拐が乗客を脅かし、保安職員や諜報機関に挑戦を挑んでいるのだ。と同時に、たとえばUAEのように、フライト数の指数関数的な増加とサービスの向上を伴いながら、贅沢な旅行者のパラダイスがつくられている。ヨーロッパと東南アジアやオーストラリアの中間というその重要な地理的立地を生かし、湾岸地域の航空会社は、長いフライトに小休止を入れ、UAEでの贅沢なショートステイを望む旅行者に向けて自社を売り込んでいる。ドバイはますます贅沢さを極め、広範囲な免税などの新しい魅力をずらりと並べて、アブダビ、バーレーン、ダンマーム、ドーハと顧客獲得を争っている。一方、航空会社は互いに低価格競争を繰り広げ、フライト中の快適さのレベル向上と魅力的な価格でヨーロッパの顧客を取り込もうとしている。

ベン・グリオン国際空港 [TLV]

■ テルアビブ
イスラエル

驚くべきことに、ベン・グリオン国際空港（TLV）は、現在世界で最も安全な空港の1つだ。数多くの企てにもかかわらず、ハイジャックあるいはその他のテロ事件がこの空港で行われたことがなく、乗客は巧みに考案された保安システムによって保護されている。

しかし、ベン・グリオン国際空港がその名称に変わる前の1972年、パリから到着した日本赤軍のメンバーが自らのバッグから機関銃を取り出して、プエルトリコから訪れた巡礼者一団に発砲する大虐殺事件が起きた（「ロッド空港乱射事件」または「テルアビブ空港乱射事件」）。テロリストの1人は1985年にイスラエルとの囚人交換によって解放された。そして、現在はイスラエルに対する"抵抗活動"に参加したことを理由にレバノンの法律の下、政治亡命が認められている。

世界の空港の大部分にガラスの宮殿のようなターミナルビルがある中、ベン・グリオン国際空港は掩蔽壕［航空機を敵の攻撃から守るための格納庫］に近いものがある。管制塔にある監視用のスリットは、防弾ガラスで覆われた朝顔口のようだ。

ベン・グリオン国際空港 [TLV]

■ ベイルート
レバノン

1968年、イスラエル国営エルアル航空の旅客機がローマでハイジャックされ、アルジェリアのアルジェに強制着陸させられた。すべての乗員乗客が解放されるまでに40日が経過した。同じ年の12月、アテネ空港でエルアル航空の旅客機が襲われた。パレスチナ解放人民戦線による一連のテロに対するレバノンのあからさまな支持への報復として、イスラエルはベイルート空港（BEY）を空襲、13機の民間航空機を破壊した。これはレバノンの航空界にとって深刻な打撃となり、レバノン・インターナショナル・エアウェイズを破産に追いやった。現在、この空港は爆弾テロで暗殺された政治家ラフィーク・ハリーリーを記念してベイルート・ラフィク・ハリリ国際空港と改称している。

ベイルート・ラフィク・ハリリ国際空港 [BEY]

テヘラン
イラン

革命のひき臼はゆっくりと回される——テヘランの空港の設計は、ダラス・フォートワース国際空港を基にしたデザインで、1979年に起きたイラン・イスラム革命以前に始まっていた。革命後は、それまで担当していた米国の設計コンソーシアムをイランの設計者たちに交代させ、フランスの専門家と定期的に相談しながら進めることになった。しかし、まもなくトルコとオーストリアのコンソーシアムが迎え入れられた。計画からおよそ25年後の2004年、エマーム・ホメイニー国際空港（IKA）はようやく開港にこぎつけた。

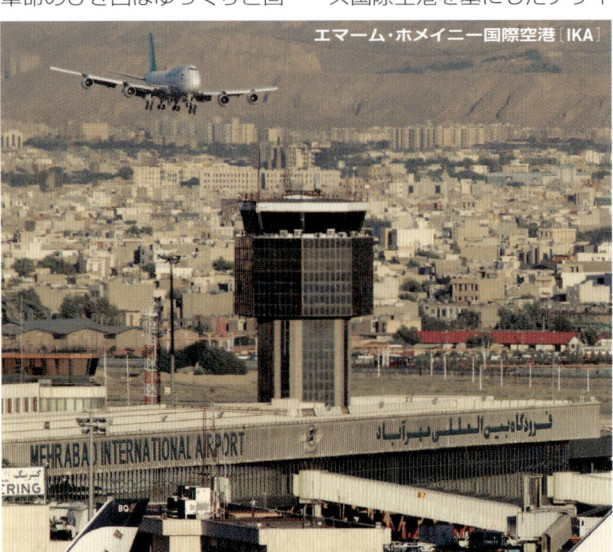

エマーム・ホメイニー国際空港［IKA］

バグダッド
イラク

イラク戦争以前は「サッダーム国際空港」だったバグダッド国際空港（BGW）への離着陸は、いまだに不思議な体験だ。短距離兵器の攻撃を避けるため、この空港への離陸時と着陸時に、乗員は"コークスクリュー"（らせん状に飛ぶ飛行方法）を行っている。

バグダッド国際空港［BGW］

ジッダ
サウジアラビア

メッカの近くのキング・アブドゥルアズィーズ国際空港（JED）は、テントのような「ハッジ・ターミナル」［ハッジ（＝メッカ巡礼）の旅客専用ターミナル］があることで有名だ。世界で4番目に大きいこのターミナルは、メッカへの巡礼に訪れる外国旅行者のために、スキッドモア・オーイングス＆メリル（SOM）の設計で建設された。メッカとメディナの周辺地域はイスラム教徒にとって神聖な場所のため、イスラム教徒以外の乗員は厳しい規制を受ける。飛行機から降りると、彼らには行動の自由が与えられず、パスポートの提出が求められる。巡礼者たちは帰りの便に、水の容器からジッダにある巨大な免税店で購入したテレビまで、たくさんの手荷物を持ち込むため、乗員は常に重量が25パーセント増えることを考慮に入れている。

キング・ハーリド国際空港［RUH］

キング・アブドゥルアズィーズ国際空港［JED］

マナーマ
バーレーン

島々の王国バーレーンのバーレーン国際空港（BAH）は、現在、ガルフ・エアの主なハブ空港だ。1930年代には、ショート・エンパイア飛行艇が英国から植民地へ向かう途中でバーレーンに着陸した。1950年代には、ブリティッシュ・エアウェイズの前身会社、英国海外航空（BOAC）が、バーレーン経由で東アジアやオーストラリアへ運航した。1976年には、ロンドン～バーレーン間の定期的なコンコルド運航も開始していた。

リヤド
サウジアラビア

サウジアラビア最大のキング・ハーリド国際空港（RUH）は、2000万人以上の旅客を取り扱い、スペースシャトルの着陸地としても準備されていた。

空港の中心となるのは、5000人の信者を収容できる巨大なモスクだ。そのミナレット（尖塔）は高さ39メートルにも及び、空港の建物より高くそびえ立つ——もちろん、高さ81メートルの管制塔は除いての話だ。

バーレーン国際空港［BAH］

ドバイ国際空港［DXB］

ドバイ
アラブ首長国連邦ドバイ

ドバイは最上級であることを好む——ドバイ国際空港（DXB）は、世界で最も素晴らしい免税店の1つがあり、旅客利用数は1998年の1000万人から2008年には約4000万人と、ほぼ4倍になった。2011年までに8000万人までさらに増加する見込みが立つほどだった［2012年の旅客数は5768万人］。さらにもう1つの空港、アール・マクトゥーム国際空港が現在、巨大複合都市ドバイ・ワールド・セントラルに建設中だ。4500メートルの滑走路が5本、信じがたいかもしれないが、1億6000万人の旅客処理能力を予定している［2010年部分開業、2013年旅客便運航開始予定］。ドバイは小さな都市国家だが、海と空の物流を合わせるとフランクフルトの総貨物輸送量より6倍多い——これは人口わずか210万人（2013年現在）の国での話だ。

ドバイ国際空港［DXB］

ドバイ国際空港［DXB］

国名	IATA空港コード	ICAO空港コード	空港名	旅客数（2008年）	ターミナル数	滑走路数	最長滑走路 m	最長滑走路 ft	開港年
アフガニスタン	KBL	OAKB	カーブル(・フワージャ・ラワーシュ)国際空港	n/a	1	1	3500	11483	1960
アルメニア	EVN	UDYZ	ズヴァルトノッツ国際空港(エレバン)	1500000	1	1	3840	12598	1961
アゼルバイジャン	GYD	UBBB	ヘイダル・アリエフ国際空港(バクー)	n/a	2	2	3200	10499	1980
バングラデシュ	DAC	VGZR	シャージャラル国際空港(ダッカ)	5000000	2	1	3200	10499	1981
ブータン	PBH	VQPR	パロ空港	50000	1	1	1985	6512	n/a
ブルネイ	BWN	WBSB	ブルネイ国際空港(バンダルスリブガワン)	1300000	1	1	3658	12001	1953
カンボジア	PNH	VDPP	プノンペン国際空港	1700000	2	1	3000	9843	2003
	REP	VDSR	シェムリアップ国際空港(アンコール国際空港)	1500000	2	1	2550	8366	2006
中国	CAN	ZGGG	広州白雲国際空港	33435472	1	2	3800	12467	2004
	HGH	ZSHC	杭州蕭山国際空港　(浙江省杭州市)	12673198	1	1	3600	11811	2000
	HKG	VHHH	香港国際空港	47898000	2	2	3800	12467	1998
	KMG	ZPPP	昆明巫家壩国際空港	15877814	1	1	3400	11155	1923
	PEK	ZBAA	北京首都国際空港	55938136	3	3	3800	12467	1958
	PVG	ZSPD	上海浦東国際空港	28235691	2	3	4000	13123	1999
	SHA	ZSSS	上海虹橋国際空港	22877404	n/a	n/a	n/a	n/a	n/a
	SZX	ZGSZ	深圳宝安国際空港	21400509	3	1	3400	11155	1991
	TSN	ZBTJ	天津濱海国際空港	4637299	1	2	3600	11811	n/a
	XIY	ZLXY	西安咸陽国際空港	11921919	1	1	3000	9843	1991
グルジア	TBS	UGTB	トビリシ国際空港	650000	1	2	3000	9843	1995
インド	BLR	VOBL	ベンガルール国際空港	10120000	1	1	4000	13123	2008
	BOM	VABB	チャットラパティー・シヴァージー国際空港(ムンバイ)	25860000	4	2	3445	11302	n/a
	CCU	VECC	ネータージー・スバース・チャンドラ・ボース国際空港(コルカタ)	7460000	2	2	3627	11900	1924
	DEL	VIDP	インディラ・ガンディー国際空港(デリー)	23970000	5	3	4430	14534	1945
	MAA	VOMM	チェンナイ国際空港	10600000	2	2	3658	12001	1954
	TRV	VOTV	ティルヴァナンタプラム国際空港	2100000	2	1	3398	11148	1932
インドネシア	DPS	WADD	ングラ・ライ国際空港(バリ島デンパサール)	5500000	2	1	3000	9843	1931
	JGK	WIII	スカルノ・ハッタ国際空港(ジャカルタ)	32172114	3	2	3660	12008	1985
	JOG	WARJ	アジスチプト国際空港(ジョグジャカルタ)	n/a	1	2	2200	7218	1945
	SUB	WARR	ジュアンダ国際空港(ジャワ島スラバヤ)	10000000	2	1	3000	9843	1964
日本	HND	RJTT	東京国際空港(羽田空港)	66000000	2	4	2999	9839	1931
	KIX	RJBB	関西国際空港(大阪)	17000000	2	2	4000	13123	1994
	NGO	RJGG	中部国際空港セントレア(名古屋)	10800000	2	1	3500	11483	2000
	NRT	RJAA	成田国際空港(東京)	36000000	2	2	4000	13123	1978
カザフスタン	ALA	UAAA	アルマトイ国際空港	1250000	2	2	4000	13123	1935
北朝鮮	FNJ	ZKPY	平壌国際空港	n/a	1	2	3802	12474	n/a
韓国	ICN	RKSI	仁川国際空港(ソウル)	30000000	1	3	4000	13123	2001
キルギス	FRU	UAFM	マナス国際空港(ビシュケク)	226000	1	1	4200	13780	1974
ラオス	LPQ	VLLB	ルアンパバーン国際空港	n/a	1	1	2200	7218	n/a
	VTE	VLVT	ワッタイ国際空港(ヴィエンチャン)	n/a	n/a	1	3000	9843	n/a
マカオ	MFM	VMMC	マカオ国際空港	5000000	1	1	3360	11024	1995
マレーシア	BKI	WBKK	コタキナバル国際空港	4300000	2	1	2987	9800	1943
	KUL	WMKK	クアラルンプール国際空港	25000000	2	2	4050	13287	1998
モルディブ	MLE	VRMM	マレ国際空港	2100000	1	1	3200	10499	1966
モンゴル	ULN	ZMUB	チンギスハーン国際空港(ウランバートル)	n/a	1	2	3100	10171	1961
ミャンマー	RGN	VYYY	ヤンゴン国際空港	n/a	1	1	3414	11201	1947
ネパール	KTM	VNKT	トリブバン国際空港(カトマンズ)	2300000	2	1	3050	10007	1949
パキスタン	ISB	OPRN	ベナジル・ブット国際空港(イスラマバード)	4800000	2	2	3287	10784	1960
	KHI	OPKC	ジンナー国際空港(カラチ)	27000000	2	2	3400	11155	1929
	LHE	OPLA	アッラーマ・イクバール国際空港(ラホール国際空港)	3100000	2	2	3310	10860	2003
フィリピン	MNL	RPLL	ニノイ・アキノ国際空港(マニラ)	22253158	3	2	3737	12260	1937
ロシア	AER	URSS	ソチ国際空港	1800000	1	2	2890	9482	1945
	IKT	UIII	イルクーツク国際空港	1100000	2	1	3565	11696	1928
	KJA	UNKL	イェメリャノヴォ国際空港(クラスノヤルスク)	n/a	2	1	3700	12139	1980
	OMS	UNOO	オムスク中央空港	600000	1	3	2876	9436	n/a
	OVB	UNNT	トルマチョーヴォ空港(ノヴォシビルスク)	2100000	2	3	3605	11827	1957
シンガポール	SIN	WSSS	シンガポール・チャンギ国際空港	36000000	4	3	4000	13123	1981
スリランカ	CMB	VCBI	バンダラナイケ国際空港(カトゥナーヤカ、コロンボ)	5000000	1	1	3350	10991	1934
台湾	TPE	RCTP	台湾桃園国際空港(台北)	23000000	2	2	3660	12008	1979
タジキスタン	DYU	UTDD	ドゥシャンベ空港	n/a	1	1	3100	10171	1964
タイ	BKK	VTBS	スワンナプーム国際空港(バンコク)	43000000	1	2	4000	13123	2006
トルクメニスタン	ASB	UTAA	アシガバート空港	n/a	1	3	3800	12467	1994
ウズベキスタン	TAS	UTTT	タシュケント国際空港	2000000	2	2	4000	13123	2001
ベトナム	HAN	VVBN	ノイバイ国際空港(ハノイ)	5500000	1	2	3800	12467	1965
	SGN	VVTS	タンソンニャット国際空港(ホーチミン)	7000000	2	2	3800	12467	1930

アジア

カーブル
アフガニスタン

1960年にソ連によって建設されたカーブル国際空港（別名：カーブル・フワージャ・ラワーシュ国際空港、KBL）は、アフガニスタンの短い"黄金時代"に西側に開かれたとき、国際線を扱う多くの航空会社が乗り入れた。1979年のソ連のアフガン侵攻以降、同国はテロ活動が横行し、内戦状態に陥った。今日、北大西洋条約機構（NATO）、国際治安支援部隊（ISAF）、および米国はアフガニスタンを安定させ、カーブルを世界とつながる玄関口として開放し続ける努力をしている。

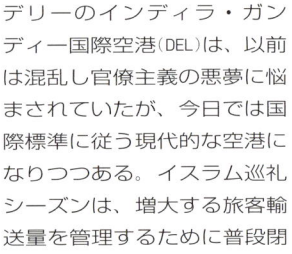

カーブル国際空港 [KBL]

ジンナー国際空港 [KHI]

カラチ
パキスタン

航空機の航続距離が今より短く、ソ連の領空内の飛行が禁じられていた時代、主な航空会社はすべて、東アジアへ行く途中でカラチのジンナー国際空港（KHI）でのストップオーバーを余儀なくされていた。

1999年10月12日、キャプテン・フセインという名のパイロットが、コロンボからカラチに向かうフライトに、パルヴェーズ・ムシャラフを乗せていた。ムシャラフはナワーズ・シャリーフ首相が目の敵とする政敵で、パキスタン陸軍参謀総長だったがその日に解雇されていた。パキスタン国際航空のエアバスA300が空港に接近したとき、シャリーフ首相が着陸を許可しなかったため、ほとんど燃料がなかったことから、機長は近くのナワーブシャー空港に向かわざるを得なかった。

飛行機が着陸しようとすると、空港警備がムシャラフを認知し「空港はムシャラフに対して閉鎖する。したがって、機長は別の着陸国を探して着陸しなければならない」と通知した。キャプテン・フセインはムシャラフに「あなたが降りなければ、飛行機は190人の乗客もろとも墜落します」と告げた。その間、ムシャラフに忠実な軍隊が、ジンナー国際空港を占拠した。彼らから空港に戻るよう命令された機長は、残りわずかな燃料を使って無事使命を果たした。このクーデターによりムシャラフはすぐに政権を掌握し、シャリーフ元首相はハイジャックとテロリズムの容疑で裁判にかけられ、その後特赦となり亡命した。

ジンナー国際空港は現在タリバンの恐怖にさらされ損害を受けており、予見できる将来において、"通常の生活"には戻れそうにない。

デリー
インド

デリーのインディラ・ガンディー国際空港（DEL）は、以前は混乱し官僚主義の悪夢に悩まされていたが、今日では国際標準に従う現代的な空港になりつつある。イスラム巡礼シーズンは、増大する旅客輸送量を管理するために普段閉鎖している「ハッジ・ターミナル」が開かれる。2008年には、アジアで最も長い4430メートルの新しい滑走路の運用が始まったが、空港にはまだ現代化されていない点がいたるところに存在する。「プライベート・タクシー」と記されたドアを通って空港を出ると、相場の3倍の料金とチップを払うはめになる。

インディラ・ガンディー国際空港 [DEL]

チャットラパティー・シヴァージー国際空港 [BOM]

ムンバイ
インド

ムンバイにあるチャットラパティー・シヴァージー国際空港（BOM）は、インドで最も現代的な空港で、そのうえ素晴らしい将来計画がある。しかし、フォーブス誌によると、この空港は世界の他のどの空港よりも多くの遅れが生じている。ムンバイで乗り換える必要がある旅行者は、十分な時間を確保しておかなければならない。

チャットラパティー・シヴァージー国際空港は、2つの近隣の国際空港、サハルとサンタクルズを合併する形で開港した。モンスーン季の間は空港内に無数の鳥が侵入するため、特別に任命された12人の鳥保護員が交替で働いている。彼らは2台のハイテクかかしと共に任務を遂行し、すっかり鳥を排除している。

クアラルンプール国際空港［KUL］

クアラルンプール
マレーシア

評判の高いクアラルンプール国際空港(KUL)は、市から60キロメートル離れたスパンにあり、1998年に開港した。しかし、クアラルンプールから遠く、時間がかかることから、シックな新しい空港に対する人々の強い関心はすぐに失せてしまった。国内線の旅客は、都心からたった16キロメートルのスバン地区にある、古いスルタン・アブドゥル・アジズ・シャー空港(SZB)を支持し続けた。

国内便の顧客の喪失を食い止めるために、マレーシア航空は、国際便が国内線への接続を必要とするという前提で両空港間のフライト運航を強制された。結果として1億ユーロの損失だった。しかし、航空会社と空港にとってさらに悪いことが起こる。パースに向かうボーイング777のファーストクラス（チケット価格2400ユーロ)のフロアで、生きたネズミが発見されたのだ。機長はスパンにすぐに戻り、乗員乗客と荷物を別の旅客機に乗り換えさせたため、オーストラリアへの到着は数時間遅れてしまった。その後、空港には、何百というげっ歯動物が棲息することが判明した。

シンガポール・チャンギ国際空港［SIN］

チャンギ
シンガポール

シンガポール・チャンギ国際空港(SIN)は、開港以来ずっと新しい基準で運営されている。普通、他の空港では乗客が空港で過ごす時間を最小限にしようとするのに対して、この空港は旅行者に余分に滞在させようと働きかけているのだ。プール、シャワー、フィットネス・スタジオ、仮眠を取りたい人のための静かなエリア、バー、テーマレストラン、滝、竹園、そして熱帯蝶園までも提供している。当然、無線LANの無料インターネット接続もあり、会議室も利用できる上、優れたローカル交通網によって空港と都市とが結ばれている。このように設備が非常に整ったシンガポール・チャンギ国際空港は、数十年間一貫して高品質のサービスを提供し、世界最高ランクの空港との定評がある。

ジャカルタ
インドネシア

パリのシャルル・ド・ゴール国際空港を設計した建築家ポール・アンドリューによって設計されたジャカルタのスカルノ・ハッタ国際空港（JGK）は、インドネシアらしい感性が感じられ、広い庭園がある。今日、この空港には絶望的に大きな負担がかかっている──当初1800万人の旅客数を想定して設計されたが、現在の取扱量は年間3000万人以上だ。空港の中のさまざまな場所に行くのに長い移動が必要なことに加え、大きな問題となっているのは、海抜1メートルの湿地を通る空港への連絡道路で時々起こる冠水である。

スカルノ・ハッタ国際空港［JGK］

北京首都国際空港［PEK］

北京
中国

中国最大の空港、北京首都国際空港（PEK）の大きさと品質は目を見張るものがある。大理石張りの3つのターミナルは、地下庭園を通り抜ける電車で結ばれているのだが、わかりやすい案内表示があり、乗客が目指す場所に簡単に行けるよう工夫されている。2008年のオリンピック以来、空港には北京行きの急行列車も整備された。

中国には、現在147の空港があり、2020年までにこの数は640億ドルの費用をかけて、244まで増やす用意が整っている。これによって、人口の81パーセントが空港から100キロメートル圏内に居住することになる。

バンコク
タイ

長い間、全体的なコンセプトにおいては巨大な設計の失敗作と考えられているものの、スワンナプーム国際空港（BKK）はアジア最高ランクの空港に数えられる。しかし、地下水位が高いため、盛り土とその周りのコンクリート面には継続的な補修が必要である。

2008年、空港は反政府運動のデモ参加者によって数週間占拠され、約35万人の観光客が国内で足止めされてしまった。

ここの免税店は他のエリアから明確な境界を定められていない。アイルランド外務省は、未払いの商品を手にした客が、たとえば誰かに道をあけるために2、3歩横に移動しただけで万引きとして逮捕される恐れがあると警告した。デンマークでも類似した次のような旅行アドバイスを出している──「所持品に新品の物品がある場合、購入時のレシートを持っていないと、"窃盗"を自白し重い罰金を払わない限り、タイの刑務所で数週間留置される危険があります」。

スワンナプーム国際空港［BKK］

スワンナプーム国際空港［BKK］

上海
中国

上海浦東国際空港（PVG）は、都心からかなり距離が離れた場所に建設された。しかし、到着した乗客はそのことにほとんど気づかない。上海が誇るドイツ製のリニアモーターカー（磁気浮上列車）が、空港から7分と20秒で上海中心部に迅速に旅行客を運んでいるからだ。だが残念なことに、手荷物受取場からリニアモーターカーのプラットホームまで歩くのにほぼ同じ時間がかかる。

上海浦東国際空港〔PVG〕

香港
中国

香港国際空港（赤鱲角）〔HKG〕

閉港した香港の前の空港を誰も忘れはしない——香港啓徳国際空港は、世界で最も息をのむようなアプローチで有名だった。飛行機は山々の稜線をたどり、摩天楼や集合住宅すれすれの高さまで降下、それから崖の方へ向かって飛び、最後の最後で45度の旋回をして、海に向かってのびる幅の狭い1本の滑走路に着陸した。ジャンボがセスナのように飛び、複数の飛行機がオーバーランして港に突っ込んだ。

200億ドルかけて建設された新しい香港国際空港（別名：チェクラップコク国際空港、HKG）は、事業計画の傑作として1998年に開港し、フライトインフォメーションシステムから手荷物処理システムまで、すべては6億ユーロかけた中央コンピュータで管理されることになっていた。新空港のシステムには、毎時間2万個の荷物を処理する能力や、航空機の地上移動や後方乱気流を基に航空交通管制官に優先順位を推奨する航空保安システム、待合室の冷暖房のコストを考慮して到着する航空機にゲートを割り当てるシステムなどが備わっていた。

開港当初、うまくいかない可能性があったことはすべてうまくいかなかった。ゲートは混乱し、どうすることもできないパイロットが飛行機でランプの通行をふさいだ。乗客を乗せない、あるいは荷物を乗せないで離陸するフライトも出た。リソースプランナーは、その時々で誰がどこでどうするかといった予測をするため、空港の模型のまわりでプラスチック製の駒を動かしてみなければならなかった。タンクローリーは、当惑したコックピットクルーにどの航空機が燃料を頼んだのか尋ねながらエプロン（駐機場）間をぐるぐる回った。1つの入力ミスで貨物リストが削除され、腐りやすい高価な貨物がじめじめした熱さの中、誘導路上に放置された。システムがこれ以上搭乗券を印刷することを拒否した上、入力ミスが重なったとき、カウンターのスタッフはうろたえた。そして、とうとう、航空保安用のコンピュータを含む、空港のすべてのコンピュータが壊れてしまった。結局、手動で搭乗券を発行し、それまで何時間も遅れていた飛行機への手荷物輸送のため、臨時スタッフが採用された。最後に残された問題が解決するまでに結局6か月を要したのである。

香港啓徳国際空港〔閉港〕

147

台北
台湾

台湾桃園国際空港(TPE)は、かつては蔣介石国際空港と呼ばれていた。大陸の中国人が"いまだに続く挑発"ととらえるその古い名称は、外交関係の改善に寄与するため改称された。この空港では写真撮影が全面禁止となっている。これは政治家や実業家など、多くの国際的な訪問客が人知れず台湾へ訪れることが可能だということだ。

台湾桃園国際空港[TPE]

ソウル
韓国

2009年、ソウルの仁川国際空港(ICN)は、航空サービスリサーチ会社スカイトラックスの評価結果で世界最高の空港に与えられるエアポート・オブ・ザ・イヤーに選ばれた。世界が旅行の目的地として韓国を意識した1988年のオリンピック開催後に、ようやくこの空港は建設された。空港の建設工事はまだ進行途中で、4本目の滑走路が現在設計中だ。仁川は海の干拓地で、ソウルから70キロメートル離れた場所にある。ソウル市近郊の金浦国際空港(GMP)は国内線が中心となっているが、市からの距離はこの半分だ。

仁川国際空港[ICN]

タンソンニャット国際空港[SGN]

ホーチミン
ベトナム

1975～2006年の間、ベトナムのホーチミン(旧サイゴン)市への米国の航空会社のフライトはなかった。間違いなく、両国側が受けた苦しみはあまりに激しいものだった。一方、ヨーロッパの人々は、かなり昔から旅の目的地としてベトナムを見出していた。旅客数の急増に対処するため、新たにロンタイン国際空港が建設され、2020年にベトナムの国際ハブ空港としてタンソンニャット国際空港(SGN)に取って代わる計画がある。

大阪
日本

大阪の大都市圏は人口過密地域で、これまでの伊丹空港は都市に取り囲まれているため、拡張は不可能だった。そこで、新たに巨大な関西国際空港(KIX)が海上の人工島に建設された。空港建設に必要な重い資材による島の地盤沈下を危ぶむ悲観的な声もあった。だが実際には、心配されたよりも沈下速度はゆっくりしている。開港当初、年間50センチメートルだった沈下量は、年間7センチメートルに収束している。この沈下によるゆがみはターミナルの建物を支える柱を数年に1回ジャッキアップすることで補正されている。1995年に起きた阪神・淡路大震災はマグニチュード7で、震央は海からわずか20キロメートルしか離れていなかったが、免震ジョイントを用いたその知的な工法のおかげで、関西国際空港に損害はなく、窓さえ割れなかった。

しかし、関西国際空港の成功を脅かしたのは市場の力だった。高い着陸料を得れば空港の建設コスト回収につながるとの思惑は、実際には航空会社の大阪への乗り入れを遠ざけただけだった。結局、大幅な値下げの実施により、ようやく国際線を扱う航空会社に受け入れられたのである。

関西国際空港[KIX]

羽田／東京
日本

東京国際空港（通称：羽田空港、HND）は都心に近いため、成田国際空港よりいまだに根強い人気がある。国内線を取り扱うだけでなく、最近ではここから日本の隣国への国際便まで再開した。当初計画では、羽田空港を閉鎖して成田空港と入れ替える予定だったが、激しい抵抗により、東京の第2の空港として運用し続ける道を選ばざるを得なかった。しかし、それには大きな改善が必要だった。今日の羽田空港はショッピングセンターが併設された都市の鉄道ターミナル駅のようだ。明るくカラフルなショップやレストラン、柱で支えられるだけのエスカレーターは、そこが空港であることを容易に忘れさせる。最も新しい4本目のD滑走路は、大阪の関西国際空港と同様に海上にあり、水深約20メートルの場所に埋め立て部と桟橋部の混合で建設されている。

東京国際空港（羽田空港）[HND]

成田国際空港 [NRT]

成田／東京
日本

成田国際空港（NRT）の不幸な歴史は、1960年代から始まる。羽田は処理能力の限界に達していたが、東京湾岸にはスペースがなく、埋め立て工事は当時あまりにもコストがかかった。千葉県成田市は東京から60キロメートルに位置し、新しい空港に最適な建設地のように思われた。

だが、空港建設の過程は、時としてまるで内戦のようだった。地元農家は自らの土地の収用に承服できず抗議した。闘争は拡大し、5人の死者と3800人の負傷者を出した。結局、成田空港は滑走路1本で1978年に開港した。2本目の滑走路建設計画は難航したが、日韓W杯開催に合わせ、2002年に暫定的にオープンした。ただ、この滑走路は移転に同意しない農家の敷地前までの2180メートルとなり、長距離航空機に使用するには短すぎた。現在では2500メートルに拡張され、大型機や長距離国際便に使用できるようになっている。

成田空港は最も高額な空港建設プロジェクトの1つとして歴史に残った。今日でも、継続されているデモ活動とターミナルビル到着までに通らなければならない厳しい規制に、利用客は当惑することがある。政府は羽田空港の利用需要増加に伴い、2000年に第3の国際空港を検討したこともあったが、結局、羽田空港再拡張の道が選択された。

国名	IATA空港コード	ICAO空港コード	空港名	旅客数（2008年）	ターミナル数	滑走路数	最長滑走路 m	ft	開港年
オーストラリア	ADL	YPAD	アデレード空港	7 000 000	2	2	3100	10 171	1927
	BNE	YBBN	ブリスベン空港	18 523 979	2	2	3560	11 680	1928
	CBR	YSCB	キャンベラ国際空港	2 600 000	1	2	3273	10 738	1927
	CNS	YBCS	ケアンズ空港	3 856 418	2	2	3196	10 486	1942
	MCY	YBMC	サンシャイン・コースト空港	910 000	1	2	1803	5915	1961
	MEL	YMML	メルボルン空港（タラマリン空港）	24 772 000	4	2	3657	11 998	1970
	OOL	YBCG	ゴールドコースト空港	4 100 000	2	2	2342	7684	1939
	PER	YPPH	パース空港	7 116 194	2	2	3444	11 299	1944
	SYD	YSSY	キングスフォード・スミス国際空港（シドニー）	30 100 000	3	3	3962	12 999	1933
クリスマス島（オーストラリア）	XCH	YPXM	クリスマス島空港	n/a	1	1	2103	6900	1974
タスマニア州（オーストラリア）	HBA	YMHB	ホバート国際空港	1 873 000	1	1	2251	7385	1956
フィジー	NAN	NFFN	ナンディ国際空港	1 400 000	1	2	3273	10 738	1939
グアム（米国）	GUM	PGUM	アントニオ・B・ウォン・パット国際空港（グアム）	2 870 000	1	2	3053	10 016	1943
イリアン・ジャヤ（インドネシア）	DJJ	WAJJ	センタニ空港（ジャヤプラ）	n/a	1	1	2183	7162	1942
キリバス	CXI	PLCH	カシディー国際空港	n/a	1	1	2103	6900	n/a
マーシャル諸島	KWA	PKWA	バックホルツ陸軍飛行場（クェゼリン島）	n/a	1	1	2032	6667	1945
	NAJ	PKMJ	マジュロ国際空港	n/a	1	1	2407	7897	1945
マリアナ諸島	YAP	PTYA	ヤップ国際空港	n/a	1	1	1829	6001	1943
北マリアナ諸島（米国）	SPN	PGSN	サイパン国際空港	n/a	1	1	2652	8701	1934
ミクロネシア連邦	PNI	PTPN	ポンペイ国際空港	n/a	1	1	1829	6001	n/a
	TKK	PTKK	チューク国際空港	n/a	1	1	1831	6007	n/a
ナウル	INU	ANAU	ナウル国際空港	200 000	2	1	2150	7054	1943
ニューカレドニア（フランス）	NOU	NWWW	ヌーメア＝ラ・トントゥータ国際空港（ヌメア）	460 000	1	1	3250	10 663	n/a
ニュージーランド	AKL	NZAA	オークランド国際空港	13 202 772	2	2	3635	11 926	1965
	WLG	NZWN	ウェリントン国際空港	5 177 634	1	1	2026	6647	1929
	CHC	NZCH	クライストチャーチ国際空港	6 037 729	1	3	3287	10 784	1950
	DUD	NZDN	ダニーデン国際空港	700 000	1	1	1900	6234	1962
クック諸島（ニュージーランド）	RAR	NCRG	ラロトンガ国際空港	n/a	1	1	2328	7638	1975
パラオ	ROR	PTRO	ロマン・トメトゥチェル国際空港（パラオ）	n/a	1	1	2195	7201	n/a
パプアニューギニア	POM	AYPY	ポートモレスビー・ジャクソン国際空港	1 000 000	2	2	2750	9022	1940
フランス領ポリネシア	PPT	NTAA	パペーテ・タヒチ国際空港	1 380 000	1	1	3463	11 362	1961
	BOB	NTTB	ボラボラ空港（モツムテ空港）	315 000	1	1	1500	4921	1943
サモア独立国	APW	NSFA	ファレオロ国際空港（アピア）	n/a	1	1	3000	9843	1984
アメリカ領サモア	PPG	NSTU	パゴパゴ国際空港	130 000	1	2	3048	10 000	1950
ソロモン諸島	HIA	AYPY	ホニアラ国際空港	n/a	1	1	2200	7218	1943
トンガ	TBU	NFTF	ファアモツ国際空港（ヌクアロファ）	200 000	1	2	2681	8796	1940
ツバル	FUN	NGFU	フナフティ国際空港	n/a	1	1	1524	5000	1943
バヌアツ	VLI	NVVV	ポートビラ・バウアフィールド空港	260 000	1	1	2600	8530	1981

人々が「南半球での生活はどこよりも穏やかだ」と言うとき、彼らが思い描いているのは、おそらくオーストラリアをはじめとするオセアニアだろう。「太平洋」という名称は、フェルディナンド・マゼランがチリの南端を通って西へ航海したとき、反対側に広がる海の穏やかさに感銘を受けて、自らつくり出した言葉だ。それでも、この地域は大きなハリケーンや台風が起こりやすく、時々、航空機に長い回り道を強いる。したがって、オセアニアでは豊富な代替空港が不可欠だ。

メルボルン空港［MEL］

メルボルン
オーストラリア

タラマリンは英国の移民に抵抗したオーストラリア原住民で、1838年に羊の窃盗の嫌疑をかけられ逮捕されて監禁された。翌晩、タラマリンは兄弟の助けを借りて逃亡し、刑務所は焼け落ちた。まもなく連れ戻されたタラマリンは船でシドニーに送られ、裁判所で審理された。しかし、彼が英語を話さなかったので、裁判は取り下げられなければならず、家から700キロメートル離れた地で彼は自由の身となった。今日、メルボルン空港（MEL）は、彼の名にちなんでタラマリン空港と命名されている。

オセアニア

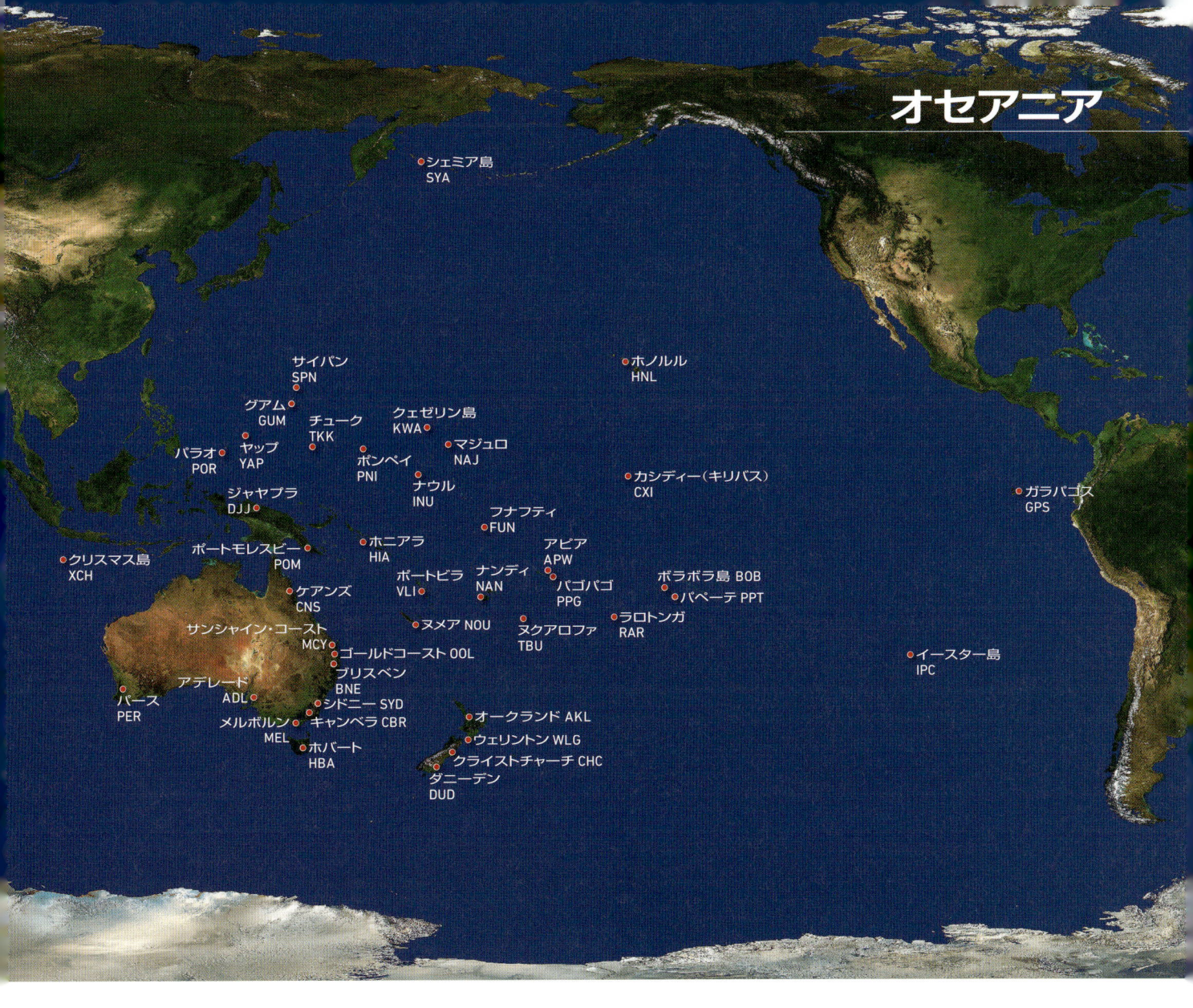

シドニー
オーストラリア

通称、シドニー国際空港（SYD）は、オーストラリアの航空先駆者、チャールズ・エドワード・キングスフォード・スミスの名にちなんで命名されている。彼は第一次世界大戦中、オーストラリアが連合国軍として英国・ニュージーランド・フランスなどと共に戦った「ガリポリの戦い」と呼ばれるオスマン帝国（現トルコ）軍との交戦に従軍した。1917年に銃撃されたものの生き残ったスミスは、後にオーストラリア初の航空会社のパイロットとして空を飛んだ。彼の最大の業績は、おそらく1928年のカリフォルニアからオーストラリアへの太平洋横断単独飛行だろう。カリフォルニア州オークランドからハワイにいたる旅の最初の行程には27時間、そこからフィジーまでは5000キロメートルで、ほぼ35時間かかった。そして、ブリスベンまでの最終行程にはさらに20時間を費やした。

オーストラリアで最も重要なこの空港は、午後11時から午前6時までの夜間飛行を厳しく禁止している。許された運用時間帯の気象状況により、離着陸が時々できなくなるため、旅行者は予定の出発日に飛び立つことができないことがある。飛行禁止時間帯の侵害は最高50万オーストラリアドルの罰金が課せられる。

キングスフォード・スミス国際空港〔SYD〕

151

グアム
米国領

グアムの公式な政治的地位は「アメリカ合衆国自治的・未編入領域」だ。入国審査と保安検査は米国輸送警備局(TSA)の管轄である。以前この空港に就航していたコンチネンタル・ミクロネシア〔コンチネンタル航空の子会社で2010年に統合され消滅。現在は親会社のコンチネンタル航空もユナイテッド航空に統合されている〕の例が示すように、これらのチェックは非常に入念に行われることがある。この航空会社は、チュウック、ポンペイ、コスラエ、クアジャリン、マジュロを経由する、グアム発ホノルル行きのフライトを毎日運航していたが、飛行機が着陸するたびに乗客は乗り降りさせられた。TSAは左側にいるすべての乗客に手荷物を持って飛行機から出るように指示し、空席になった飛行機の半分を検査した。その後、残りの半分をチェックするため、右側にいた乗客が空いている左側の席へ移動させられる。そして終了後、すべての乗客が元の自分の座席に戻ることが許された。このようなことが各空港に着陸するたびに実施されていたが、これを実施した論理的根拠はまったくわからない。

アントニオ・B・ウォン・パット国際空港［GUM］

ファアモツ
トンガ

ファアモツ国際空港(TBU)はトンガの本島トンガタプ島にある首都のヌクアロファから約35キロメートル離れた場所にあり、トンガの群島へのフライトを運航している。また、シドニー、オークランド、サモア、フィジーへの直行便も運航しているが、スタッフの当番表を必要に応じて作成できるように、各フライトは24時間前に通知することが義務づけられている。

ファアモツ国際空港［TBU］

ナンディ
フィジー

ナンディ国際空港(NAN)は、開港したその日から太平洋の重要なハブ空港だった。

オークランドから2500キロメートル、オーストラリアからもタヒチからも3500キロメートル、ハワイからは5000キロメートル離れた場所に位置するこの空港は、長さ3273メートルの滑走路を持っており、2008年、ロサンゼルスからシドニーへのフライト途中だったカンタス航空の真新しいエアバスA380の緊急着陸に対応し、その能力を証明した。糖尿病が原因でショック状態に陥った乗客に緊急治療が必要になり、最も近い病院へ連れて行かなくてはならなくなったのだ。その後、機内のコンピュータの1台が再起動できなくなって時間がかなり遅れ、それ以降のフライトを続けると乗員に許された最長勤務時間を上回ってしまうため、337人の乗客がフィジーのさまざまなホテルに宿泊しなければならなくなった。もっと悪いことだって起こることがある――この程度で済んでよかった！

ナンディ国際空港［NAN］

ポートモレスビー
パプアニューギニア

ポートモレスビー・ジャクソン国際空港(POM)は、ニューギニア、ソロモン諸島、パプアニューギニアの島々への重要なハブ空港だ。オーストラリアの比較的近い複数の目的地への直行便だけでなく、東京、香港、シンガポール、マニラ、クアラルンプールへの直行便もある。

ポートモレスビー・ジャクソン国際空港［POM］

オークランド国際空港［AKL］

オークランド
ニュージーランド

長い道のりの果ての空港、オークランド国際空港（AKL）は、かつては人を疑わない空港だった。出発便と到着便の乗客が同じ店やレストランや通路を共有していたのだ。しかし、このような状態は2001年9月11日後に突然解消された。米国へのフライトを取り扱うあらゆるゲートにさらなる保安検査場が設けられた。出発便と到着便の乗客を隔てる壁がつくられ、乗客の流れは長々と回り道を強いられたため、常連の旅行客から大きな批判を招いた。解決策として考案されたのが2階建てのコンコースの形だ。しかし、それが完成しても到着便の乗客は、手荷物受取場へ行く前に入国審査を受けるため、長い回り道をする必要がある。これは、荷物が到着する前に手荷物受取場のホールが乗客で一杯になるのを防ぐ目的がある。

パペーテ・タヒチ国際空港［PPT］

タヒチ
フランス領ポリネシア

急な岸壁を避けるため、パペーテ・タヒチ国際空港（PPT）は海岸から少し離れた珊瑚礁の上に建設された。サンティアゴ・デ・チリ、イースター島、ホノルル、ロサンゼルス、ニューヨーク、パリ、シドニー、オークランド、東京への直行便に加え、当然のことながら、近隣の島々や環礁の空港への便を運航している。

パペーテ・タヒチ国際空港［PPT］

153

空港間の距離

法定マイル キロメートル		アムステルダム AMS	アンカレッジ ANC	アテネ ATH	アトランタ ATL	オークランド AKL	バンコク BKK	北京 PEK	ブエノスアイレス EZE	カイロ CAI	カラカス CCS	シカゴ ORD	デリー DEL	デンバー DEN	ドバイ DXB	フランクフルト FRA	香港 HKG	ホノルル HNL	ヒューストン IAH
アムステルダム	AMS		4489	1357	4401	11269	5727	4877	7107	2044	4873	4120	3961	4812	3215	228	5773	7256	5012
アンカレッジ	ANC	7224		5595	3417	7047	6016	3961	8327	6142	5347	2846	5712	2405	6311	4677	5081	2777	3266
アテネ	ATH	2184	9004		5700	10846	4933	4738	7276	688	5826	5463	3103	6169	2035	1130	5293	8353	6338
アトランタ	ATL	7083	5499	9173		8096	9158	7185	4999	6373	1933	606	7985	1199	7599	4614	8399	4502	689
オークランド	AKL	18136	11341	17455	13029		5933	6463	6421	10292	8212	8184	7764	7352	8824	11304	5688	4389	7415
バンコク	BKK	9217	9682	7939	14738	9548		2056	10490	4529	10565	8562	1832	8403	3050	5599	1049	6591	9244
北京	PEK	7849	6375	7625	11563	10401	3309		11983	4691	8936	6579	2371	6348	3638	4853	1234	5062	7195
ブエノスアイレス	EZE	11438	13401	11710	8045	10334	16882	19285		7360	3173	5603	9817	5922	8497	7132	11458	7558	5062
カイロ	CAI	3289	9885	1107	10256	16563	7289	7549	11845		6352	6149	2741	6855	1503	1817	5042	8840	7018
カラカス	CCS	7842	8605	9376	3111	13216	17003	14381	5106	10223		2505	8831	3063	7845	5020	10167	6020	2260
シカゴ	ORD	6630	4580	8792	975	13171	13779	10588	9017	9896	4031		7484	888	7246	4343	7794	4244	925
デリー	DEL	6375	9193	4994	12851	12495	2948	3816	15799	4411	14212	12044		7721	1359	3811	2331	7416	8373
デンバー	DEN	7744	3870	9928	1930	11832	13523	10216	9531	11032	4929	1429	12426		7771	5039	7486	3365	862
ドバイ	DXB	5174	10157	3275	12229	14201	4908	5855	13675	2419	12625	11661	2187	12506		3013	3684	8531	8168
フランクフルト	FRA	367	7527	1819	7426	18192	9011	7810	11478	2924	8079	6989	6133	8109	4849		8310	7450	5232
香港	HKG	9291	8177	8518	13517	9154	1688	1986	18440	8114	16362	12543	3751	12048	5929	13374		5568	8346
ホノルル	HNL	11677	4469	13443	7245	7063	10607	8146	12163	14227	9688	6830	11935	5415	13729	11990	8961		3904
ヒューストン	IAH	8066	5256	10200	1109	11933	14877	11579	8146	11294	3637	1489	13475	1387	13145	8420	13432	6283	
ジャカルタ	CGK	11354	11315	9791	16753	7665	2285	5216	15215	8950	19167	15781	4978	15139	6544	11108	3243	10823	16512
ヨハネスブルク	JNB	8987	16110	7107	13581	12191	8995	11698	8129	6235	11047	14016	7995	13406	6389	8658	10672	19195	14521
ロンドン	LHR	372	7224	2430	6775	18353	9588	8175	11111	3536	7472	6362	6743	7516	5506	655	9646	11647	7780
ロサンゼルス	LAX	8977	3774	11150	3132	10467	13309	10060	9841	12241	5821	2808	12896	1387	13420	9344	11684	4113	2219
マドリード	MAD	1460	8333	2383	6977	19594	10206	9226	10062	3355	7010	6761	7269	8061	5658	1419	10525	12667	8056
メキシコシティ	MEX	9220	6082	11312	2140	10958	15754	12455	7377	12389	3579	2713	14677	2327	14346	9566	13073	6111	1228
モスクワ	SVO	2152	6997	2243	8658	16211	7107	5810	13481	2911	9917	7997	4366	8798	3710	2031	7147	11319	9485
ニューヨーク	JFK	5863	5448	7952	1223	14207	13964	11003	8501	9035	3394	1191	11777	2617	11022	6204	12991	8019	2280
パリ	CDG	399	7545	2111	7071	18533	9460	8211	11076	3212	7635	6682	6577	7854	5245	449	9608	11978	8089
パース	PER	14146	13269	12266	18110	5348	5303	7974	12592	11254	16722	17632	7858	16285	9027	13850	6008	10889	17040
リオデジャネイロ	RIO	9535	13106	9722	7630	12273	16100	17326	1989	9899	4521	8528	14069	9426	10329	9551	17683	13348	8081
ローマ	FCO	1297	8476	1088	8105	18430	8887	8167	11135	2152	8343	7762	5943	8953	4348	958	9299	12942	9144
サンフランシスコ	SFO	8808	3248	10956	3442	10486	12767	9516	10382	12027	6265	2971	12403	1556	13041	9172	11148	3861	2631
サンティアゴ・デ・チリ	SCL	11982	12656	12567	7556	9674	17663	19022	1141	12825	4886	8528	16925	8829	14777	12080	18694	11034	7477
上海	PVG	8930	6933	8576	12326	9345	2894	1098	19595	8385	15290	11357	4300	10802	6460	8880	1254	7928	12188
シンガポール	SIN	10517	11109	9048	16304	8409	1410	4474	15869	5299	18359	15059	4152	14595	5887	10285	2556	10800	15981
シドニー	SYD	16653	11803	15305	14943	2165	7503	8935	11790	14402	15360	14857	10422	13435	12040	16494	7372	8153	13834
タヒチ	PPT	15549	8727	17661	8935	4094	12519	11565	9012	18609	9598	9136	15121	7881	17308	15912	11384	4395	7842
東京（成田）	NRT	9342	5526	9555	11024	8806	4649	2140	18305	9613	14127	10097	5921	9313	7994	9392	2964	6146	10691
トロント	YYZ	6006	4880	8148	1189	13866	13652	10586	8953	9247	3864	702	11661	2116	11103	6360	12569	7482	2060
ワシントンD.C.	IAD	6223	5401	8317	859	13845	14175	11138	8396	9402	3307	948	12080	15115	11376	6566	13121	7752	1915

CGK	JNB	LHR	LAX	MAD	MEX	SVO	JFK	CDG	PER	RIO	FCO	SFO	SCL	PVG	SIN	SYD	PPT	NRT	YYZ	IAD
7055	5584	231	5578	907	5729	1337	3643	248	8790	5925	806	5473	7445	5549	6535	10348	9662	5805	3732	3867
7031	10010	4489	2345	5178	3779	4348	3385	4688	8245	8144	5267	2018	7864	4308	6665	7334	5423	3434	3032	3356
6084	4416	1510	6928	1481	7029	1394	4941	1312	7622	6041	676	6808	7809	5329	5622	9510	10974	5937	5063	5168
10410	8439	4210	1946	4335	1330	5380	760	4394	11253	4741	5036	2139	4695	7659	9963	9285	5552	6850	739	534
4763	7575	11404	6504	12175	6809	10073	8828	11516	3323	7626	11452	6516	6011	5807	5225	1345	2544	5472	8616	8603
1420	5589	5958	8270	6342	9789	4416	8677	5878	3295	10004	5522	7933	10975	1798	876	4662	7779	2889	8483	8808
3241	7269	5080	6251	5733	7739	3610	6837	5102	4955	10766	5075	5913	11820	682	2780	5552	7186	1330	6578	6921
9454	5051	6904	6115	6252	4584	8377	5282	6882	7824	1236	6919	6451	709	12176	9870	7326	5600	11374	5563	5217
5561	3874	2197	7606	2085	7698	1809	5614	1996	6993	6151	1337	7473	7969	5210	5136	8949	11563	5973	5746	5842
11910	6864	4643	3617	4356	2224	6162	2109	4744	10950	2809	5184	3893	3036	9501	11408	9544	5964	8778	2401	2055
9806	8709	3953	1745	4201	1686	4969	740	4152	10956	5299	4823	1846	5299	7057	9357	9232	5677	6274	436	589
3093	4968	4190	8013	4517	9120	2713	7318	4087	4883	8742	3693	7707	10517	2672	2580	6476	9396	3679	7246	7506
9407	8330	4670	862	5009	1446	5467	1626	4880	10119	5857	5563	967	5486	6712	9069	8348	4897	5787	1315	1452
4066	3970	3421	8339	3516	8914	2305	6849	3259	5609	6418	2702	8103	9182	4014	3633	7481	10755	4967	6899	7069
6902	5380	407	5806	882	5944	1262	3855	279	8606	5935	595	5699	7506	5518	6391	10249	9887	5836	3952	4080
2015	6631	5994	7260	6540	8123	4441	8072	5970	3733	10988	5778	6927	11616	779	1588	4581	7074	1842	7810	8153
6725	11927	7237	2556	7871	3797	7033	4983	7443	6766	8294	8042	2399	6856	4926	6711	5066	2731	3819	4649	4817
10260	9023	4834	1379	5006	763	5894	1417	5026	10588	5021	5682	1635	4646	7573	9930	8596	4873	6643	1280	1190
5320		7284	8985	7556	10488	5781	10054	7177	1875	9589	6728	8680	9707	2752	546	3428	6995	3620	9817	10157
8562		5621	10385	5019	9076	5679	7969	5410	5173	4448	4785	10553	5734	7320	5381	6862	9423	8438	8304	8134
11722	9046		5456	773	5541	1563	3451	216	9009	5740	899	5367	7227	5755	6765	10573	9550	5974	3556	3677
14460	16713	8781		5845	1553	6078	2475	5669	9316	6298	6354	337	5569	6485	8770	7488	4095	5451	2175	2288
12160	8077	1244	9407		5642	2129	3589	660	9078	5053	829	5811	6648	6394	7078	10983	9874	6707	3774	3816
16879	14606	8917	2499	9080		6653	2090	5725	10108	4762	6362	1881	4085	8025	10321	8068	4272	7004	2015	1864
9304	9139	2515	9782	3426	10707		4661	1529	7597	7163	1493	5877	8768	4266	5248	9011	9755	4676	4653	4867
16180	12825	5554	3983	5776	3364	7501		3635	11627	4792	4277	2586	5097	7392	9537	9950	6289	6745	366	228
11550	8707	348	9123	1062	9213	2461	5850		8863	5697	685	5583	7240	5771	6667	10527	9765	6048	3751	3861
3018	8325	14499	14993	14610	16267	12226	18712	14264		8418	8298	9154	7915	4355	2420	2041	5842	4919	11264	11543
15432	7158	9238	10135	8132	7664	11528	7712	9168	13547		5691	6609	1823	11360	9791	8408	6745	11518	5130	4796
10828	7701	1447	10226	1334	10239	2403	6883	1102	13354	9159		6146	7379	5710	6249	10155	10449	6169	4415	4505
13969	16983	8637	542	9352	3027	9458	4162	8985	14732	10636	9891		5906	6150	8446	7417	4188	5124	2259	2419
15622	9228	11631	8962	10699	6574	14111	8203	11652	12738	2934	11875	9505		11691	10200	7060	4935	10666	5332	4995
4429	11780	9262	10437	10290	12915	6865	11896	9288	7099	18282	9189	9897	18815		2357	4870	6756	1118	7107	7453
879	8660	10887	14114	11391	16610	8446	15348	10729	3895	15757	10057	13593	16415	3793		3907	7333	3324	9323	9656
5517	11043	17016	12051	17675	12984	14502	16013	16942	3285	13531	16343	11937	11362	7838	6288		3806	4846	9663	9743
11257	15165	15369	6590	15891	6875	15699	10121	15715	9402	10855	16816	6740	7942	10873	11801	6125		5863	6101	6063
5826	13580	9614	8773	10794	11272	7525	10855	9733	7916	18536	9928	8246	17165	1799	5349	7799	9436		6415	6753
15799	13364	5723	3500	6074	3243	7488	589	6037	18128	8256	7105	3636	8581	11438	15004	15551	9819	10324		346
16346	13090	5918	3682	6141	3000	7833	367	6214	18577	7718	7250	3893	8039	11994	15540	15680	9757	10868	557	

LAS VEGAS
FLY
TWA

Wings to your Vacation
NORTHWEST
AIRLINES
GLACIER · DUDE RANCHES · PACIFIC NORTHWEST

世界の主要なエアライン

＊掲載した会社には倒産や合併などにより現在、社名消滅、運航停止しているものも含まれている。

エア・カナダ

🇨🇦 カナダ　AIR CANADA

- 1936年　カナダのウィニペグに国営の「トランス・カナダ航空」として設立。
- 1947年　モントリオールに本部移転。
- 1989年　民営化される。
- 1997年　航空連合スターアライアンスの設立メンバーとなる。

- 2001年　カナダで2番目に大きい航空会社、カナディアン航空を買収。
- 2003年　財政難のため破産保護を申請。
- 2004年　エアバス機導入による保有機材の近代化。

子会社・運航ブランド名：エア・カナダ・カーゴ、エア・カナダ・エクスプレス（世界最大級の地域航空会社ジャズ航空などが運航するブランド名）、エア・カナダ・ジェッツ（実業家やプロスポーツチームを顧客に、ビジネスクラス64席のみに改装したエアバスA320のチャーター運航）。内陸のフライトの大半は、エア・カナダの子会社や地域航空会社が運航している。

運航地域：カナダ、米国、カリブ海、ヨーロッパ。

www.aircanada.ca

エア・ノース

🇨🇦 カナダ　AIR NORTH

ユーコン準州のホワイトホース国際空港を拠点に、定期旅客便、チャーター便、貨物輸送便を運航している。フライトの大部分は、頑丈な古い航空機を非常によくメンテナンスして運用している。

運航地域：バンクーバーから北極海のイヌヴィックまでの西カナダ。

www.flyairnorth.com

カナディアン・ノース航空

🇨🇦 カナダ　CANADIAN NORTH

持株会社ノーテラは、イヌイットが所有する。極北地域の路線を運航しており、そのロゴは、北カナダの最果て地を表すシンボル、北極グマと真夜中の太陽とオーロラを組み合わせたものだ。

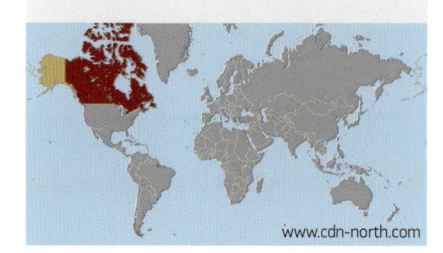

www.cdn-north.com

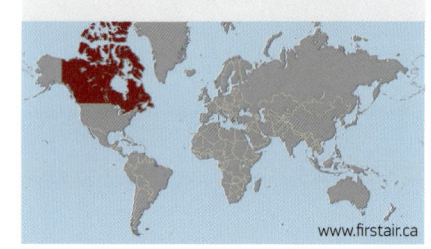

エア・トランザット

🇨🇦 カナダ　air transat

- 1987年　モントリオールに拠点を置くチャーター便航空会社として、ケベックエアの元従業員により設立。
- 1991年　定期旅客便運航開始（主に観光旅行客対象）。
- 1993年　ネイション・エアの買収。
- 1996年　スターヨーロッパの買収。
- 1999年　保有機材をエアバス機に更新。
- 2009年　旅客輸送量、年間300万人。

運航地域：フロリダ、メキシコ、カリブ海、特に地中海地方を中心とするヨーロッパ。エア・トランザットは、パック旅行用に自社でホリデーリゾートを運営している。

www.airtransat.com

ケン・ボレク・エアー

🇨🇦 カナダ　Kenn Borek Air Ltd.

- 1970年　ケン・ボレク氏により、保有機材DHC-6 ツイン・オッター1機のみで設立。
- 2001年　マイナス67℃という低温下のアムンゼン・スコット南極基地から、手術が必要となったロン・シェメンスキー医師の搬送を請け負う。

www.borekair.com

ファースト・エア

🇨🇦 カナダ　FIRST AIR

- 1946年　「ブラッドリー・エア・サービス」という名称でチャーター便の運航会社として設立。
- 1958年　定期旅客便の運航開始。
- 1971年　北極から1000キロメートルの街ユーリカに世界最北の拠点を置く。

www.firstair.ca

158

ウエスト・ジェット

🇨🇦 カナダ　WESTJET

1996年	カルガリーに拠点を置く格安航空会社として設立。
2004年	エア・カナダからスパイ活動で訴えられる。ウエスト・ジェットがエア・カナダの訴訟費用を支払い、1000万カナダドルを慈善団体に寄付することで、2006年に和解が成立する。

ウエスト・ジェットはエア・カナダに続き、カナダで2番目に大きい航空会社で、カナダのほぼすべての都市、メキシコ、カリブ海、ハワイを含む米国全土に就航している。カナダの航空旅行市場の3分の1を占めている。

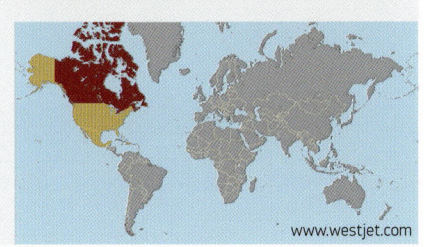

www.westjet.com

エア・ウィスコンシン

🇺🇸 米国　AWAC

1965年	創立。1980年代に米国最大手地域航空会社となり、ユナイテッド・エクスプレスとのコードシェア運航開始。
1993年	民間投資家による買収。
2006年	USエアウェイズ・エクスプレスのブランド名で、USエアウェイズの専属フィーダーとなる。

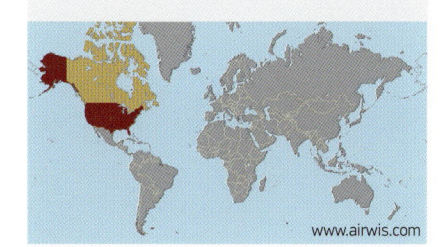

www.airwis.com

エアトラン航空

🇺🇸 米国　airTran

1993年	「バリュージェット」という名称で格安航空会社として創立。
1996年	機体整備軽視・安全保安体制の不備により、連邦航空局から運航停止処分を受ける。
1997年	エアトラン航空と逆さ合併を行い、事業規模の小さい相手会社名を継承。

www.airtran.com

アメリカン・イーグル航空

🇺🇸 米国　AA American Airlines

1984年会社創立。現在、およそ270機の機材（ターボプロップ機と小型ジェット機）を保有する米国最大級の地域航空会社。ハブ空港は、シカゴ・オヘア国際空港、ダラス・フォートワース国際空港、ロサンゼルス国際空港、ボストン・ローガン国際空港、ニューヨーク・ラガーディア空港。

www.aa.com

アトランティック・サウスイースト航空

🇺🇸 米国　ASA

1979年	デルタ航空が運営する地域航空会社として創立。
2005年	米国のスカイウエストに売却。
2011年	社名消滅。すべての便名がスカイウエスト子会社「エクスプレス・ジェット」アメリカン、デルタ、ユナイテッド各社の地域便の運航を開始。

www.flyasa.com

アラスカ航空

🇺🇸 米国　Alaska Airlines

1932年	トラッパー（罠猟師）がとった毛皮を輸送する目的で、リニウス・マクジー氏により創立。
1934年	スター・エア・サービスに売却。
1944年	政府が、軍隊とアラスカ・ハイウェーの建設に使われる資材の輸送契約をする。
1948年	第二次世界大戦後、ベルリン空輸に参加する。
1961年	最初のジェット機コンベア880導入。
1986年	ホライゾン航空とジェット・アメリカ・エアラインズの買収。
1987年	上記の会社との合併。

2000年以降、米国最大級の航空会社の1つ。
運航地域：アラスカからフロリダ、メキシコ、ハワイまで。

www.alaskaair.com

159

アメリカン航空

🇺🇸 米国　　　　　　　　　　　　　　　　　　　　　　　American Airlines®

1930年代　合計82の小規模航空会社の合併により「アメリカン・エアウェイズ」設立。
合併された主な航空会社：エンブリーリドル社、コロニアル・エアウェイズ、コロニアル航空、コロニアル・ウエスタン・エアウェイズ、カナディアン・コロニアル・エアウェイズ、ユニバーサル・アビエーション、ノーザン・エアラインズ、ロバートソン・エアクラフト、セントラル・エアラインズ、サザン・エア・トランスポート、セントタマニー・ガルフ・コースト・エアウェイズ、ガルフ・エアラインズ、スタンダード・エアラインズなど

1934年　買収され、シカゴ（イリノイ州）のミッドウェー空港に拠点を移し、「アメリカン・エアラインズ」（アメリカン航空）に社名変更。政府との航空郵便輸送契約が、最初の主な収入源となる。
1945年　アメリカン・オーバーシーズ・エアラインズ（AOA）との合併により世界中の運航網を手にする。
1970年代　世界最大の航空会社となる。
1999年　航空連合ワンワールド設立メンバーとなる。
2001年9月11日　2機の旅客機がハイジャックされ、世界貿易センターのツインタワー北棟と国防総省本庁舎（ペンタゴン）に突入。
2001年11月12日　エアバスA300がニューヨーク市クイーンズ区に墜落。

ハブ空港：ダラス、シカゴ、マイアミ、ニューヨーク（JFK：準ハブ空港）。
運航地域：米国、南米、ヨーロッパ。

www.aa.com

ハワイアン航空

🇺🇸 米国

1929年　船のオーナーによって創立される。当初は、島を巡る観光フライトや島々を結ぶフライトを運航していた。創立以来、一度も事故を起こしたことがない。

1980年代、太平洋地域のすべての主な目的地までのフライトを運航。今日では、ハワイの主要な航空会社で、時間通りの運航を行う航空会社として米国の統計でトップランクに入る。安全統計もトップクラスで、カスタマーサービスでは米国で最も高い評価を得ている。

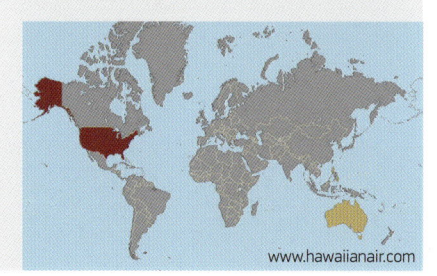

www.hawaiianair.com

チャウタクア航空

🇺🇸 米国　　　CHAUTAUQUA AIRLINES
　　　　　　　A REPUBLIC AIRWAYS COMPANY

1973年　会社創立。現在はさまざまな大手航空会社の下、たとえば「USエアウェイズ・エクスプレス」、「デルタ・コネクション」、「ユナイテッド・エクスプレス」、「アメリカン・イーグル」などのフィーダーとして運航している。

www.flychautauqua.com

フロンティア航空

🇺🇸 米国

1994年	旧フロンティア航空の役員により、デンバー（コロラド州）にて設立。2機のボーイング737と180人の従業員でのささやかな船出だった。
2000年	すでにボーイング25機を保有、従業員は2000人となる。
2000年	保有機材をエアバスA318とA319へ更新。

尾翼を飾るアート：保有機材の水平尾翼に自国の動物のイメージが描かれている。コーポレートアイデンティティ「すべてに異なる動物を」。

ターゲット層：今日の子どもたちは、明日の顧客。
運航地域：米国、カナダ、メキシコ。

www.frontierairlines.com

ジェットブルー航空

🇺🇸 米国

1998年	ニューヨークのジョン・F・ケネディ国際空港（JFK）を拠点に会社設立。40億ドルで25機のエアバスA320を注文し、さらに25機のオプション契約をする。すべての座席に衛星テレビを装備した米国初の航空会社。
2007年	ルフトハンザドイツ航空が、ジェットブルー航空の株式を19パーセント取得。
2009年	JFKのTWAターミナルを取得。
2009年	1カ月間に限り、無制限のフライトを均一料金（599ドル）で販売する。

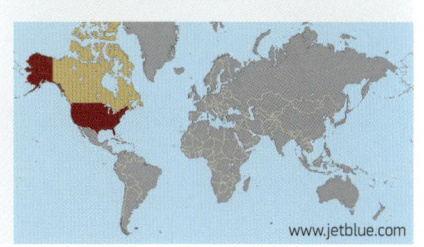

www.jetblue.com

コンチネンタル航空

🇺🇸 米国

1934年	エルパソ（テキサス州）で設立。
1953年	パイオニア航空との合併。
1963年	ロサンゼルスへの本部の移転。ベトナム戦争中は米軍輸送に多大に関与した。太平洋地域に広い運航網を構築。ミクロネシア航空（コンチネンタル・エア・ミクロネシア）設立。
1983年	破産。
1984年	破産への対応で、再び収益を上げる。
1990年	2度目の破産、破産保護を受ける。
1995年	再生に成功。
2010年	ユナイテッド航空と持株会社方式で経営統合。
2012年	ユナイテッド航空と完全統合されて、社名消滅（合併後は名称「ユナイテッド航空」、ロゴデザインはコンチネンタル航空のものが使用されている）。

www.continental.com

ホライゾン航空

🇺🇸 米国　　Horizon Air

1981年	シアトルにて設立。複数の航空会社の買収を通じて成長し、他社を市場から追いやる。
1986年	アラスカ航空が新しい持株会社となる。
2007年	エア・トランスポート・ワールド誌上で優れた地域航空会社に贈られる「リージョナル・エアライン・オブ・ザ・イヤー」に選ばれる。

運航地域：主に米国北西部。

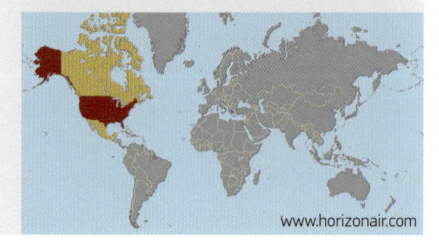

www.horizonair.com

コムエアー

🇺🇸 米国　　COMAIR Delta Connection

| 1976年 | オーランド、フロリダ、シンシナティ、オハイオを拠点に設立。 |
| 2012年 | これまでデルタ航空の子会社として地域航空便を運航していたが、9月29日のフライトを最後に運航終了。 |

www.comair.com

デルタ航空

🇺🇸 米国

△ DELTA

1924年	メーコン（ジョージア州）で農薬空中散布会社「ハフ・ダーランド・ダスターズ」として創立。
1925年	モンロー（ルイジアナ州）へ本部移転。
1927年	政府の郵便輸送契約が主な収入源となる。
1929年	米国南部のミシシッピ・デルタ地域で運航する旅客輸送業務に転換。
1941年	アトランタ（ジョージア州）へ本部移転。

1991年	経営難のパンアメリカン航空を買収。
2005年	破産保護申請。9000人の従業員をリストラの一部として解雇。
2008年	ノースウエスト航空の買収。2010年に完全統合。

www.delta.com

ユナイテッド航空

🇺🇸 米国

UNITED
A STAR ALLIANCE MEMBER

1926年	ユナイテッド航空設立——ユナイテッドは世界の航空会社で最古参の1つに数えられる。当初の業務はワシントン州からネバダ州への航空郵便輸送で、旅客部門を開始してからも数十年間は米国の国内便のみを運営していた。

第二次世界大戦中は、5700機以上の航空機がユナイテッド航空によって爆撃機に変えられ、7000人のエンジニアが空軍用のトレーニングを受けた。

ユナイテッドはボーイング737、747、777の最初の顧客となった。

1983年	国際線への本格参入（太平洋路線就航）。
1995年	財政問題が悪化。
1997年	航空連合スターアライアンスの設立メンバーとなる。
2001年9月11日	ユナイテッド航空175便が世界貿易センタービルに突入。同様にハイジャックされた93便は、乗客の勇敢な対応の後、ペンシルベニア州ピッツバーグに墜落。
2002年	破産保護申請。170機の運航停止。従業員2万人解雇。

航空会社の統廃合という世界的な潮流を背景に、ユナイテッド航空はコンチネンタル航空と完全統合して全米最大の航空会社になった。まず、2009年に後者が航空連合をスターアライアンスに変更して2社が業務提携を始め、2010年には持株方式で経営統合、2012年にシステム統合が完了した。合併後の社名は「ユナイテッド航空」となっている。

❖ ユナイテッド航空本部（シカゴ）

www.united.com

ヴァージン・アメリカ

🇺🇸 米国　　Virgin america

2007年	最も新しい格安航空会社の1つとして運航開始。米国では航空会社の経営権を国外企業が25パーセント以上持つことを認めないため、設立した英国のヴァージン・グループの保有株式はその上限にとどまっている。

www.virginamerica.com

ノースウエスト航空（現デルタ航空）

🇺🇸 米国　　nwa

1926年	「ノースウエスト・エアウェイズ」として会社創立。
1934年	「ノースウエスト・エアラインズ」（ノースウエスト航空）として改組。
1949〜86年	「ノースウエスト・オリエント・エアラインズ」として営業。東京（羽田、成田）をハブにアジアでの運航に強さを発揮。
1986年	ヨーロッパへの路線拡大。
2005年	破産宣告。
2008年	デルタ航空との合併発表。
2010年	デルタ航空との完全統合。これにより社名消滅。

統合後、デルタ航空はノースウエストのさまざまな機材を需要に応じて運用している。

www.continental.com

USエアウェイズ

🇺🇸 米国

U·S AIRWAYS

- 1937年　多数の小規模地域航空会社の合併により、ピッツバーグ（ペンシルベニア州）を拠点に会社設立。後に「オールアメリカン航空」となる。
- 1953年　「アレゲニー航空」に社名変更。
- 1968年　レイク・セントラル航空を買収。
- 1972年　モホーク航空を買収。
- 1979年　「USエアー」に社名変更。主にニューイングランド6州の運航を手がける。
- 1980年代　パシフィック・サウスウエスト（1986年）とピードモント航空（1987年）を買収。
- 1990年代　ヨーロッパへの路線拡大。
- 1996年　「USエアウェイズ」に社名変更。
- 1996年　400機のエアバス機注文。
- 2005年　アメリカウエスト航空に買収されるが、名称は「USエアウェイズ」が使用される。
- 2013年　アメリカン航空との合併計画を発表。

www.usairways.com

サウスウエスト航空

🇺🇸 米国

SOUTHWEST.COM

料金体系は1つ。
客室乗務員は、着陸後に機内清掃を行わなければならない。体格の大きな乗客は、チケットを2枚購入することが求められる。保有機材の数では、アメリカン航空に次いで世界で2番目に大きい航空会社である。

1967年にダラスで会社創立。1971年より現在の社名でダラス・ラブフィールド空港を拠点に運航開始。保有機材はボーイング737型機の1種類に限定している。
事業原則：インターネット予約（eチケット）。燃料ヘッジ。ターンアラウンドの時間短縮。座席指定予約なし。
オプションやサービス：どちらも存在しない。

www.southwest.com

スカイウエスト航空

🇺🇸 米国

SkyWest AIRLINES

- 1972年　セントジョージ（ユタ州）を本部に会社設立。

デルタ航空、エアトラン航空、ユナイテッド航空のフィーダーとして運航している地域航空会社。

www.skywest.com

アエロメヒコ航空

🇲🇽 メキシコ　AEROMEXICO®

1934年	「アエロナベス・デ・メヒコ」として設立。
1940年代	より小さなライバル会社を買収。
1959年	国営化される。
1988年	破産、ロゴを一新し「アエロメヒコ航空」の名称で再出発。
2005年	民営化される。

www.aeromexico.com

メキシカーナ航空

🇲🇽 メキシコ　MEXICANA

メキシコの油田へ従業員の賃金を輸送する車が、盗賊に繰り返し襲撃されていたため、その頭上を航空機で運ぶようになった。これが1921年の航空会社の設立につながった。メキシカーナは、世界の航空会社の中で最古参の1つに数えられる。

1921年	メキシカーナ（メヒカナ）航空、創立。
1926年	航空郵便輸送を行う。
1935年	ロサンゼルスへの運航開始。
1970年代	米国以外の国でボーイング727を最も数多く運航。
1989年	一部国営化。
1990年代	保有機材をエアバス機に更新。
2000年	航空連合スターアライアンスのメンバーとなる。
2005年	再び民営化される。
2010年	経営難に陥り、無期限運航停止。

2013年現在、再開に向けた動きは続けられている。

www.mexicana.com

メキシカーナクリック

🇲🇽 メキシコ　click

1975年	「アエロカリブ」として設立。
1990年	メキシカーナ航空に買収される。
2005年	格安航空会社「クリックメキシカーナ」に社名変更。2009年に「メキシカーナクリック」に改称。
2010年	親会社の破綻に伴い、運航停止。

www.mexicana.com

クバーナ航空

🇨🇺 キューバ　CUBANA

1929年	パンアメリカン航空の支援のもと国営会社として設立。1944年に現在の社名に変更。
1950年	ニューヨークへのフライト開始。
1959年	キューバ革命。西側からの孤立――西側への運航路線休止。
1962年	西側製の航空機をソ連の航空機に更新。キューバは、7機の航空機代をサトウキビで支払った。

クバーナ航空は、ロシアでこれまでに建造されたあらゆるタイプの航空機を保有していた。

www.cubana.cu

エア・ジャマイカ

🇯🇲 ジャマイカ　airJamaica

- 1968年　エア・カナダの支援を受け、ジャマイカ政府により設立。
- 1974年　ヨーロッパへの運航路線開設。
- 1981年　保有機材をエアバス機に更新。
- 1988年　ハリケーン「ギルバート」により、保有機材の一部が破壊される。
- 1994年　民営化される。
- 1995年　新しいコーポレート・アイデンティティ採用。
- 2004年　再び国営化される。
- 2009年　米国の航空会社、スピリット航空がエア・ジャマイカを買収。

www.airjamaica.com

リアット

🇦🇬 アンティグア・バーブーダ　liat

1956年に創立された航空会社リアットは、ドミニカ、セントルシア、セントビンセント・グレナディーン、グレナダ、アンティグア・バーブーダ、セントクリストファー・ネイビス連邦、バルバドス、ガイアナ、ジャマイカ、トリニダード・トバゴの政府によって運営されている。

www.liat.com

TACA航空

🇸🇻 エルサルバドル　TACA

- 1931年　ニュージーランド人ローウェル・イェレックスがドイツの捕虜収容所から解放後、テグシガルパで創立。
- 1937～41年　世界最大の航空貨物輸送会社TACAは、米国航空会社の全社貨物総量よりも多くの貨物を輸送。多くの子会社が設立される。
- 1945年　南米の子会社の収用。
- 1947年　TWAとパンナムの争いに巻き込まれる。
- 1969年　内戦の間、経営後退。
- 1970年　保有機材をBAC1-11からボーイング機に更新。
- 1989年　多国籍コンソーシアムの設立。
- 1998年　保有機材をエアバス機に更新。
- 2009年　アビアンカ航空との合併。その後もそれぞれの名称で運航続行。

www.taca.com

コパ航空

🇵🇦 パナマ　Copa Airlines

- 1944年　パナマ航空会社としてパナマシティに設立。
- 1947年　運航開始。
- 1965年　国際線運航開始。
- 1984年　保有機材をコンベア機からボーイング機へ更新。
- 1989年　米国のパナマ侵攻。
- 1990年代　中南米の航空会社と提携し路線拡大。
- 1998年　コンチネンタル航空からの出資。
- 2003年　アルゼンチンとチリまでの運航路線開設。
- 2005年　コロンビアの航空会社アエロリパブリカを買収、2010年から同社のフライトを「コロンビア・コパ航空」の名称で運航。

www.copaair.com

アエロペラス

🇵🇦 パナマ　AEROPERLAS REGIONAL

パナマシティとダビッドをハブ空港とするパナマの地域航空会社だったが、2012年に運航停止となった。

www.aeroperlas.com

バハマスエア

🇧🇸 バハマ　　bahamasair

1973年　会社創立。島々を結ぶフライトとフロリダへの接続を提供。

www.bahamasair.com

スリナム・エアウェイズ

🇸🇷 スリナム　　SURINAM AIRWAYS

スリナム・エアウェイズは、以前オランダ領だった島々とカリブ海、ベネズエラ、フロリダを結ぶ。オランダへのフライトは今も続けられている。

www.slm.nl

アエロポスタル・アラス・デ・ベネズエラ

🇻🇪 ベネズエラ　　AEROPOSTAL

1929年から続く長い歴史を持つ小規模のベネズエラの航空会社で、カリブ海、ペルー、コロンビア、米国を結んでいる。

www.aeropostal.com

コンビアサ航空

🇻🇪 ベネズエラ　　conviasa

2004年に創立されたフラッグキャリア、VIASA（ビアサ）の運航停止を受け、新たに設立された国営会社。国内線の他、シリアのダマスカスやイランのテヘランなどへのフライトを運航。

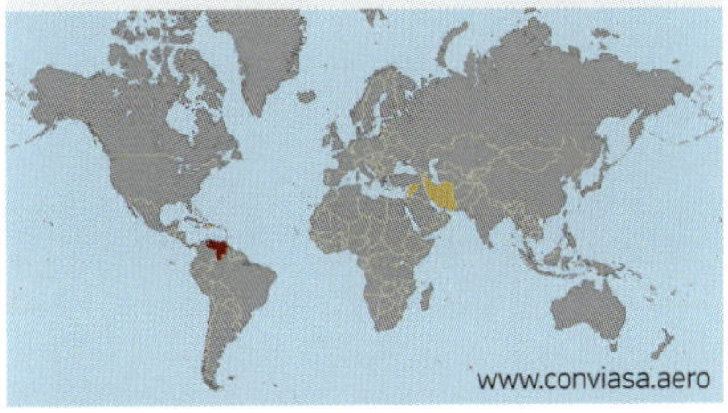

www.conviasa.aero

TAME航空

🇪🇨 エクアドル　　Tame

ガラパゴス諸島間の国内線を運航しているエクアドルの航空会社。

www.tame.com.ec

SATENA（サテナ）

🇨🇴 コロンビア　　SATENA

SATENA（Servicio Aéreo a Territorios Nacionales）はコロンビア空軍によって運営されている。人気が高く、信頼性も高く評価されており、国内線の定期旅客便を運航している。

www.satena.com

アビアンカ航空

🇨🇴 コロンビア　　Avianca

1919年　「SCADTA」としてバランキヤに創立。
1939年　パンアメリカン航空からの出資。
1940年　「アビアンカ」としてバランキヤに再び設立。
1979～90年　テロとギャングの抗争が原因による経済的損失。
2001年　ライバル社のACESコロンビアを合併統合。
2004年　破産宣告し、会社再生。
2009年　TACA航空と合併。運航はそれぞれの名称で続行している。

www.avianca.com

167

アエロコンドル

🇵🇪 ペルー　aerocondor

国内チャーター便、観光フライト、貨物輸送便、航空救急フライトを運航していた。ボーイング737による定期便は、整備の問題が原因となった複数の事故後に停止された。現在は、観光フライトとチャーターフライトのみ運航している。

www.aerocondor.com.pe

スターペルー航空

🇵🇪 ペルー

国内便の運航と、熱帯多雨林にある目的地への定期便を運航。
民族的な雰囲気の芸術的な機体デザインと水平尾翼にペルーの文化的モニュメントが描かれているのが特徴。

www.starperu.com

アエロスール航空

🇧🇴 ボリビア　AeroSur

ボリビアの広い国内を結ぶ国内線と近隣諸国の複数の目的地やマイアミへのフライトを運航していた。リニアス・アエリアス・カネドもアエロスール航空のためにダグラスDC-3で郷愁を誘うフライトを観光客に提供していた。2012年5月、業績悪化のためアエロスール航空は運航停止となっている。

www.aerosur.com

ゴル航空（ゴル・トランスポルテ・アイロス）

🇧🇷 ブラジル　GOL

2000年	サンパウロに設立された最低限のサービスを提供する格安航空会社。その後10年間で国内市場の50パーセントを占めるまでになった。
2004年	新株発行。
2005年	ボーイング機の大量注文。
2006年	国際線開設。
2006年	メキシコで格安航空子会社を設立。
2007年	破綻した航空会社ヴァリグ・ブラジル航空の買収。
2009年	ヴァリグ・ブラジル航空名の運航便をすべて自社名での運航にする。

www.voegol.com.br

TAM航空

🇧🇷 ブラジル　TAM AIRLINES

1961年	サンパウロで会社創立。4機のセスナでのスタート。
1966年	2発エンジンの機材に更新。
1985年	フォッカー27を購入。
1990年	保有機材をフォッカー100ジェットに更新。
1998年	保有機材をエアバス機に更新。
2008年	スターアライアンスのメンバーになる（2014年に脱退しワンワールド・アライアンスへ加盟予定）
2012年	チリのラン航空に買収され、経営統合される。

企業理念：ルール1——お客様は常に正しい。
ルール2——お客様が絶対に正しくない場合、ルール1を参照のこと。

www.tam.com.br

168

ヴァリグ・ブラジル航空

🇧🇷 ブラジル　　　VARIG Brasil

ヴァリグ・ブラジル航空には長い歴史があるが、破産後は格安航空会社ゴル航空に救われた。買収後も便名はヴァリグを継続し、南米域内で運航していたが、2009年からはすべての便名が「ゴル航空」に変更され、統合された。

www.varig.com.br

プルナ航空

🇺🇾 ウルグアイ　　　PLUNA

1936年　会社創立。
1980年　マドリードへの運航開始。

近年はウルグアイの近隣国へのフライトのみ運航していたが、2012年7月に経営破綻し運航は全面停止となった。

www.flypluna.com

ラン・アルヘンティナ航空

🇦🇷 アルゼンチン　　　LAN

2005年　運航停止中のアルゼンチンの航空会社「アエロ2000」をラン航空が買収し、グループ企業の1つとして改称。

アルゼンチン航空の激しい競争相手となっており、目新しく効率の良いイメージを与えている。

www.lan.com

アルゼンチン航空

🇦🇷 アルゼンチン　　　AEROLINEAS ARGENTINAS

1950年　ブエノスアイレスを本部にアルゼンチン航空設立。
1950年　14機のコメット購入。
1960年までに6機のコメットを失う。
1960～70年　保有機材をボーイング、BAC、アブロ・カナダに更新する。
1975年　ボーイング747購入。
1990年　民営化される。
1998年　アメリカン航空からの出資。
2001年　破産危機。アメリカン航空の撤退。すべての国際便の停止。
2008年　再び国営化される。

www.aerolineas.com.ar

スカイ航空

🇨🇱 チリ　　　SKY Airline

2001年　サンティアゴで設立。
　　　　チリ在住のドイツ人によって運営される。

数多くの国内線の運航に加え、ラパス、ボリビア、ペルーのアレキパなど国際線も運航している。

www.skyairline.cl

ラン航空（LAN航空）

🇨🇱 チリ　　　LAN

1929年　会社設立。後に「ラン・チリ」(LAN = Línea Aérea Nacional国営航空)となる。
1989年　民営化される。
2004年　「ラン航空」に改称(LAN = Latin American Network)。
2012年　TAM航空を買収、合併。

国内線国際線の同時拡大。
ワンワールド・アライアンスのメンバー。
ラン航空は、エクアドル、ペルー、アルゼンチンで子会社を運営している。これらの子会社の機体デザインは親会社と区別がないようになっており、こうすることで需要に合わせて予備の航空機を容易に配備できるようにしている。

www.lan.com

169

エア・グリーンランド

グリーンランド　air greenland

エア・グリーンランドの主な事業は、世界で最も遠く、最も住みにくく、最も寒い地域への郵便物・貨物・旅客の輸送だ。貨物機、旅客機に加え、ヘリコプターも運航している。

www.airgreenland.com

アイスランド航空

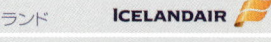

アイスランド　ICELANDAIR

- 1937年　「アークレイリ航空」として設立。
- 1940年　「エア・アイスランド」に社名変更。［現エア・アイスランドとは別会社］
- 1973年　ロフトレイディアによる合併。「アイスランド航空」に社名変更。ルクセンブルク発アイスランド経由米国行きの安いフライトを提供。
- 1999年　ルクセンブルク発ではなく、アイスランドとヨーロッパの首都間の直行便運航。

www.icelandair.is

エア・アイスランド

アイスランド　AIR ICELAND

アイスランドの国内航空会社。1997年にアイスランド航空により合併され、アイスランド航空の国内線を運航する。グリーンランドとフェロー諸島への乗り継ぎも引き続き運航。フォッカー50のメンテナンス＆コンピテンスセンター。

www.aerocondor.com.pe

エアリンガス

アイルランド　Aer Lingus

- 1936年　ダブリンを拠点とする国営会社として設立。
- 1945年　英国へのフライトの専有権取得。
- 1958年　初めて大西洋横断フライトを開設。
- 1965年　ジェット機への更新。
- 1970年代　ボーイング747の購入。
- 1994年　保有機材のエアバス機への更新。
- 2007年　ワンワールド・アライアンスからの脱退。

www.aerolingus.com.ar

ライアンエアー

アイルランド　RYANAIR THE LOW FARES AIRLINE

1985年にダブリンで設立されたライアンエアーは、ヨーロッパ最大の格安航空会社となり、エールフランス-KLM、ルフトハンザドイツ航空に次いで、ヨーロッパで3番目に大きい航空会社となった。保有機材はボーイング737の1種類のみで、座席間隔を狭く設定し、座席シートのリクライニング調節はできない。特別なサービスはどのようなものであっても追加料金を求められ、すべての持ち込み手荷物には追加料金が課せられる。ヨーロッパに27の拠点空港があり、およそ25カ国に約800の路線を運航している。

www.ryanair.com

エアーアラン

🇮🇪 アイルランド　　AerArann

1970年　アイルランド西海岸の先のゴールウェイ湾に浮かぶアラン諸島へのアイランドホッパーとして創立されたが、現在では、アイルランド、英国、ブルターニュ半島のすべての主要都市へ運航している。

www.aerarann.com

Flybe（フライビー）

🇬🇧 英国　　flybe.com

1969年　チャネル諸島で設立。現在はエクセターに拠点を置く。過去にかなりの数の欠航があったため、"Flymaybe（フライメイビー：たぶん飛ぶかも）"というあだ名がつけられたことがある。

www.flybe.com

ヴァージン・アトランティック航空

🇬🇧 英国　　virgin atlantic

創設者のリチャード・ブランソン卿は、ブリティッシュ・エアウェイズ（BA）と絶えず論争している。BAが1997年に自社の飛行機から英国国旗の塗装を消したとき、ブランソン卿はヴァージン・アトランティック航空のすべての航空機に、「ブリティッシュ・フラッグキャリア」のロゴの一部として、国旗を描いた。

ヴァージン・アトランティック社がライバルとの法的紛争に勝った際、BAはブランソン卿と彼の航空会社に61万1000ユーロの支払いを命じられた。億万長者はそれを「BAボーナス」と呼び、自社の従業員にこのお金を分配した。

トーマス・クック航空

🇬🇧 英国　　Thomas Cook

1999年　フライング・カラーズ・エアラインズとカレドニアン航空の合併により、マンチェスターを拠点として「JMC航空」が設立される。
2003年　「トーマス・クック航空」に社名変更。
2007年　トーマス・クックグループとマイトラベル・グループの合併。
2008年　マイトラベル・エアウェイズを合併統合。

トーマス・クック航空は、いくつかの英国拠点空港から世界中のリゾート地へ向け、トーマス・クックのツアー会社のチャーター便運航を主に手がけている。

www.thomascookairlines.co.uk

イージージェット

🇬🇧 英国　　easyJet

1995年　キプロスの船主の息子、ステリオス・ハジ＝イオアヌによって創立。

サウスウエスト航空とライアンエアーに次いで世界で3番目に大きい格安航空会社。当初、保有機材はボーイング737の1種類だけだったが、2002年にエアバスA319を導入した。ヨーロッパ中に20のハブ空港がある。

www.easyjet.com

www.virgin-atlantic.com

171

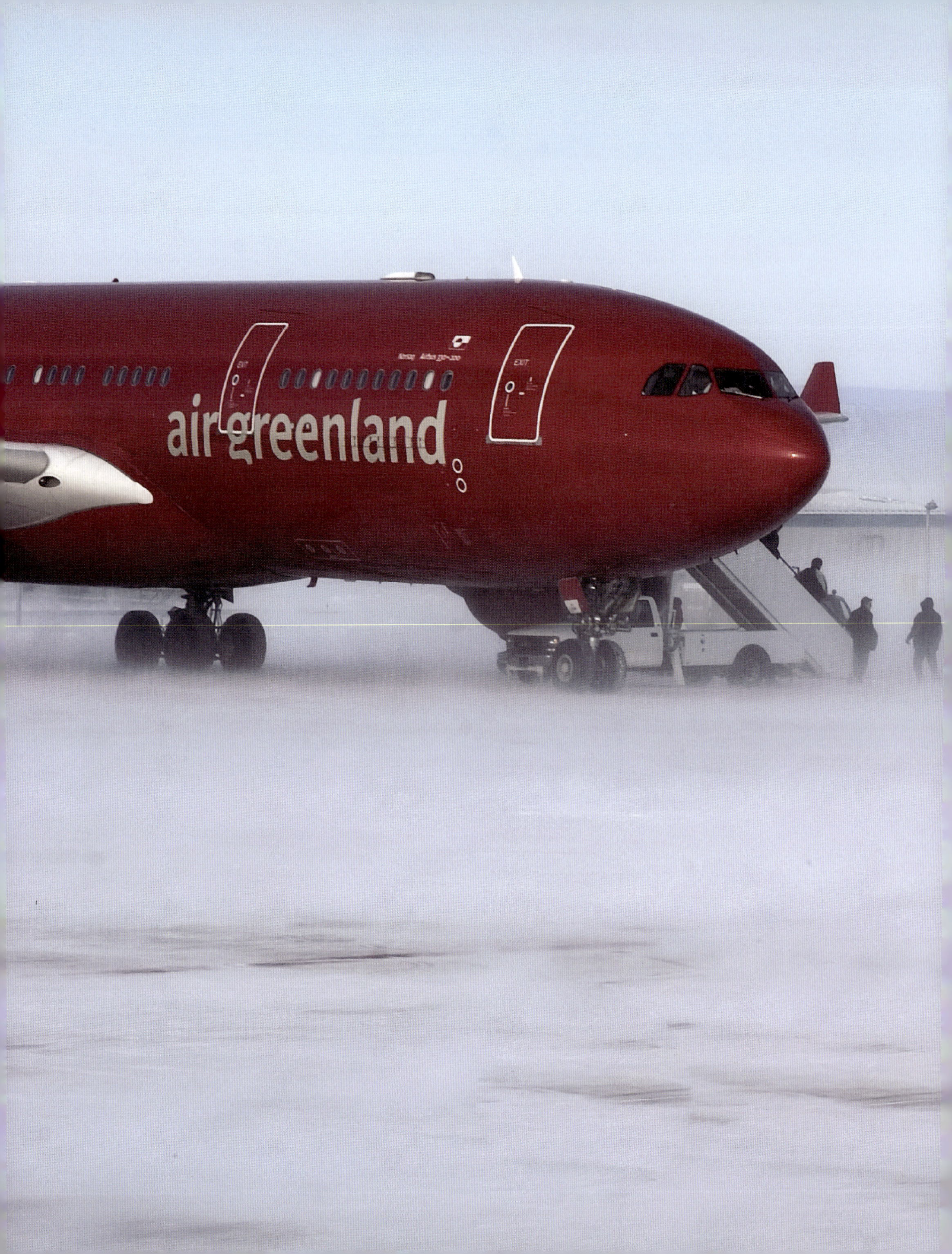
air greenland

グリーンランドのカンゲルルススアークの凍えるような低温の中、運航されているエアバスA330。

モナークエアライン

🇬🇧 英国　　Monarch

ヨーロッパ、米国、カナダ、カリブ海、メキシコ、アフリカ、インドを目的地とするチャーター便の運航を中心とする英国の航空会社。現在は定期運行便も扱う格安航空会社として知られている。

www.monarch.co.uk

トムソン航空

🇬🇧 英国　　Thomsonfly

1962年	「ユーラヴィア・ロンドン」としてルートンで創立。
1964年	「ブリタニア航空」に社名変更。
1965年	大手旅行代理店トムソン・トラベル（TUI）に買収される。
2005年	「トムソンフライ」に社名変更。
2008年	ファースト・チョイス・エアウェイズと保有機材を共有。
2009年	トムソン航空に合併統合。

TUIグループの航空連合に加盟。このグループには、TUIフライ、トムソン航空、TUIフライ・ノルディック、ジェットエアフライ、Jet4you、コースエアフライ、アークフライが加盟している。グループは合わせて約160機の機材を保有している。

http://flights.thomson.co.uk

ブリティッシュ・エアウェイズ

🇬🇧 英国　　BRITISH AIRWAYS

1924年	英国の4つの航空会社、インストーン・エアライン、ハンドレイ・ページ・トランスポート、ダイムラーエアウェイズ、ブリティッシュ・マリン・エア・ナビゲーションが合併し、インペリアルエアウェイズとなる。
1935年	他の航空会社が合併し、ブリティッシュ・エアウェイズ設立。
1939年	インペリアルエアウェイズとブリティッシュ・エアウェイズの合併と国営化により、英国海外航空（BOAC）創立。
1946年	ブリティッシュ・サウスアメリカンエアウェイズ（BSAA）設立。
1946年	ブリティッシュ・ヨーロピアン航空（BEA、英国欧州航空）設立。
1949年	BSAAの統合。
1974年	BOACとBEAが合併しブリティッシュ・エアウェイズ設立。
1987年	民営化される。
1988年	ブリティッシュ・カレドニアン航空の吸収統合。
1992年	ドイチェBAの設立。
1993年	ブライモン航空の買収。
1995年	英亜航空会社（ブリティッシュ・アジア・エアウェイズ）設立。
2002年	ブライモン航空が子会社「ブリティッシュ・エアウェイズ・シティエキスプレス」となる。
2006年	ブリティッシュ・エアウェイズ・シティエキスプレスが「BAコネクト」になる。
2006年	ドイチェBAをエア・ベルリンに売却。
2007年	BAコネクトをFlybe（フライビー）に譲渡。
2008年	ヒースロー空港でBA専用の第5ターミナル使用開始。
2008年	BA子会社オープンスカイズの設立。
2009年	イベリア航空との統合を発表。後にインターナショナル・エアラインズ・グループ（IAG）となるが2社の名称は継続。
2010年	アメリカン航空が2社の合同事業に加わることに同意する。

www.britishairways.com

bmi

🇬🇧 英国

1949年	ダービー・アビエーション設立。
1964年	マーキュリー・エアラインズの買収合併。「ブリティッシュ・ミッドランド航空（BMA）」となり、イーストミッドランド空港を拠点とする。
1970年	ボーイング707による大西洋横断フライト就航。
1994年	スカンジナビア航空がBMAの株式の40パーセントを保有。
1999年	ルフトハンザドイツ航空による出資。
2001年	bmiに社名変更。
2009年	ルフトハンザドイツ航空がロンドン拠点持株会社を通じbmiの全株式を確保。
2012年	ルフトハンザからIAGへ売却。ブリティッシュ・エアウェイズに統合され会社消滅。bmiリージョナルは運航存続。

www.flybmi.com

ローガンエアー

🇬🇧 英国

スコットランドの地域航空会社で、シェトランド諸島とオークニー諸島への運航を専門とする。バラ島では、離着陸は干潮時の海岸を使用している。

www.loganair.co.uk

キンバースターリング

🇩🇰 デンマーク

1950年	タクシー代わりの小型飛行機（エアタクシー）運航会社としてパイロットが創立。1966年以降は定期便運航。
1995年	スカンジナビア航空との提携を開始。
2008年	スターリング航空の部分的な買収を行うも支払い不能に陥る。
2012年	倒産、運航を全面停止。

www.cimber.com

ノルウェー・エアシャトル

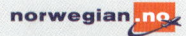

🇳🇴 ノルウェー

ブラーセンズ・エアラインの運航網を引き継ぐために1993年に設立された格安航空会社。保有機材の水平尾翼にロアルド・アムンゼンなど北欧諸国の著名人の肖像が描かれている。

www.norwegian.com

ヴィデロー航空

🇳🇴 ノルウェー

1934年	ヴィデロー航空設立。主にエアタクシー（小型飛行機の委託運航）、写真撮影フライト、救急搬送飛行、広告飛行を請け負う。
1935年	キルケネスへの本部移転。
1958年	トロムソに拠点を移す。
1960年	800メートルの滑走路を持つ新しい空港が建設される。
1960年	DHC-6ツイン・オターの導入。
1981年	DHC-7の導入。
1992年	DHC-8の導入。
1999年	スカンジナビア航空への売却。

www.wideroe.no

スカイウェイズ・エクスプレス航空

🇸🇪 スウェーデン

1940年に「アビア」創立。1991年にサレニアに買収され、1993年、「スカイウェイズ・エクスプレス」に。1998年にはスカンジナビア航空が株式の25パーセントを取得し、サレニアは72.7パーセント保有。スウェーデン国内に広い運航網があったが、2012年に倒産し運航停止。

www.skyways.se

175

スカンジナビア航空

🇸🇪 スウェーデン　　　SAS

1946年	ノルウェー、スウェーデン、デンマークの大手航空会社が合併業務提携。
1951年	スカンジナビア航空（SAS）の設立。
1954年	コペンハーゲンからグリーンランドのカンゲルルススアークを経由しロサンゼルスまでの初めての北極ルートの定期便運航開始。
1957年	アラスカのアンカレッジ経由で東京へ飛ぶ初めての北極ルート運航開始。
1986年	スパンエアーの設立。
1997年	スターアライアンスの設立メンバーとなる。
2008年	スパンエアーの売却。

❖西洋の主要航空会社で初めて採用された女性パイロット、トゥーリ・ヴィデロー

www.flysas.com

フィンランド航空（フィンエアー）

🇫🇮 フィンランド　　　FINNAIR

1923年	「Aero O/Y（アエロ・オイ）」設立。
1946年	国営化される。
1953年	「アエロ・オイ・フィンエアー」の名称を使用するようになる。
1960年	シュド・カラベル購入。
1962年	フィンランドの航空会社カー・エアーの買収。
1968年	正式に「フィンエアー（フィンランド航空）」に改称。
1975年	マクドネル・ダグラスDC-10-30の購入。
1979年	リージョナル子会社フィンアビエーション設立。
1983年	ヨーロッパから日本への直行便就航。
1988年	ヨーロッパから北京への直行便就航。
1990年	マクドネル・ダグラスMD-11のローンチカスタマーとして初号機受領。
1990年代	中距離の保有機をエアバス機に段階的に更新。
1999年	ワンワールド・アライアンスに加盟。
2004年	近距離フライト用にエンブラエル機を購入。
2005年	エアバスの長距離用ジェット機を発注。

ブルーワン

🇫🇮 フィンランド　　　Blue1

1988年　パカリ家により「エア・ボツニア」創立。1998年にスカンジナビア航空（SAS）に買収されるまでフィンランド航空のフィーダーとして運航。2004年、社名変更。2012年にブルーワンの便名はなくなりSASが路線を引き継ぐ。

www.blue1.fi

エストニアン・エア

🇪🇪 エストニア　　　ESTONIAN AIR

1991年　エストニア政府により創立、以前にアエロフロートが使用していた機材を利用した。SASが株式の49パーセントを保有するエストニアン・エアは、SASロイヤリティプログラムと提携している。

www.estonian-air.com

www.finnair.com

LOTポーランド航空

🇵🇱 ポーランド

1929年	ポーランド政府により設立。
1940年代	第二次世界大戦で保有機材をすべて失う。
1949年	イリューシン、アントノフ、ツポレフの機材で再出発。
1989年	保有機材をボーイング機に更新。
2003年	スターアライアンスに加盟。
2004年	格安航空子会社セントラルウィング設立。
2008年	エンブラルEジェットの購入。

www.lot.com

スカイヨーロッパ航空

🇸🇰 スロバキア

スカイヨーロッパ航空は、かつては東欧で最高の格安航空会社と考えられていた。
2007年に、ハンガリーの子会社を閉鎖したスカイヨーロッパは2009年に破産申請し、その年9月にすべての運航を停止した。

www.skyeurope.com

チェコ航空

🇨🇿 チェコ共和国

1923年	チェコスロバキア国営航空（CSA）設立。
1930年	国際線運航開始。
1939年	ドイツの占領によりCSAは運休となる。
1945年	運航再開。ソ連製の機材に順次更新。
1995年	チェコとスロバキアの連邦解消後、現在のチェコ航空（CSA）に改称。
2007年	ディスカウントチケット販売子会社Click4sky（クリック・フォー・スカイ）設立。
2009年	エールフランス-KLMによる民営化入札が行われるが、後に不成立に終わる。

www.czechairlines.com

ウィズエアー

🇭🇺 ハンガリー

ウィズエアーは、ハンガリーに拠点を置く格安航空会社で、主に東ヨーロッパへのフライトを運航している。しかし、2009年以降はドイツの地方空港でも見られることが徐々に多くなっている。

www.norwegian.com

マレブ・ハンガリー航空

🇭🇺 ハンガリー

1918年	航空郵便輸送会社として創業。
1946年	戦争で営業休止の後、ロシアとハンガリーの合弁持株会社として再創業。
1956年	経営からロシア撤退。ハンガリー国営「マレブ・ハンガリー航空」となる。
1966年	ツポレフ機の導入。
1990年代	民営化の動き。
2007年	ロシアの会社エアユニオンに買収される。ワンワールド・アライアンスに加盟。
2010年	再び国営化される。
2012年	事実上の倒産。運航全面停止。

www.malev.com

ヘムス航空

🇧🇬 ブルガリア

旧バルカン・ブルガリア航空から分かれて誕生した航空会社、2002年に破産資産として民間投資家に売却された。ヘムス航空は健全な成長を遂げ、ブルガリア航空とビアッジオ・エアを合併した。2009年からは便名はすべて「ブルガリア航空」で運航されている。

www.air.bg

177

タロム航空

🇷🇴 ルーマニア　　TAROM

- 1945年　ソ連の援助を受け「TRAS」設立。
- 1954年　ルーマニア政府が株を買い取り、ロシアが経営から撤退。
- 1954年　「TAROM（タロム）」に社名変更。
- 1966年　ツポレフのジェット機導入。
- 1968年　BAC1-11の調達。
- 1990年　西側の機材への更新。
- 2000年代　大陸間の長距離路線からの撤退。
- 2007年　国内線運航網の拡大

www.tarom.ro

オヌール・エア

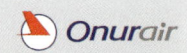

🇹🇷 トルコ　　Onurair

トルコの航空会社で、チャーター便の運航を主に行っていたが、2004年以降、トルコ国内や近隣の国への定期運行便も運航している。また、トルコとヨーロッパ圏内を結ぶパック旅行の観光客の輸送も行っている。

www.onurair.com

トルコ航空

🇹🇷 トルコ　　TURKISH AIRLINES TÜRK HAVA YOLLARI

- 1933年　トルコ国防省の国家航空事業運営部として設立。
- 1947年　国際線就航。
- 1967年　ジェット機の導入。
- 1972年　米国外で初めてのマクドネル・ダグラスDC-10導入。
- 1974年　ボーイング727の購入。
- 1974年　子会社、キプロス・トルコ航空（KTHY）設立。
- 1988年　米国への運航路線就航。
- 1989年　ターキッシュ・エア・トランスポート（THT）の設立。
- 1989年　ルフトハンザドイツ航空と共にサンエクスプレス設立。
- 1994年　THTとトルコ航空の統合。
- 2005年　新たなコーポレート・アイデンティティ採用。
- 2008年　格安航空子会社アナドルジェット設立。
- 2008年　B&H航空の株式の49パーセントを買収。
- 2008年　スターアライアンスに加盟。

www.thy.com

サンエクスプレス

🇹🇷 トルコ　　SunExpress

ルフトハンザドイツ航空とトルコ航空の合弁事業により、1989年に設立された。トルコ国内とドイツ、エジプトへの国際線を運航する、非常に人気のある航空会社。

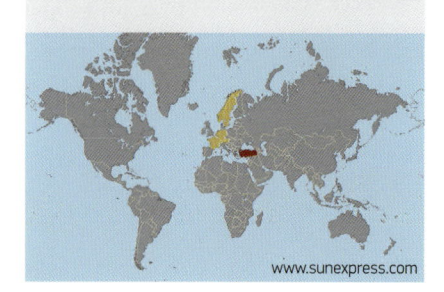

www.sunexpress.com

キプロス航空

🇨🇾 キプロス　　CYPRUS AIRWAYS

- 1947年　英国欧州航空（BEA）などの援助を受け設立。
設立当初から国際線のみ運航。

最も重要な路線：ニコシア-アテネ～ローマ～ロンドン
- 1974年まで、ヨーロッパのすべての主要都市に運航していた。
- 1974年　トルコ侵攻により保有機材が破壊される。
ニコシア空港が国連の管理下に置かれる。
- 1975年　ラルナカ空港開港。ここを主要拠点空港として運航再開。
- 1980年　政府の持株率が多数を占める。
- 1984年　保有機材のエアバス機への更新。

www.cyprusairways.com

178

ユーロキプリア航空

🇨🇾 キプロス　EUROCYPRIA AIRLINES

キプロス航空のチャーター便運航子会社として1992年に設立され、2006年にキプロス政府に売却された。20カ国の70か所以上の目的地へ運航していたが、2010年に破産し運航を停止した。

www.eurocypria.com

エーゲ航空

🇬🇷 ギリシャ　AEGEAN AIRLINES

1987年	「エージアン・アビエーション」として設立。小型ビジネスジェット機による高級サービスを提供。
1994年	リアジェットのビジネスジェット機購入。
1999年	拡大し、現在の「エーゲ航空」になる。
1999年	エア・ギリシャの合併。
2005年	ルフトハンザドイツ航空との業務提携。
2010年	スターアライアンスへの加盟。

最も成功しているギリシャの航空会社である。

www.aegeanair.com

オリンピック航空（オリンピック・エア）

🇬🇷 ギリシャ　OLYMPIC AIRLINES

ギリシャの海運王アリストテレス・オナシスが、倒産した国営航空会社を買収、1957年に「オリンピック・エアウェイズ」として再生し成功をした。子会社整理の一環で2003年に「オリンピック・エアラインズ」として運航を始めたが、2009年に運航停止後、民営化され「オリンピック・エア」としてすぐに再出発した。

www.olympicair.com

MATマケドニア航空

🇲🇰 マケドニア　MAT Macedonian Airlines

1994年に創立されたが、ギリシャには同じ社名の航空会社が存在したため、ギリシャ人の悩みの種だった。2008年、航行援助施設利用料の未払いのため、欧州航空航法安全機構（ユーロコントロール）から複数の機材の地上待機処分が下された。MATマケドニア航空は2009年に全面運航停止となっている。

モンテネグロ航空

🇲🇪 モンテネグロ　MONTENEGRO AIRLINES

1994年	会社設立。
1997年	運航開始。

バルカン諸国の都市だけでなく中央ヨーロッパの都市とポドゴリツァとを結ぶ路線の定期運行便とチャーター便の運航。

www.montenegroairlines.com

B&H航空　BH Airlines

🇧🇦 ボスニア・ヘルツェゴビナ

ユーゴスラビア解体のとき「エア・ボスニア」として1994年に設立される。2003年に運航停止となるが、2005年に「B&H航空」として政府が再建し、運航を再開した。

www.bhairlines.com

クロアチア航空

🇭🇷 クロアチア　CROATIA AIRLINES

1989年	「ザグレブ航空」として設立。セスナ402を使用してUPSのために貨物輸送を行う。
1990年	「クロアチア航空」に社名変更。
1991年	ザグレブ〜スプリット路線の就航。
1992年	ユーゴスラビア紛争のため運航休止。
1993年	保有機材の拡張。
1996年	サラエボへ運航する初めての航空会社となる。
1997年	保有機材のエアバス機への更新。
2004年	スターアライアンスへの加盟契約。
2009年	クロアチア航空が2000万人目の乗客を祝う。

www.croatiaairlines.hr

アドリア航空

🇸🇮 スロベニア　　ADRIA AIRWAYS

1961年	アドリア・アビオプロメット設立。
1968年	合併後「イネックス・アドリア・エアウェイズ」に社名変更。
1986年	イネックスグループから独立し「アドリア・エアウェイズ」へ社名変更。
1991年	バルカン諸国紛争中、機材はオーストリアのクラーゲンフルトに保管。

www.adria.si

インタースカイ

🇦🇹 オーストリア　　InterSky　www.intersky.biz

ドイツのフリードリヒスハーフェンを拠点空港とするオーストリアの私有航空会社。DHC-8で中央ヨーロッパと地中海地方へ格安運賃で運航する。

www.intersky.biz

オーストリア航空

🇦🇹 オーストリア　　Austrian

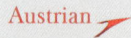

1957年	オーストリア航空設立。
1963年	ジェット機（シュド・カラベル）の導入。
1971年	ダグラスDC-9の導入。
1990年	アフリカと中国への路線拡張。
1999年	チロリアン・エアウェイズの買収。
2000年	スターアライアンスへの加盟。
2001年	ラインタルフルクの買収。
2002年	ラウダ航空の買収。
2002年	チロリアン・エアウェイズとラインタルフルクを合併し「オーストリア・アローズ」になる。
2008年	巨額の負債を抱えたため、政府が売却入札を申し入れる。

ルフトハンザドイツ航空が入札に競り勝ち、欧州委員会より買収の承認を受けた。これにより、オーストリア航空はルフトハンザドイツ航空の傘下となった。

www.aua.com

スイスインターナショナルエアラインズ

🇨🇭 スイス　　swiss

1975年	「クロスエア」として設立。
2001年	スイスエア（スイス航空）が破産状態に陥る。
2002年	クロスエアから「スイスインターナショナルエアラインズ」に改名して発足。
	政府と銀行からの援助で旧スイスエアから航空機・器材、操縦士を買収する。
2005年	ルフトハンザドイツ航空による段階的な買収。
2005年	リージョナル航空子会社スイス・ヨーロピアン設立。
2006年	スターアライアンスに加盟。
2007年	ルフトハンザドイツ航空が株式を100パーセント取得。
2008年	エーデルワイス航空の買収。
2008年	プライベートチャーター機運航会社サーブエアの合併。
2008年	サーブエアを「スイス・プライベート・アビエーション」に改称（2011年運航停止）。
2009年	ヨーロッパ最高の航空会社に選ばれる。

www.swiss.com

ヘルヴェティック・エアウェイズ

🇨🇭 スイス

「オデット・エアウェイズ」として設立された後、2003年に運航を開始した。北欧への多くのフライトを取りやめ、現在はバルカン諸国と地中海を中心に運航している。また、スイスインターナショナルエアラインズへ航空機のリースとチャーター機の運航を行っている。

www.helvetic.com

ルクスエア

🇱🇺 ルクセンブルク

1948年	「ルクセンブルク・エアラインズ・カンパニー」として設立。
1961年	再編し「ルクスエア」となる。ヨーロッパのすべての首都への運航路線拡大。
1967年	ジェット機（シュド・カラベル）の導入
1969年	ボーイング機とエンブラエル機による保有機材の拡張。
2006年	ボンバルディアDASH 8Q-400の購入。
2008年	最初のボーイング737-800発注。

www.luxair.lu

ツィルス航空

🇩🇪 ドイツ

1995年	会社設立。2000年よりルフトハンザドイツ航空と提携。機材の一部はルフトハンザドイツ航空とスイスインターナショナルエアラインズ向けに運航。エア・モルドバと提携。
2010年	ザールブリュッケン空港に本部移転。
2012年	運航停止。

www.cirrusairlines.de

コンドル航空

🇩🇪 ドイツ

1955年	ドイツエアサービス株式会社として設立。
1965年	チャーター便の初フライト。
1961年	コンドル・ルフトリーダライの買収。
1961年	「コンドル航空」に社名変更。
1962年	タイ、スリランカ、ケニアへの長距離フライトの開始。
1969年	ズッドフルークとの合併。
1991年	ビジネスクラスの導入。
2009年	トーマス・クック・グループによる買収。

www.condor.com

エア・ベルリン

🇩🇪 ドイツ

1978年	2人の米国人パイロットにより設立。ベルリンが東西に分裂した状態のため、米国のオレゴン州での創業だった。地中海へのチャーター便を運航、パルマ・デ・マジョルカが最も重要な目的地だった。
1991年	東西ドイツ再統一の後、ドイツに資本を移すことで認可される。
2006年	新株発行。
2006年	格安航空会社dbaの買収。
2007年	LTU国際航空の買収。
2007年	スイス・ベルエアの持株比率を49パーセントまで増やす。
2007年	新たなコーポレート・アイデンティティ採用。
2008年	ロシアのS7航空との提携。
2008年	中国の海南航空との提携。

www.airberlin.com

ルフトハンザドイツ航空

🇩🇪 ドイツ　　　　　　　　　　　　　　　　　　　　　　Lufthansa

1926年	「ドイツ・ルフト・ハンザ」の設立。
1945年	「ドイツ・ルフトハンザ（1933年に改名）」運航停止。
1951年	会社の清算。
1953年	新会社「ルフターク」設立。
1954年	「ルフトハンザドイツ航空」に社名変更。
1960年	ニューヨーク便に初めてボーイング707運航。1962年まで100パーセント国有。
1964年	ボーイング727導入。
1966年	新株発行。
1968年	ルフトハンザドイツ航空の協力の下、ボーイング737-100が開発される。
1970年	ボーイング747導入。
1979年	エアバスA310導入。
1988年	新しいコーポレート・アイデンティティ採用。
1997年	スターアライアンスの設立メンバーとなる。
2003年	エア・ドロミティの買収。
2005年	スイスインターナショナルエアラインズの買収。
2007年	格安航空会社ジェットブルー航空に19パーセントの出資。
2008年	ブリュッセル航空の買収。
2009年	bmi航空の買収。
2009年	オーストリア航空の買収。

フランクフルト国際空港のルフトハンザドイツ航空のファーストクラスラウンジでは、顧客が空港に到着した直後から出発まで専任コンシェルジュがサポートし、そこからメルセデス・ベンツまたはポルシェ・カイエンで直接搭乗機まで送迎してくれる。

www.lufthansa.com

ジャーマンウイングス

🇩🇪 ドイツ　　　germanwings Fly high, pay low.

ケルンを拠点とする格安航空会社。
1997年	「ユーロウイングス」として設立。
2002年	「ジャーマンウイングス」に改称。
2009年	ルフトハンザドイツ航空の完全子会社となる。機内で飲み物やスナックが売られる。

www.germanwings.com

ブリュッセル航空

🇧🇪 ベルギー　　　　　　　　　　brussels airlines

2001年	サベナ・ベルギー航空が破産。
2002年	サベナ・ベルギー航空の破産資産を継承し、SNブリュッセル航空の設立。
2005年	株式の過半数がヴァージン・エクスプレスに売却される。
2007年	ヴァージン・エクスプレスとの合併によりブリュッセル航空となる。
2008年	ルフトハンザドイツ航空がブリュッセル航空の株式45パーセントを取得。
2009年	スターアライアンスに加盟。

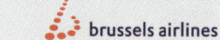

ブリュッセル航空はヨーロッパとアフリカ内の運航網が非常に発達している。

www.brusselsairlines.com

182

KLMオランダ航空

🇳🇱 オランダ

1919年　アルベルト・プレスマン氏（後のKLM最高経営責任者）のイニシアティブの下、KLMオランダ航空設立。現在、運航している航空会社の中で世界最古の航空会社。

1921年　フォッカー機の導入。
1929年　オランダ～バタヴィアの植民地（現インドネシア）間の運航開始。
1934年　アムステルダム～スリナムのパラマリボ間とアムステルダム～オランダ領アンティルのキュラソー島間の運航開始。
1946年　保有機材の更新。
1960年　ダグラスDC-8の購入。
1970年以降　ガウラ・インドネシアン・エアウェイズ、フィリピン航空、ベネズエラのVIASA（ビアサ）の設立。
1989年　ノースウエスト航空との提携。
1991年　ファーストクラスの廃止。
2004年　持株交換によるエールフランスとの合併により、エールフランス-KLM誕生（ただし、運航は両社名で継続）。
2009年　エールフランス-KLMがアリタリア・イタリア航空の株式を25パーセント買収。
2009年　チェコ航空との交渉。

KLMオランダ航空は、DC-2からDC-10まですべての種類の航空機を運航した唯一の航空会社。現在はボーイングの上顧客である。

www.klm.com

トランサヴィア・コム

🇳🇱 オランダ

ベルギーの自転車メーカーにより「トランサヴィア・ランブール」として1965年に設立、後に「トランサヴィア・ホランド」となる。主に北米へのチャーター便を運航。1986年から「トランサヴィア航空」、2005年以降格安航空会社「トランサヴィア・コム」として営業。

www.transavia.com

マーティンエア

🇳🇱 オランダ

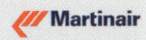

オランダ人の空軍パイロットによって1958年に創立。当初はDC-3を使用するチャーター便航空会社として始まったが、成功を重ね、より大きな機材を購入している。チャーター便、定期便、貨物輸送便を国際的に運航している。

www.martinair.com

レジオナール

🇫🇷 フランス

大きな地域航空会社で、エールフランスが自社の国内線運航を補うために持っていた子会社の1つ。機材はエールフランスのデザインで、便名もエールフランスで運航していた。2013年に他の子会社2社と合併しエールフランスグループの新会社「HOP!」となった。

www.regional.com

エールフランス

🇫🇷 フランス　　AIR FRANCE

1933年	4つの航空会社の合併により設立。
1946年	パリ～ニューヨーク間就航。
1953年	ジェット機（デ・ハビランド・コメット）の導入
1960年	ジェット機のみ（シュド・カラベルとボーイング707）の運航
1963年	フランス政府による運航路線の再分配。この時点から長距離路線はUTAが運航することになる。
1974年	エアバスA300を他社に先駆けて導入。
1976年	コンコルドの運航開始。
1990年	UTAとエール・アンテールとの合併。
2000年	航空連合スカイチームの設立メンバーとなる。
2004年	持株交換によりKLMオランダ航空と合併。当面、両社名のまま運航は継続されることになる。
2009年	持株会社エールフランス-KLMがアリタリア・イタリア航空の株式を25パーセント買収。

www.airfrance.fr

コルセールフライ

🇫🇷 フランス　　Corsairfly

コルシカ島の一家によって1981年に「国際コルシカ航空」として創立される。1990年に「コルセール」に改称され、2000年以降はドイツのパック旅行会社TUIの傘下となり、現在名に改称された。

www.corsairfly.com

エア・ワン

🇮🇹 イタリア　　Air One

「アリアドリアティカ」として1983年に創立され、1995年に社名変更した。経営破綻したアリタリア・イタリア航空と2009年に合併し、その救済に重要な役割を果たした。

www.flyairone.it

ユーロフライ（現・メリディアーナ・フライ）

🇮🇹 イタリア　　eurofly

ミラノの拠点空港から、チャーター便と定期便を運航し、第2のハブ空港はエジプトのシャルム・エル・シェイク国際空港。2010年2月にメリディアナと合併統合して「メリディアーナ・フライ」となり、現在、イタリアで2番目に大きい航空会社になった。

www.meridiana.it

エア・ドロミティ

🇮🇹 イタリア　　AirDolomiti

1989年	トリエステを本拠地に会社創立。
1991年	DASH8-300導入。
1995年	ATR-42導入。
1998年	ATR-72、フォッカー100導入。
1999年	ルフトハンザドイツ航空が株式を30パーセント取得。
2001年	新株発行。
2003年	ルフトハンザドイツ航空が株式を100パーセント取得。
2009年	機材のBAe-146を段階的にエンブラエル195に更新。

ミュンヘン国際空港を新しいハブ空港にし、そこから週に600便以上のフライトを運航している。

www.airdolomiti.it

アリタリア・イタリア航空

🇮🇹 イタリア　Alitalia

1946年	イタリア政府により設立。
1948年	国際線就航。
1956年	国際線航空会社で20位にランクされる。
1960年	ダグラスDC-8とシュドSE210カラベルの導入。
1978年	初めて黒字となる。
2009年	経営破綻して清算に入り、再建に向けさまざまな投資家・企業が動く。結局会社の分割による再建策をとり、新会社として名称はそのまま再出発した。

www.alitalia.it

メリディアナ（現・メリディアーナ・フライ）

🇮🇹 イタリア　Meridiana SimplyFly.

1963年	オリビアを拠点に「アリサルダ航空」としてカリム・アーガー・ハーン4世が設立。
1965年	サルデーニャから国内線就航。
1974年	ダグラスDC-9の運航開始。サルデーニャから国際線就航。
1990年	イタリア全土への運航認可。
2004年	保有機材をエアバス機へ更新。
2006年	ユーロフライの株を30パーセント買収。
2007年	旅客数460万人となる。
2010年	ユーロフライを合併統合し「メリディアーナ・フライ」となる。

www.meridiana.it

エアマルタ

🇲🇹 マルタ　AIR MALTA

マルタ共和国の国営航空会社として1973年に設立。ヨーロッパの主要都市の多くに運航している。

www.airmalta.com

エア・コメット

🇪🇸 スペイン　aircomet

定期便、チャーター便の運航を手がけた航空会社。エア・ヨーロッパ、スパンエアー、アエロスール、アルゼンチン航空、アエロリパブリカ航空と協定を結んでいた。ヨーロッパ全域と南米への路線を数多く運航していたが、2009年12月に経営破綻により運航を停止している。

イベリア航空

🇪🇸 スペイン　IBERIA

1927年	創業。
1944年	国営化される。
1946年	ブエノスアイレスへ就航。
1997年	エア・ノーストラムの買収。
1999年	ワンワールド・アライアンスへの加盟。
2001年	民営化される。
2008年	ブリティッシュ・エアウェイズ（BA）との買収交渉に入る。
2010年	BAと統合し、インターナショナル・エアラインズ・グループ設立。

イベリア航空はカリブ海だけでなく、南米のほとんどすべての国へ運航しており、南米にある複数の航空会社の資産株を保有している。

www.iberia.es

エア・ノーストラム

🇪🇸 スペイン　IBERIA regional AIR NOSTRUM

バレンシアに拠点を置く、イベリア航空の地域航空会社。スペイン国内に広い運航網を持ち、ヨーロッパ諸国やモロッコへの国際線も運航している。

www.airnostrum.es

スパンエアー

🇪🇸 スペイン　Spanair

1986年	スカンジナビア航空により設立。
1988年	ヨーロッパ地域へのチャーター便就航。
1991年	米国、カリブ海、アルゼンチンへの国際線就航。
2008年	マドリードでの痛ましい墜落事故発生。
2009年	カタルーニャ州の投資家に1ユーロで売却。投資コンソーシアムによる買収。
2009年	新しいコーポレート・アイデンティティの採用。
2009年	3分の1の人員削減と多くの路線の運航停止。
2012年	全便運航停止となる。

www.spanair.com

エア・ヨーロッパ

🇪🇸 スペイン　AirEuropa

マジョルカへの観光旅行の増加に応じて1986年にマジョルカで創立される。後に北米、南米への長距離運航も開始した。

www.aireuropa.com

SATAエア・アゾレス

🇵🇹 ポルトガル　SATA Air Açores

アゾレス諸島周辺への運航のため1941年に創立され、1980年に「SATA（Serviço Açoriano de Transportes Aéreos）エア・アゾレス」に改称した。

www.sata.pt

SATAインターナショナル

🇵🇹 ポルトガル　SATA Internacional

SATAエア・アゾレスの子会社。アゾレス諸島とヨーロッパ、北米を結ぶ国際線を運航している。

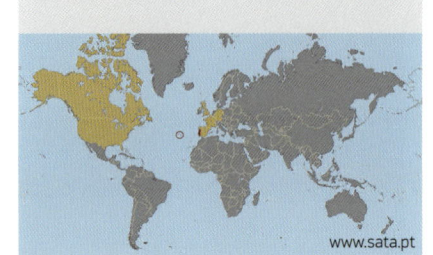

www.sata.pt

TAPポルトガル航空

🇵🇹 ポルトガル　TAP PORTUGAL

1945年	リスボンで設立。
1946年	アンゴラのルアンダ、モザンビークのマプトに初めて路線運航。
1969年	アゾレス諸島のサンタマリア島経由ニューヨーク行き就航。
1990年	保有機材をボーイング機からエアバス機に更新。
1994年	マカオ航空の株式の20パーセントを取得。
1996年	マカオへの路線就航。
2005年	スターアライアンスに加盟。
2006年	ライバル会社のポルトガリア航空を買収。
2009年	民営化される。

www.flytap.com

エリトリア航空

🇪🇷 エリトリア　Eritrean Airlines

エリトリア航空が最初の機材（ボーイング767）を得て航空業務に参入したのは、1993年のエリトリア国の独立からずいぶん後の2002年だった。地域紛争の頻発により、その発展は進まなかった。

www.ertra.com/eal

エチオピア航空

🇪🇹 エチオピア　Ethiopian

- 1945年　TWAの支援の下、皇帝ハイレ・セラシエ1世によって設立。
- 1946年　国際線就航。行き先はカイロだった。
- 1998年　大西洋横断路線就航。
- 2000年　アフリカの航空会社向けトレーニングセンターをアディスアベバに整備。

アメリカのトランスコンチネンタル・アンド・ウエスタン航空（TWA）は、1945年のエチオピア航空設立の原動力となった。今日、エチオピア航空はアフリカ全土の首都ほぼすべてに運航しており、現代的で非常に信頼できる。

www.ethiopianairlines.com

ケニア航空

🇰🇪 ケニア　Kenya Airways The Pride of Africa

- 1977年　ウガンダ、ケニア、タンザニアによる東アフリカ共同体崩壊。
- 1977年　イースト・アフリカン・エアウェイズの営業停止。
- 1977年　ナイロビを本拠地にケニア航空設立。
- 1991年　民営化の開始。
- 1995年　KLMオランダ航空が株式の26パーセントを取得。
- 2005年　新しいコーポレート・アイデンティティ採用。
- 2005年　「アフリカン・エアライン・オブ・ザ・イヤー」受賞。
- 2007年　スカイチームのアソシエートメンバー。2010年よりフルメンバー。

花や鮮魚の貨物輸送でさらに収益を上げている。

www.kenya-airways.com

エア・ウガンダ

🇺🇬 ウガンダ　air uganda

経済発展のためにアガ・カーン基金によって2007年に創立された民間航空会社。ブリュッセル航空と提携している。

www.air-uganda.com

エア・タンザニア

🇹🇿 タンザニア　AIR TANZANIA

イースト・アフリカン・エアウェイズの解体後、1977年にタンザニアに創立され、一時民営化されたが再び国営化されている。2008年に、安全上の欠陥と不備を理由に一時的に運航停止処分となったが、現在は運航している。

www.airtanzania.com

プレシジョンエア

🇹🇿 タンザニア　PrecisionAir

1994年から運航している航空会社設立当時は観光用チャーター便を運航する民間会社だった。需要が高く、1999年以降は定期便も運航するようになる。2003年にはエアケニアが株式の49パーセントを保有していたが、現在の保有率はやや下がっている。

www.precisionairtz.com

エア・マラウイ

🇲🇼 マラウイ

国営企業。経済的理由で、大部分の運航が2006年に停止された。2008年、南アフリカに拠点を置く航空会社コムエアーが、3500USドルで49パーセントの株式を取得した。2013年2月に全面運航停止となっている。

www.airmalawi.com

LAMモザンビーク航空

🇲🇿 モザンビーク

1936年	DETAとして設立。
1980年	LAM（Linhas Aéreas de Moçambique）に社名変更。
1998年	一部民営化。ポルトガルとカーボベルデ諸島への運航。

www.lam.co.mz

セーシェル航空

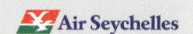

🇸🇨 セーシェル

1977年	会社設立。
1978年	国内線就航。
1983年	フランクフルトとロンドンへの長距離運航路線就航。2013年現在運航されている国際便の目的地は、アブダビ、ヨハネスブルク、モーリシャス、香港となっている。

www.airseychelles.com

マダガスカル航空

🇲🇬 マダガスカル

1962年	「マドエアー」として設立。
1963年	「エア・マダガスカル（マダガスカル航空）」と社名変更。エールフランスが株式の44パーセントを保有し、マダガスカル政府が39パーセントを保有。
1964年	ボーイング707導入。
1979年	ボーイング747導入。
2002年	企業再構築プログラム開始。ルフトハンザドイツ航空の支援を受ける。
2003年	黒字に転じる。
2005年	政府の株式保有率が89パーセントになる。

バンコクとパリへの長距離路線があり、国内線と近距離国際線は、ATR-42とATR-72で運航。

www.airmadagascar.com

モーリシャス航空

🇲🇺 モーリシャス

600キロメートル離れたロドリゲス島に定期的なアクセスを提供するため、1967年に創立された。1977年以来、長距離路線が運航されている。高い需要により、ボーイング747の購入もしている。

www.airmauritius.com

エール・オーストラル

🇫🇷 フランス領レユニオン島

インド洋に浮かぶフランスの島々の楽園と世界とをつなぐ航空会社。戦略的に恵まれた地理的位置のおかげで、パリ～オーストラリア間のボーイング777のフライトをレユニオン島経由で運航することができる。

www.air-austral.com

エア・ジンバブエ

🇿🇼 ジンバブエ

「エア・ローデシア」として1967年に創立。1980年にジンバブエがイギリスから独立後、社名変更。2003年に財政的な問題に陥る。2005年、ドバイからハラレまでの新路線の初飛行の乗客はたった1人だった。

www.airzimbabwe.aero

クルラ（kulula.com）

🇿🇦 南アフリカ共和国

親会社、南アフリカのコムエアーによって2003年に設立された格安航空会社。南アフリカ、ナミビア、ジンバブエ、モーリシャスの地域運航を行っている。

www.kulula.com

南アフリカ航空

🇿🇦 南アフリカ　　　　　　　SOUTH AFRICAN AIRWAYS

1929年	民営会社「ユニオン・エアウェイズ」設立。
1934年	政府に緊急売却され、「南アフリカ航空」設立。
1945年	英国（ボーンマス）への初めての国際線就航。
1953年	デ・ハビランド・コメット購入。
1957年	パースへの運航路線就航。
1960年	ボーイング707導入。
1971年	ボーイング747導入。
1980年	アパルトヘイト政策中の周辺国のボイコットによる経営低下の10年間が始まる。
1991年	世界中への運航開始。
2006年	スターアライアンスへの加盟。

www.flysaa.com

エア・ボツワナ

🇧🇼 ボツワナ　　AIR BOTSWANA

ボツワナ政府の国営航空会社。最初は赤字経営で、黒字に転じたのは1999年のことだった。その年、解雇されて自殺しようとしたパイロットがATR42に乗り、空港に止まっていた自社の航空機に突っ込んだ。保険会社は損害の代金を払わざるを得なかった。

www.airbotswana.co.bw

ナミビア航空

🇳🇦 ナミビア　　Air Namibia First Class World Class

「サウスウエスト・エア・トランスポート」として1946年に設立されたナミビア航空が現在の名前になったのは、1991年になってからだ。機材をエアバスA340に更新する前には、リースしたボーイング747でイギリスとドイツへの運航路線を拡大した。

www.airnamibia.com.na

TAAGアンゴラ航空

🇦🇴 アンゴラ　　TAAG LINHAS AÉREAS DE ANGOLA ANGOLA AIRLINES

1938年に創立。1987年にアフリカとヨーロッパに運航する子会社として、アンゴラ・エア・チャーターを設立。かつてソ連と密接なつながりがあり、キューバへの長距離路線を運航している。

www.taag.com

エア・サービス・ガボン

🇬🇦 ガボン　　air Service

1965年に設立され、ガボンと西アフリカを結んでいた。EUのブラックリストに載り、EU圏内乗り入れが禁止されていた。2010年に全面的に運航を停止している。

www.airservice.aero

ガボン航空

🇬🇦 ガボン　　GABON AIRLINES

2007年に政府によって設立され、乗員と機材はエチオピア航空によって管理されていた。その運航網は近隣諸国だけでなく、パリ、ベイルート、ドバイ、ヨハネスブルクにまで及んでいた。2012年に全面運航停止している。

www.gabonairlines.com

アリク・エア

🇳🇬 ナイジェリア

最新の航空機を保有する西洋化された航空会社。ナイジェリアの広い国内の運航網に加え、ヨハネスブルク、ロンドン、ニューヨークまでの3つの長距離路線を運航している（2013年現在）。

www.arikair.com

エア・ナイジェリア

🇳🇬 ナイジェリア

現在はナイジェリア政府が株式の大部分を保有しているが、以前はヴァージン・グループのナイジェリアの子会社だった。ヴァージンは2008年に持ち株を売却し、社名が「ヴァージン・ナイジェリア航空」から「ナイジェリアン・イーグル航空」に変更され、さらに2010年に現在名へと改称された。

エール・イボワール

🇨🇮 コートジボワール

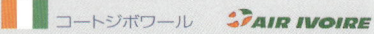

1960年に設立された同社が1999年に破産するまで、航空会社エール・イボワールはコートジボワール政府所有だった。その後、フランスの会社からの支援を受け復活したが、再び政府に買い戻されて運航を続けた。しかし2011年に全面運航停止となった。

www.airivoire.com

TACVカーボベルデ航空

🇨🇻 カーボベルデ

ポルトガルとの強い結びつきから、TACVカーボベルデ航空は旧宗主国ポルトガルとブラジルに頻繁なフライトを運航している。

www.flytacv.cv

アルジェリア航空

🇩🇿 アルジェリア

1947年	会社創立。
1958年	ジェット機（シュド・カラベル）導入。
1963年	一部国営化される。
1970年	国内航空会社STAの設立。
1974年	100パーセント政府保有の国営会社となる。
2007年	新しいメンテナンスセンターの建設。

アルジェリア航空は28の国内空港に加え、アフリカの12都市とヨーロッパの20以上の都市への幅広い運航網を維持し、年間300万人の乗客を運んでいる。

www.airalgerie.dz

チュニスエア

🇹🇳 チュニジア

1948年	会社創立。
1954年	ヨーロッパからジェルバ島へのチャーター便を運航。
1956年	パリへの直行便就航。
1961年	ジェット機（シュド・カラベル）導入。
1982年	エアバスA300の導入。
1991年	航空会社チュニンターの株式を40パーセント取得。
1992年	チュニンター（2007年にセブンエアーに改称）が子会社として運航開始。

北アフリカと中東の航空会社から成るアラベスク航空アライアンスの創立メンバー。チュニスエアは、60年間無事故だった。

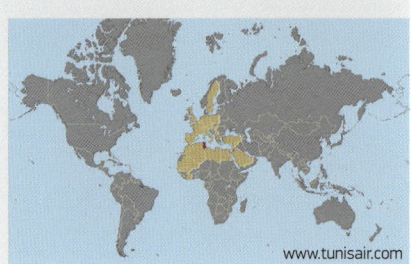

www.tunisair.com

リビア航空

🇱🇾 リビア

1964年に会社創立。1988年のロッカビー・パンナム機爆破事件に伴い制裁を受け、国際線の運航は不可能になり20年間国内便のみの運航に制限されていた。保有している旅客機はすべて西洋の航空機だが、貨物機はすべてロシア製である。

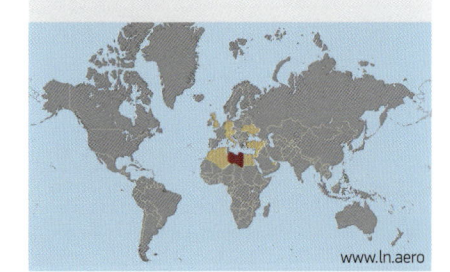

www.ln.aero

アフリキヤ航空

🇱🇾 リビア　　AFRIQIYAH AIRWAYS

2001年　会社創立。
　　　　リビア政府所有の国営航空会社。
2003年　保有機材をエアバス機に更新。
2009年　アフリカの19都市とヨーロッパの主要都市への運航。

就航都市にはヨーロッパの旧宗主国とそれらの国の旧植民地が含まれている。すべてのルートはトリポリ経由で運航されている。北京への運航路線があったが現在は廃止されている。航空会社のロゴ「9.9.99」は、アフリカ連合（AU）の採択宣言が出された日付である。

www.afriqiyah.aero

サウディア

🇸🇦 サウジアラビア　　SAUDI ARABIAN AIRLINES

1945年　ナショナル・エアラインとして設立。CEOは国防相。
1949年以降　ブリストル170、ダグラスDC-4、コンベア340の導入。
1962年　ボーイング720導入。
1965年　アラブ航空会社機構（AACO）加盟。
1972年　「サウディア」に社名変更。
1979年　米国への直行便就航。
1994年　75億ドルでボーイング機発注。
1997年　元の社名「サウジアラビア航空」に変更。
2007年　ボーイング機、エアバス機、エンブラエル機の購入。
2012年　社名を再度「サウディア」に変更。

以前は主にワイドボディの航空機を購入していたが、2010年以降は保有機材にリージョナルジェットも加えている。各フライト離陸前に、機内のスピーカーからコーランの一節を暗唱するイスラム教指導者の声が聞こえ、唱文がいくつかの言語でスクリーン上に現れる。フライト中は、ディスプレイの隅にメッカのある方向を指す矢印が映される。機内でのアルコール提供はない。また、機内での禁煙措置がとられたのはアラビアの航空会社が最も遅かった。

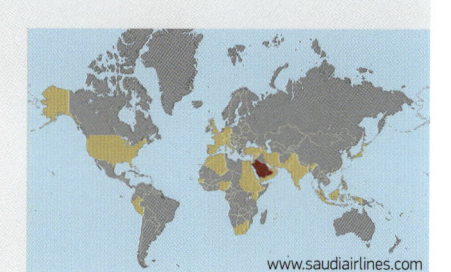

www.saudiairlines.com

エジプト航空

🇪🇬 エジプト　　EGYPTAIR

1932年　「ミスル・エアワーク」として設立。
1933年　デ・ハビランドDH84「ドラゴン」導入。
1935年　DH89「ドラゴン・ラピード」導入。

1946年以降　数多くのタイプの航空機を保有。エアスピード・コンスル、パーシバル・プロクター、ブリストル170、ノースアメリカンAT-6、アブロ・アンソン、ビッカース・ヴァイキング、ドラゴン・ラピード、ビーチC45／AT-11

1949年　「ミスルエア」に社名変更。
1956年　シリア航空との合併。
　　　　新会社「ユナイテッド・アラブ航空（UAA）」設立。
1961〜71年　20機以上の機体の喪失。
1971年　「エジプト航空」に社名変更。
1981年　前将軍が経営を引き継ぎ、その健全な経営が会社を成功に導く。
2007年　子会社エジプト航空エクスプレス運航開始。
2008年　スターアライアンスに加盟。

www.egyptair.com

191

ミドル・イースト航空（中東航空）

🇱🇧 レバノン　MEA

1945年	ベイルートを拠点に設立され、英国海外航空（BOAC）の支援を受ける。1949年にパンアメリカン航空が株式を取得し管理するが、後に再びBOACの持株保有率が上回る。
1963年	ジェット機（シュド・カラベル）の導入。
1968年	イスラエルによるレバノン空襲で保有機材が破壊される。
1975～90年	内戦で拠点空港閉鎖のため国外企業から機材と人員をリースして運航継続。
1998年	会社再構築計画開始。
2012年	航空連合スカイチームへの加盟。

レバノン銀行が株式の99パーセント保有。

www.mea.com.lb

アルキア・イスラエル航空

🇮🇱 イスラエル　arkia

エルアル・イスラエル航空の子会社。2002年11月28日、アルキアの旅客機がモンバサの空港から離陸直後に地対空ミサイルのテロ攻撃を受けるが、かろうじて難を逃れる。そのわずか20分後、モンバサのパラダイス・ホテルが爆破された。

www.arkia.com

エルアル・イスラエル航空

🇮🇱 イスラエル　EL AL

1948年	会社創立。
1949年	パリへの運航路線開設。
1950年以降	デ・ハビランド・コメット、ボーイング707、ダグラスDC-8の購入。
1961年	ニューヨークへの運航路線開設。
1968～70年	数回にわたってエルアル航空の航空機ハイジャック事件が起こる。
1970年	新しいセキュリティ手続きの導入。
1977年	子会社サンドール設立。
2000年	ボーイング777の導入。

エルアル・イスラエル航空がフライト中に提供する食事と飲み物はコーシャー［ユダヤ教の食事規定に従った飲食物］で、ラビ（宗教指導者）の監督の下で用意されている。同社の保有機材には、すべてに対ミサイル・システムが備わっている。

www.elal.com

ロイヤル・ヨルダン航空

🇯🇴 ヨルダン　ROYAL JORDANIAN

1963年	「アリア・ヨルダン航空」として設立される。
1965年	ジェット機シュド・カラベルの運用開始。
1971年	ボーイング707の導入。
1977年	ボーイング747の導入。大西洋横断路線を初めて開設。
1990年	保有機材のエアバス機への更新。
2001年	民営化される。

www.rj.com

192

クウェート航空

🇰🇼 クウェート　KUWAIT AIRWAYS

- 1954年　「クウェート国営航空」として設立され、英国海外航空（BOAC）の支援を受ける。
- 1955年　「クウェート航空」へ社名変更。政府の支援を受ける。
- 1962年　100パーセント政府の管理下に入る。
- 1962年　ジェット機の導入。
- 1964年　トランス・アラビア航空を合併。
- 1968年　ボーイング707導入。
- 1978年　ボーイング747導入。
- 1980年　エアバス機の発注。
- 1990年　イラクによるクウェート侵攻。施設が破壊され15機（保有機12、政府機3）の航空機が奪われた。
- 1991年　ボーイング機とエアバス機で運航再開。

クウェート航空は新しい機材の導入で小さな市場の主導権を握りたいと考えているが、厳しい競争に直面している。

www.kuwaitairways.com

ガルフ・エア

🇧🇭 バーレーン　GULF AIR

- 1950年　「ガルフ・アビエーション」として設立される。
- 1951年　英国海外航空（BOAC）が大株主になる。
- 1970年　ジェット機（BAC1-11）の導入。
- 1970年　ビッカースVC-10の導入。
- 1974年　バーレーン、カタール、UAE、オマーン各政府が航空協定を結び、共同出資会社「ガルフ・エア」として再出発。
- 1976年　ロッキード・トライスターの導入。
- 1980年以降　保有機材をボーイング機とエアバス機に更新。
- 2007年　この年のオマーンを最後に、バーレーン以外の3国は自国の航空会社設立のため、ガルフ・エアの共同出資から順次脱退した。

www.gulfair.com

カタール航空

🇶🇦 カタール　QATAR AIRWAYS

- 1997年　既存の航空会社を政府保有率50パーセント、民間50パーセントの国営会社とする。
- 1997年　保有機材をエアバス機に更新。
- 2006年　米国への運行路線開設。
- 2007年　スカイトラックス社のワールド・エアライン・アワードにおける「ワールド・ベスト・ファーストクラス」を受賞。
- 2009年　従来の航空燃料であるケロシンの代わりに天然ガスでの飛行に初めて成功。
- 2009年　スカイトラックス社の「ワールド・ベスト・エコノミークラス」を受賞。

www.qatarairways.com

エミレーツ航空

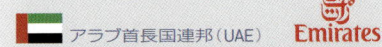

🇦🇪 アラブ首長国連邦（UAE） — Emirates

- 1985年　UAE政府により設立。当初、機材はパキスタン国際航空からのリースだった。
- 1987年　ヨーロッパ圏内への運航開始。
- 1989年　東アジアへの運航開始。
- 1995年　アフリカへの運航開始
- 1998年　エア・ランカ（現スリランカ航空）の株式取得。
  エミレーツ航空すべてのカテゴリーでファーストクラスを提供する、世界で最も急速に発展した航空会社となった。
  エアバスA380を58機発注。
- 2000年　オーストラリアへの直行便就航。 
- 2001年　アルゼンチンへの直行便就航。
- 2008年　エアバスA380の就航。

会社創業後しばらくは、ほとんど誰もこの航空会社に関心を持たなかったが、1900年代の終わり頃から、航空業界で話題を呼ぶようになってきた。特に、A380を58機、A350を79機、ボーイング777を31機という大量注文をしたことなど、侮れない存在だと誰もが認めている。

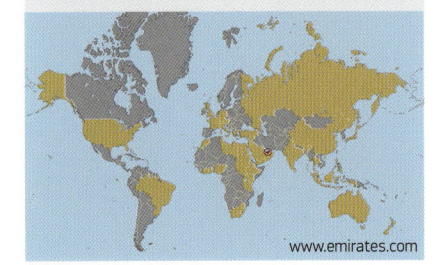

www.emirates.com

エティハド航空

🇦🇪 アラブ首長国連邦（UAE） — ETIHAD AIRWAYS

- 2003年　国王令により創立。
- 2004年　80億ドルで航空機発注。
- 2005年　米国への運航開始。
- 2006年　オーストラリアへの運航開始。
- 2006年　30カ月で就航地を30か所にまで拡大する。

「私たちは乗客を輸送するのではありません。お客様を楽しませるのです」——エティハド航空は、自社と自社が提供するサービスをこのように表現している。他社がサービスを切り詰める中、エティハド航空はその状況をヨーロッパの人々に自社の利用を促すチャンスと見ている。同社は、10機のエアバスA380と25機のA350も発注した。ペルシャ湾にある空港はすべて拡張されつつある。フランクフルトやロンドンの空港に代わり、ドバイまたはアブダビで乗り継ぎをする旅客数の増加予測に対応するためだ。

www.etihadairways.com

エア・アラビア

🇦🇪 アラブ首長国連邦（UAE） — airarabia.com

シャールジャを本拠地とするアラビアの格安航空会社。設立から2、3年で就航地はすでに中東、インド、北アフリカで50か所を数えた。エア・アラビア・モロッコという子会社を運営している。

www.airarabia.com

オマーン・エア

🇴🇲 オマーン — OMAN AIR

すべての首長国が自国の航空会社を必要とする中、オマーンにも1981年以降その1つが存在する。政府が株式を82パーセント保有するオマーン・エアは、長距離路線を中心に運航している。これは6機のボーイング787を発注したという事実でも裏付けられる。

www.omanair.com

イエメニア

🇾🇪 イエメン — Yemenia اليمنية

イエメニア——イエメン航空は1949年から存在する航空会社で、1978年以降新しい名前「イエメニア」で運営されている。2009年、モローニに着陸するはずの同社の旅客機が、インド洋のコモロ沖で悲劇的な事故に遭った。

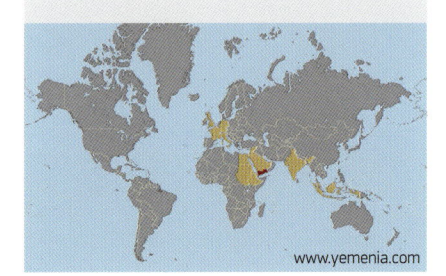

www.yemenia.com

MIATモンゴル航空

🇲🇳 モンゴル　　MIAT MONGOLIAN AIRLINES

1956年に創立されたモンゴルのナショナル・エアライン。モンゴル空軍に属していたが、1993年以降ようやく民営化された。エアバスA310とボーイング737、767で運航している（2013年4月現在）。

www.miat.com

ロシア航空

🇷🇺 ロシア　　РОССИЯ

1992年　会社創立。
2006年　プルコボ・エアラインズの買収。

ロシア航空は、経済損失を出している、航空連合エアユニオンに加盟するロシアの他の会社も買収して合併した上で国の管理下に置かれ、最終的にアエロフロートロシア航空に統合されることになっている。2011年にはアエロフロート・ロシア航空がロシア航空の筆頭株主となった。ロシア航空の本部と主要なハブは、モスクワのヴヌーコヴォ国際空港にある。

www.rossiya-airlines.ru

アエロフロート・ロシア航空

🇷🇺 ロシア　　AEROFLOT Russian Airlines

1923年　ソビエト連邦の共産党の決議により創立。機材購入のため寄付金を集める協会が設立された。労働者たちは賃金を寄付することが義務づけられ、その見返りに「ドブロリョート」の株式を受領した。
1923年　数か月後、15機のユンカースF-13購入。
1937年　国際路線就航。
1939年　保有機材4000機と40万人の雇用者を抱える世界最大の航空会社となる。
1971年　IATAのメンバーになる。
1976年　旅客輸送量1億人達成。
1990年　保有機材が1万機以上となる。
1992年　数多くの地域航空会社に事業分割。
1993年　会社再構築。
2006年　スカイチームに加盟。

1994年3月23日、アエロフロート・ロシア航空の機長が自分の2人の子どもたちをエアバスA310の操縦席に座らせた。すると15歳の息子が無意識に自動操縦を解除してしまい、旅客機は次第に傾き失速して急降下し始めた。その加速によるGがあまりにも大きく、パイロットたちは操縦席を代われなかった。副操縦士が操縦桿に手を添えて機首を急激に上げたため、機体は垂直に上昇、ついに失速した。するとまもなく旅客機はスピンしながら急降下した。機長がやっと自分の席に戻って操縦を代わり、水平飛行に戻したときにはすでに高度が足りなかった。自動操縦が解除されてからわずか3分後に飛行機は地面に激突し、乗員乗客が全員死亡した。

www.aeroflot.ru

195

すべての
フライトの離陸前には、
必ずクルーが着陸装置、
操縦翼面、エンジンをチェックし、
異物や損傷がないか調べる。

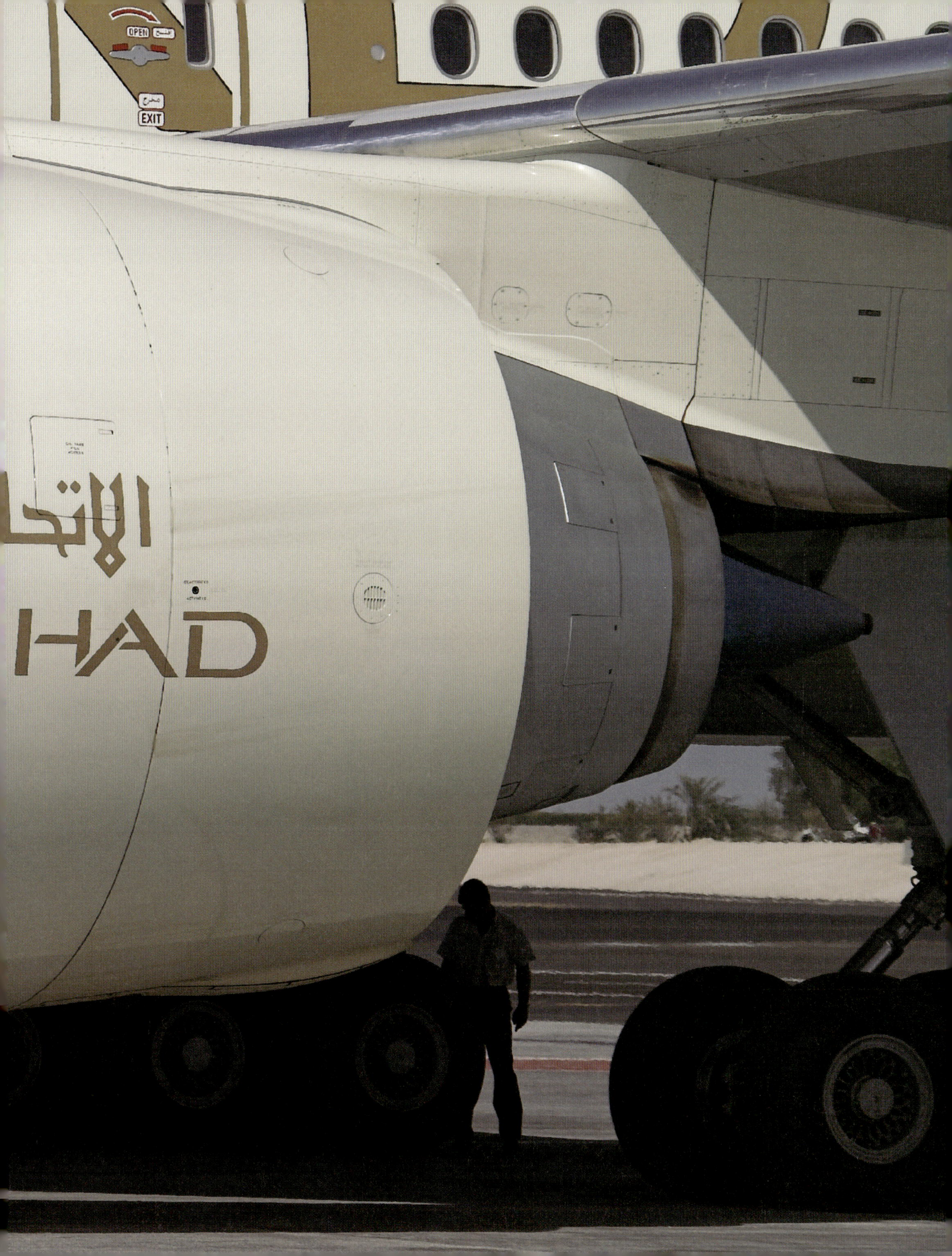
OPEN
EXIT
الاتحا
HAD

KDアビア

🇷🇺 ロシア

カリーニングラードの民間の航空会社。多くのロシアの航空会社と同様に、信用危機と旅客数の減少のために困難に直面していたが、2009年に運航を全面停止した。

www.kdavia.ru

ウラル航空

🇷🇺 ロシア

1993年　エカテリンブルクで会社創立。
1997年　民営化
2008年　旅客輸送量が150万人となる。

アエロフロートのスヴェルドロフスク州地域の事業を引き継いだ、エカテリンブルク拠点の航空会社。同社は旧ロシアの機材に固執して、旅客数の減少に直面していたため、競売が何度か行われたが買い手がなかった。現在、航空会社は民営化され、保有機材もツポレフ機からエアバス機に更新されている。

www.uralairlines.ru

S7航空

🇷🇺 ロシア

1992年　「シベリア航空」としてノヴォシビルスクに設立。
2005年　「S7航空」に改称。
2007年　長距離運航のため、ロシア製機材をエアバス機やボーイング機に更新。
2008年　エア・ベルリンとコードシェア運航。

ウクライナ軍によって旅客機が撃ち落とされた偶発的事故後、同社の機材はすべて明るい緑色に塗り直された。これが偶然の一致であるかどうかはわからない。

www.s7.ru

ヤクーツク航空

🇷🇺 ロシア

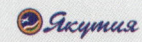

アエロフロートのヤクーツク地域の事業を引き継いだ航空会社。国内線運航専門で、主にロシア製の機材で運航している。

www.yakutia.aero

アルマビア

🇦🇲 アルメニア

エレバンに拠点を置く民間航空会社。2006年5月3日に同社のエアバスA320がソチの沖合に墜落した。同年5月5日未明、ブリュッセルの航空機格納庫の火災でアルマビアの保有機1機が焼失し、わずか3日間のうちに2機の航空機を失った。2013年、アルマビアは倒産した。

www.armavia.aero

アゼルバイジャン航空

🇦🇿 アゼルバイジャン

1992年に創立されロシア製の航空機を使用して運航開始。その後、保有機材はボーイング機とエアバス機へと大きな更新が行われている。

www.azal.az

198

エア・アスタナ

🏴 カザフスタン　air astana

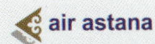

2001年	カザフスタンのアスタナで会社創立。ボーイング737を3機リースしてのスタート。
2004年	ボーイング757の導入。
2004年	国内線用にフォッカー50の導入。株式の51パーセントを政府が所有。
2008年	ルフトハンザドイツ航空との業務提携。

CEOのピーター・フォスターは、世界各地の航空会社を成功に導いた経験豊かなマネージャー。この巨大な国が観光旅行に扉を開くことを強く求めている。

www.airastana.com

キルギスタン航空

🏴 キルギス

ビシュケクに拠点を置く国営航空会社。国内線と国際線の定期便を運航している。2005年にEUのブラックリストに載り、EU域内乗り入れ禁止となった。政府が81パーセント、民間が11パーセント、従業員が8パーセント株式を保有している。

www.kyrgyzair.com

パキスタン国際航空

🏴 パキスタン　PIA

1946年	前身会社「オリエント・エアウェイズ」設立。東西パキスタン間の定期便を運航する。
1955年	国営会社「パキスタン国際航空」誕生。国際定期便就航。
1960年	ボーイング707導入。
1961年	ニューヨークへの運航路線開設。
2007年	3月、EUブラックリスト（EU域内乗り入れ禁止）指定を受ける。
2007年	11月、ブラックリストからの指定全面解除。

パキスタン政府は長い間パキスタン国際航空の民営化を試みていたが、投資家を見つけられず2009年に計画はとうとう断念された。

www.piac.com.pk

アリアナ・アフガン航空

🏴 アフガニスタン　ARIANA AFGHAN AIRLINES

1955年に国営航空会社として設立。パンアメリカン航空とトランス・ワールド航空からの援助で成長するもタリバンによって崩壊状態に陥る。だが、アフガン侵攻後の2002年に国際線運航を復活した。1機のエアバスA310を除く全機材がEU域内乗り入れ禁止指定されている。

www.flyariana.com

ジェット・エアウェイズ

🏴 インド　JET AIRWAYS

1992年	ムンバイを拠点に会社創立。
1993年	4機のボーイング737-300をリースし商業運航を開始。
2004年	スリランカ行きの国際定期便就航。
2007年	エア・サハラの買収。
2007年	ノースアメリカン航空のフライト用にブリュッセルをハブ空港にする。
2008年	キングフィッシャー航空と航空連合を結ぶ。
2009年	ジェット・エアウェイズが2人のパイロットを解雇。それに対し会社のパイロット430人が一斉に病欠の電話を入れた。800便の欠航と2700万ユーロの経済損失を受けた同社が、解雇したパイロットを5日後に復職させたため他のパイロットは職場復帰した。

www.jetairways.com

エア・インディア

🇮🇳 インド

- 1932年　「タタ航空」として設立。
- 1971年　ボーイング747導入。
- 2007年　インディアン航空と合併。これによりエア・インディアは、ジェット・エアウェイズ、キングフィッシャー航空に次いで、インドで3番目に大きい航空会社となる。エア・インディアはこのときから国内線の運航を再開してきた。格安航空部門として子会社のエア・インディア・エクスプレスが運航。
- 2011年　スターアライアンスへの加盟保留決定。

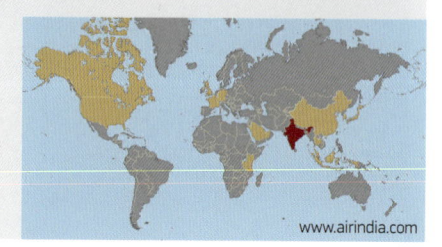

www.airindia.com

キングフィッシャー航空

🇮🇳 インド　KINGFISHER AIRLINES

- 2004年　ベンガルールを本拠地として設立。ビール製造会社の傘下企業。ほぼ国内線専門に運航。
- 2008年　インドの格安航空会社エア・デカンを買収。

キングフィッシャー航空は、一時はインド最大級の航空会社となり、エアバス380を5機発注した。機材の水平尾翼にはカワセミが描かれ、サービスと贅沢さを大きな売りにしていたが、経営難に陥って2012年に全面運航停止に追い込まれ、現在も再開のめどは立っていない。

www.flykingfisher.com

ネパール航空

🇳🇵 ネパール

「ロイヤル・ネパール航空」を前身会社とする航空会社。2008年の君主制廃止後「王立」を表す「ロイヤル」が社名から外された。
国内外の40の目的地へ向け運航している。

www.nepalairlines.com.np

スリランカ航空

🇱🇰 スリランカ　SriLankan

- 1948年　「セイロン・エアウェイズ」として設立。
- 1949年　「エア・セイロン」に名称変更。
- 1978年　ホーカー・シドレーHS-748へのタミル人による攻撃。
- 1979年　「エア・ランカ」設立。
- 1986年　タミル人テロ組織LTTEによる2度目の攻撃。
- 1998年　「スリランカ・エアラインズ(スリランカ航空)」への改称。
- 2001年　LTTEによる3度目の攻撃。保有機材の半数が破壊される。
- 2002年　SARS危機。
- 2004年　インド洋大津波被害(スマトラ島沖地震発生)。
- 2007年　運航路線の拡大。

www.srilankan.aero

中国国際航空（エア・チャイナ）

🇨🇳 中国　　AIR CHINA

- 1949年　中国民用航空局（CAAC）設立。ロシア製機材を使用。
- 1970～1980年年代　長距離用にボーイングとイリューシンの機材を使用。
- 1988年　CAAC分割解体後の再編で、航空会社「中国国際航空」誕生。
- 1988年　ボーイング747導入。
- 2002年　中国西南航空、中国航空総公司と合併。
- 2004年　浙江航空の買収。
- 2007年　スターアライアンスに加盟。

マカオ航空、山東航空、中国国際貨運航空の主要株主。
キャセイパシフィック航空の株式を17パーセント保有している。

www.airchina.com

海南航空

🇨🇳 中国　　海南航空 Hainan Airlines

- 1989年　HNA・中国海航グループにより設立。
- 1993年　運航開始。
- 1990～2007年　海航グループが系列会社を増やす。山西航空、長安航空、中国新華航空、雲南祥鵬航空、金鹿航空（現 北京首都航空）、大新華快運（現 天津航空）、揚子江快運航空、香港航空、香港エクスプレス航空。
- 2007年　海南航空が山西航空、長安航空、中国新華航空と合併し、大新華航空設立。
- 2008年　北京～シアトル間定期路線開設。
- 2009年　ベルリンへの運航。
- 2010年　北京～ブリュッセル間、上海～ブリュッセル間の運航開始。

www.hnair.com

中国東方航空

🇨🇳 中国　　CHINA AIRLINES

- 1988年　CAAC分割解体により、上海を本拠地に設立。
- 2001年　長城航空の買収。
- 2002年　中国雲南航空、中国西北航空を併合（2社は消滅）。
- 2010年　上海航空の買収。

中国東方航空は上海航空との合併により、巨大な航空会社となった。航空連合スカイチームへ2011年に加盟したが、スターアライアンスのメンバーの中国国際航空が中国東方航空の株式の24パーセントを所有するため、別の航空連合に加盟する会社がスカイチーム・メンバーの大株主ということになった。

www.flychinaeastern.com

201

中国南方航空

🇨🇳 中国　　中国南方航空 CHINA SOUTHERN

1988年　CACC分割解体により、広州を本拠地に設立。
1997年　ニューヨークと香港で新株発行。
2003年　中国北方航空、およびその子会社の北方航空三亜公司と北航天鵝航空、新疆航空の買収。
2004年　世界の航空会社トップ10に入る。
2007年　アジア最大の航空会社となる。

2007年　スカイチームに加盟。
2009年　台湾に支社設立。
2009年　スカイトラックス社により「中国最高の航空会社」に選ばれる。
2011年　エアバスA380運航開始。

同社は5機のエアバスA380を含む、150機の航空機を発注した。

www.csair.com

上海航空

🇨🇳 中国　　上海航空股份有限公司 SHANGHAI AIRLINES CO.,LTD.

1985年　上海市によって設立。当初は国内線のみの運航だった。
1997年　国際路線の就航。
2002年　新株発行。
2006年　台湾のエバー航空と共同で、貨物輸送の子会社「上海国際貨物輸送航空会社」設立。

2007年　スターアライアンスに加盟。
2009年　中国東方航空との合併を発表。中国東方航空がスカイチームに加盟しているため、必然的に上海航空はスターアライアンスから脱退することになる。

2010年に上海航空は中国東方航空と合併したが、両方の航空会社がそれぞれのアイデンティティを保持している。現在、中国国際航空はスターアライアンス、中国南方航空はスカイチームのメンバーだが、今後2社は同じ航空連合に加盟することになった。選択肢は2つの航空連合の他に、ワンワールド・アライアンスも常に控えている。

www.shanghai-air.com

中国新華航空

🇨🇳 中国　　China Xinhua Airlines 中国新华航空

1992年に北京に本部を置く海南航空の子会社として設立され、北京首都国際空港と天津濱海国際空港をハブ空港にしていた。2007年に、長安航空、山西航空と共に海南航空に合併統合され、大新華航空となった（便名は海南航空）。

www.chinaxinhuaair.com

廈門航空（アモイ）

🇨🇳 中国　　廈門航空 XIAMEN AIRLINES

1984年　中国初の非国営航空会社として設立。
1985年　運航開始。
1990年　ボーイング737がハイジャックされる。
　　　　広州に着陸する際、パイロットとハイジャック犯とのもみ合いがコックピット内で始まった。737は滑走路を外れて駐機中の別の航空機の機体を一部切断した後、もう1つ別の航空機に衝突した。この事故で128名が犠牲となった。

1991年　中国南方航空のフィーダーとして運航開始。ハブ空港を6港開設。東南アジアへの国際便運航開始。

廈門航空の株式の60パーセントを中国南方航空が所有している。

www.xiamenair.com.cn

ビーマン・バングラデシュ航空

🇧🇩 バングラデシュ　　Biman BANGLADESH AIRLINES

1972年に会社創立。バングラデシュのような貧困国が自国の航空会社を設立するとは誰も予想していなかった。実際、その最初の機材は、軍隊から贈られたものだった。2008年、ビーマン・バングラデシュ航空は4機のボーイング787を発注した。

www.biman-airlines.com

ベトナム航空

🇻🇳 ベトナム　　Vietnam Airlines

- 1956年　ベトナム政府により設立。
- 1975年　国際線就航。
  ソ連製の機材を運用。
- 1995年　会社の再編、ベトナム航空発足。
  ボーイング777購入。
  4大陸への運航。

ベトナム航空はこれまで、あらゆる危機を何の悪影響も受けずに解決してきた。実際、9月11日の同時多発テロ後、世界中で旅客輸送量が減少したとき、ベトナム航空はその数を増やしている。

www.vietnamairlines.com

ラオス国営航空

🇱🇦 ラオス　　Lao Airlines

1976年に創立されたこの国営航空会社は、ビエンチャンのワッタイ国際空港とルアンパバーン国際空港からインドシナの主要都市へ運航している。ルアンパバーンはユネスコ世界遺産の保護地域で、ラオス国営航空は観光の急成長を実感している。

www.laoairlines.com

オリエント・タイ航空

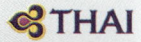

🇹🇭 タイ　　THAI

オリエント・タイ航空は1995年に最初のボーイング727を入手以来、ナショナル・エアラインに成長し、格安航空子会社ワン・トゥー・ゴー航空も所有していた。2007年にプーケット国際空港で着陸失敗事故を起こしたワン・トゥー・ゴーは、2010年以降運航していない。

www.orient-thai.com

タイ国際航空

🇹🇭 タイ　　THAI

- 1959年　スカンジナビア航空からの援助を受けて会社設立。
  資本の70パーセントは政府からの出資。
- 1971年　大陸をまたぐ初めてのフライト就航（オーストラリア）。
- 1975年　借入資本のない自己金融。
- 1978年　エアバスA300の導入。
- 1979年　ボーイング747の導入。
- 1988年　国内線航空会社のタイ航空（TAC）との合併。
- 1997年　スターアライアンスの設立メンバーとなる。
- 2005年　新しい企業設計。

タイ航空は、アジア最高ランクの航空会社の1つで、サービスとバンコク国際空港のラウンジはよい例だ。タイの国王ラーマ9世の息子、ソムデット・プラ・ボーロマ・オーラサーティラート・チャオファー・マハー・ワチラーロンコーン・サヤームマクットラーチャクマーンは、自らタイ航空の旅客ジェット機を時々操縦する。

www.thaiairways.com

203

バンコクエアウェイズ

🇹🇭 タイ　Bangkok Airways

バンコクエアウェイズは自社所有の空港を3つ持っている。サムイ島のサムイ空港、スコータイ空港、チャン島（コチャン）に近いトラート空港だ。これらの空港はショップやリゾートを運営している。もちろん、タイ国内の主要空港すべてにも運航している。

www.bangkokair.com

エアアジア

🇲🇾 マレーシア　AirAsia

マレーシアの格安航空会社で、クアラルンプール国際空港を拠点としている。1996年に運航開始したが、2001年までは大きな負債を抱えていた。企業家にわずか1リンギット（約30円）で売却されると、2002年には利益を上げるようになった。2003年には関連会社タイ・エアアジアを設立した。

www.airasia.com

マレーシア航空

🇲🇾 マレーシア　malaysia

- 1947年　マラヤ連邦の航空会社「マラヤ航空」として創立される。本部はクアラルンプールで、ペナンからシンガポールへ運航していた。
- 1963年　会社を再編し「マレーシアン・エアウェイズ」誕生。
- 1965年　ボルネオ航空との合併。 
- 1967年　再編により、本部をシンガポールに置く「マレーシア・シンガポール航空」となる。 
- 1972年　シンガポールと分割し再編。「マレーシア航空システムズ」となり、本部はクアラルンプールに置かれる。
- 1987年　現在名「マレーシアン・エアラインズ」（日本語名：マレーシア航空）と改称。新しい企業設計。
- 2000年以降　2つの格安航空子会社、MASウイングスとファイアフライ航空を設立。MASチャーター設立。貨物輸送会社、MASカーゴ設立。

マレーシア航空はスカイトラックス社で5つ星の評価を得ており、世界最高の航空会社の1つに数えられている。

www.malaysiaairlines.com

シンガポール航空

🇸🇬 シンガポール　A great way to fly SINGAPORE AIRLINES

- 1947年　マラヤ連邦の航空会社「マラヤ航空」として創立される。本部はクアラルンプールで、ペナンからシンガポールへ運航していた。
- 1963年　会社を再編し「マレーシアン・エアウェイズ」誕生。
- 1965年　ボルネオ航空との合併。
- 1967年　再編により、本部をシンガポールに置く「マレーシア・シンガポール航空」となる。
- 1968年　女性客室乗務員用に、フランスのデザイナー、ピエール・バルマンのデザインによるサロンケバヤ（フィリピンの女性民族衣装）導入。
- 1972年　マレーシアと分割し再編。「シンガポール航空」は国際線専門の航空会社となる。

世界で最も多くボーイング777を保有している。エアバスA380を最初に発注した。
世界最高の航空会社という評価を何度も受けている。

www.singaporeair.com

204

シルクエアー

🇸🇬 シンガポール　SILKAIR

シンガポール航空の地域航空部門を担う子会社。機内サービスを簡素化しながらも、親会社と技術的に同等のクオリティーを持ち、非常に信頼性が高い。

www.silkair.com

タイガー・エアウェイズ

🇸🇬 シンガポール　tigerairways.com fly cheaper

この格安航空会社があるおかげで、親会社のシンガポール航空は顧客のすべてのニーズに合わせることができる。タイガー・エアウェイズの成功の秘訣は、新しい機材の使用、信頼性の高さ、コストダウンの徹底だ。そのうえ、バックには世界最高の航空会社がついている。

www.tigerairways.com

バタビア航空

🇮🇩 インドネシア　BATAVIA-AIR

「メトロ・バタビア」として2002年に設立。広範な国内運航網を持つ地域航空会社として運航。2007年、インドネシアの運輸相がその安全性を憂慮して、バタビア航空を含む複数の航空会社を運航停止にすると警告した。2013年、破産により運航を停止した。

www.batavia-air.co.id

ガルーダ・インドネシア航空

🇮🇩 インドネシア　Garuda Indonesia

1949年	「ガルーダ・インドネシアン・エアウェイズ」として設立。KLMオランダ航空と経営管理合意。
1954年	国営化される。
1957年	すべてのKLMスタッフを追放。
1963年	ジェット機の導入。
1973年	マクドネル・ダグラスDC-10の導入。

ガルーダ・インドネシア航空は、2007年から他のインドネシアの航空会社と共にEUのブラックリストに載り、EU圏内への乗り入れ禁止となっていたが、指定解除になり2010年6月からオランダへの運航を再開している。

www.garuda-indonesia.com

ライオン・エア

🇮🇩 インドネシア　Lion Air

格安航空会社のライオン・エアはボーイング737-900ERを世界で初めて運航した航空会社だ。シンガポール、マレーシア、ベトナムへ運航し、タイガー・エアウェイズと競合している。

www.lionair.co.id

マンダラ航空

🇮🇩 インドネシア　mandala

空軍大佐により1969年に創立された。インドネシアの航空輸送司令部の一部だが、民間航空業務の権限を託され、旅客便を運航している。2005年に起きた悲劇的な墜落事故の結果、2006年に民間投資家に売却された。

www.mandalaair.com

メルパティ・ヌサンタラ航空

🇮🇩 インドネシア　Merpati

ガルーダ・インドネシア航空の路線を補う国内線専門航空会社として、1962年に政府により設立。1978年にガルーダ・インドネシア航空の子会社になるが、元の商標名で運航を続ける。1997年、ガルーダから正式に独立した会社となった。

www.merpati.co.id

ロイヤルブルネイ航空

🇧🇳 ブルネイ　ROYAL BRUNEI

イスラム教君主国のブルネイは、贅沢な休暇を楽しむ人々に人気の高い目的地となっている。一方、ロイヤルブルネイ航空の航空機はいくらか老朽化している。

www.bruneiair.com

フィリピン航空

🇵🇭 フィリピン   Philippine Airlines

1941年	国内屈指の実業家、アンドレス・ソリアノら実業家たちのグループによって設立される。設立時のパイロットは1名だった。
1942年	航空貨物運送で米国を支える。第二次世界大戦中は運航中断。
1945年	米国の実業家ハワード・ヒューズにより28パーセントの株式を買収される。
1946年	米国への運航開始。
1947年	ヨーロッパへの運航開始。
1960年	ボーイング707の導入。
1972年	マルコス政権下で、エア・マニラとフィリピン・オリエント・エアウェイズと強制的に合併させられ、後に国有化される。その後長い年月の間、腐敗に苦しむ。
1992年	再び民営化される。
2000年	ルフトハンザ・テクニックが整備部門を買収する。
2005年	新しい機材の導入。
2009年	6機のボーイング777のうち、最初の1機が納入される。

フィリピン航空は、2013年4月現在、EUのブラックリスト（乗り入れ禁止）指定とFAAのランク格下げ評価を受けている。

www.philippineairlines.com

セブパシフィック航空

🇵🇭 フィリピン   CEBU PACIFIC

民間航空会社セブパシフィック航空は、長年、国内線の運航で成功した後、低価格市場の征服に取りかかった。サウスウエスト航空と同様に、客室乗務員は無料フライトが当たるクイズで乗客を楽しませる。

www.cebupacificair.com

マカオ航空

🇨🇳 中国（マカオ）   AIR MACAU 澳門航空

旧ポルトガル領植民地から誕生したこの航空会社は、中国からマカオ経由で台湾へ行く路線を運航している。また、中国国内路線以外にも韓国やタイなど近隣国への国際線も運航し、成田と大阪にも直行便がある。

www.airmacau.com.mo

チャイナエアライン（旧 中華航空）

🇹🇼 台湾   CHINA AIRLINES

1959年に台北で創立された、台湾の国営航空会社。長年、アジアで最も安全でない航空会社と考えられてきた。過去20年の間にさまざまな事故で750人もの命が失われた。しかし、その後保有機材を一新し、業務慣例を変えた。2004年以降、チャイナエアラインは安全だと考えられている。

www.china-airlines.com

エバー航空

🇹🇼 台湾　　EVA AIR

1989年	台湾の海運会社の子会社として設立。
1991年	国際線運航開始。
1992年	ボーイング747導入。

台湾の国営航空会社、チャイナエアラインは、20世紀の終わり頃に数多くの事故を起こしている。そのため、安全性に関する評価が非常に高いエバー航空の需要は伸び、全世界を視野に入れる会社へと急成長した。スターアライアンスへの加盟準備中。

www.evaair.com

キャセイパシフィック航空

🇭🇰 中国（香港）　　CATHAY PACIFIC

1946年	香港で米国人とオーストラリア人の2人によって設立される。「キャセイ」とは中世に使われていた中国の旧称「カタイ」の英語訳である。
1948年	スワイヤー・グループによる出資。東南アジアとオーストラリアへの4路線就航。
1959年	香港航空（香港エアウェイズ）の買収。
1960年	アジアで最も成功した航空会社となる。
1980年	ヨーロッパへの路線拡張。
1990年	景気後退。
1994年	新しいコーポレート・アイデンティティの採用。
1998年	フィリピン航空が一時的に運航停止に陥った後、48時間以内にキャセイパシフィック航空はフィリピンの5つの都市を結ぶ国内便を引き継ぎ、数か月代行する。
1999年	中国への香港返還に伴い、会社の所有状況が変わり、中国の2つの投資家グループが大株主となる。
2006年	香港ドラゴン航空の買収。

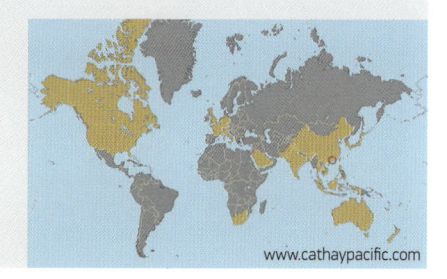

www.cathaypacific.com

香港ドラゴン航空

🇭🇰 中国（香港）　DRAGONAIR

1985年に創立。かつては、キャセイパシフィック航空と激しく争う競争相手だった。その結果、中国の国内市場に専念することを強いられたが、後になってそれがやっと優位に働いた。しかし、2006年にキャセイパシフィック航空によって買収された。

www.dragonair.com

高麗航空

AIR KORYO　고려항공

🇰🇵 朝鮮民主主義人民共和国（北朝鮮）

民間航空業務の権限を持つ北朝鮮の軍の航空会社。孤立した北朝鮮の政治状況から、5つの国際空港にだけ運航している（2013年現在）。保有機材のうち2機を除いたすべての航空機は、EU圏への乗り入れ禁止指定されている。

www.korea-dpr.com/airkoryo

エアーニッポン

🇯🇵 日本

日本の地域航空会社、エアーニッポンは、全日空（ANA）が所有する6つの子会社の1つだった。沖縄を含む日本国内全域の運航網をカバーし、ANAのフライトコードで運航していたが、2012年にANAに吸収合併され解散している。

アシアナ航空

🇰🇷 韓国　Asiana Airlines

1988年	「ソウル・エア・インターナショナル」として設立。ソウルオリンピックで高まる需要に対し、既存の国営航空会社、大韓航空と共存。
1988年	「アシアナ航空」に改称。
1990年	ボーイング767の導入。国際線就航。

| 2003年 | スターアライアンスに加盟。 |
| 2009年 | エア・トランスポート・ワールド誌の「エアライン・オブ・ザ・イヤー」受賞。 |

アシアナ航空は、当初、小さな会社として近隣諸国への運航業務にとどまると考えられていた。しかし、オリンピック開催前に、すでに大韓航空が需要に対応できなかったため、アシアナ航空の世界的な運航網開設への道が開かれた。

http://flyasiana.com

www.air-nippon.co.jp

大韓航空

🇰🇷 韓国　KOREAN AIR

1962年	韓国政府により設立される。
1972年	ボーイング707導入。
1973年	ボーイング747導入。
1978年	航法ミスによってボーイング707がソ連領空に侵入して警告射撃を受ける。旅客機は凍結した湖の上に不時着した。

1983年	航法ミスにより運航航路を外れて迷ったボーイング747がソ連領空に侵入し、サハリン北で撃墜される。乗員乗客全員が犠牲となった。
1984年	英語名称を「コリアン・エアラインズ」から「コリアン・エアー」に改称。
1990年	マクドネル・ダグラスMD-11の導入。
2000年	スカイチーム設立メンバーとなる。

www.koreanair.com

日本航空（JAL）

🔴 日本　　　　　　　　　　　　　　　　　　　　　　　JAL　JAPAN AIRLINES

1951年	航空機をリースして日本航空（英語名：ジャパン・エア・ラインズ）として設立される。
1953年	英語名を「ジャパン・エアラインズ」に改称。
1954年	米国へ初めて運航する。
1960年	ダグラスDC-8の導入。
1967年	東京〜モスクワ路線開設。
1970年	ボーイング747導入。
1973年	乗客定員545名のボーイング747、国内線に就航。
1985年	524人の乗員・乗客を乗せた、大阪発東京行きのボーイング747が群馬県山中に墜落。520名が死亡。
1987年	民営化と新しいコーポレート・アイデンティティの採用。
2000年代以降	日本エアシステム（旧 東亜国内航空）と統合し、持株会社日本航空の傘下として、日本航空インターナショナルと日本航空ジャパンに分割したが、のちに再び合併。日本アジア航空の吸収合併。

www.jal.com

全日本空輸（ANA）

🔴 日本　　ANA All Nippon Airways

1952年	「日本ヘリコプター輸送」として設立される。
1961年	沖縄への運航開始。
1963年	藤田航空を吸収合併。
1964年	ボーイング727の運航開始。
1974年	ロッキード・トライスターの運航開始。
1979年	ボーイング747の運航開始。
1986年	初めての国際定期便運航。
1999年	スターアライアンスに加盟。
2007年	エア・トランスポート・ワールド誌の「エアライン・オブ・ザ・ワールド」受賞。

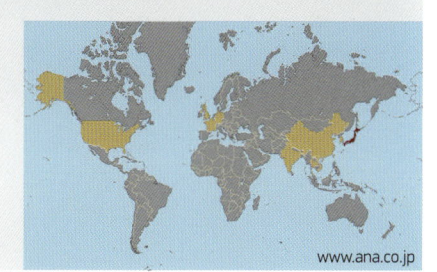

www.ana.co.jp

209

カンタス航空

🇦🇺 オーストラリア　　QANTAS

1920年	「Queensland and Northern Territory Aerial Services」（QANTAS）として設立される。
1935年	カンガルールート就航：シドニー～ダーウィン～シンガポール～カルカッタ～カラチ～カイロ～トリポリ～ロンドン
1938年	飛行艇ショートS.23エンパイアでの運航開始。
1952年	ワラビールート就航：シドニー～パース～ココス島～モーリシャス～ヨハネスブルク
1954年	サザンクロスルート就航：シドニー～オークランド～ナンディ～ホノルル～サンフランシスコ～バンクーバー
1958年	世界一周フライト運航開始。
1959年	ボーイング707導入。
1966年	フィエスタルート就航：シドニー～タヒチ～メキシコシティ～ロンドン
2009年	エアバスA380導入。

www.qantas.com.au

スカイウエスト

🇦🇺 オーストラリア　　Skywest

パースに設立された小規模のエアタクシー会社が、関税当局に沿岸の監視業務を任され、そこから定期便を運航するまでに成長した。保有機材が増えたスカイウエストは、現在西オーストラリア全域に運航している［米国のスカイウエストとは別会社］。

www.skywest.com.au

ヴァージン・オーストラリア

🇦🇺 オーストラリア　　Virgin australia

ヴァージングループが設立したオーストラリアの格安航空会社。オーストラリアに広い運航網を持ち、オーストラリアで2番目に大きい航空会社へと躍進した。太平洋に浮かぶ島国へは、子会社のパシフィック・ブルーでも運航されている。2011年にそれまでの「ヴァージンブルー航空」から現社名に変更された。

www.virginaustralia.com.au

ニューギニア航空

🇵🇬 パプアニューギニア　　Air Niugini

ニューギニア航空はパプアニューギニアの最大手航空会社で、現在、近距離フライトのみ運航し、カンタス航空のフィーダーの役割を果たしている。

www.airniugini.com.pg

ソロモン航空

🇸🇧 ソロモン諸島　　Solomon Airlines

ソロモン航空は、ブリスベン、ナンディ（フィジー）、ポートビラ（バヌアツ）への運航だけでなく、ソロモン諸島の約30の目的地に就航している。島々には舗装された滑走路がほとんどない。

www.flysolomons.com

エアタヒチヌイ

🇵🇫 タヒチ　　Air Tahiti Nui

東京、パリ、ロサンゼルス、シドニー、オークランドの各空港からタヒチへ訪問客を運ぶには5機のエアバスA340で十分なようだ。政府がエアタヒチヌイの株式の61パーセントを所有している。

www.airtahitinui.com

バヌアツ航空

🏳 バヌアツ　　　Air Vanuatu

ニューヘブリデス航空を前身会社として、バヌアツ共和国独立後の1981年に設立されたバヌアツ航空は、1987年に100パーセント政府所有の会社として再スタートした。国際線の主な目的地はシドニー、ブリスベン、メルボルン、オークランド、ヌメア。

www.airvanuatu.com

フィジー・エアウェイズ
（旧 エア・パシフィック）

🏳 フィジー　　　FIJI AIRWAYS

1951年に創立。フィジー政府は株式の51パーセントを所有するが、ナウル、キリバス、サモア、トンガの各政府も小さなパーセンテージながらそれぞれ株式を所有している。1972年から「エア・パシフィック」として営業していたが、2013年6月、以前使用していた社名「フィジー・エアウェイズ」に再び変更した。

www.fijiairways.com

エア・フィジー

🏳 フィジー　　　AIR FIJI

エア・フィジーというと、小型のリージョナル航空機で運航する、フィジー・エアウェイズ（旧エア・パシフィック）の子会社だと思われがちだが、実際には独立した航空会社で、もちろん、もっと大きな航空機で入国する観光客で利益を上げていた。しかし、2009年に運航停止になっている。

アワー航空

🏳 ナウル　　　Our Airline

世界で最も小さな島国ナウルのナショナル・エアラインは、現在「アワー航空」と呼ばれているが、このアワー（our）は「私たちのもの」という意味と「Oceanic United Republics」の頭字語という2つの意味がある。だからキリバス、ソロモン、フィジーも同社の株式を所有している。

www.ourairline.com.au

エアカラン
（エア・カレドニア・インターナショナル）

🏳 ニューカレドニア　　　Aircalin

エアカランは、1983年以降存在するニューカレドニアの航空会社。オセアニアの島々はもちろん、日本、韓国、オーストラリア、ニュージーランドに運航している。

www.aircalin.com

ニュージーランド航空

🏳 ニュージーランド　　　AIR NEW ZEALAND

1940年	TEAL（Tasman Empire Airways Limited）として政府により設立される。
1965年	「ニュージーランド航空」（英語名：エア・ニュージーランド）に改称。
1981年	ボーイング747導入。
1989年	民営化される。
2001年	再び国営化される。

ニュージーランド航空は、マイナーな空港への短い国内路線の運航に、リージョナル子会社のエア・ネルソン、イーグルエアウェイズ、マウントクック航空を利用している。

www.airnewzealand.co.nz

211

格安航空会社（LCC）

オランダ
トランサヴィア・コム

カナダ
ウエスト・ジェット

英国
bmiベイビー
イージージェット
フライビー
Jet2（ジェットツー）
モナークエアライン

アイスランド
アイスランド・エクスプレス

アイルランド
エアリンガス
ライアンエアー

フランス
エイグル・アズール

米国（ハワイ）
GO!
アイランド・エアー
モクレレ航空

メキシコ
インタージェット
ビバ・エアロバス
ヴォラリス

米国
エアトラン航空
アレジアント・エア
フロンティア航空
ホライゾン航空
ジェットアメリカ▲

米国
ジェットブルー航空
サウスウエスト航空
サンカントリー航空
ヴァージン・アメリカ
USA3000▲

スペイン
クリックエアー
ブエリング航空

モロッコ
Jet4you（ジェットフォーユー）
アトラス・ブルー
エア・アラビア・モロッコ

コロンビア
イージーフライ

ブラジル
アズー・ブラジル航空
ゴル航空
アビアンカ・ブラジル
ウェブジェット▲

ナイジェリア
ソノリソ航空
IRS航空

ドイツ
エア・ベルリン
ジャーマンウイングス

ノルウェー
ノルウェー・エアシャトル

スウェーデン
ヘーガ・クステンフライ*
クーラフライ*
マルメ・アビエーション
スンツバルフライ航空

ロシア
スカイ・エクスプレス

ポーランド
エア・イタリー・ポーランド

チェコ共和国
スマート・ウィングス

オーストリア
ニキ航空
インタースカイ

ブルガリア／ハンガリー
ウィズエアー

ウクライナ
ウィズエアー・ウクライナ

中国
春秋航空
成都航空
吉祥航空
奥凱(オッケー)航空
雲南祥鵬航空

中国(深圳市)
金鹿航空
鯤鵬(こんぼう)航空
長安航空▲

韓国
イースター航空
チェジュ航空
ジンエアー
エアプサン

アルバニア
ベッレ・エアー

トルコ
アナドルジェット
ペガサス航空
アトラスジェット
オヌール・エア

日本
JALエクスプレス
AIRDO(エアドゥ)
ソラシドエア
スターフライヤー
ANAウイングス

イタリア
ブルー・エクスプレス
メリディアーナ・フライ
マイエアー

クウェート
ジャジーラ航空
ワタニヤ航空

バングラデシュ
GMG航空
ロイヤルベンガル航空
ベスト・エア

チュニジア
カルタゴ航空

バーレーン
バーレーン・エア

パキスタン
エアブルー
シャヒーン・エア

中国(香港)
香港航空
香港エクスプレス航空

サウジアラビア
サマ航空

ネパール
コスミック・エア

中国(マカオ)
ビバ・マカオ▲

フィリピン
セブパシフィック航空
スピリット・オブ・マニラ航空
ゼストエアー
エア・フィリピン
PALエクスプレス

UAE
エア・アラビア
ナスエアー

タイ
ノック・エア
ワン・トゥー・ゴー航空▲
タイ・エアアジア
バンコクエアウェイズ

イエメン
フェリックス・エアウェイズ

ケニア
Fly540(フライ540)

スリランカ
ミヒンランカ航空

ベトナム
ジェットスター・パシフィック

オーストラリア
ヴァージン・オーストラリア
ジェットスター航空
タイガー・エアウェイズ・オーストラリア

マレーシア
エアアジア
エアアジア X
ファイアフライ航空
マスウイング

インド
エア・インディア・エクスプレス
ジェットライト
キングフィッシャー・レッド▲
スパイスジェット
ゴーエア
インディゴ航空

南アフリカ
クルラ航空
1Time(ワンタイム)
マンゴー

シンガポール
ジェットスター・アジア航空
タイガー・エアウェイズ
バリューエア

インドネシア
インドネシア・エアアジア
リナス・エアウェイズ
ライオン・エア
マンダラ航空
バタビア航空

ニュージーランド
ヴァージン・オーストラリア
(ニュージーランド)

この15年の間に数多くの格安航空会社(LCC：ローコストキャリア)が設立された。現在、LCCの航空機だけで世界中に行けるほど、その運航網は広がっている。
▲=合併または倒産などにより2013年現在は存在しない。

世界の主要なエアライン

＊保有機材に関するデータは変動するため、最新情報は各社HPを参照のこと

社名	国名	●	IATAコード	IATAナンバード	ICAOコード	＊	拠点空港	コールサイン	保有機材	発注済機材	✈	✈	✈
北米													
エア・カナダ	カナダ	NA	AC	14	ACA	1936	モントリオール／トロント／バンクーバー	AIR CANADA	3 B.747; 8 A330/A340; 18 B.777; 47 B.767; 88 A318-321; 1 B.737 Classic; 1 DC-9/MD-80/90; 15 EMB-170/175; 45 EMB-190/195	37 B.787	226	37	263
エア・ノース	カナダ	NA	4N	287	ANT	1977	ホワイトホース	AIR NORTH	4 B.737 Classic; 4 HS.748/Andover		8	0	8
エア・トランザット	カナダ	NA	TS	649	TSC	1987	モントリオール	TRANSAT	6 A330/A340; 15 A300/A310		21	0	21
カナディアン・ノース航空	カナダ	NA		518	ANX	1989	イエローナイフ	NORTERRA	9 B.737 Classic; 1 F.28; 4 DHC-8		14	0	14
ファースト・エア	カナダ	NA	7F	245	FAB	1946	イエローナイフ	FIRST AIR	1 B.767; 3 B.727; 6 B.737 Classic; 2 C-130/L.100; 1 HS.748/Andover; 9 ATR-42/72		22	0	22
ケン・ボレク・エアー	カナダ	NA	4K		KBA	1970	カルガリー	BOREK AIR	2 DC-3		2	0	2
ウエスト・ジェット	カナダ	NA	WS		WJA	1996	カルガリー	WESTJET	1 B.737 Classic; 79 B.737 NG	33 B.737 NG	80	33	113
ヴァージン・アメリカ	米国	NA	VX		VRD	2004	サンフランシスコ		29 A318-321	10 A318-321	29	10	39
ジェットブルー航空	米国、ニューヨーク(NY)	NA	B6	279	JBU	1998	ニューヨーク. JFK	JETBLUE	110 A318-321; 42 EMB-190/195	58 A318-321; 61 EMB-190/195	152	119	271
アラスカ航空	米国、アラスカ(AK)	NA	AS	27	ASA	1932	シアトル／アンカレッジ	ALASKA	84 B.737 NG; 35 B.737 Classic; 14 DC-9/MD-80/90	12 B.737 NG	133	12	145
USエアウェイズ	米国、アリゾナ(AZ)	NA	US	37		1937	フェニックス	CACTUS	20 A330/A340; 20 B.767; 1 B.727; 69 B.757; 215 A318-321; 110 B.737; 1 DC-9/MD-80/90; 25 EMB-190/195	22 A350; 13 A330/A340; 71 A318-321; 17 EMB-190/195	461	123	584
フロンティア航空	米国、コロラド(CO)	NA	F9		FFT	1994	デンバー	FRONTIER FLIGHT	52 A318-321; 1 B.737 Classic	11 A318-321	53	11	64
エアトラン航空	米国、ジョージア(GA)	NA	FL	332	TRS	1993	アトランタ	CITRUS	50 B.737 NG; 4 DC-9/MD-80/90; 86 B.717	55 B.737 NG	140	55	195
アトランティック・サウスイースト航空▲	米国、ジョージア(GA)	NA	EV	862		1979	アトランタ	ACEY	48 CRJ 700/900/1000; 113 CRJ 100/200; 12 ATR-42/72	2 CRJ 700/900/1000	173	2	175
デルタ航空	米国、ジョージア(GA)	NA	DL	6	DAL	1924	アトランタ	DELTA	2 L.1011; 16 B.777; 102 B.767; 36 B.727; 132 B.757; 9 B.737 Classic; 78 B.737; 134 DC-9/MD-80/90	2 B.777; 3 B.737 NG; 2 DC-9/MD-80/90	509	7	516
ハワイアン航空	米国、ハワイ(HI)	NA	HA	173	HAL	1929	ホノルル	HAWAIIAN	18 B.767; 16 B.717; 3 DC-9/MD-80/90	6 A350; 10 A330/A340	37	16	53
ユナイテッド航空	米国、イリノイ(IL)	NA	UA	16	UAL	1926	シカゴ／サンフランシスコ／デンバー	UNITED	33 B.747; 1 DC-10/MD-11; 52 B.777; 41 B.767; 1 B.727; 97 B.757; 152 A318-321; 82 B.737 Classic		459	0	459
チャウタクア航空	米国、インディアナ(IN)	NA	RP	363	CHQ	1973	インディアナポリス	CHAUTAUQUA	18 CRJ 100/200; 86 EMB-135/145		104	0	104
ノースウエスト航空▲	米国、ミネソタ(MN)	NA	NW	12	NWA	1926	ミネアポリス・セントポール	NORTH-WEST	32 B.747; 1 DC-10/MD-11; 32 A330/A340; 1 B.727; 67 B.757; 126 A318-321; 122 DC-9/MD-80/90	18 B.787; 7 A318-321	381	25	406
コムエアー▲	米国、オハイオ(OH)		OH	886	COM	1976	シンシナティ／オーランド	COMAIR	28 CRJ 700/900/1000; 117 CRJ 100/200	1 CRJ 700/900/1000	145	1	146
アメリカン航空	米国、テキサス(TX)	NA	AA	1	AAL	1934	ダラス. DFW	AMERICAN	47 B.777; 32 A300/A310; 73 B.767; 2 B.727; 125 B.757; 89 B.737 NG; 312 DC-9/MD-80/90; 4 F.28	7 B.777; 42 B.787; 83 B.737 NG	684	132	816
アメリカン・イーグル航空	米国、テキサス(TX)	NA	MQ		EGF	1984	ダラス. DFW	EAGLE FLIGHT	25 CRJ 700/900/1000; 222 EMB-135/145	1 EMB-135/145	247	1	248
コンチネンタル航空▲	米国、テキサス(TX)	NA	CO	5	COA	1934	ヒューストン. IAH	CONTINENTAL	3 DC-10/MD-11; 20 B.777; 26 B.767; 2 B.727; 58 B.757; 272 B.737; 2 DC-9/MD-80/90; 1 DC-3	7 B.777; 25 B.787; 4 B.757; 26 B.737 NG	384	62	446
サウスウエスト航空	米国、テキサス(TX)	NA		526	SWA	1967	ダラス. DAL	SOUTH-WEST	215 B.737 Classic; 341 B.737 NG	90 B.737 NG	556	90	646

●＝地域　＊＝設立年　✈＝保有機材　✈＝発注済機材　✈＝機材総数　▲＝2009年以降に倒産や合併などにより現在社名が消滅した会社

社名	国名	●	IATAコード	IATAナンバード	ICAOコード	*	拠点空港	コールサイン	保有機材	発注済機材	✈	✈	✈
スカイウエスト航空	米国、ユタ(UT)	NA	OO	302	SKW	1972	ソルトレイクシティ／ロサンゼルス	SKYWEST	90 CRJ 700/900/1000, 139 CRJ 100/200	14 CRJ 700/900/1000	229	14	243
ホライゾン航空	米国、ワシントン(WA)	NA	QX	481	QXE	1981	ポートランド／シアトル	HORIZON AIR	3 F.28; 18 CRJ 700/900/1000; 45 DHC-8	11 DHC-8	66	11	77
エア・ウィスコンシン	米国、ウィスコンシン(WI)	NA	ZW	303	AWI	1965	フィラデルフィア／ワシントン	AIR WISCONSIN	5 BAe 146; 70 CRJ 100/200		75	0	75
中米、西インド諸島													
リアット	アンティグア・バーブーダ	CR	LI	140	LIA	1956	セントジョンズ	LIAT	17 DHC-8		17	0	17
バハマスエア	バハマ	CR	UP	111	BHS	1973	ナッソー	BAHAMAS	3 B.737 Classic; 1 HS.748; 6 DHC-8		10	0	10
クバーナ航空	キューバ	CR	CU	136	CUB	1929	ハバナ	CUBANA	3 Il-96; 1 B.767; 2 Il-62; 2 Tu-154; 5 Yak-42; 4 Tu-204/214/234; 4 An-24	1 Yak-42; 3 An-72/74/148	21	4	25
TACA航空	エルサルバドル	CA	TA	202	TAI	1931	サンサルバドル	TACA	29 A318-321; 1 B.737 Classic; 3 EMB-190/195	16 A318-321; 4 EMB-190/195	33	20	53
エア・ジャマイカ	ジャマイカ	CR	JM	201	AJM	1968	キングストン	JAMAICA	16 A318-321		16	0	16
アエロメヒコ航空	メキシコ	CA	AM	139	AMX	1934	メキシコシティ	AEROMEXICO	4 B.777; 7 B.767; 45 B.737 NG; 2 DC-9/MD-80/90	5 B.787; 8 B.737 NG	58	13	71
メキシカーナ航空▲	メキシコ	CA	MX	132	MXA	1921	メキシコシティ	MEXICANA	2 A330/A340; 4 B.767; 74 A318-321	4 A318-321	80	4	84
メキシカーナクリック▲	メキシコ	CA	QA	723	CBE	1975	メキシコシティ	AEROCARIBE	5 DC-9/MD-80/90; 5 B.717; 24 F.28; 4 F-27/FH-227	11 B.717	38	11	49
アエロペラス▲	パナマ	CA	WL	54	APP	1970	パナマ	AEROPERLAS	1 ATR-42/72		1	0	1
コパ航空	パナマ	CA	CM	230	CMP	1944	パナマ. PTY	COPA	28 B.737 NG, 13 EMB-190/195	21 B.737, 4 EMB-190/195	41	25	66
南米													
アルゼンチン航空	アルゼンチン	SA	AR	44	ARG	1950	ブエノスアイレス. EZE	ARGENTINA	3 B.747; 6 A330/A340; 1 A300/A310; 5 B.737 NG; 38 B.737 Classic; 5 DC-9/MD-80/90	5 A330/A340; 7 B.737 NG; 2 DC-9/MD-80/90	58	14	72
ラン・アルヘンティナ航空	アルゼンチン	SA	4M	469	DSM	2005	ブエノスアイレス. AEP	LAN AR	2 B.767; 10 A318-321		12	0	12
アエロスール航空▲	ボリビア	SA	5L	275		1992	サンタクルス		1 B.747; 1 B.767; 5 B.727; 4 B.737		11	0	11
ゴル航空	ブラジル	SA			GLO	2000	サンパウロ. CGH	GOL TRANSPORTE	2 B.767; 109 B.737 NG, 13 B.737 Cl.	91 B.737 NG	124	91	215
TAM航空	ブラジル	SA	JJ	957	TAM	1961	サンパウロ. GRU. CGH	TAM	18 A330/A340; 4 B.777; 3 B.767; 108 A318-321	22 A350; 4 A330/A340; 4 B.777; 46 A318-321	133	76	209
ヴァリグ・ブラジル航空▲	ブラジル	SA		183	VLO	1927			2 DC-10/MD-11; 4 B.727; 3 B.757	3 A330/A340	9	3	12
ラン航空	チリ	SA	LA	45	LAN	1929	サンティアゴ	LAN	5 A330/A340; 23 B.767; 25 A318-321; 3 B.737 Classic; 3 DC-3	38 B.787; 7 B.767; 21 A318-321	59	66	125
スカイ航空	チリ	SA	H2	605	SKU	2001	サンティアゴ	AEROSKY	13 B.737 Classic		13	0	13
アビアンカ航空	コロンビア	SA	AV	134	AVA	1919	ボゴタ	AVIANCA	4 A330/A340; 8 B.767; 7 B.757; 12 A318-321; 10 DC-9/MD-80/90; 29 F.28; 28 F.27	10 A350; 6 A330/A340; 12 B.787; 39 A318-321	98	67	165
SATENA	コロンビア	SA	9N		NSE	1962	ボゴタ	SATENA	7 ERJ		7		7
TAME航空	エクアドル	SA	EQ	269	TAE	1962	キト	TAME	4 B.727; 3 A318-321; 2 F.28; 2 EMB-170/175; 3 EMB-190/195; 1 DC-3	1 A318-321	15	1	16
アエロコンドル	ペルー	SA			CDP	1973	リマ／ナスカ	CONDOR-PERU	1 B.737 Classic; 3 F.27; 2 An-26; 2 An-24		8	0	8
スターペルー航空	ペルー	SA	2I	156	SRU	1998	リマ	STAR UP	5 BAe 146; 3 B.737; 8 An-24-32		16	0	16
スリナム・エアウェイズ	スリナム	SA	PY	192	SLM	1954	パラマリボ	SURINAM	1 B.747; 2 B.737 Classic		3	0	3
プルナ航空	ウルグアイ	SA	PU	286	PUA	1936	モンテビデオ	PLUNA	3 B.737 Classic; 6 CRJ 700/900/1000		9		9
アエロポスタル・アラス・デ・ベネズエラ	ベネズエラ	SA	VH	152	LAV	1929	カラカス	AEROPOSTAL	1 B.727; 38 DC-9/MD-80/90		39		39
コンビアサ航空	ベネズエラ	SA	V0	308	VCV	2004	カラカス	CONVIASA	2 A330/A340; 7 B.737 Classic, 2 CRJ 700/900/1000, 3 DHC-7; 7 ATR-42/72	2 Il-96, 2 CRJ 700/900/1000	21	4	25
ヨーロッパ													
アルマビア▲	アルメニア	CS	U8	669	RNV	1996	エレバン	ARMAVIA	1 Il-86; 4 Yak-42; 5 A318-321; 1 Tu-134; 1 CRJ 100/200	2 Sukhoi RRJ	12	2	14
オーストリア航空	オーストリア	WE	OS	257	AUA	1957	ウィーン	AUSTRIAN	4 B.777; 6 B.767; 20 A318-321		30	0	30

NA=北米　CR=西インド諸島　CA=中米　SA=南米　CS=コーカサス　WE=西欧

社名	国名	●	IATAコード	IATAナンバード	ICAOコード	＊	拠点空港	コールサイン	保有機材	発注済機材	✈	✈	✈
インタースカイ	オーストリア	WE	3L	576	ISK	2001	フリードリヒスハーフェン(独)	INTERSKY	4 DHC-8		4	0	4
アゼルバイジャン航空	アゼルバイジャン	CS	J2	771	AHY	1992	バクー	AZAL	7 Yak-40; 4 B.757; 5 A318-321; 13 Tu; 1 An-140; 6 ATR-42/72	2 B.787; 2 B.767; 4 B.737 NG; 1 ATR-42/72	36	9	45
ブリュッセル航空	ベルギー	WE				2002	ブリュッセル	B-LINE	4 A330/A340; 32 BAe 146; 4 A318-321; 11 B.737 Classic		51	0	51
VLMエアラインズ	ベルギー	WE	VG	978	VLM	1992	アントウェルペン	RUBENS	22 F.27		22	0	22
B&H航空	ボスニア・ヘルツェゴビナ	EA	JA	995	BON	1994	サラエボ	AIR BOSNA	1 B.737 Classic; 4 ATR-42/72		5	0	5
ヘムス航空▲	ブルガリア	EA	DU	748	HMS	1986	ソフィア	HEMUS AIR	4 BAe 146; 5 Yak-40; 1 B.737 Classic; 1 Tu-134; 1 ATR-42/72		12	0	12
クロアチア航空	クロアチア	EA	OU	831		1989	ザグレブ	CROATIA	8 A318-321; 4 DHC-8	4 A318-321; 2 DHC-8	12	6	18
キプロス航空	キプロス	NE	CY	48	CYP	1947	ラルナカ	CYPRUS	2 A330/A340; 9 A318-321	2 A318-321	11	2	13
ユーロサイプリア航空▲	キプロス	NE	UI		ECA	1991	ラルナカ	EUROCYPRIA	8 B.737 NG		8	0	8
チェコ航空	チェコ	EA	OK	64	CSA	1923	プラハ	CSA	2 A300/A310; 17 A318-321; 18 B.737 Classic; 12 ATR-42/72	9 A318-321	49	9	58
キンバースターリング▲	デンマーク	WE	QI	647	CIM	1950	コペンハーゲン	CIMBER	5 B.737 NG; 7 CRJ 100/200; 6 ATR-42/72		18	0	18
エア・グリーンランド	デンマーク／グリーンランド	WE	GL	631	GRL	1960	カンゲルルススアーク	GREENLAND-AIR	1 A330/A340; 2 B.757; 6 DHC-7		9	0	9
エストニアン・エア	エストニア	EA	OV	960	ELL	1991	タリン	ESTONIAN	1 Yak-40; 6 B.737 Classic	3 CRJ 700/900/1000	7	3	10
ブルーワン▲	フィンランド	WE	KF	142	KFB	1988	コペンハーゲン	BOTNIA	7 BAe 146; 7 DC-9/MD-80/90; 1 ATR-42/72; 4 SAAB 2000		19	0	19
フィンランド航空	フィンランド	WE	AY	105	FIN	1923	ヘルシンキ・ヴァンター	FINNAIR	4 DC-10/MD-11; 9 A330/A340; 7 B.757; 29 A318-321; 20 EMB	11 A350; 5 A330/A340; 3 EMB-190/195	69	19	88
エールフランス	フランス	WE	AF	57	AFR	1933	パリ.CDG	AIRFRANS	25 B.747; 34 A330/A340; 57 B.777; 11 BAe 146; 57 A318-321; 33 F.28; 29 CRJ; 9 EMB-190/195; 5 EMB-170/175; 41 EMB-135/145; 19 ATR-42/72	12 A380; 18 B.777; 12 A318-321	414	42	456
コルセールフライ	フランス	WE	SS	923	CRL	1981	パリ.ORY	CORSAIR	11 B.747; 2 A330/A340		13	0	13
レジオナール▲	フランス	WE		977		2001	ナント	REGIONAL EUROPE	1 F.28; 1 EMB-190/195	4 EMB-170/175; 2 EMB-190/195	2	6	8
エア・ベルリン	ドイツ	WE	AB	745	BER	1978	ベルリン.TXL	AIR BERLIN	12 A330/A340; 2 B.757; 49 A318-321; 51 B.737 NG; 1 B.737 Classic	28 B.787; 24 A318-321; 76 B.737 NG	115	128	243
ツィルス航空▲	ドイツ	WE	C9	251	RUS	1995		CIRRUS AIR	2 EMB-170/175; 3 Do 328 Jet	1 DHC-8	5	1	6
コンドル・ベルリン▲	ドイツ	WE			CIB	1998	ベルリン.SXF	CONDOR BERLIN	12 A318-321		12	0	12
コンドル航空	ドイツ	WE		881		1955	フランクフルト	CONDOR	9 B.767; 13 B.757		22	0	22
ジャーマンウイングス	ドイツ	WE	4U		GWI	1997	ケルン	Germanwings	26 A318-321; 1 B.737 NG	4 A318-321	27	4	31
GOAL	ドイツ	WE				1998	n/a	n/a	5 A300/A310; 1 B.757; 5 B.737 Classic; 12 CRJ; 6 DHC-8		29	0	29
ルフトハンザドイツ航空	ドイツ	WE	LH	220	DLH	1926	フランクフルト／ミュンヘン	LUFTHANSA	30 B.747; 66 A330/A340; 8 A300/A310; 91 A318-321; 67 B.737; 3 B.737	15 A380; 20 B.747; 50 A318-321; 30 C; 1 Starl.	265	116	381
エーゲ航空	ギリシャ	WE	A3	390	AEE	1988	アテネ	AEGEAN	6 BAe 146; 21 A318-321; 7 B.737	6 A318-321	34	6	40
オリンピック航空	ギリシャ	WE	OA	50	OAL	1946	アテネ	OLYMPIC	4 A330/A340; 19 B.737 Classic; 14 ATR-42/72; 4 DHC-8		41	0	41
マレブ・ハンガリー航空▲	ハンガリー	EA		182	MAH	1946	ブダペスト	MALEV	1 B.767; 2 Tu-154; 18 B.737 NG; 5 F.28; 1 CRJ 100/200; 4 DHC-8	4 DHC-8	31	4	35
ウィズエアー	ハンガリー	EA			WZZ	2003	ブダペスト	WIZZAIR	22 A318-321	65 A318-321	22	65	87
エア・アイスランド	アイスランド	WE		882		1997		FAXI	5 F.27; 2 DHC-8		7	0	7
アイスランド航空	アイスランド	WE	FI	108	ICE	1937	レイキャヴィーク	ICEAIR	16 B.757; 2 DC-3	4 A330/A340; 4 B.787	18	8	26
エアーアラン	アイルランド	WE	RE	809	REA	1970		AER ARANN	10 ATR-42/72	4 ATR-42/72	10	4	14
エアリンガス	アイルランド	WE	EI	53	EIN	1936	ダブリン	SHAMROCK	10 A330/A340; 36 A318-321	6 A350; 4 A330/A340; 3 A318-321	46	13	59
ライアンエアー	アイルランド	WE		224	RYR	1985	ダブリン／ロンドン.STN	RYANAIR	202 B.737 NG	112 B.737 NG	202	112	314
エア・ドロミティ	エア・ドロミティ	WE		101	DLA	1989	ミュンヘン	DOLOMITI	3 BAe 146; 5 EMB-190/195; 16 ATR-42/72	5 EMB-190/195	24	5	29

●=地域 ＊=設立年 ✈=保有機材 ✈=発注済機材 ✈=機材総数 ▲=2009年以降に倒産や合併などにより現在社名が消滅した会社

社名	国名	●	IATA コード	IATA ナンバード	ICAO コード	*	拠点空港	コールサイン	保有機材	発注済機材	✈	✈	✈
エア・ワン	イタリア	WE	AP	867	ADH	1995	ローマ.FCO	HERON	2 A330/A340; 1 BAe 146; 18 A318–321; 21 B.737 Classic	12 A350; 12 A330/A340	42	24	66
アリタリア・イタリア航空	イタリア	WE	AZ	55		1946	ローマ.FCO	ALITALIA	6 DC-10/MD-11; 10 B.777; 12 B.767; 60 A318–321; 47 DC-9/MD-80/90	48 A318–321	135	48	183
ユーロフライ▲	イタリア	WE				1989	オーリオ・アル・セーリオ	SIRIOFLY	4 A330/A340; 9 A318–321		13	0	13
メリディアナ▲	イタリア	WE	IG	191	ISS	1963	オルビア	MERAIR	4 A318–321; 22 DC-9/MD-80/90		26	0	26
エア・アスタナ	カザフスタン	CS		465		2001	アスタナ	ASTANA-LINE	2 B.767; 4 B.757; 10 A318–321; 5 F.27	3 B.787; 6 A318–321	21	9	30
キルギスタン航空	キルギスタン	CS		758		1992	ビシュケク	KYRGYZ	9 Tu-154; 12 Yak-40; 1 B.737 Classic; 5 Tu-134		27	0	27
ルクスエア	ルクセンブルク	WE	LG	149	LGL	1947	ルクセンブルク	LUXAIR	1 B.737 Classic; 3 B.737 NG; 8 EMB-135/145; 3 DHC-8	2 DHC-8	15	2	17
MATマケドニア航空▲	マケドニア	EA	IN	367	MAK	1994	スコピエ	MAKAVIO	1 B.737 Classic		1	0	1
エアマルタ	マルタ	WE	KM	643	AMC	1973	ルア	AIR MALTA	12 A318–321		12	0	12
モンテネグロ航空	モンテネグロ	EA		409	MGX	1994	ポドゴリツァ	MONTENEGRO	11 F.28; 2 EMB-190/195	1 EMB-170/175	13	1	14
マーティンエア	オランダ	WE	MP	129	MPH	1958	アムステルダム	MARTINAIR	4 B.747; 7 DC-10/MD-11; 6 B.767		17	0	17
トランサヴィア・コム	オランダ	WE	HV		TRA	1965	アムステルダム	TRANSAVIA	32 B.737 NG	7 B.737 NG	32	7	39
KLMオランダ航空	オランダ	WE	KL	74	KLM	1919	アムステルダム	KLM	21 B.747; 10 DC-10/MD-11; 10 A330/A340; 19 B.777; 1 BAe 146;31 B.737 NG; 23 B.737 Classic	3 A330/A340; 4 B.777; 9 B.737 NG	115	16	131
キプロス・トルコ航空▲	北キプロス	NE	YK	56	KYV	1974	エルカン	AIR-KIBRIS	3 A318–321; 4 B.737 NG		7	0	7
ノルウェー・エアシャトル	ノルウェー	WE			NAX	1993	オスロ	NOR SHUTTLE	15 B.737 NG; 28 B.737 Classic	46 B.737 NG	43	46	89
ヴィデロー航空	ノルウェー	WE	WF	701	WIF	1934	オスロ	WIDEROE	29 DHC-8	6 DHC-8	29	6	35
LOTポーランド航空	ポーランド	EA	LO	80	LOT	1929	ワルシャワ	LOT	6 B.767; 12 B.737 Classic; 16 EMB-170/175; 6 EMB-135/145; 1 Il-18	8 B.787; 12 EMB-170/175	41	20	61
SATAエア・アゾレス	ポルトガル	WE	SP	737	SAT	1941	ポンタ・デルガーダ	SATA	5 BAe ATP; 2 DHC-8	4 DHC-8	7	4	11
SATAインターナショナル	ポルトガル	WE	S4	331	RZO	1998	リスボン／ポンタ・デルガーダ	AIR AZORES	4 A300/A310; 4 A318–321		8	0	8
TAPポルトガル航空	ポルトガル	WE	TP	47	TAP	1945	リスボン	AIR POR-TUGAL	16 A330/A340; 40 A318–321	1 A330/A340; 12 A350; 4 A318–321	56	17	73
タロム航空	ルーマニア	EA	RO	281	ROT	1945	ブカレスト	TAROM	2 A300/A310; 4 A318–321; 4 B.737; 7 B.737 NG; 9 ATR-42/72; 2 An-24		28	0	28
ウラル航空	ロシア	CS	U6	262	SVR	1993	エカテリンブルク	SVERDLOVSK AIR	4 Il-86; 13 Tu-154; 11 A318–321; 3 An-24	7 A318–321	31	7	38
ヤクーツク航空	ロシア	CS		840	SYL	2002	ヤクーツク	AIR YAKUTIA	10 Tu-154; 4 Yak-40; 4 B.757; B.737; 3 An-12; 3 An-140; 4 An-26; 16 An-24	2 An-140	45	2	47
KDアビア▲	ロシア	CS	KD		KNI	1945	カリーニングラード	KALININGRAD AIR	16 B.737 Classic; 3 Tu-134		19	0	19
アエロフロート	ロシア	CS	SU	555	AFL	1923	モスクワ.SVO	AEROFLOT	6 Il-96; 4 Il-86; 1 Il-76; 3 A330/A340; 11 B.767; 7 Il-62; 26 Tu-154; 55 A318–321; 3 Tu-134	22 A350; 7 A330/A340; 22 B.787; 1 B.767; 33 wA318–321; 30 Sukhoi RRJ	116	115	231
ロシア航空	ロシア	CS	R4	948	SDM	1992	サンクトペテルブルク	RUSSIA	4 Il-96; 2 Il-86; 3 B.767; 9 Il-62; 26 Tu-154; 6 Yak-40; 5 Tu-204/214/234; 14 A318–321; 5 B.737; 12 Tu-134; 2 Il-18	1 Il-96; 4 Il-76; 2 B.767; 4 Tu-204/214/234; 12 An-72/74/148	88	23	111
S7航空	ロシア	CS	S7	421	SBI	1992	ノヴォシビルスク	SIBERIA AIRLINES	9 Il-86; 2 B.767; 8 A300/A310; 23 Tu-154; 26 A318–321; 2 B.737 Classic; 4 B.737 NG	27 A318–321; 10 B.737 NG	74	37	111
スカイヨーロッパ航空▲	スロバキア	EA	NE		ESK	2001	ブラチスラヴァ	RELAX	12 B.737 Classic; 7 B.737 NG	7 B.737 NG	19	7	26
アドリア航空	スロベニア	EA	JP	165	ADR	1961	リュブリャナ	ADRIA	6 A318–321; 2 B.737 Classic; 4 CRJ 700/900/1000; 7 CRJ 100/200	1 CRJ 700/900/1000	19	1	20
エア・コメット▲	スペイン	WE	A7	352	MPD	1996	マドリード	RED COMET	6 A330/A340; 3 A318–321	2 A380; 3 A330/A340	9	5	14

CS=コーカサス　WE=西欧　EA=東欧　NE=近東

社名	国名	●	IATAコード	IATAナンバード	ICAO	✳	拠点空港	コールサイン	保有機材	発注済機材	✈	✈	✈
エア・ヨーロッパ	スペイン	WE		996	AEA	1984	マドリード	EUROPA	6 A330/A340; 2 B.767; 29 B.737 NG; 4 EMB-190/195	8 B.787; 30 B.737 NG; 7 EMB-190/195	41	45	86
エア・ノーストラム	スペイン	WE	YW	694		1994	バレンシア	NOS-TRUM AIR	11 CRJ 700/900/1000; 35 CRJ 100/200; 5 ATR-42/72; 16 DHC-8	35 CRJ 700/900/1000; 10 ATR-42/72; 9 DHC-8	67	54	121
イベリア航空	スペイン	WE	IB	75	IBE	1927	マドリード	IBERIA	37 A330/A340; 5 A300/A310; 3 B.727; 116 A318-321; 23 DC-9/MD-80/90	3 A330/A340; 13 A318-321	184	16	200
スパン・エアー▲	スペイン	WE		680		1986	マドリード	SPANAIR	24 A318-321; 37 DC-9/MD-80/90; 4 B.717		65	0	65
スカンジナビア航空	スウェーデン	WE	SK	117	SAS	1946	コペンハーゲン／ストックホルム／オスロ	SCANDINAVIAN	13 A330/A340; 5 BAe 146; 13 A318-321; 48 B.737 NG; 59 DC-9/MD-80/90; 9 CRJ 700/900/1000; 6 CRJ 100/200; 1 ATR-42/72; 9 DHC-8	1 B.737 NG; 6 CRJ 700/900/1000	163	7	170
スカイウェイズ・エクスプレス▲	スウェーデン	WE	JZ	752	SKX	1940	ストックホルム	SKY EXPRESS	11 F.27		11	0	11
ヘルヴェティック・エアウェイズ	スイス	WE	2L		OAW	2001	チューリッヒ		4 F.28		4	0	4
スイスインターナショナルエアラインズ	スイス	WE	LX	724		1975	チューリッヒ	SWISS	26 A330/A340; 33 A318-321; 1 B.737	8 A330/A340; 2 A318-321	60	10	70
オヌール・エア	トルコ	NE	8Q		OHY	1992	イスタンブール	ONUR AIR	2 A300/A310; 9 A318-321; 9 DC-9/MD-80/90		20	0	20
サンエクスプレス	トルコ	NE	XQ	564	SXS	1989	アンタリア		3 B.757; 18 B.737 NG	6 B.737 NG	21	6	27
トルコ航空	トルコ	NE	TK	235	THY	1933	イスタンブール	TURKAIR	16 A330/A340; 3 B.777; 5 A300/A310; 46 A318-321; 48 B.737 NG; 3 B.737	12 B.777; 4 B.737 NG	121	16	137
ブリティッシュ・エアウェイズ	英国	WE	BA	125	BAW	1924	ロンドン. LHR, LGW	SPEED-BIRD + SHUTTLE	57 B.747; 46 B.777; 21 B.767; 11 B.757; 83 A318-321; 47 B.737 Classic	12 A380; 6 B.787; 24 B.787; 16 A318-321	265	58	323
ローガンエアー	英国	WE			LOG	1962	グラスゴー	LOGAN			0	0	0
トムソン航空	英国	WE			TOM	1962	バーミンガムなど	THOMSON	7 B.737 Classic		7	0	7
イージージェット	英国	WE	U2		EZY	1995	ルートン	EASY	153 A318-321; 20 B.737 NG	79 A318-321	173	79	252
bmi▲	英国	WE	BD	236	BMA	1949	ロンドン. LHR	MIDLAND	3 A330/A340; 1 B.757; 30 A318-321; 1 B.737 Classic	3 A318-321	35	3	38
Flybe（フライビー）	英国	WE	BE	267	BEE	1969	エクセター	JERSEY	8 BAe 146; 14 EMB-190/195; 9 EMB-135/145; 57 DHC-8	22 DHC-8	88	22	110
モナークエアライン	英国	WE		974	MON	1967	ルートン	MO-NARCH	2 A330/A340; 4 A300/A310; 1 B.767; 3 B.757; 33 A318-321	6 B.787; 1 A318-321	43	7	50
トーマス・クック航空	英国	WE	MT		TCX	1999	マンチェスター	KESTREL	9 A330/A340; 2 B.767; 23 B.757; 22 A318-321		56	0	56
ヴァージン・アトランティック航空	英国	WE		932	VIR	1982	ロンドン. LHR, LGW	VIRGIN	13 B.747; 26 A330/A340	6 A380; 10 A330/A340; 15 B.787	39	31	70
アフリカ													
アルジェリア航空	アルジェリア	AR	AH	124	DAH	1947	アルジェ	AIR ALGERIE	5 A330/A340; 5 B.767; 6 A300/A310; 8 B.727; 15 B.737 Classic; 18 B.737 NG; 1 C-130/L.100; 8 F.27; 8 ATR-42/72		74	0	74
TAAGアンゴラ航空	アンゴラ	ZA	DT	118	DTA	1938	ルアンダ	DTA	5 B.747; 3 B.777; 4 B.737 NG, 4 B.737 Classic, 4 F.27		20	0	20
エア・ボツワナ	ボツワナ	ZA	BP	636	BOT	1972	ハボローネ	BOTSWANA	3 BAe 146; 5 ATR-42/72		8	0	8
TACVカーボベルデ航空	カーボベルデ諸島	EQ	VR	696	TCV	1958	プライア	CABO VERDE	2 B.757; 4 ATR-42/72		6	0	6
エジプト航空	エジプト	AR	MS	77	MSR	1932	カイロ	EGYPTAIR	10 A330/A340; 5 B.777; 1 B.767; 16 A318-321; 4 B.737 Classic; 7 B.737 NG	5 A330/A340; 6 B.777; 13 B.737 NG	43	24	67
エリトリア航空	エリトリア	EQ	B8	637	ERT	2002	アスマラ	ERITREAN	1 B.767		1	0	1
エチオピア航空	エチオピア	EQ	ET	71	ETH	1945	アディスアベバ	ETHIOPIAN	3 B.747; 1 DC-10/MD-11; 10 B.767; 10 B.757; 5 B.737 NG; 1 C-130/L.100; 5 F.27	1 DC-10/MD-11; 12 A350; 5 B.777; 10 B.787; 3 B.737 NG; 8 DHC-8	35	39	74
エア・サービス・ガボン▲	ガボン	EQ			AGB	1965	リーブルヴィル	AIR SERVICE GABON	2 CRJ 100/200; 5 DHC-8		7	0	7
ガボン航空▲	ガボン	EQ	GY	13	GBK	2007	リーブルヴィル	GABON-AIRLINES	2 B.767		2	0	2
エール・イボワール▲	コートジボワール	EQ		943	VUN	1960	アビジャン	AIR IVOIRE	3 A318-321; 1 B.737 Classic; 2 DC-9/MD-80/90; 3 F.28	3 B.737 Classic	9	3	12
ケニア航空	ケニア	EQ	KQ	706	KQA	1977	ナイロビ	KENYA	4 B.777; 6 B.767; 9 B.737 NG; 6 B.737 Classic; 3 EMB-170/175	9 B.787	28	9	37

社名	国名	●	IATA コード	IATA ナンバード	ICAO コード	*	拠点空港	コールサイン	保有機材	発注済機材	✈	✈	✈
アフリキヤ航空	リビア	AR	8U	546	AAW	2001	トリポリ	AFRIQIYAH	1 A330/A340; 1 A300/A310; 9 A318–321	3 A330/A340; 6 A350; 10 A318–321	11	19	30
リビア航空	リビア	AR	LN	148	LAA	1964	トリポリ	LIBAIR	8 A300/A310; 1 B.707/720; 7 B.727; 2 A318–321; 2 BAC-111; 5 F.28; 5 CRJ 700/900/1000; 10 F.27	4 A350; 4 A330/A340	40	8	48
マダガスカル航空	マダガスカル	ZA	MD	258	MDG	1962	アンタナナリボ	AIR MADA-GASCAR	2 B.767; 2 B.737 Classic; 5 ATR-42/72	1 B.737 Classic	9	1	10
エア・マラウイ▲	マラウイ	ZA		167	AML	1964	リロングウェ	MALAWI	3 B.737 Classic; 1 ATR-42/72		4	0	4
モーリシャス航空	モーリシャス	ZA	MK	239	MAU	1967	ポートルイス	AIRMAURITIUS	9 A330/A340; 2 A318–321; 2 ATR-42/72	1 A330/A340	13	1	14
LAMモザンビーク航空	モザンビーク	ZA	TM	68	LAM	1936	マプト	MOZAMBIQUE	4 B.737 Classic; 1 EMB-190/195; 2 DHC-8	1 EMB-190/195	7	1	8
ナミビア航空	ナミビア	ZA	SW	186	NMB	1946	ウィントフック	NAMIBIA	2 A330/A340; 2 B.737 Classic		4	0	4
アリク・エア	ナイジェリア	EQ	W3		ARA	2002	ラゴス	ARIK	2 A330/A340; 2 B.737 Classic; 11 B.737 NG; 4 CRJ 700/900/1000; 7 F.27; 4 DHC-8	1 A330/A340; 5 B.777; 7 B.787; 22 B.737 NG; 4 DHC-8	30	39	69
エア・ナイジェリア	ナイジェリア	EQ	VK		VGN	2004	ラゴス	VIRGIN NIGERIA	5 B.737 Classic; 2 EMB-190/195	7 EMB-170/175; 1 EMB-190/195	7	8	15
エール・オーストラル	仏領レユニオン島	ZA	UU	760	REU	1974	サン=ドニ	RE-UNION	5 B.777; 2 B.737 Classic; 3 ATR-42/72		10	0	10
セーシェル航空	セーシェル	EQ	HM	61	SEY	1977	マヘ島ヴィクトリア	SEYCHELLES	5 B.767	2 B.787	5	2	7
南アフリカ航空	南アフリカ	ZA	SA	83	SAA	1934	ヨハネスブルク	SPRINGBOK	2 B.747; 21 A330/A340; 11 A318–321; 17 B.737 NG; 4 B.737 Classic	4 A318–321	55	4	59
プレシジョンエア	タンザニア	EQ	PW	31	PRF	1991	ダルエスサラーム	PRECISIONAIR	1 B.737 Classic; 11 ATR-42/72	3 ATR-42/72	12	3	15
チュニスエア	チュニジア	AR	TU	199	TAR	1948	チュニス	TUNAIR	4 A300/A310; 15 A318–321; 4 B.737 Classic; 7 B.737 NG	3 A350; 3 A330/A340; 10 A318–321	30	16	46
エア・ウガンダ	ウガンダ	EQ	U7	926	UGB	2007	エンテベ		3 DC-9/MD-80/90		3	0	3
エア・ジンバブエ	ジンバブエ	ZA		168	AZW	1967	ハラレ	AIR ZIMBABWE	2 B.767; 1 BAe 146; 3 B.737 Classic; 3 Viscount; 3 Yun Y-7		12	0	12
中東													
ガルフ・エア	バーレーン	ME	GF	72	GFA	1950	バーレーン	GULF AIR	34 A330/A340; 4 B.777; 4 B.767; 21 A318–321	20 A330/A340; 24 B.787; 15 A318–321	63	59	122
アルキア・イスラエル航空	イスラエル	NE	IZ	238	AIZ	1950	テルアビブ	ARKIA	2 B.757; 1 EMB-190/195; 5 DHC-7; 4 ATR-42/72	4 B.787	12	4	16
エルアル・イスラエル航空	イスラエル	NE	LY	114	ELY	1948	テルアビブ	ELAL	8 B.747; 6 B.777; 9 B.767; 1 B.757; 13 B.737 NG	4 B.777	37	4	41
ロイヤル・ヨルダン航空	ヨルダン	NE	RJ	512	RJA	1963	アンマン	JORDANIAN	6 A330/A340; 9 A300/A310; 12 A318–321; 7 EMB	8 B.787	34	8	42
クウェート航空	クウェート	ME	KU	229	KAC	1954	クウェート	KUWAIT	1 B.747; 5 A330/A340; 2 B.777; 9 A300/A310; 4 A318–321		21	0	21
ミドル・イースト航空	レバノン	NE	ME	76	MEA	1945	ベイルート	CEDAR JET	4 A330/A340; 10 A318–321	3 A318–321	14	3	17
オマーン・エア	オマーン	ME	WY	910	OMA	1981	マスカット	KHANJAR	2 A330/A340; 13 B.737 NG; 2 ATR-42/72	13 A330/A340; 6 B.787; 9 B.737 NG	17	28	45
カタール航空	カタール	ME		157	QTR	1993	ドーハ	QATARI	34 A330/A340; 8 B.777; 3 A300/A310; 21 A318–321	5 A380; 80 A350; 1 A330/A340; 19 B.777; 30 B.787; 27 A318–321	66	162	228
サウディア	サウジアラビア	ME	SV	65	SVA	1945	ジッダ	SAUDIA	27 B.747; 4 DC-10/MD-11; 2 A330/A340; 23 B.777; 38 A300/A310; 5 B.757; 2 A318–321; 1 B.737 Classic; 29 DC-9/MD-80/90; 15 EMB-170/175	8 A330/A340; 12 B.787; 45 A318–321	146	65	211
エア・アラビア	UAE	ME	G9		ABY	2003	シャールジャ		17 A318/A319/A320/A321	46 A318/A319/A320/A321	17	46	63
エミレーツ航空	UAE	ME	EK	176	UAE	1985	ドバイ	EMIRATES	5 A380; 7 B.747; 47 A330/A340; 78 B.777	51 A380; 10 B.747; 70 A350; 32 B.777	137	163	300
エティハド航空	UAE	ME	EY		ETD	2003	アブダビ	ETIHAD	26 A330/A340; 5 B.777; 2 A300/A310; 12 A318–321	10 A380; 10 A330/A340; 25 A350; 10 B.777; 2 A300/A310; 35 B.787; 24 A318–321	45	116	161
イエメニア	イエメン	ME	IY	635	IYE	1949	サヌア	YEMENI	3 Il-76; 2 A330/A340; 4 A300/A310; 6 B.727; 4 B.737 NG; 3 B.737; 2 C-130/L.100; 2 DHC-7; 3 DHC-8; 2 DC-3	10 A350; 6 DHC-8	31	16	47

WE=西欧　NE=近東　AR=北アフリカ　ZA=南アフリカ　EQ=アフリカ（赤道周辺）　ME=中東

社名	国名	●	IATAコード	IATAナンバード	ICAOコード	✱	拠点空港	コールサイン	保有機材	発注済機材	✈	✈	✈
アジア													
アリアナ・アフガン航空	アフガニスタン	ME	FG	255	AFG	1955	カーブル	ARIANA	4 A300/A310; 5 B.727; 2 An-24		11	0	11
ビーマン・バングラデシュ航空	バングラデシュ	ME	BG	997	BBC	1972	ダッカ	BANGLA-DESH	1 B.747; 5 DC-10/MD-11; 2 A300/A310; 4 F.28	4 B.777; 4 B.787; 1 A300/A310; 2 B.737 NG	12	11	23
ロイヤルブルネイ航空	ブルネイ	FE	BI	672	RBA	1974	バンダルスリブガワン	BRUNEI	6 B.767; 4 A318-321	4 B.787	10	4	14
中国国際航空	中国	FE	CA	999	CCA	1988	北京	AIR CHINA	10 B.747; 26 A330/A340; 10 B.777; 8 B.767; 13 B.757; 53 A318-321; 77 B.737 NG; 32 B.737; 1 An-12; 4 Yun Y-7	20 A330/A340; 15 B.777; 15 B.787; 15 A318-321; 42 B.737 NG	234	107	341
マカオ航空	中国（マカオ）	FE	NX	675	AMU	1994	マカオ	AIR MACAU	3 A300/A310; 19 A318-321		22	0	22
中国東方航空	中国	FE	MU	781	CES	1988	上海. PVG、西安など	CHINA EASTERN	30 A330/A340; 7 A300/A310; 3 B.767; 5 BAe 146; 107 A318-321; 19 B.737; 44 B.737; 9 DC-9/MD-80/90; 5 CRJ; 10 EMB; 9 Yun Y-7	15 B.787; 44 A318-321; 14 B.737 NG	248	73	321
中国南方航空	中国	FE	CZ	784	CSN	1988	広州	CHINA SOUTH-ERN	2 B.747; 14 A330/A340; 12 B.777; 6 A300/A310; 19 B.757; 127 A318-321; 24 B.737; 75 B.737; 25 DC-9/MD-80/90; 6 EMB-135/145; 5 ATR-42/72	5 A380; 10 A330/A340; 6 B.777; 10 B.787; 48 A318-321; 61 B.737 NG	315	140	455
中国新華航空	中国	FE		779	CXH	1992	北京、天津	XINHUA	7 B.737 NG; 9 B.737 Classic		16	0	16
海南航空	中国	FE		880	CHH	1989	海口	HAINAN	9 A330/A340; 3 B.767; 46 B.737 NG; 8 B.737 Classic	4 A330/A340; 8 B.787; 25 A318-321; 13 B.737 NG	66	50	116
上海航空	中国（上海）	FE		774		1985	上海. PVG、SHA	SHANGHAI AIR	7 B.767; 10 B.757; 1 A318-321; 30 B.737 NG; 5 CRJ 100/200	9 B.787; 9 A318-321; 7 B.737 NG; 5 ARJ21	53	30	83
廈門航空	中国	FE		731	CXA	1992	廈門	XIAMEN AIR	8 B.757; 43 B.737 NG; 2 B.737 Classic	41 B.737 NG	53	41	94
香港ドラゴン航空	中国（香港）	FE		43	HDA	1985	香港	DRAGON-AIR	5 B.747; 17 A330/A340; 16 A318-321	2 A318-321	38	2	40
キャセイパシフィック航空	中国（香港）	FE	CX	160	CPA	1946	香港	CATHAY	76 B.747; 64 A330/A340; 32 B.777	11 B.747; 8 A330/A340; 19 B.777	172	38	210
エア・インディア	インド	ME	AI+IC		AIC	1932	デリー	INDAIR	10 B.747; 2 A330/A340; 17 B.777; 10 A300/A310; 76 A318-321	10 B.777; 27 B.787; 18 A318-321	115	55	170
ジェット・エアウェイズ	インド	ME	9W	589	JAI	1992	ムンバイ	JET AIRWAYS	10 A330/A340; 3 B.777; 48 B.737 NG; 14 ATR-42/72	5 A330/A340; 3 B.777; 10 B.787; 28 B.737 NG; 6 ATR-42/72	75	52	127
キングフィッシャー航空	インド	ME	IT		KFR+BEZ	2004	ムンバイ	KING-FISHER	5 A330/A340; 1 B.727; 25 A318-321; 18 ATR-42/72	5 A380; 17 A330/A340; 23 A318-321; 14 ATR	49	59	108
バタビア航空	インドネシア	FE	7P	671	BTV	2001	ジャカルタ	BATAVIA	6 A318-321; 34 B.737 Classic	2 A330/A340; 1 B.737 Classic; 10 ATR-42/72	40	13	53
ガルーダ・インドネシア航空	インドネシア	FE	GA	126	GIA	1949	ジャカルタ	INDO-NESIA	3 B.747; 9 A330/A340; 38 B.737 Classic; 14 B.737 NG; 4 DC-9/MD-80/90	1 A330/A340; 10 B.777; 25 B.737 NG	68	36	104
ライオン・エア	インドネシア	FE	JT	990	LNI	1999	ジャカルタ	LION INTER	2 B.747; 11 B.737 Classic; 25 B.737 NG; 10 DC-9/MD-80/90	157 B.737 NG	48	157	205
マンダラ航空	インドネシア	FE			MDL	1969	ジャカルタ	MANDALA	9 A318-321; 3 B.737 Classic; 1 DC-3	25 A318-321	13	25	38
ムルパティ・ヌサンタラ航空	インドネシア	FE	MZ	621	MNA	1962	ジャカルタ	MERPATI	18 B.737 Classic; 22 F.28; 4 F.27; 2 Yun Y-7	1 B.737 Classic; 13 Yun Y-7	46	14	60
全日本空輸	日本	FE	NH	205	ANA	1952	成田、羽田	ALL NIPPON	15 B.747; 43 B.777; 57 B.767; 29 A318-321; 4 B.737 NG	4 B.777; 55 B.787; 4 B.767; 21 B.737 NG	148	84	232
日本航空	日本	FE	JL	131	JAL	1951	成田	JAPAN-AIR	B.787 9; B777 46; B767 48; B.737 NG 65; B.737 14 E.170 12; DHC-8 16 CRJ200 9; サーブ 340 11	10 B.777; 35 B.787; 9 B.767; 31 B.737 NG 18 B.767 13 A.350-900 13 A.350-1000	150	85	235
高麗航空	北朝鮮	FE	JS	120	KOR	1950	平壌	AIR KORYO	3 Il-76; 5 Il-62; 6 Tu-154; 1 Tu-204/214/234; 2 Tu-134; 4 Il-18; 6 An-24	2 Tu-204/214/234	27	2	29
アシアナ航空	韓国	FE	OZ	988	AAR	1988	ソウル（仁川、金浦）	ASIANA	12 B.747; 7 A330/A340; 10 B.777; 8 B.767; 24 A318-321; 7 B.737 Classic	30 A350; 1 A330/A340; 4 B.777; 3 A318-321	68	38	106

社名	国名	●	IATAコード	IATAナンバード	ICAOコード	＊	拠点空港	コールサイン	保有機材	発注済機材	✈	✈	✈
大韓航空	韓国	FE	KE	180	KAL	1962	ソウル（仁川、金浦）	KOREAN-AIR	50 B.747; 20 A330/A340; 23 B.777; 8 A300/A310; 31 B.737 NG	10 A380; 5 B.747; 6 A330/A340; 16 B.777; 10 B.787; 5 B.737 NG	132	52	184
ラオス国営航空	ラオス	FE	QV	627	LAO	1976	ヴィエンチャン	LAO	4 ATR-42/72; 3 An-24; 7 Yun Y-7	1 ATR-42/72	14	1	15
エアアジア	マレーシア	FE		807	AXM	1994	クアラルンプール	ASIAN EXPRESS	44 A318-321; 1 B.737 Classic	114 A318-321	45	114	159
マレーシア航空	マレーシア	FE	MH	232	MAS	1947	クアラルンプール	MALAYSIAN	23 B.747; 15 A330/A340; 17 B.777; 1 A300/A310; 3 B.737 NG; 38 B.737	6 A380; 35 B.737 NG	97	41	138
MIATモンゴル航空	モンゴル	FE	OM	269	MGL	1956	ウランバートル	MONGOL AIR	2 A300/A310; 2 B.737 NG; 1 An-30; 17 An-24		22	0	22
ネパール航空	ネパール	ME	RA	285	RNA	1958	カトマンズ	ROYAL NEPAL	2 B.757; 1 HS.748/Andover	2 Yun Y-7	3	2	5
パキスタン国際航空	パキスタン	ME	PK	214	PIA	1946	カラチ	PAKIS-TAN	8 B.747; 9 B.777; 12 A300/A310; 7 B.737 Classic; 7 ATR-42/72		43	0	43
セブパシフィック航空	フィリピン	FE	5J	203	CEB	1996	マニラ	CEBU AIR	21 A318-321; 8 ATR-42/72	15 A318-321; 2 TR-42/72	29	17	46
フィリピン航空	フィリピン	FE	PR	79	PAL	1941	マニラ	PHILIPPINE	11 B.747; 28 A330/A340; 23 A318-321; 1 B.737 Classic; 5 DHC-8	6 B.777; 3 A318-321; 2 DHC-8	68	11	79
シルクエアー	シンガポール	FE	MI	629	SLK	1975	チャンギ	SILKAIR	16 A318-321	13 A318-321	16	13	29
シンガポール航空	シンガポール	FE	SQ	618	SIA	1947	チャンギ	SINGAPORE	9 A380; 12 B.747; 13 A330/A340; 77 B.777	10 A380; 11 A330/A340; 20 A350; 20 B.787	111	61	172
タイガー・エアウェイズ	シンガポール	FE	TR		TGW	2003	チャンギ	GO CAT	10 A318-321	55 A318-321	10	55	65
スリランカ航空	スリランカ	ME	UL	603		1978	コロンボ	SRILANKAN	9 A330/A340; 3 A318-321; 4 An-12		16	0	16
チャイナエアライン	台湾	FE	CI	297	CAL	1959	台北	DYNASTY	34 B.747; 23 A330/A340; 11 B.737 NG	14 A350	68	14	82
エバー航空	台湾	FE	BR	695	EVA	1989	台北	EVA	22 B.747; 8 DC-10/MD-11; 11 A330/A340; 12 B.777; 1 A318-321; 9 DC-9/MD-80/90	3 B.777	63	3	66
バンコクエアウェイズ	タイ	FE		829	BKP	1968	バンコク	BANGKOK AIR	10 A318-321; 2 B.717; 8 ATR-42/72	4 A350; 1 A318-321; 1 ATR-42/72	20	6	26
オリエント・タイ航空	タイ	FE	OX	578	OEA	1995	バンコク	ORIENT EXPRESS	7 B.747; 1 DC-9/MD-80/90		8	0	8
タイ国際航空	タイ	FE	TG	217	THA	1959	バンコク	THAI	18 B.747; 25 A330/A340; 20 B.777; 17 A300/A310; 6 B.737; 2 ATR-42/72	6 A380; 2 B.747; 5 A330/A340	88	13	101
ベトナム航空	ベトナム	FE	VN	738	HVN	1956	ハノイ／ホーチミンシティ	VIETNAM AIRLINES	5 A330/A340; 10 B.777; 2 Yak-40; 25 A318-321; 1 Tu-134; 2 F.28; 3 Il-18; 10 ATR-42/72; 2 An-26; 8 An-24	10 A350; 16 B.787; 28 A318-321; 12 ATR-42/72	68	66	134
オーストラリア、太平洋地域													
カンタス航空	オーストラリア	OC	QF	81	QFA	1920	シドニー	QANTAS	3 A380; 34 B.747; 16 A330/A340; 29 B.767; 17 B.737; 38 B.737 NG; 1 Const.	17 A380; 4 A330/A340; 50 B.787; 31 B.737 NG	138	102	240
スカイウエスト	オーストラリア	OC		608		1963	パース	SKYWEST	8 F.28; 7 F.27		15	0	15
ヴァージン・オーストラリア	オーストラリア	OC	DJ		VOZ	2000	ブリスベン	VIRGIN	46 B.737 NG; 12 EMB-190/195 6 EMB-170/175	27 B.737 NG; 5 EMB-190/195	64	32	96
フィジー・エアウェイズ	フィジー	OC	FJ	260	FJI	1951	ナンディ	PACIFIC	3 B.747; 1 B.767; 3 B.737 NG	8 B.787	7	8	15
エアタヒチヌイ	タヒチ	OC	TN	244	THT	1996	パペーテ	TAHITI AIRLINES	5 A330/A340		5	0	5
アワー航空	ナウル	OC	ON	123	RON	1970	ナウル	AIR NAURU	1 B.737 Classic		1	0	1
エアカラン	ニューカレドニア	OC	SB	63	ACI	1983	ヌメア	AIRCALIN	2 A330/A340; 1 A318-321		3	0	3
ニュージーランド航空	ニュージーランド	OC		86	ANZ	1940	オークランド	NEW ZEALAND	7 B.747; 8 B.777; 5 B.767; 21 A318-321; 19 B.737 Classic; 1 F.27	5 B.777; 8 B.787	61	13	74
ニューギニア航空	パプアニューギニア	OC	PX	656	ANG	1973	ポートモレスビー	NIUGINI	1 B.767; 1 B.757; 10 F.28; 8 DHC-8; 2 DC-3	1 B.787	22	1	23
ソロモン航空	ソロモン諸島	OC	IE	193	SOL	1962	ホニアラ	SOLOMON			0	0	0
バヌアツ航空	バヌアツ	OC	NF	218	AVN	1981	ポートビラ	AIR VAN	1 B.737 NG; 1 ATR-42/72	1 ATR-42/72	2	1	3

ME＝中東　FE＝極東　OC＝オセアニア

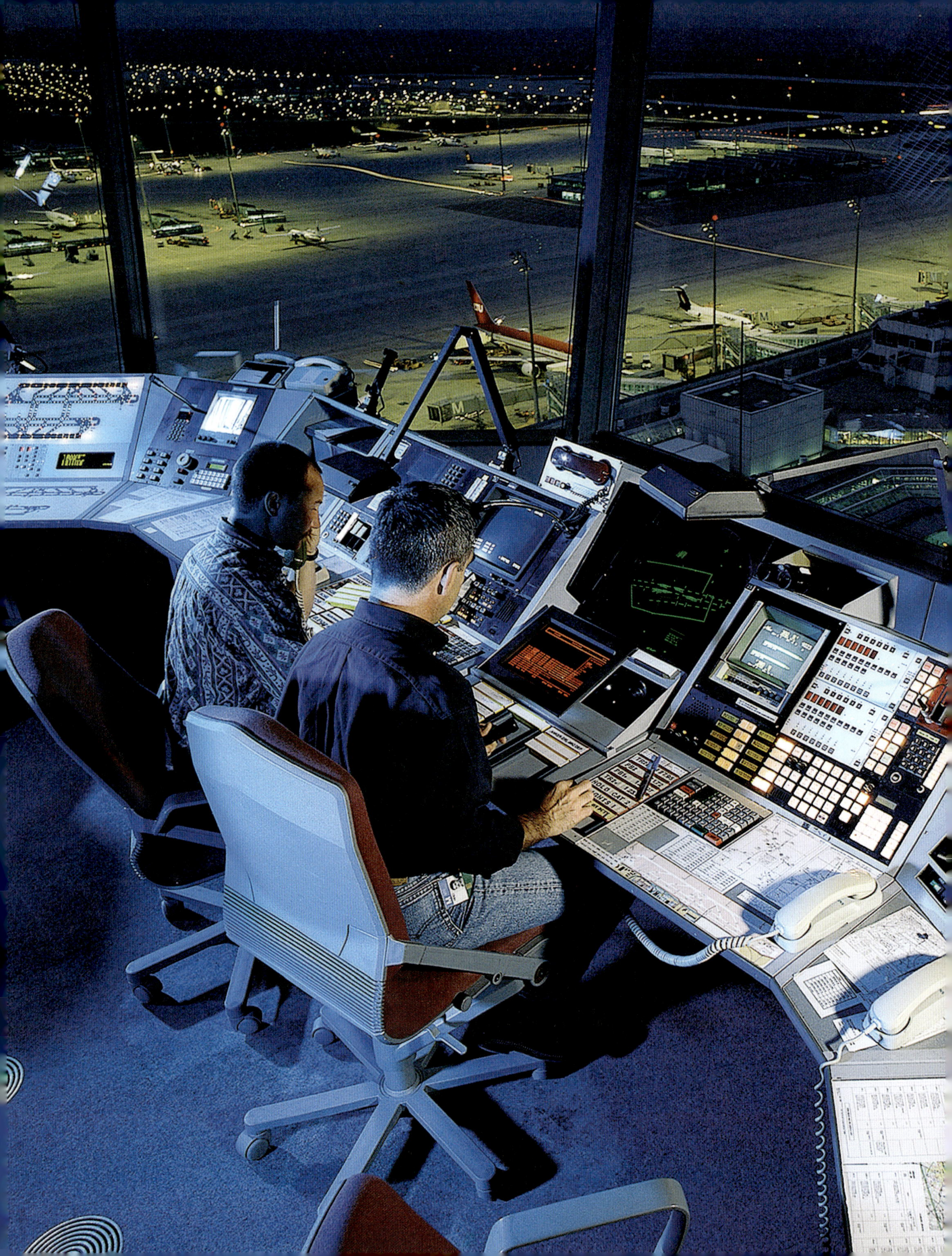

フライトに関する諸事

航空券（チケット）

航空券の歴史

1920　世界初の航空券登場

1930　国際航空運送協会（IATA）によって形式が統一された、複数のフライトクーポンからなる航空券登場

1972　BSP形式（銀行集中決済方式）の共通航空券導入。IATA公認代理店は、未記入の用紙を用い、コンピュータが計算した料金を出力して航空券を発行する。すべてのデータはBSPに送られ、航空会社と提携して支払いを順番に処理する。今日、BSPは世界150カ国以上で導入され、航空券売上高のほぼ80パーセントを取り扱っている。

1983　磁気ストライプ入り航空券の導入

1994　eチケットの導入

2008　「チケットレス」時代の始まり

旅行代理店からeチケットへ

発行が複雑な従来の航空券は、eチケットに道を譲りつつある。一般的に、旅行代理店がこれまで受領していた手数料はなくなったものの、インターネットを通じて直接チケットを購入する代わりに、今でも代理店を通して航空券を購入し続ける顧客に対してはサービス料が請求される。

旅行代理店は、より複雑な予約をする場合には必要な存在だ。たとえば、ローマからモスクワへ飛び、それからラオス、バンコク、香港へ寄り道しながらシンガポールに行き、再びローマへ戻るというルートを予約しようとすると、どんな予約エンジンでもクラッシュしかねない。さらに、旅行のあらゆる区間でそれぞれ最も安い料金の航空券を別々に予約するのは、大きな危険を伴う。遅れが生じた場合、それ以降の区間で予約を変えることができないからだ。

eチケット

従来のチケットを手作業で発行するにはたっぷり20分はかかっていた。しかし、2008年6月1日から、世界の大部分の航空会社では、顧客のパスポートまたはクレジットカードがあれば十分となった。これらの個人情報は、予約されたフライトの詳細を呼び出すのに用いられる。機内持ち込み手荷物しかない旅行者は、SMSやインターネット接続可能な携帯電話を使ってe搭乗券を注文することも可能で、当日、直接保安検査場まで進み、携帯電話をスキャナーに置く——たったそれだけでOKなのだ。また、搭乗前日にインターネット上でチェックインし、搭乗券を自分のプリンターで印刷することもできる。

ルフトハンザドイツ航空のGDS（グローバル・ディストリビューション・システム）——世界規模で展開する航空券予約発券コンピュータシステム

❶……発行元（航空会社名）

❷……搭乗者の氏名、性別

❸……搭乗区間の運賃種別コード（最初の文字は予約クラスを示す）

❹……ツアー承認番号、運賃計算保証コード

❺……予約番号

❻……運賃計算の明細
　フランクフルト〜トリノ〜パレルモ 219.74
　（＋パレルモ）〜ローマ〜フランクフルト 219.74
　＝439.48NUC
　（NUC＝異なる通貨を統一するための単位、ROE＝出発国通貨への換算レート、1NUC＝1ドル）

❼……料金（税金、その他料金など）
　DE＝ドイツの消費税（7.61）
　国際線旅客サービス料（13.93）
　XT＝料金の合計
　YQ＝燃油サーチャージおよび航空保険料（30.24）
　IT＝イタリアの空港使用料（15.64）
　VT＝イタリアのセキュリティ・サーチャージ（3.62）
　XT＝料金の合計

❽……発行元情報

❾……クレジットカード番号

フライトの予約

インターネット上には何百もの予約サイトがあり、予約エンジンが価格や旅行期間や経由地の数などでソートし、特定のルートを比較する。しかし、これらの多くには航空会社が関係している。原則的には、チケットが安いほど特権は少なくなり、予約が早いほど価格が安くなる場合が多い。以下は予約サイトの一例。

❖ Expedia.com……●
❖ Travelocity.com　❖ fly.com
❖ cheapflights.com　❖ orbitz.com
❖ priceline.com　❖ hotwire.com
❖ farecompare.com　❖ kayak.com
❖ tripadvisor.com……●
❖ SideStep.com
❖ skyscanner.net……●

また、単にGoogleで2つの都市の名前を入力して検索すれば、関連する予約エンジン（航空会社自体の予約エンジンも含む）がすべて現れる。

上記サイトのうち、日本語で利用できるのは●印のみです。

航空券の価格設定

かつて、(主に政府が所有する)航空会社は市場を独占し、A国とB国間のフライトは、A国とB国の航空会社しか運航していない場合がほとんどだった。ヨーロッパ圏内の航空運賃は、大陸横断路線の運賃の4倍に相当するほど高かった。だが、往復フライトの日付の間に土曜日の夜をはさむようにすれば85パーセントの割引になるなど、航空券は驚くほど安くなる場合があった。そのようなチケットは、週末に家族と過ごしたい出張旅行者が購入しないからだ。

また、旅程が第三国で始まる場合も航空券は安くなった。ロンドン～ニューヨークの運賃よりもパリ～ロンドン～ニューヨークの運賃の方が安かったのだ。

クロスチケットとクロス-オーバー・セリング

知識の豊富な旅行客は、すぐにこのいらだたしい価格設定システムへの対処法を考案した。単に安い往復切符を2枚購入して、往復切符に設定された短い滞在条件をうまく逃れたのだ。つまり、1枚目の往復チケットの往路だけを使い、帰りは2枚目のチケットの復路だけを使うのである。また別の方法として、フランクフルト発東京行きのチケットを購入する代わりに、より安いマドリード発フランクフルト経由東京行きのチケットを買って、マドリード～フランクフルト間のフライトクーポンを捨てるだけでよかった。ルフトハンザ航空は、このような行為を防ぐため、ケルン上級地方裁判所に法的措置を訴え、勝訴した(2009年7月31日のケルン上級裁判所6U 224/08)。それ以降、チケットの一部のフライトを利用しなかった乗客は、誰でも起訴される可能性が生まれた。ルフトハンザ航空は、予約された順序で利用しないチケットを受け入れなくてもよくなったのだ。一方、格安航空会社やオープン価格設定をしている航空会社は、チケットで使っていない部分は無効にするが、その先のチケットの有効性を損なうことはない。

コードシェアリング

航空連合(アライアンス)のシステムは、たとえば、世界中のフライトでマイルを貯められたり、パートナー航空会社のラウンジを利用できたりと、顧客にとって利点は確かにあるものの、ある特徴についてはまったく腹立たしいものがある――コードシェア便だ。荷物の輸送からマーケティングツールとしての利用まで、航空会社には利益があるようだが、あからさまな詐欺でないとしたら、乗客にとってはややこしいことこの上ない。

アライアンス加盟航空会社による同一フライトは、1便どころか、2、3便、場合によっては4便も存在する。たとえば、アメリカン航空でフライトを予約しても、結局ブリティッシュ・エアウェイズ便に搭乗するかもしれないし、シュトゥットガルトからカナリア諸島のテネリフェまでルフトハンザドイツ航空のフライトを利用したくても、ルフトハンザ航空便名で運航しているスパンエアーの飛行機にマドリードで乗り継ぎを強いられる場合がある。たとえ大部分の航空会社が予約段階でどのパートナー航空会社が実際に運航するか示しているとしても、これが顧客に必ずしも明らかであるというわけではない。

インフォメーションボードに航空会社のフライトナンバーが20秒間表示された後、回転しても同じ便が別の航空会社名で再び示され、うっかりするとさらにもう一度別会社名で表示される可能性があるというのは、顧客にとってはいらいらするものだ。急いでいる顧客が、関連したスクリーンページがモニターに表示されるまで数分間待たなければならないこともある。あるいは、目的地の空港で出迎える人たちが、間違ったターミナルで待ち続ける結果にもなりかねない。

予約クラス(ブッキングクラス)

予約クラス	座席クラス	
A	● ファーストクラス	割引運賃、世界一周運賃
B	● エコノミークラス	フルフレキシブル運賃
C	● ビジネスクラス	フルフレキシブル運賃
D	● ビジネスクラス	割引運賃、世界一周運賃
E	● エコノミークラス	割引運賃
F	● ファーストクラス	フルフレキシブル運賃
G	● エコノミークラス	割引運賃、団体料金
H	● エコノミークラス	割引運賃、学生料金
I	● ビジネスクラス	プレミアムチケット
J		
K	● エコノミークラス	割引運賃、国内線片道運賃
L	● エコノミークラス	割引運賃
M	● エコノミークラス	フルフレキシブル運賃、世界一周航運賃
N	● エコノミークラス	無償フライト……●
O	● ファーストクラス	アワードチケット(マイレージ交換無料チケット)
P	● エコノミークラス	プレミアムチケット
Q	● エコノミークラス	
R	● ビジネスクラス	無償フライト……●
S	● エコノミークラス	特割運賃、国際線運賃
T	● エコノミークラス	特割割引運賃
U	● エコノミークラス	割引運賃
V	● エコノミークラス	割引運賃、100%マイル積算される最安クラス、アップグレードが可能な最安クラス
W	● エコノミークラス	割引運賃、大陸横断フライト運賃、インターネット特割
X	● エコノミークラス	プレミアムチケット
Y	● エコノミークラス	フルフレキシブル運賃
Z	● ビジネスクラス	ビジネスクラス割引運賃、世界一周運賃、60日前予約

●=航空会社スタッフ、ゲスト、コンペ勝者など用

一部の航空会社が請求する料金の例

オンラインチェックイン料	5ユーロ
取り扱い手数料(1人1フライトあたり)	5ユーロ
追加受託手荷物取り扱い料(2個目、3個目)(1人1フライトあたり)	20ユーロ
子ども用品(ベビーキャリア/折りたたみベッド)(1個1フライトあたり)	10ユーロ
――ベビーカー1台の持ち込みは無料	
スポーツ用品(1個1フライトあたり)	30ユーロ
楽器(1個1フライトあたり)	30ユーロ
再予約手数料(1人1フライトあたり)	35ユーロ
航空券の搭乗者名変更料(1人1フライトあたり)	100ユーロ
機内アルコール販売	5ユーロ
食事代	10ユーロ
毛布、枕使用料	10ユーロ
非常口座席指定料(エクストラ・レッグルーム・シート)	25ユーロ

世界一周航空券

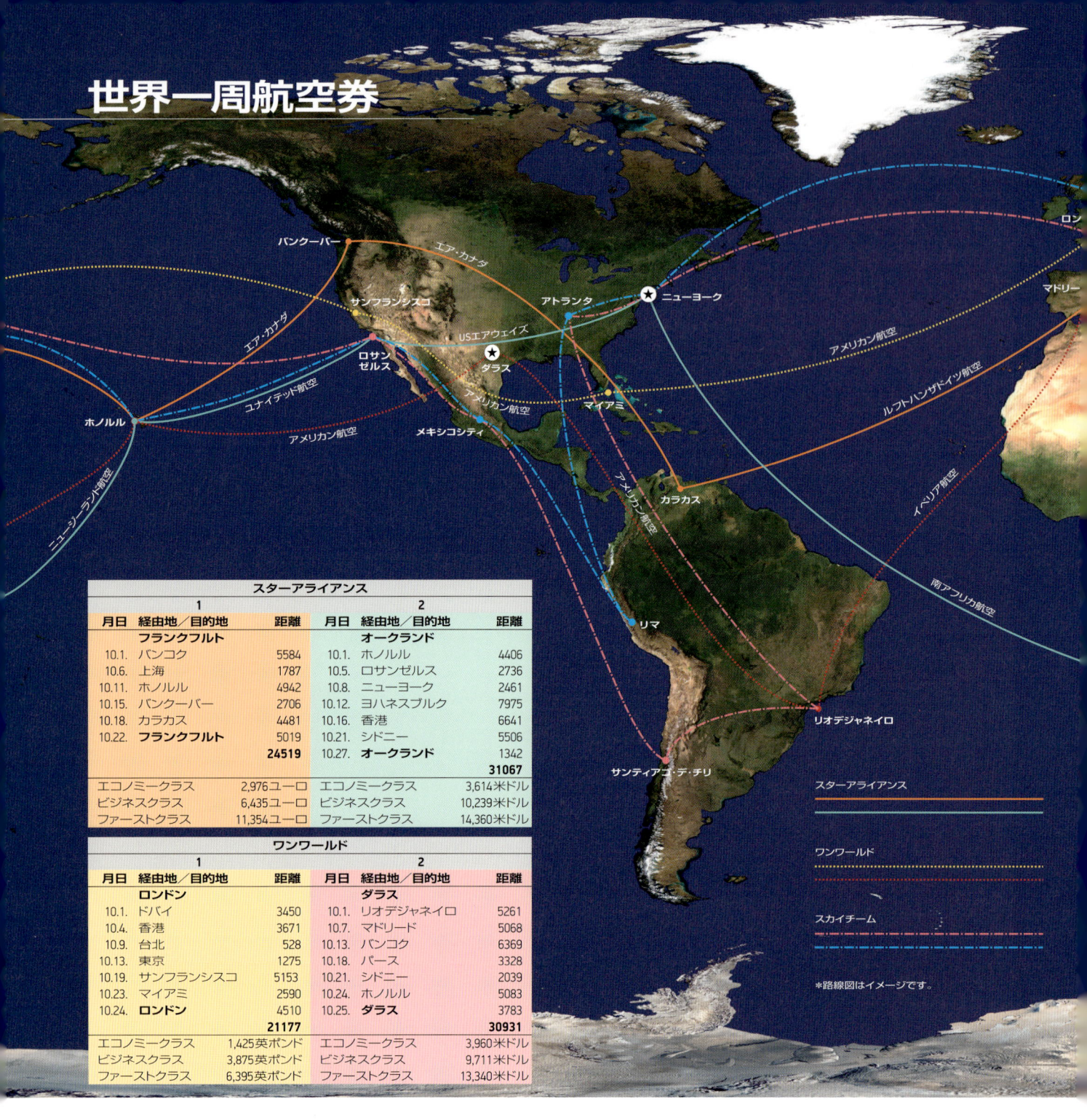

スターアライアンス

	1			2	
月日	経由地／目的地	距離	月日	経由地／目的地	距離
	フランクフルト			**オークランド**	
10.1.	バンコク	5584	10.1.	ホノルル	4406
10.6.	上海	1787	10.5.	ロサンゼルス	2736
10.11.	ホノルル	4942	10.8.	ニューヨーク	2461
10.15.	バンクーバー	2706	10.12.	ヨハネスブルク	7975
10.18.	カラカス	4481	10.16.	香港	6641
10.22.	**フランクフルト**	5019	10.21.	シドニー	5506
		24519	10.27.	**オークランド**	1342
					31067
エコノミークラス		2,976ユーロ	エコノミークラス		3,614米ドル
ビジネスクラス		6,435ユーロ	ビジネスクラス		10,239米ドル
ファーストクラス		11,354ユーロ	ファーストクラス		14,360米ドル

ワンワールド

	1			2	
月日	経由地／目的地	距離	月日	経由地／目的地	距離
	ロンドン			**ダラス**	
10.1.	ドバイ	3450	10.1.	リオデジャネイロ	5261
10.4.	香港	3671	10.7.	マドリード	5068
10.9.	台北	528	10.13.	バンコク	6369
10.13.	東京	1275	10.18.	パース	3328
10.19.	サンフランシスコ	5153	10.21.	シドニー	2039
10.23.	マイアミ	2590	10.24.	ホノルル	5083
10.24.	**ロンドン**	4510	10.25.	**ダラス**	3783
		21177			30931
エコノミークラス		1,425英ポンド	エコノミークラス		3,960米ドル
ビジネスクラス		3,875英ポンド	ビジネスクラス		9,711米ドル
ファーストクラス		6,395英ポンド	ファーストクラス		13,340米ドル

※路線図はイメージです。

マイレージ（航空マイル）

航空会社は、1980年代からマイレージサービスを実施してきた。マイル数は飛行距離に応じて、エコノミークラスで通常1倍、ビジネスクラスで通常2倍、ファーストクラスで通常3倍得られる。たとえば、ファーストクラスで3万9000マイルの世界一周の旅行を予約した人は、11万7000マイルを手にする。こうして得たマイルは座席クラスのアップグレードに交換する

一生に一度の経験

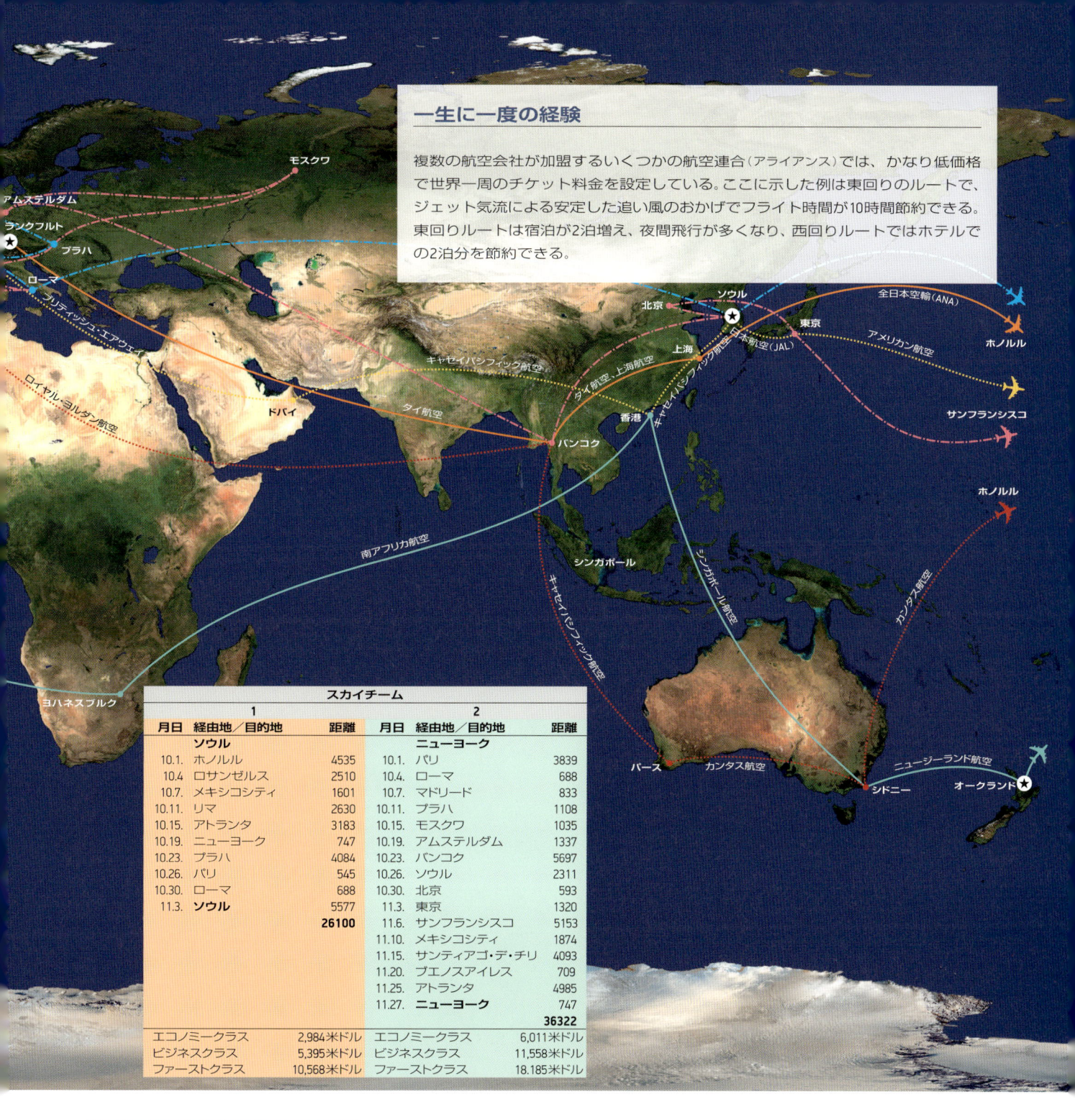

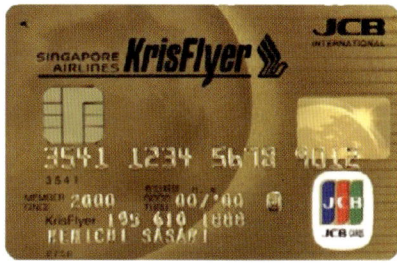

複数の航空会社が加盟するいくつかの航空連合（アライアンス）では、かなり低価格で世界一周のチケット料金を設定している。ここに示した例は東回りのルートで、ジェット気流による安定した追い風のおかげでフライト時間が10時間節約できる。東回りルートは宿泊が2泊増え、夜間飛行が多くなり、西回りルートではホテルでの2泊分を節約できる。

スカイチーム

月日	経由地／目的地	距離	月日	経由地／目的地	距離
	ソウル			**ニューヨーク**	
10.1.	ホノルル	4535	10.1.	パリ	3839
10.4.	ロサンゼルス	2510	10.4.	ローマ	688
10.7.	メキシコシティ	1601	10.7.	マドリード	833
10.11.	リマ	2630	10.11.	プラハ	1108
10.15.	アトランタ	3183	10.15.	モスクワ	1035
10.19.	ニューヨーク	747	10.19.	アムステルダム	1337
10.23.	プラハ	4084	10.23.	バンコク	5697
10.26.	パリ	545	10.26.	ソウル	2311
10.30.	ローマ	688	10.30.	北京	593
11.3.	**ソウル**	5577	11.3.	東京	1320
		26100	11.6.	サンフランシスコ	5153
			11.10.	メキシコシティ	1874
			11.15.	サンティアゴ・デ・チリ	4093
			11.20.	ブエノスアイレス	709
			11.25.	アトランタ	4985
			11.27.	**ニューヨーク**	747
					36322
エコノミークラス		2,984米ドル	エコノミークラス		6,011米ドル
ビジネスクラス		5,395米ドル	ビジネスクラス		11,558米ドル
ファーストクラス		10,568米ドル	ファーストクラス		18,185米ドル

とよいだろう。ファーストクラスを利用すれば、空港で素晴らしいラウンジでのひとときを楽しんだり、運転手付きの車で飛行機まで送ってもらったりする経験もできる。ただし、一部の税務当局は、航空マイルを金銭上の利益と見る。頻繁に飛行機を利用する人が、自分の貯めたマイルを休日に利用するファーストクラスの無料航空券に交換した場合、それに対する税金を払うよう、その後請求される可能性がある。たとえば、ボーナスとしてヨーロッパからシドニーまでのファーストクラスの無料航空券（約1万ユーロに相当）を受け取った人は、それが収入と見なされ、そのフライトの価値に対する税金を払う義務を負うことがある。

ファースト、ビジネス、エコノミー

大陸間横断フライトの運賃は、どこでも800〜1万ドルの範囲だろう。最も高額の**ファーストクラス**に乗る機会を得た人は誰でも、高度1万2000メートルで提供される食事と飲み物に圧倒されることが多い。離陸前のグラスシャンパン、キャビアにはウォッカ、ロブスターにはムルソー（白ワイン）、シャトーブリアンにはシャトー・マルゴー（赤ワイン）、最後にデザートには小さなグラスでシャトー・ディケム（デザートワイン）が添えられる。当然のことながら、この食事の価値だけならおよそ250ドルで、高額な運賃には見合っていない。その違いは、足を伸ばせる空間と座席のサイズにある。ファーストクラスのシートは、エコノミークラスのおよそ4〜5倍の広さがある。乗客は地上で食物を買い、機内に持ち込むことが可能で［保安検査で持ち込みが許可される範囲］、航空会社は乗客が持ち込んだ食物を食べるのを拒否できない。ただし、自分自身でボルドーの瓶を開けることは許されないのでご注意を！［免税品に対する規定や持ち込みアルコールの飲酒制限は国や航空会社によるが、基本的には開封不可］

ビジネスクラスでも非常に快適に座れるが、ファーストクラスほど開放的ではない。ビジネスクラスの運賃は4000〜6000ドルほどでより現実的な価格ながら、エコノミークラスの座席より広い。ワインはそこそこのもので、映画は機内のどのクラスでも同じもの（誰でも見られるよう検閲されたもの）が上映されている。

エコノミークラスは快適とは言いがたいのは事実だが、運賃が安いのも確かだ。持参のゲームや機内エンターテイメントシステムで提供されるゲームをして過ごせば、その数時間はかなり割安に、飛ぶように過ぎていく。目的地で入国審査に進むときには、結局、時差ぼけしたファーストクラスの乗客と同じ列に並ぶのである。

カーテンで仕切られた座席クラス

クラスが壁などで分けられない場合、カーテンで仕切られることがある。離陸の間は、カーテンは安全上の理由から開けたままにしておかなければならないが、巡航高度に達すると、"慎ましい席"と"虚栄の席"を分けるためにカーテンが引かれる。このような場合、ビジネスクラスとエコノミークラスの座席は変わらない。カーテンの前の席では、1杯のシャンパンとともにスクランブルエッグとベーコンが提供され、カーテンの後ろの席では、薄いサンドイッチと炭酸入りミネラルウォーターが提供される。この違いのために、およそ600ユーロ追加して払う人は、おそらく自身のポケットから出したのではないのだろう。よく利用する乗客なら、カーテンの位置が前に移動しビジネスクラスの席が減らされているのに、まだ空席が目立つことに気がつくだろう。これは世界的な傾向で、ファーストクラスの乗客はビジネスクラスへ、ビジネスクラスの乗客はエコノミークラスへ（あるいは、いきなり格安航空会社へ）移行しつつある。

❖ ガルフ・エアの長距離路線の機内。ファーストクラスの乗客用の食事はシェフの手によって用意される。

	ファースト クラス	ビジネス クラス	エコノミー プラス	エコノミー クラス
予約				
手数料無料での変更	●	●	●	●
サーチャージの変更	ー	ー	○	○
他のIATAへの変更	●	○	●	●
同じアライアンスの別の航空会社への変更	●	●	○	○
無料でのキャンセル	●	●	●	●
ボーナスマイルの付与	●	●	●	●
到着時				
リムジンサービス	●	●	●	●
バレットパーキング／レンタカー返却サービス	●	●	●	●
空港内				
空港到着から出発までのパーソナルアシスタント	●	●	●	●
ファーストクラス専用ターミナル	●	●	●	●
ラウンジ				
ファーストクラスラウンジの利用	●	●	●	●
ビジネスクラスラウンジの利用	●	●	●	●
チェックイン				
優先チェックイン	●	●	●	●
優先セキュリティチェック	●	●	●	●
搭乗時				
優先搭乗	●	●	●	●
搭乗機までのプライベート送迎	●	●	●	●
機内（国際線）				
フリードリンク	●	●	●	●
フリーアルコール飲料	●	●	○	○

	ファースト クラス	ビジネス クラス	エコノミー プラス	エコノミー クラス
アルコール飲料の機内販売	ー	ー	○	○
食事：無料提供	●	●	●	○
食事：機内販売	ー	ー	●	●
食事時間の自由選択	●	○	●	●
トラベルキット	●	●	●	●
機内（国内線）				
フリードリンク	●	●	●	●
フリーアルコール飲料	●	●	○	○
アルコール飲料の機内販売	ー	ー	●	●
食事：無料提供	●	●	ー	ー
食事：機内販売	ー	ー	●	○
機内アメニティ				
機内エンターテイメント	●	●	●	●
映画ライブラリー	●	●	●	●
座席シートの幅（cm）	50＋	50＋	40-45	40-45
座席シート間（cm）	200＋	150	90	81
就寝用シート	●	○	●	●
有料エクストラレッグルームシート	ー	ー	●	○
新聞／雑誌	●	●	○	○
手荷物				
国際線受託手荷物：許容重量（kg）	40	30	20	20
機内持ち込み手荷物：許容数	2	2	1	1
手荷物の優先受け取り	●	●	●	●
出発				
リムジンサービス	●	●	●	●

●＝可／あり　●＝不可／なし　○＝可／ありの場合もある　○＝通常あり

座席シート

旅客機の座席シートは外観がスマートで、固すぎず柔らかすぎないものが求められる。シートカバーは汗を吸収するものである必要があるが、シートの中身はそうであってはならない。革製の場合、皮脂に含まれる酪酸や汗に対して耐性があることが求められる。もちろん耐炎性で、火事が起きたとき毒性ガスを生じるような素材は認められない。軽量で防黴加工され、洗浄可能で丈夫なものになっている。

そのほか、座席のサイズと機能は利用する座席クラスによって異なる。エコノミークラスでは1列あたり10席配置されているが、ビジネスクラスでは1列に7〜8席、ファーストクラスになると最大でも1列に6席までとなっている（ファーストクラスでは、座席と言うより、さまざまな機能を持つユニットになっていて、シートはフラットになるまでリクライニングが可能、またマッサージ機能が完備されていることが多い）。頻繁に飛行機を利用する人は、シートの優劣で航空会社を選ぶこともよくある。限られたスペースで12時間過ごすとすれば、快適なものにしたいのは当然のことだ。長距離フライトでビジネスクラスに乗るなら、180度調節可能なシートを経験しない手はないだろう。

航空関連団体と条約

IATA
国際航空運送協会（IATA）は、航空会社や旅行代理店などの統括組織として1945年にキューバで設立され、本部はモントリオールにある。乗客・郵便物・貨物の安全で秩序だった効率的な輸送の実現を目的とする。世界的な航空交通のおよそ95パーセントを占める、約250社の航空会社が加盟している。

ICAO
国際民間航空機関（ICAO）は、1944年にシカゴで設立された国連の独立専門機関だ。ICAOの総会とその専門委員会は、190の加盟国が実行しなければならない拘束力のある基準と勧告を出す。これらが及ぶ領域には、国際的な交通規則、飛行航路、インフラ、空港などが含まれる。

❖ ICAOの本部（モントリオール）

FAA
すべての主権国家は航空当局を持ち、通常、国の運輸省に相当する省庁に従属している。これらの中で最も強力な1つが米国の連邦航空局（FAA）だ。ICAOの枠組みの中で活動しながら、米国における安全な航空交通のガイドラインと規則を発令し、監督する。米国に拠点を置く多くの航空機関連メーカーが世界中で使われる製品を製造するため、その範囲は全世界に及ぶ。FAAは世界のさまざまな地域における航空交通の管理と遂行を監視し、スタッフに勧告を出すとともに、米国本土と領土における航空交通管制機関を運営している。

ワルソー条約（1929年）
この国際条約は、主に航空運輸中に発生した乗客の死傷、および手荷物への損害に対する賠償責任について規制したものだ。その後、1955年にハーグで、そして1975年にモントリオールで修正された。航空会社が重大な過失を犯し、事故の原因となったことが示された場合に限り、航空会社に賠償責任が生じ、その補償の上限は乗客1人あたり25万スイスフラン（ヘーグ修正での金額）、手荷物1キロあたり250スイスフランと定められた。

モントリオール条約（1999年）
国際民間航空機関（ICAO）の加盟国は1999年に条約に署名し、搭乗中に死傷した乗客とその家族への補償を定めたワルソー条約の規則を改正した。これまで会社に過失のない事件・事故に対して航空会社は賠償責任を負わず、補償金は支払われなかったが、この改正で、そのような場合でも乗客1人あたり10万特別引出権（SDR）［為替変動相場制、2013年で約15万1000ドル］まで補償することが定められた。航空会社に過失が認められなければそれ以上の補償は求められないが、過失があった場合、モントリオール条約ではその補償額に上限を定めていない。過失があっても補償額に上限があったそれ以前と比較すれば、大きな進歩だ。現在では、損害賠償の範囲を「無制限」とする自社独自の運送約款を定める航空会社も多い。

もう1つこの条約の新たな特徴として、犠牲者の家族が航空会社を管轄する国ではなく、自分が居住する国で航空会社を訴えることができるようになったことがある。もし、居住国が偶然にも米国だった場合、一部の航空会社にとっては破滅を意味するかもしれない。

航空会社の運航方針

ハブ・アンド・スポーク方式（経由便）
ハブ・アンド・スポーク方式は車輪の中心軸の「ハブ」になぞらえたハブ空港を特徴とし、そこから第二の目的地へのフライトが車輪の「スポーク」のように放射状に広がっている方式だ。

- 長距離ルートの運航にとって非常に効率が良い。
- ハブ空港間のフライトは大型旅客機で運航し、第二目的地へはより小さい旅客機で運航する。たとえば、フェニックス（米国）からアリス・スプリングス（オーストラリア）まで直行する代わりに、フェニックスからロサンゼルスまでボーイング737で飛び、ロサンゼルスからシドニーまでは大型のボーイング747かエアバスA380で飛んで、シドニーからアリス・スプリングスへは再び737で飛ぶ。
- 旅客機の能力を生かした活用法である。
- 飛行機の乗り継ぎの際、乗客は待ち時間を我慢しなければならない。
- 時々、天候不順による航空機の渋滞がハブ空港で発生する。それがネットワークすべてに影響を及ぼすことがある。
- ハブ空港までの短距離のリージョナルフライトが環境に過度の負担をもたらす。そのような場合、理想的には鉄道による接続に置き換えるべきだ。

ポイント・ツー・ポイント方式（直行便）
ポイント・ツー・ポイント方式は、市場に需要がある場合に提供される。

- 飛行機の乗り継ぎの必要がない。
- 季節運航の場合がある。
- 需要が特定のレベル以下に落ち込んだ場合、運航は中止される。
- 各地方に航空機の拠点を置くためメンテナンス費用は高くなる。
- 領空が混雑し、すべてのシステムの遅れにつながりかねない。

航空会社が複数のハブ空港を持っているなら、明らかな解決方法はこれら2つの方式を組み合わせることだ。頻繁に運航される2都市間は、ハブを経由することも直行することもできる。

ハブ・アンド・スポーク方式の運航網

ポイント・ツー・ポイント方式の運航網

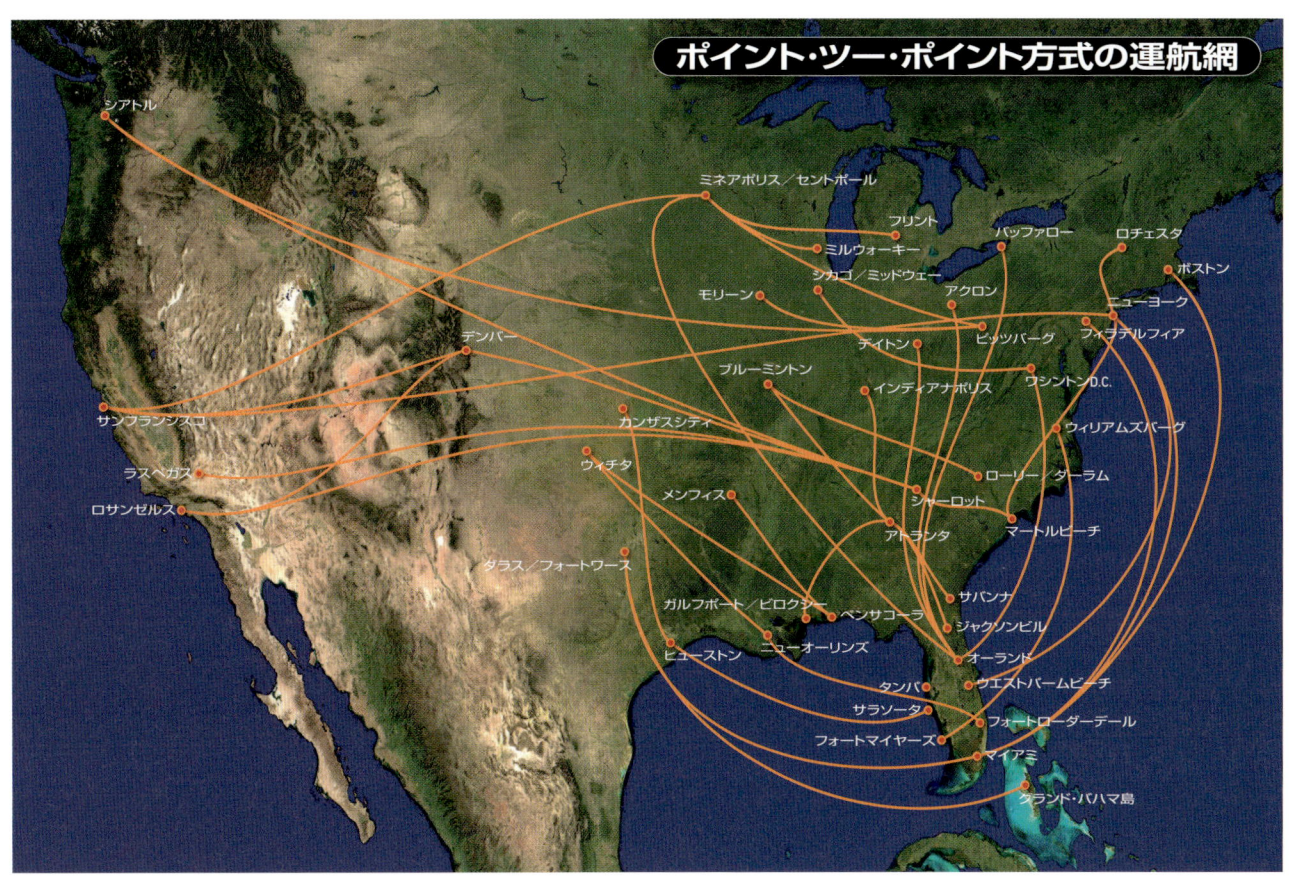

チェックイン

チェックイン（搭乗手続き）とは、乗客が空港に到着してから機内でパーサーが「搭乗完了」をアナウンスするまでの間のプロセスにつけられた名称である。チェックインは旅行の始まりだ。空港は非常に忙しい場所なので、各航空会社は簡単で便利な方法を提供するため、互いに競い合っている。特にファーストクラスやビジネスクラスの乗客のために、別のチェックイン・ターミナルを使うことも多い。

カウンター

カウンターは旅行客が受託手荷物を預けるところで、前もって済ましていなければ、搭乗券を受け取る場所でもある。以前は、乗客は航空券（チケット）とパスポートを提示しなければならなかったが、近年は、通常、コンピュータでプリントアウトしたeチケットまたはクレジットカードがあればよい。

それ以前に座席が指定されていなければ、搭乗券が発行されるときに席が割り当てられる。コンピュータシステムにより、1人で旅行する男性が単独で旅行する子どもの隣の席にならないようにしたり、確実に家族が一緒に座れるようにしたりすることが可能だ。ちなみに、非常口の隣の席は、どの旅客機でも足を伸ばす空間が広くなっている。

受託手荷物は重量が計測される。その重さが飛行機の総重量を増加させるからだ。ここでは過重手荷物の料金が計算されるが、これが思いがけず高くつくこともある。手荷物が許容重量より1キログラム増えるごとに、ファーストクラス料金の最高1パーセントかかるので、重い荷物は数百または数千ユーロにもなる可能性がある。一部の航空会社は搭乗する日の前夜に荷物のチェックインを認めている。前夜に荷物をカウンターへ持参し、翌日はゲートに直接向かうことができる。

SMS、インターネット、電話によるチェックイン

携帯電話によるSMSチェックインの登録を一度だけおこなっておくと、出発のおよそ12時間前［航空会社により異なる］に携帯電話に航空会社からテキスト・メッセージが送られてくる。その中には最新のフライト情報も含まれている。確認のメールを送信すれば、搭乗ゲートで直接利用できるe搭乗券をバーコードの形で受け取ることができる。荷物は、専用のカウンターで預けることができる。

インターネット・チェックインでは、乗客は航空会社のHPからのリンクとパスワードを使用してチェックイン・サイトにアクセスし、座席を選んでから搭乗券を印刷することができる。

もっと直接やり取りする選択肢としては、コールセンターで親しみやすい声のオペレーターと話す方法がある。この場合、搭乗券は手荷物をチェックインするときに印刷される。

セルフサービスチェックイン機

このようなセルフサービスを採用しているターミナルは、ますます一般的になっている。クレジットカード、パスポートまたは身分証明書をスロットに通し、機械に読み取らせる。タッチスクリーン上で操作すれば、ほんの数秒で搭乗券を受け取ることができる。

232

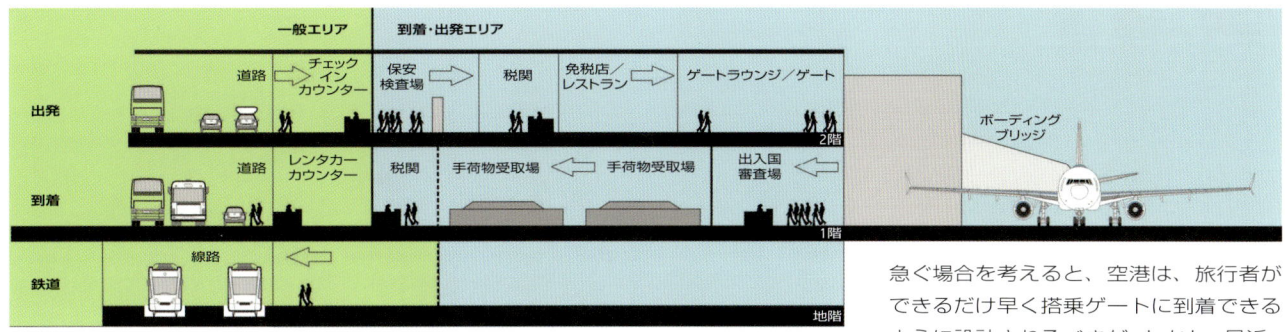

空港解剖図

急ぐ場合を考えると、空港は、旅行者ができるだけ早く搭乗ゲートに到着できるように設計されるべきだ。しかし、最近、そのような哲学は変化した。近年、乗客はゲートへ行く途中で数多くの店（空港運営会社にとっての重要な追加収益源）の前を通過しなければならなくなっている。

さまざまな構造のターミナル

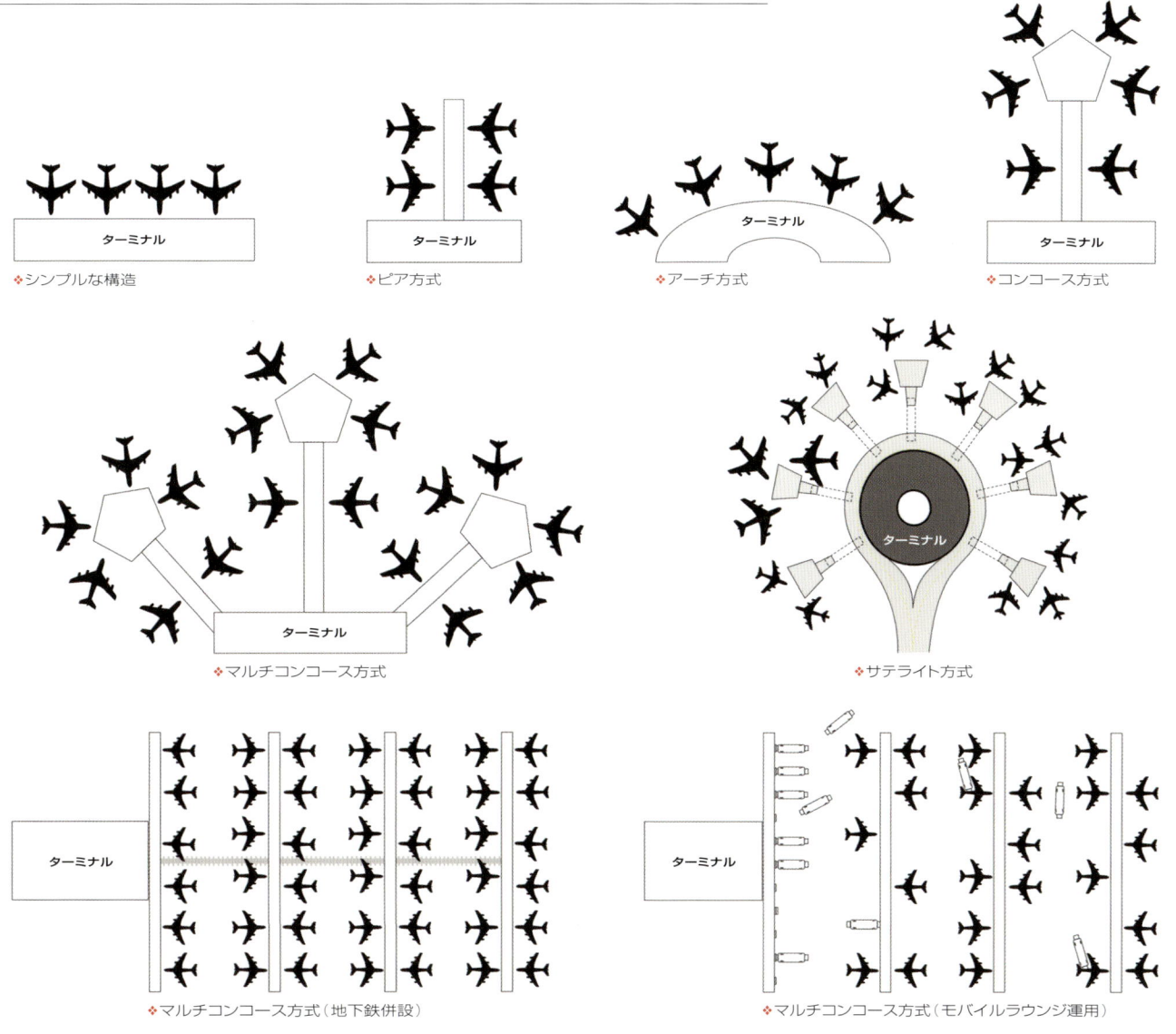

❖ シンプルな構造

❖ ピア方式

❖ アーチ方式

❖ コンコース方式

❖ マルチコンコース方式

❖ サテライト方式

❖ マルチコンコース方式（地下鉄併設）

❖ マルチコンコース方式（モバイルラウンジ運用）

保安検査

近年、旅客航空において「推定無罪」の余地はない。組織化されたテロリズムの時代に、ボディチェックでの見過ごしは何百人もの人々への死刑宣告になりかねない。すべての乗客が手荷物なしと決まっているなら、保安検査員の仕事はかなり簡単になるだろうが、通常そのようなことはないので、厳しいチェックが行われている。手荷物検査場ではスクリーニングとX線検査が行われ、手荷物の中身が取り出されたり、没収されたり、壊されたりすることがある。

手荷物検査

機内持ち込みの手荷物、ノート型パソコン、カメラはスクリーニングされ、爆発物がないかスペクトル分析を使って調べられる。すべての金属物と靴も手荷物用のX線検査装置を通さなければならない（U型のX線検査装置で靴内部の金属を感知できない場合、乗客は靴を脱いで手荷物用のX線検査装置に通さなければならない）。一定量以上の液体など、機内持ち込みがまったく許されないものも多い。高い警戒体制がとられているときは、紙系の爆薬が含まれる場合に備えて、本や新聞でさえ機内への持ち込みが許されないことがある。

身体検査

大部分の空港では、最近まで身体検査は金属探知機で十分だった。しかし、ボディスキャナーの方がより効果的だ。ボディスキャナーは全身のX線検査装置で、すべての衣服を透過し乗客の体にざっと目を通すのに使用される。そして、たとえばパースペックスのナイフなど、体に身につけたどのような固体も見つけ出す。乗客のプライバシーの侵害という当初の懸念は、現在、テロリストの脅威に打ち負かされている。

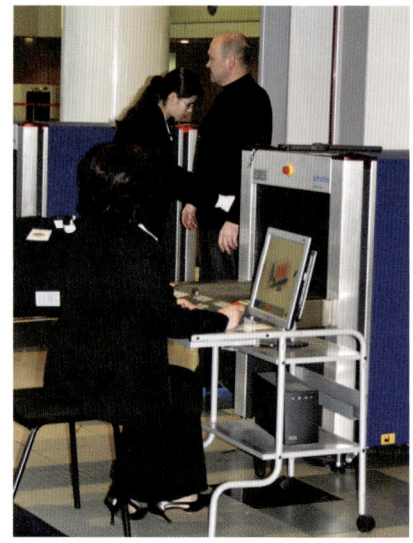

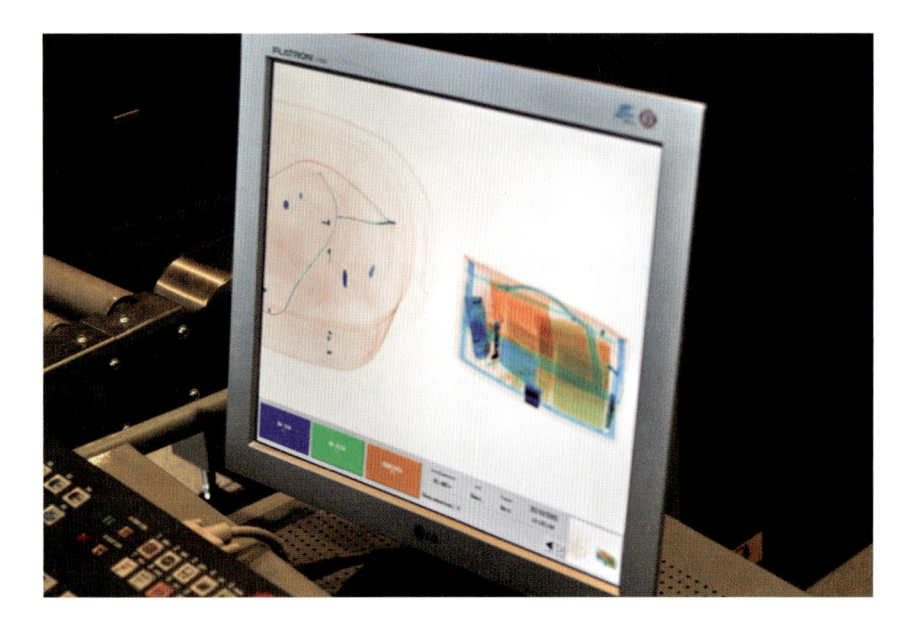

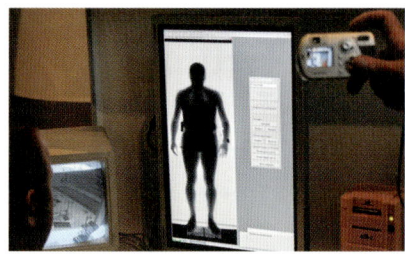

機内持ち込み制限

機内持ち込みを拒まれるもの
（受託手荷物では可）
- 100ミリリットルを超える量の容器入り液体
- 爪やすり、はさみ、ナイフなど先のとがったもの
- カミソリの刃
- 銃砲刀剣類
- スポーツ／狩猟用弾薬
- 野球のバット、ゴルフクラブ、ビリヤードのキュー、ホッケーのスティックなどのスポーツ用品
- モリ（漁具）
- ハンマー、ドリル、ノコギリ、ドライバー、ペンチなどの工具
- 複数の小型喫煙用ライター（機内持ち込みは1個まで）
- 靴のジェル状インソール
- スノーグローブ

機内持ち込み・受託手荷物共に許されないもの
- 灯油、シンナーなどの可燃性液体
- 万能マッチ
- 引火性または毒性ガスを使用していない日用品／スポーツ用スプレー以外のすべてのスプレー缶
- 一部の液体バッテリー
- 催涙ガス
- 発煙筒

＊上記以外にも対象となるものがあるので、渡航の際は確認すること

EU圏内発のフライトでは、液体類、クリーム類、ペースト状のもの、ジェル類、スプレー類、ローション類は、どのようなものであっても機内持ち込みに制限がある。

薬、ベビーフード、フライト中に必要な特別食は、透明なビニール袋に入れて持ち込むことが可能だ。

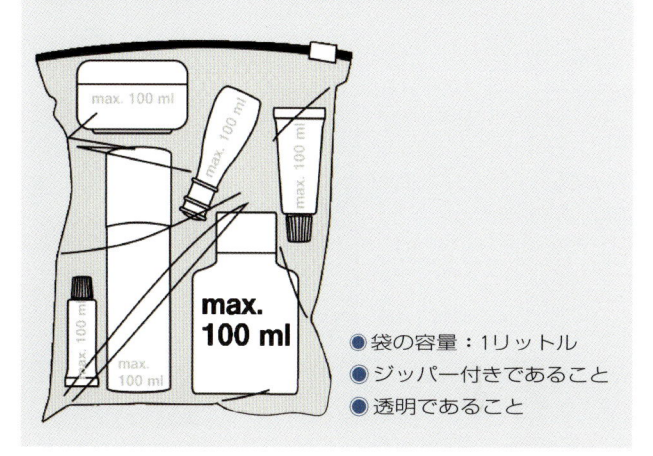

- 袋の容量：1リットル
- ジッパー付きであること
- 透明であること

出入国スタンプとビザ

カラフルなビザと出入国管理のスタンプは、ある人にとっては"戦利品"として、また別の人にとっては素晴らしい旅を懐かしく思い出させるものとなる。しかし、もちろんそのようなことだけのためにあるわけではない。異なる国の出入国を文書化し、当局による証拠として使われることもある。1つ忘れられない悲劇は、ドイツの王族の男性が異国で死亡した一件だ。彼は予定していたバンコク発ハワイ行きの飛行機に乗り遅れ、そのため持っていた通過（トランジット）ビザの期限を超過してしまい、愚かなことに「2005年8月1日」から「2006年8月1日」にビザの押印を書き換えてしまった。このことが出発の際に発覚し、男性はパスポート偽造の罪で逮捕され、他の40人とともに独房に入れられた。彼は、10日後に死亡した。

空港税

手数料、出国税、旅客施設使用料、空港当局税、旅客税、空港開発税——名称はさまざまだが狙いはどれも同じ——金をもうけることだ。大部分の空港は乗客1人あたり10〜15ドルを要求し、乗客は出発時に支払うことになっているが、カリブ海の島国バルバドスのように1人あたり100ドルということもあり得る。ほとんどの場合、これらの税や料金は国内通貨でしか支払うことができず、クレジットカードが必ずしも使用できるとは限らない。

支払い方法がそのように限定されるのは、現地通貨が国外に持ち出せない国の場合が多い。空港で支払う場合、まず、搭乗券とパスポートを持ってチェックインし、それから、空港税用のカウンターに向かう。おそらく、その前には銀行のカウンターに行く必要があるかもしれない。支払いが済んだら伝票を受け取って、最初の関門に戻りそこで支払い済みであることがチェックされる。乗客はそこを通過して初めて出入国審査まで進むことができる。急いで税関申告書と出発カードに必要事項を記入し、その書類をまとめて税関職員に渡すと、そのすべてにスタンプが押される。

このようなことを実施している空港も、世界の大部分の主要空港が行っているように、空港税の金額をチケットの価格に最初から加算すれば、かなり簡単になるだろう。

免税

海外旅行を容易にするため、国際社会は、本来なら課税対象となる少量の商品を乗客が免税品として購入することを認め、その携行を許可することに同意した。この制度の濫用を避けるため、免税品を購入する乗客は搭乗券とパスポートの提示が求められる。

免税店第1号は、アイルランド空港公団によって、1947年にアイルランドのシャノン空港でオープンした。シャノンは、かつてはヨーロッパ最西端の空港で、大西洋横断フライト前の最終給油地として、多くの航空機がストップオーバーしていた。それ以来、免税店は、香水、酒、タバコ業界にとって重要な市場に発展していった。現在、EU圏内の旅行は関税上では国内旅行と見なされるため、このシステムの重要性はやや薄れてきた。ヨーロッパでは、免税店は「トラベルバリュー」として知られる。しかし、その販売価格は時々都心での価格より高いことがある。

乗り継ぎの際の問題点

EU圏内およびノルウェー、スイス、クロアチア、シンガポール（チャンギ空港）の免税店または、EUの航空会社が運航する航空機内で販売された免税品は、封印された透明のバッグに入っていれば、乗客は手荷物として保安検査を通過することができる。これらの商品は事前にチェックされているからだ。しかし、EU圏外の免税店で購入された液体の商品は、EUの基準でチェックされていないため、EUの空港で乗り継ぎの場合、機内持ち込み手荷物として認められない可能性がある。液体への規制が導入されて以来、ICAOは、乗客が空港から出る前なら、到着空港でも免税品を購入できるようにすべきだと勧告した。これは、問題解決に向けた判断だ。出発空港での免税品販売を止めてしまえば、さらに良いかもしれない。飛行距離1万キロメートルのフライトでは、免税品1キログラムにつき4リットルの燃料を消費しているのだから。

❖写真上から、ドバイ、バンコク、シュトゥットガルト

ラウンジ

空港のラウンジは、頻繁に飛行機を利用する人、ビジネスクラスやファーストクラスの乗客にとって、ストレスから解放されるオアシスだ。快適なアームチェア、種類の豊富な飲み物やスナックのサービス、新聞や雑誌、テレビやインターネットが利用できるほか、ネイルサービス、マッサージ、豪華なスパやジャグジーなど、すべてが待ち時間を短く感じさせてくれる。空港内ラウンジの代わりに、ラウンジ専用のターミナルがある場合もある。対象となる乗客は、空港のメインビルとは別の贅沢な専用ビルに案内され、ここでチェックインも保安検査も入国審査もあっという間に済ますことができる。フランクフルト国際空港でルフトハンザドイツ航空が運営するラウンジを例にとれば、葉巻ラウンジ、シャワー、サイレンスルーム、レストランなどを備えた洗練された環境でくつろぐことができる。ゆったりと座り、空港のエプロン（駐機場）を行き来する動きを大きなガラス窓から眺めていれば、出発の20分前に、自分が選んだ高級車で飛行機まで直接連れていってくれるのである。

新しい顧客獲得戦略として、雑誌出版社は航空会社に金を支払って自社の出版物をラウンジに置く恩恵を得ている。ワイン会社もまた、空港のラウンジで自社商品を誇示できることに満足している。

到着ラウンジというのも、非常に賢明な発想だ。たとえば12時間のフライトを終えて午前6時30分頃にヒースロー空港に到着した場合、到着ラウンジで朝食をとり、シャワーあるいは風呂に入ってから新聞を読み、十分な活力を得てから午前9時に仕事の会議に顔を出すことができる。

❖ 写真上：フランクフルト／ルフトハンザドイツ航空、写真下：バンコク／タイ国際航空

世界中の主なラウンジ

航空会社	ラウンジ名
エア・カナダ	メープルリーフ・ラウンジ
エア・インディア	マハラジャ・ラウンジ
ニュージーランド航空	コル・ラウンジ
アリタリア・イタリア航空	アリタリアラウンジ
アメリカン航空	アドミラルズクラブ
	フラグシップ・ラウンジ
アシアナ航空	アシアナラウンジ
ブリティッシュ・エアウェイズ	コンコード・ルーム
	ファースト・クラブラウンジなど
チャイナ・エアライン	ダイナスティーラウンジ
デルタ航空	デルタスカイクラブ
エミレーツ航空	エミレーツラウンジ
大韓航空	KALラウンジ
ルフトハンザドイツ航空	セネターラウンジ
マレーシア航空	ゴールデンラウンジ
カンタス航空	カンタスクラブ
ロイヤル・ヨルダン航空	クラウン・ラウンジ
スカンジナビア航空	スカンジナビアンラウンジ

航空会社	ラウンジ名
シンガポール航空	シルバークリスラウンジ
南アフリカ航空	バオバブ・ラウンジ
	サイカードプレミアムラウンジ
タイ国際航空	ロイヤルオーキッドラウンジ
ユナイテッド航空	ユナイテッドクラブ
	ユナイテッドグローバルファーストラウンジ
USエアウェイズ	USエアウェイズクラブ
ヴァージン・アトランティック航空	ザ・クラブハウス
ヴァージン・オーストラリア	ヴァージン・オーストラリアラウンジ

ラウンジの一部には入場制限がある。たとえばルフトハンザドイツ航空のセネターラウンジはファーストクラスの乗客しか利用できない。そのような場合、ビジネスクラスの乗客はやや劣るビジネスラウンジを提供される。

地図上のラベル

- モントリオール エア・カナダ
- シカゴ ユナイテッド航空
- アトランタ デルタ航空
- テンピー USエアウェイズ
- フォートワース アメリカン航空
- メキシコシティ アエロメヒコ航空
- パナマ コパ航空
- サンパウロ TAM航空
- サンティアゴ・デ・チリ ラン航空

ヨーロッパ拡大図
- ヴァンター フィンランド航空
- ストックホルム スカンジナビア航空
- ワルシャワ LOTポーラン（ド航空）
- ロンドン ブリティッシュ・エアウェイズ
- アムステルダム KLMオランダ航空
- ブリュッセル ブリュッセル航空
- ケルン ルフトハンザ ドイツ航空
- プラハ チェコ航空
- ウィーン オーストリア航空
- パリ エールフランス
- チューリッヒ スイスインターナショナル エアラインズ
- リュブリャナ アドリア（航空）
- ザグレブ クロアチア航空
- マドリード エア・ヨーロッパ
- イベリア航空
- ローマ アリタリア イタリア航空
- イスタン（ブール） ト（ルコ航空）
- リスボン TAPポルトガル航空
- アテネ エーゲ航空

スターアライアンス

加盟航空会社	国名	加盟年
エア・カナダ	カナダ	1997年 設立メンバー
ルフトハンザ ドイツ航空	ドイツ	1997年 設立メンバー
スカンジナビア航空	スウェーデン	1997年 設立メンバー
タイ航空	タイ	1997年 設立メンバー
ユナイテッド航空	米国	1997年 設立メンバー
ニュージーランド航空	ニュージーランド	1999年
全日本空輸（ANA）	日本	1999年
オーストリア航空	オーストリア	2000年
シンガポール航空	シンガポール	2000年
アシアナ航空	韓国	2003年
LOTポーランド航空	ポーランド	2003年
USエアウェイズ	米国	2004年
TAPポルトガル航空	ポルトガル	2005年
南アフリカ航空	南アフリカ	2006年
スイスインターナショナルエアラインズ	スイス	2006年
中国国際航空	中国	2007年
エジプト航空	エジプト	2008年
トルコ航空	トルコ	2008年

スターアライアンス

加盟航空会社	国名	加盟年
ブリュッセル航空	ベルギー	2009年
アドリア航空	スロベニア	2009年
クロアチア航空	クロアチア	2009年
TAM航空	ブラジル	2010年
エーゲ航空	ギリシャ	2010年
エチオピア航空	エチオピア	2011年
アビアンカ航空*	コロンビア	2012年
TACA航空*	エルサルバドル	2012年
コパ航空	パナマ	2012年
深圳航空	中国	2012年
エバー航空	台湾	2013年

*アビアンカ-TACAグループとして加盟

航空連合（アライアンス）

地図上の都市・航空会社：
- モスクワ：S7航空、アエロフロート
- アンマン：ロイヤル・ヨルダン航空
- カイロ：エジプト航空
- ナイロビ：ケニア航空
- ヨハネスブルク：アフリカ航空
- 北京：中国国際航空
- ソウル：アシアナ航空、大韓航空
- 東京：全日空(ANA)、日本航空(JAL)
- 広州：中国南方航空
- 香港：キャセイパシフィック航空
- バンコク：タイ航空
- シンガポール：シンガポール航空
- シドニー：カンタス航空
- オークランド：ニュージーランド航空

ワンワールド・アライアンス

加盟航空会社	国名	加盟年
アメリカン航空	米国	1999年 設立メンバー
ブリティッシュ・エアウェイズ	英国	1999年 設立メンバー
キャセイパシフィック航空	香港	1999年 設立メンバー
カンタス航空	オーストラリア	1999年 設立メンバー
フィンランド航空	フィンランド	1999年
イベリア航空	スペイン	1999年
ラン航空	チリ	2000年
日本航空(JAL)	日本	2007年
ロイヤル・ヨルダン航空	ヨルダン	2007年
S7航空	ロシア	2010年
エア・ベルリン	ドイツ	2012年
マレーシア航空	マレーシア	2013年

加盟予定航空会社	国名	加盟予定年
スリランカ航空	スリランカ	2013年後半
カタール航空	カタール	2013年後半
TAM航空	ブラジル	2014年

スカイチーム

加盟航空会社	国名	加盟年
アエロメヒコ航空	メキシコ	2000年 設立メンバー
エールフランス	フランス	2000年 設立メンバー
デルタ航空	米国	2000年 設立メンバー
大韓航空	韓国	2000年 設立メンバー
チェコ航空	チェコ共和国	2001年
KLMオランダ航空	オランダ	2004年
アエロフロート	ロシア	2006年
中国南方航空	中国	2007年
エア・ヨーロッパ	スペイン	2007年
ケニア航空	ケニア	2007年
アリタリア-イタリア航空	イタリア	2009年
タロム航空	ルーマニア	2010年
ベトナム航空	ベトナム	2010年
中国東方航空	中国	2011年
チャイナ・エアライン	台湾	2011年
アルゼンチン航空	アルゼンチン	2012年
ミドル・イースト航空	レバノン	2012年
サウディア	サウジアラビア	2012年
廈門航空	中国	2012年

加盟予定航空会社	国名	加盟予定年
ガルーダ・インドネシア航空	インドネシア	2014年

＊各航空連合の加盟会社は2013年現在のもの。

＊2010年以降の加盟航空会社名とその拠点都市名には地図上に記載されていないものがある。

シートマップ

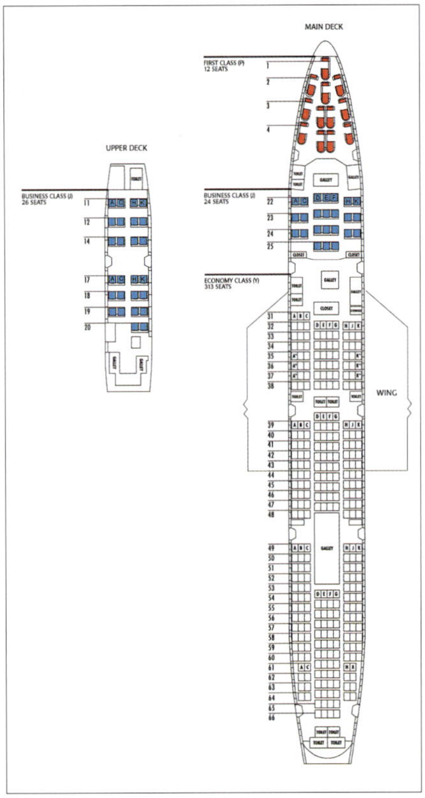

❖ ボーイング747-400

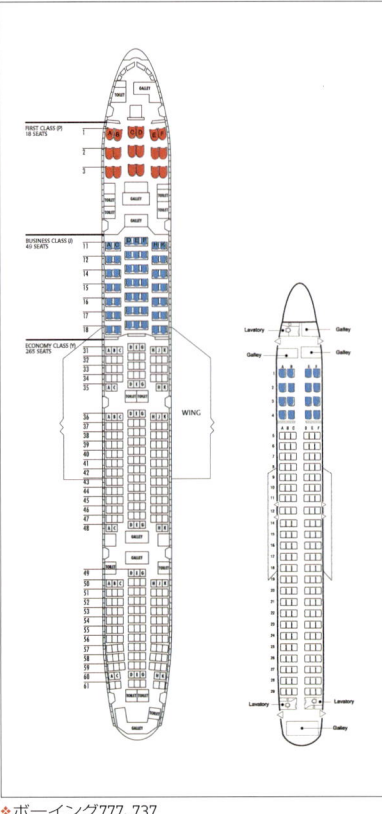

❖ ボーイング777、737

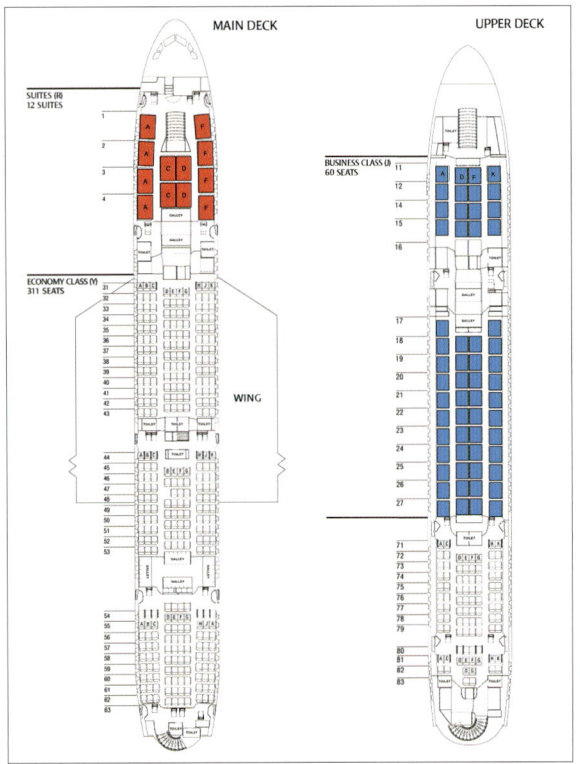

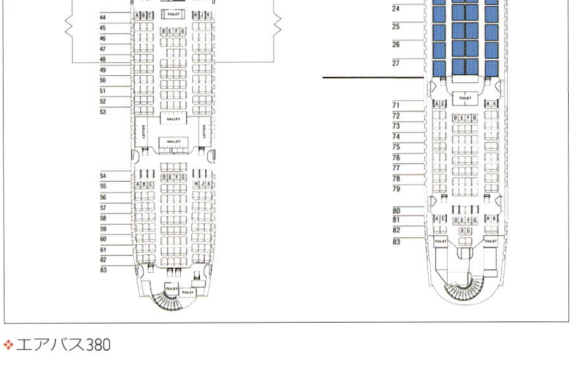

❖ エアバス380

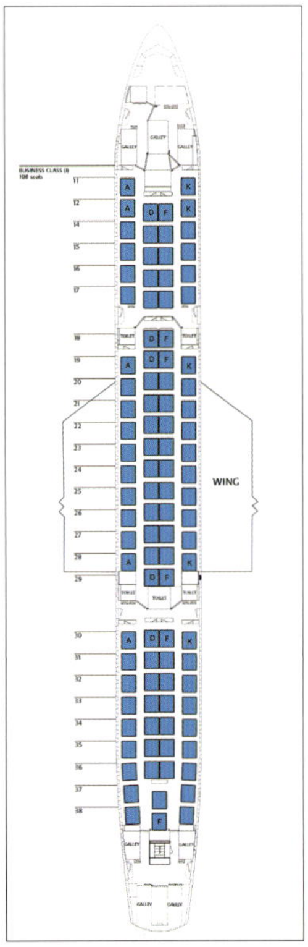

❖ エアバス340-500J

搭乗

旅客機内の座席配置は、航空会社によってまちまちだ。ほぼすべての会社でエコノミークラスは機体後部にある。ボーイング747では、大部分の航空会社はファーストクラスがローデッキにあり、アッパーデッキにビジネスクラスがある。エールフランス、フィジー・エアウェイズ、エバー航空、日本航空ではアッパーデッキにエコノミークラスがあり、ルフトハンザドイツ航空の場合はアッパーデッキにファーストクラスがある。航空機は最も利益をもたらすのは飛んでいるときだという理由から、航空会社は最も速く搭乗できるパターンを調べるため大学に研究依頼した。

　一般的に慣例となっている搭乗順は以下の通り。

1. ファーストクラス
2. ビジネスクラス
3. 子どもと障害を持つ人々とその同伴者／家族
4. エコノミークラス（機体後部から正面へ、窓側から通路側へ）

　一部の格安航空会社は席の配分は不要としている。

搭乗の際のヒントとマナー

・荷物は極力減らす。長距離フライトでは荷物の重さの6〜8倍の重さの燃料が必要だ。ある日本の航空会社は乗客にフライト前にトイレに行くよう依頼して話題になったほどだ。
・機内持ち込みの荷物は機内で必要なものだけにする。
・体が大きい人、特に体重の重い人は中央の席に座らないようにしよう。グランドスタッフに自ら申告し、適切な席にしてもらおう。
・ゲートで前の人を押さない。搭乗は乗務員がうまく統制している。
・搭乗の際は通路をふさがないようにし、素早く自分の席に移動しよう。
・席から立ち上がるときは、前の席の背もたれにつかまって引っ張らない。また、席に戻るときは、突然勢いよく座らない——前後の席の乗客に配慮しよう

整備・運航準備

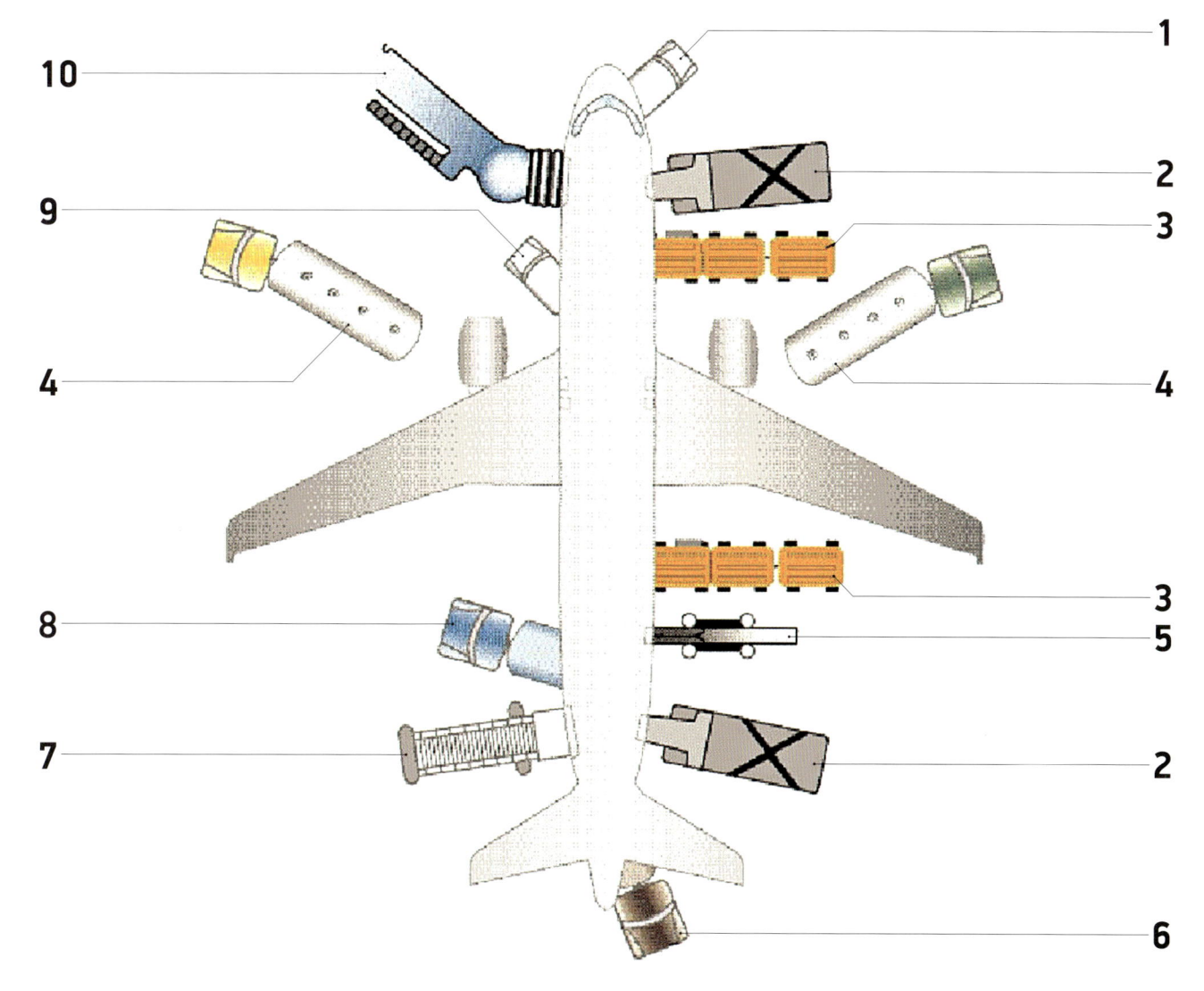

航空機がゲートに駐機した直後から旅客機の点検整備と次の運航の準備が始まる。この一連の動きは「ターンアラウンド」としても知られている。

1. 航空機が**GPU**(地上動力設備)──地上電源車、発電機、または地面に設置された接続部──に接続される。
2. **ケータリングカー**は使用済みの食器の入った台車を取り出し、機内のギャレー(キッチン)で必要なあらゆるものを供給する。
3. **ハイリフトローダー**(カーゴローダー)を使って手荷物や貨物の入ったコンテナやパレットが機体から降ろされる。
4. これらの作業と同時に航空機に燃料が補給される。大きな**タンクローリー**か、空港の地下に設置された燃料タンクから、**ポンプ車**(給油作業車)を使って給油が行われる。
5. **ベルトローダー**は、バラ積みの手荷物や貨物、航空郵便物の袋の積み降ろしなどに使われる。
6. トイレの排泄物を抜き取る特別な車、**ラバトリーサービスカー**もある。
7. 技術者と清掃担当者が機内に出入りするために**移動式階段**が使われる。
8. 給水タンクが洗浄され、次の運航のために**給水車**で再び満たされる。
9. 航空機によってはAPU(補助動力装置)を装備していない機種があり、そのような場合、地上では**ASU**(エアスターターユニット)に頼っている。これはそのための特別車で、航空機に新鮮な空気を入れ、第1エンジンを始動するための圧縮空気を供給する。
10. **ボーディングブリッジ**には車輪がついていて移動できるようになっているが、反対側の端はターミナルのゲートにしっかりと取り付けられている。

オープンスポット

多くの空港、特にヨーロッパの空港では、ターミナルビルのゲートの数は航空交通の増大に見合うほど十分ではない。そこで、一部の航空機はゲートから離れた駐機場(オープンスポット)を割り当てられる。ボーディングブリッジの角度があまりにも急になってしまうためゲートに駐機できない小型のリージョナル機もオープンスポットになる[このような場合、乗客は飛行機までバスか徒歩で行き、タラップで搭乗する]。

空港敷地内の施設

1〜4　滑走路　滑走路の最も重要な特徴は、その荷重支持能力だ。重い航空機の着陸に対応するため、まず厚さ1メートルの基礎が必要となる。底に砂利を含んだ砂を敷き、コンクリートの層で覆った後に、固さの異なるアスファルト層が何層か続き、最後に瀝青舗装される。これは制動効果を増し、主にハイドロプレーニング現象を防ぐ。

5〜7　整備エリア　ここには、エンジン工場や航空機整備センターがある。また、暖房設備を備えた整備用ハンガー(格納庫)では、小規模の整備が行われる。

8・10・11　空港ビルディング　出発ターミナル(航空会社カウンター、手荷物チェックイ

2009年、スイスのクローテンにあるチューリッヒ空港は、投票によりヨーロッパ最高の空港に選ばれ、世界では第4位にランクされた。ドイツとの国境近くにあるため、この空港への航空機のアプローチはドイツ領空から始めなければならない。そのため、騒音に対する不満は外交的な抗議にまで発展したことがある。

ンカウンター、税関、保安検査場や、カフェ、トイレ、店舗などのある一般エリアと、待合所やゲートのあるコンコースを含む出国エリア）、到着ターミナル（手荷物受取場、レンタカーカウンター、トイレなど）、空港管理施設（航空交通管制施設、飛行保安施設、気象観測施設、ブリーフィングルーム、パッセンジャー・ローディング・ブリッジなど）がある。

9　管制塔　見るからに管制塔はあらゆる空港の中心的存在だ。地面からかなり高い位置にある最上部は360度全面ガラス張りで、通常、視界を妨げるものがなく、空港全体と周辺空域を見渡せるようになっている。管制官は、空港監視レーダーや空港面探知レーダーなどとともに、自らの裁量で数多くの無線や通信装置を使

用する。そして、アプローチ（入域管制）の管制官と協力し、素早い管制承認や航空機の安全で規則正しい離着陸を確実なものにする。数多くの誘導路と出発ゲートを持つ大きな空港は、独自のエプロン管制システムを運用している。

航空機のためのレスキュー車や消防車を管轄する消防部もフライトオペレーションエリア内にある。これらの車両は、警報が鳴ってから180秒以内にすべてのフライトオペレーションエリアに到着できなければならない。もしそれができないなら、フライト運航時間内は常に出動態勢にある緊急車両が、さらに要所に配置される必要がある。これらの車両サイズや器材、消火器タンクは、その空港を使用できる最大の航空機のサイズによって決

まる。

12　貨物センター　貨物は、航空運輸の重要な主軸となった。腐りやすい商品を許容できる範囲で世界の裏側までできるだけ早く輸送するために、洗練されたロジスティックスが不可欠だ。

13　駐車場ビル、平面駐車場　送迎用、短期駐車用、長期駐車用と用途に応じていくつかの駐車場が用意されている。概して、ターミナルに近いほど料金が高くなる傾向にある。空港の従業員も駐車する場所が必要だ。大きな空港には、最大5万台の車を収容できる駐車場がある。

着氷

航空機の翼の空気力学的性質によって、翼の上を通り過ぎる空気はより速く流れ、それが揚力を引き起こす。翼への着氷で翼型が変形し、この気流が途切れるようなことがあれば、翼は揚力を失ってしまう。また、一面氷に覆われた翼は、より多くの氷の形成を促し、弾力を失って重くなる。圧力と乱気流の変化に適応するため、本来、翼はゴムのようにしなやかでなければならないのだ。

極限の環境下で

新しい航空機は、公式に運航が承認される前に、低温気候試験にパスしなければならない。これらのテストは気温マイナス35℃以下の状況で機体が最低10時間持ちこたえなければならないというもので、試験中は以下の項目がチェックされる。
- 作動液の粘性
- 着陸装置とポンプの油圧系統のシール
- 車輪のスプリングの弾力性
- フラップと操縦面の空気圧系統
- いろいろな合金の張り合わせ金属の状態
- フラップとドアの状態
- トリム、センサー、可動パーツの状態

このようなチェックと試験がすべて行われると同時に、燃料補給が手順通り実施されることになっている。そして、すべてのシステムおよび予備システムがきちんと作動することが示されなければならない。

低温気候試験が実施できる空港
- **YFB**──イクァルイト空港（カナダ、ヌナブト準州）
- **YKS**──ヤクーツク空港（ロシア、シベリア）
- **LLA**──ルーレオ空港（スウェーデン、ノールボッテン県）

高温の環境下でも同様の試験が行われており、その場合は40℃以上の温度で実施される。

高温気候試験が実施できる空港
- **AAN**──アルアイン国際空港（アラブ首長国連邦、アブダビ）
- **DXB**──ドバイ国際空港（アラブ首長国連邦、ドバイ）
- **ASP**──アリススプリングス空港（オーストラリア、ノーザンテリトリー）

着氷が及ぼす影響
- 翼の空気力学的性質が変化し、揚力が減少する。
- 氷の層が空気抵抗を増やし、翼の弾力性を低下させる。
- 氷で機体の重さが増え、離陸のときにより長い距離が必要となる。

対応策

地上での対応策
- 離陸の前に凍結防止剤（プロピレングリコール、エチレングリコール）を噴霧する。

フライト中の対応策
- 主翼の前縁に装着されたゴム製の膜（防氷ブーツ）に定期的に空気を送って膨らませ、ついた氷を破壊する。
- 翼に静電電圧をかける（電熱システム）。
- 翼の下のヒートパイプでエンジンから翼面の下へ熱気を運ぶ（ブリードエア・システム）。
- 翼にある小さい開口部を通して解凍液を噴霧する。

地上でワイドボディの航空機の除氷作業をするには、最高で2万5000ユーロかかる。

航空機各部の仕組み

翼

翼型により揚力を生じるのは、反りのある翼の上を通る空気はより速く流れ、気圧が低くなるためだ。

1. クルーガーフラップ
2. スラット
3. エアブレーキ
4. インボードフラップ
5. ハイスピードエルロン（インボードエルロン）
6. スピードブレーキ／スポイラー
7. アウトボードフラップ
8. ロースピードエルロン（アウトボードエルロン）
9. ウィングチップ

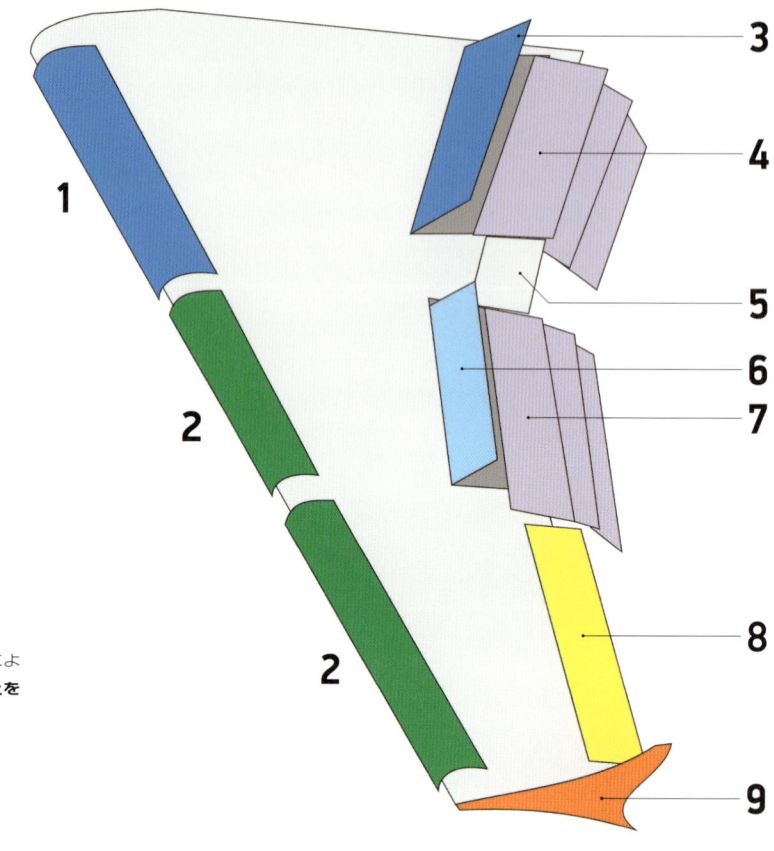

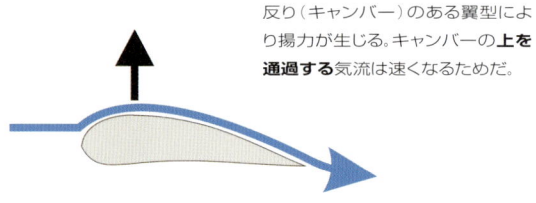

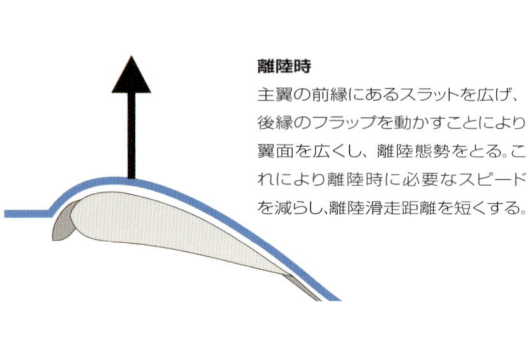

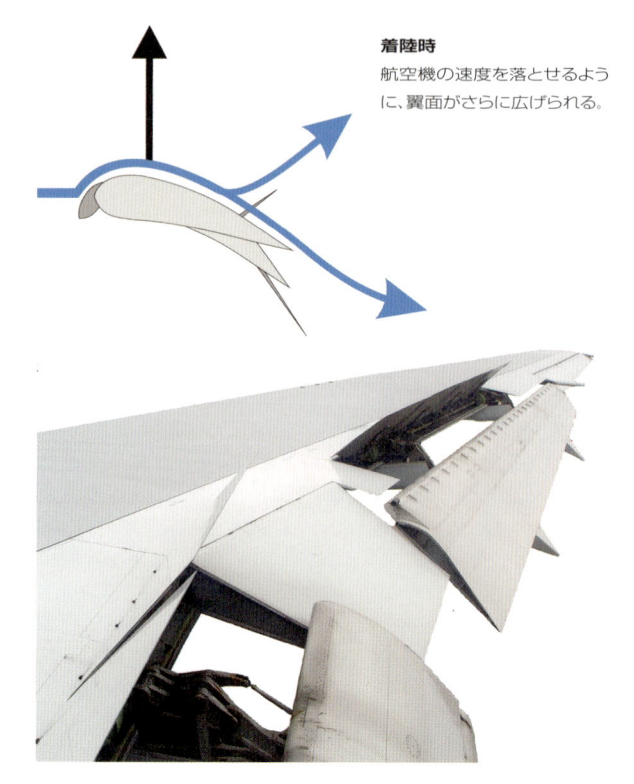

反り（キャンバー）のある翼型により揚力が生じる。キャンバーの**上を通過する**気流は速くなるためだ。

離陸時
主翼の前縁にあるスラットを広げ、後縁のフラップを動かすことにより翼面を広くし、離陸態勢をとる。これにより離陸時に必要なスピードを減らし、離陸滑走距離を短くする。

着陸時
航空機の速度を落とせるように、翼面がさらに広げられる。

主翼の形

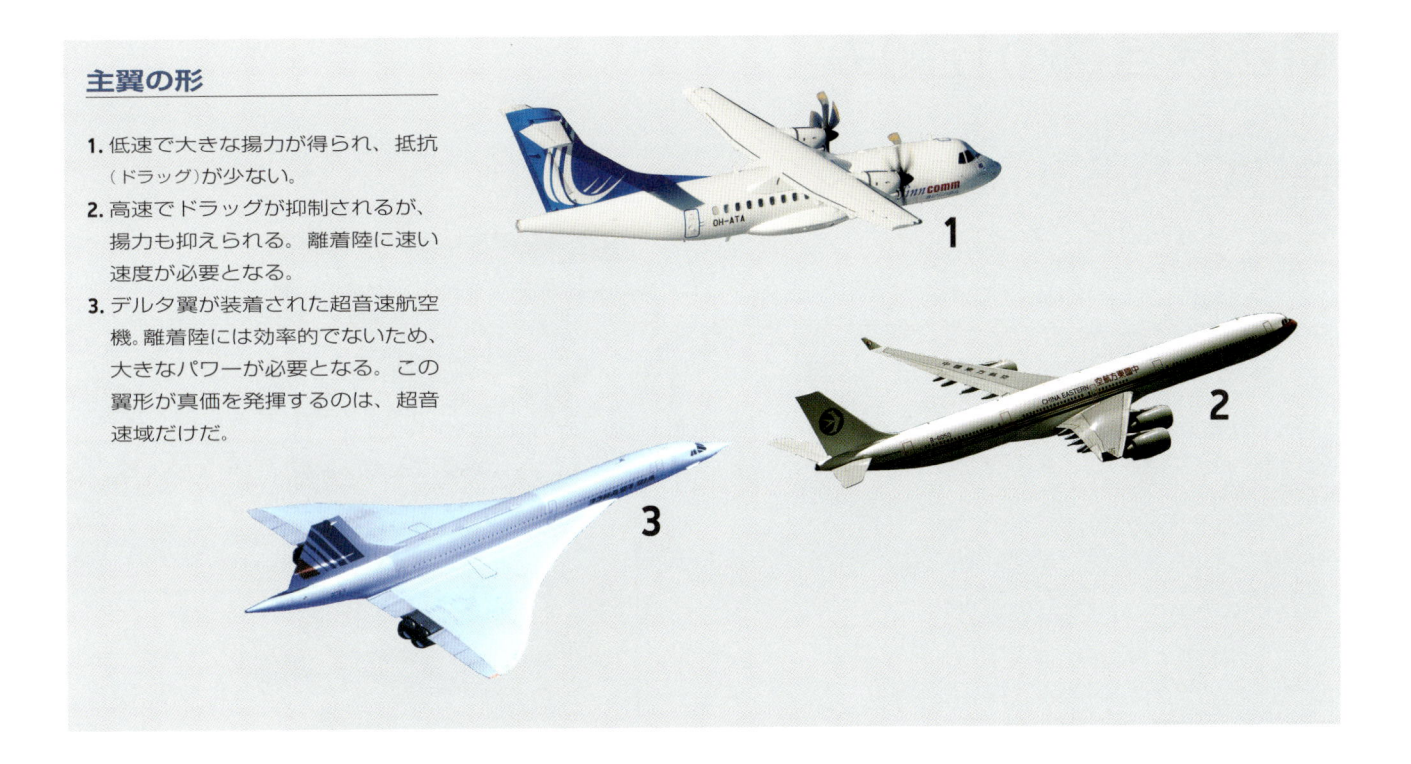

1. 低速で大きな揚力が得られ、抵抗（ドラッグ）が少ない。
2. 高速でドラッグが抑制されるが、揚力も抑えられる。離着陸に速い速度が必要となる。
3. デルタ翼が装着された超音速航空機。離着陸には効率的でないため、大きなパワーが必要となる。この翼形が真価を発揮するのは、超音速域だけだ。

操縦翼面

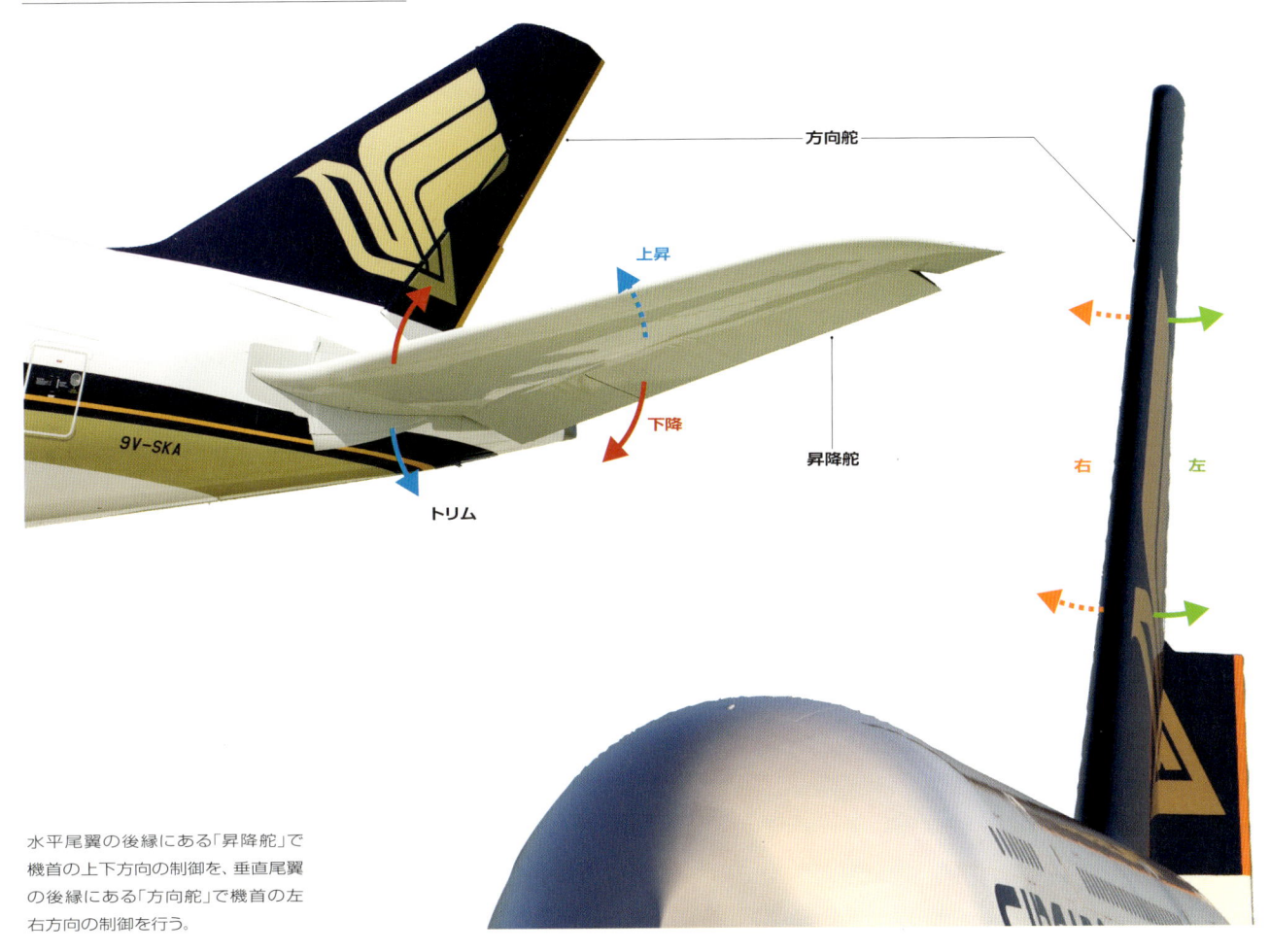

水平尾翼の後縁にある「昇降舵」で機首の上下方向の制御を、垂直尾翼の後縁にある「方向舵」で機首の左右方向の制御を行う。

航空機各部の仕組み

エンジン

今日一般に使われているエンジンは、皆似たような原理だ。エンジンの正面から空気が吸い込まれて、インペラー〔遠心圧縮式の場合。軸流圧縮式の場合はローターとステーターによる〕によってエンジン内で圧縮される。燃焼室で燃料が加えられて点火されると空気と燃料の爆発的な混合によって高圧ガスが生まれタービンを回転させる。そして熱い空気がジェットエンジンの後部から排出され、推進力が生まれるのだ。エンジニアリング界では俗に「suck, squeeze, bang and blow〔吸気・圧縮・爆発・排気〕」と呼ばれているが、この爆発は強力なもので、燃焼室の温度は1700℃になり、火山のマグマだまりより熱い。

熱い排気自体は推進力のわずか20パーセントにしかならないが、さまざまなサイズのタービンブレードの付いたタービン・シャフトを駆動させる。圧縮機からバイパスで送られた冷たい空気の80パーセントがタービン内を通過し、その結果オイルとブレードを冷却する。そうしなければブレードが溶けてしまうからだ。バイパスの気流はプロペラのような役目を果たすがプロペラよりもずっと効果的だ。さらなる利点は、タービンから生じる騒音を弱めることである。ターボファンエンジンは、古いジェットタービンに比べると非常に静かだ。個々のタービンブレードは内部が空洞になっていて、空気を冷却するとともに軽量化にも一役買っている。ブレードにはマイクロメートルの範囲で耐性があり、その素材にはチタン、または、ニッケル－モリブデン合金、タングステン－モリブデン合金などが使われている。

ファンブレードは、飛行機の交換部品の中で最も高価なパーツの部類に入る。これらはすべて重さが均一である必要がある。そうでなければエンジンが不均衡になってしまうからだ。良心的な航空会社は個々のブレードに番号を付けて個別の管理履歴記録カードに登録するとともに、これまでそのブレードを取り扱った技術者および検査官すべてを登録している。

時間の経過とともに、高温と半径方向応力の影響でブレードの長さが伸びてくると危険が伴う。長くなったブレードはタービンの端と接触するようになる可能性があるからだ。

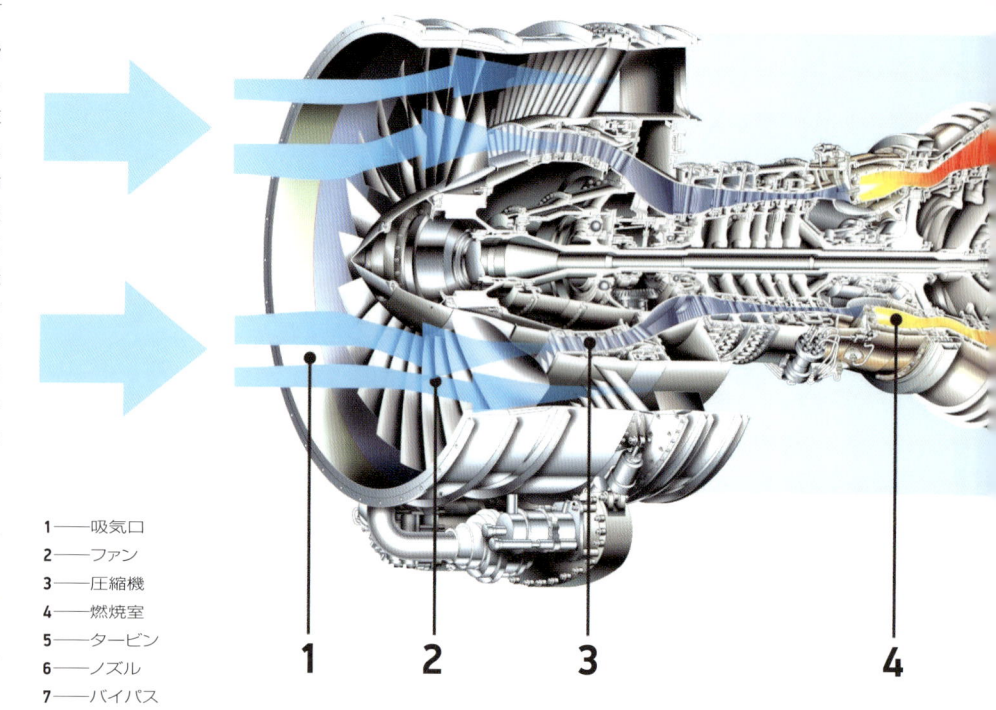

1 ── 吸気口
2 ── ファン
3 ── 圧縮機
4 ── 燃焼室
5 ── タービン
6 ── ノズル
7 ── バイパス

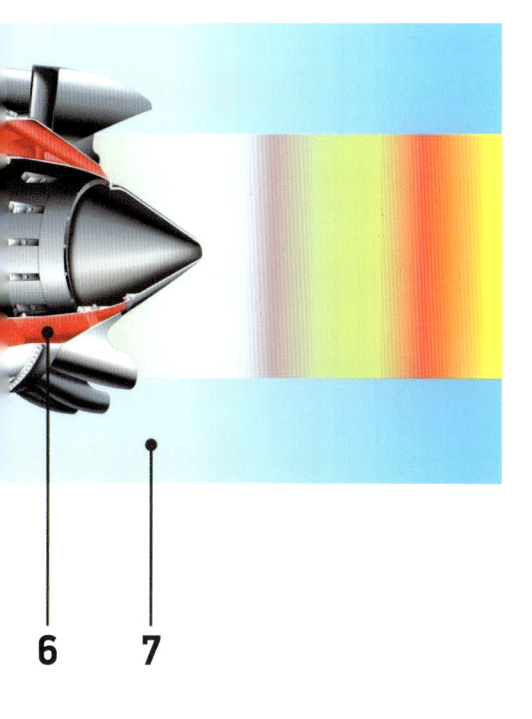

プロペラ

プロペラとは、翼のような形状のブレードとそれを支持するハブと呼ばれる部分からなり、シャフトに取り付けられて回転する装置だ。硬い素材、またはフレキシブルな素材でできたプロペラブレードの形状によって空気がねじられ、後方に押し出されて、推進力が引き起こされる。高性能の駆動方式を構築するためには、強力なエンジンと大きなプロペラが必要となる。しかし、従来のプロペラのブレードチップ(翼端)は超音速の範囲の速度で回転し、機内の騒音と振動を招いた。そこで効率を上げるためにブレードの数を増やすともに、三日月型のブレードを用いるなど、回転速度を亜音速の範囲にするあらゆる努力がなされている。古い4枚ブレードのプロペラは、より静かな6枚ブレードのプロペラに徐々にとって代わられている。エアバスA400は、なんと8枚ブレードのプロペラを装備している。

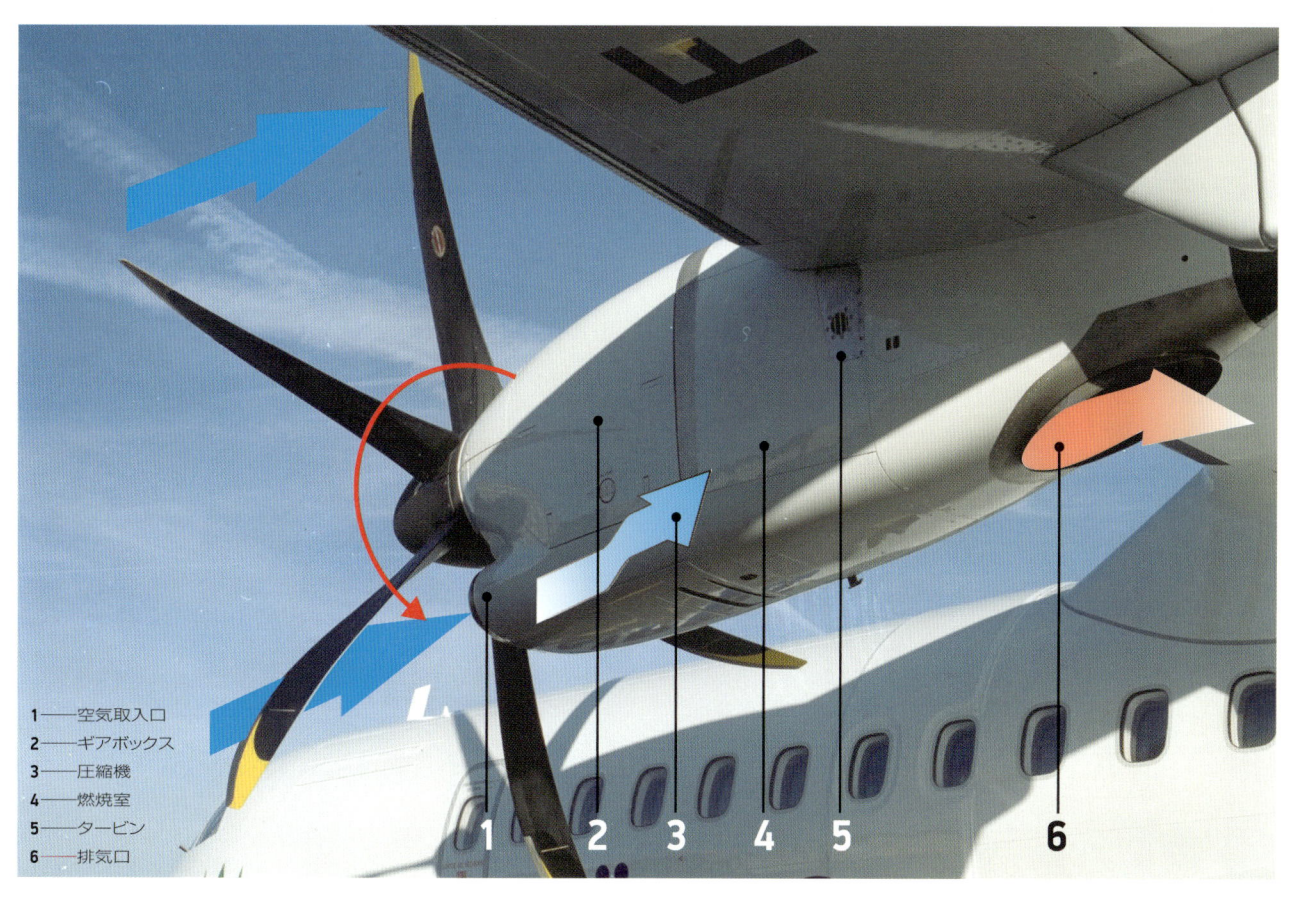

1 ── 空気取入口
2 ── ギアボックス
3 ── 圧縮機
4 ── 燃焼室
5 ── タービン
6 ── 排気口

249

航空管制の共通言語は英語

世界中の国々の航空機とコックピットクルーが、同じ空港、同じ滑走路、同じ空域を共用し、時には音速に近い速度で飛行している。だから、このような航空業務の関係者が皆1つの言語で通信することは重要なことだ。たとえば、自分の同胞だからといって、ドイツ語、フランス語またはイタリア語など、自国語で指示を出すことは著しい怠慢であり、過去にそのようなことが行われたために、第三者が何と言われたか理解できず、事故につながった事例がある。

さらに、共通言語でも表現が標準化される必要がある。たとえば、英語の「2」と「to」が両方とも「トゥー」と発音されることが致命的な問題点であると、過去に何度も証明されている。1989年2月19日、フライング・タイガー・ラインのジャンボジェットは、着陸予定だったクアラルンプール空港の入域管制（APP）と交信し、パイロットは滑走路33へアプローチする許可を得た。アプローチ中、パイロットらは「Descend 2 4 0 0 feet.」（このときの管制官の発音は"ディーセンド・トゥー・フォー・ゼロ・ゼロ・フィート"）つまり「2400フィートまで降下」という指示を受けたのだが、これを「Descend to 4 0 0 feet」つまり「400フィートまで降下」という指示だと誤解した。そのため、航空機は122メートル（400フィート）の高度で飛び、高さ300メートルの山に衝突した。その山の上を飛行するための最低許容高度は、本来の指示の732メートル（2400フィート）だった。事故調査報告では、事故の原因は「クアラルンプール航空交通管制（ATC）が標準的でない表現をしたため、乗務員に指示を誤解させたこと」と結論づけた。

また、米国のある空港のAPPは、ある航空会社のDC-10に対して、滑走路27Lにアプローチさせるため、高度3050メートル（1万フィート）に降下するよう指示しようとした。そのとき、管制官が「Maintain 10000; cleared 27.」（高度1万フィートを維持、滑走路27の着陸を許可します）と言ったのだが、副操縦士は「Cleared two-seven.」と復唱した。機長は、副操縦士の言葉を聞いて「Cleared (descend) to seven (thousand)」（高度7000フィートまで降下）という意味だと判断し、高度2150メートル（7000フィート）に向けて降下を始めた。DC-10が高度2750メートル（9000フィート）まで降下したとき、反対方向から別の旅客機が飛行してきた。機長はかろうじてこれをかわして難を逃れた。

同じような誤解を避けるため、現在では「Descend altitude two four zero zero feet」というように、高度の数字の前には「altitude（アルティチュード＝高度）」という言葉を入れることになっている。

ずさんな言葉遣いは、いくつかのニアミスの原因にもなった。あるとき、滑走路22Lに着陸しターミナルに移動中のボーイング747が、滑走路22Rを横切らなければならないため、機長が管制に尋ねた――「May we cross?（横断してもよろしいですか？）」。それに対して管制の返答は「Hold short（少し待て）」だったが、機長は聞き違え、スロットルを解放し滑走路を横切った。まさにそのとき、滑走路22Rをちょうど離陸中だったボーイング737がかろうじてぶつからずに通り過ぎた。747の機長は後でこう説明した――「『横断してもよろしいですか？』という私の要請に管制は『Oh, sure（ああ、もちろん）』と答えたのです」。この場合、管制官が発すべき正しい応答は「Negative. Hold position. Departing traffic.」（許可しない。そのままの位置で待て。離陸機あり）だ。

しかし、管制で標準的に使われる言葉遣いにも、まだグレーゾーンが存在する。応答語の決まり文句「ROGER（ラジャー）」は誰でも知っているだろう。「ROGER」は「私はあなたの最新の伝達を受けて理解した（了解）」という意味だ。似たような言葉に「WILCO（ウィルコ）」がある。これはさらに一歩先を行き「あなたのメッセージを受けて理解し、これからそれを実行する」という意味だ。ここで重要なのは「これからそれを実行する」と述べている部分である。したがって「何かするように」という指示に対しては「ROGER」で答えることがあってはならない。

フライト準備

以降の内容はすべてフランクフルトからボストンへのフライトの例に基づくものである

ブリーフィング
――プッシュバックの2時間前

フライト準備にはノータム（NOTAM）と呼ばれる航空情報と飛行計画の確認がある。その中には、飛行の可能性がある代替空港、空港の状況説明フォルダ、安全対策注意書、印刷された文書、クルーへの状況説明、天候状況説明、乗客/VIPの情報など、フライトに関わるあらゆる側面の情報が含まれる。

サインイン
――プッシュバックの1時間前

乗務員用のバスがコックピットクルーと客室乗務員を旅客機まで運ぶ。整備担当の長が旅客機を機長に引き渡す。

燃料補給
――プッシュバックの1時間前

この段階で、その旅客機にどれほどの乗客、手荷物、ケータリング、貨物が積まれるのかが把握される。必要とされる燃

ケータリング
──プッシュバックの約1時間前

大陸間横断フライトの場合、ボーイング747-400には114個のコンテナと102個のカートが必要で、その総重量は5トンになる。全部で800種類のものが運び込まれ、リンゴから新聞、ビールから税関申告用紙とボールペンにいたるまで、その総数は3万点にも及ぶ。

荷物・貨物の積み込み
──プッシュバックの約45分前

まず、外国行きの手荷物が準備される。ハイリフトローダーが、積載ハッチに14個ものコンテナ（それぞれに35～45個のスーツケースが入っている）を持ち上げる。乗り継ぎの手荷物はその次に載せられ、その後に残りの貨物などが積み込まれる。

料の量は、旅客機の総重量とルート計画から計算される。この量は、割り当てられた飛行ルート上の最新の天候と高高度の風予想、そして、代替空港の選択によっても変わる。21万リットルものケロシンを燃料タンクにポンプで送るのには、約15分しかかからない──なんと1秒に200リットル以上入る計算だ！

ウォークアラウンド
──プッシュバックの約30分前

機長か副操縦士が航空機を一周して、機体に視認できる変化や損傷がないかチェックする。ここでは、エンジン、翼、フラップシステム、胴体、センサー、車輪、ブレーキに特に注意が払われる。

コックピットから客室乗務員への機内アナウンスの例

「Cabin crew, please prepare for gate departure.」（客室乗務員はゲート出発準備を行ってください）
- 頭上の荷物入れのハッチを閉める
- トイレは使用しない
- シートのリクライニングを元の位置に戻す
- テーブルはたたむ
- 電気製品の電源を切る
- 乗客はシートベルトを締める

「Doors in autmatic」または「All doors in flight」（ドアモードをオートマチック・ポジション〈アームド・ポジション〉に変更してください）
これは、ドアの非常脱出用シューターの自動展開メカニズムが作動状態になったことを意味する。この後、緊急にドアが開けられると、非常用シューターが自動的に膨らむ。これが普通に飛行機から降りる際に起きては困るので、到着した空港でドアをゲートに接続する前に、客室乗務員は機長から「select doors on manual」（ドアモードをマニュアル・ポジション〈ディスアームド・ポジション〉に変更してください）と要請される。

「Flight attendants, prepare for take-off please.」（乗務員は離陸準備をしてください）
セーフティブリーフィングはこの時点で完了しなければならない。動きやすいものは荷物入れにすべてしまい込まれ、すべてのハッチが閉められる。万が一事故が起きたとき、外部の人々が中の様子を、機内の人々が外の様子をそれぞれ見ることができるように、離着陸の際は窓のブラインドはすべて開いていなければならない。

「Cabin crew, please be seated」（客室乗務員は着席してください）
この時点で客室乗務員も離陸に備えて自分の席に座りシートベルトを締めなければならない。その席は、キャビン内の乗客を観察することができるように考えられた場所に設置されている。航空機が乱気流に遭遇した場合など、客室乗務員の着席要請は飛行中でも出されることがある。

「Cabin crew, five minutes to ground.」（客室乗務員へ、着陸5分前です）
このアナウンスは、客室乗務員に対して、キャビン内を片付け整えるのに残された時間を知らせるために出される。

「Cabin crew, please be seated for landing.」（客室乗務員は着陸に備え着席してください）
客室乗務員はこの時点で再び自席に着席し、シートベルトを締めなければならない。

プリフライトチェック（飛行前点検）
——プッシュバックの約10分前

バッテリー、航法灯、外部電源のスイッチが入れられ、キャビンには電力、新鮮な空気、暖房が供給される。パイロットたちはさまざまなチェックリストを確認し、技術システムをテストする。だが、エンジンが動いているときしかチェックできないものがあり、これらは航空機がターミナルビルの隣に駐機している状態ではできない。ナビゲーションシステムは、その調整目的で提供されているゲートの駐機位置を正確に合わせることで調整される。

飛行管理システム（FMS）には、離陸から着陸までのすべてのウェイポイント［事前に設定された目標地点］の入った電子飛行計画があらかじめ用意されて読み込まれている。さらにやることは、システムが最短飛行経路を計算できるようにするため、出発地と目的地それぞれの4桁のICAO空港コードを入力することだ。最近まで、パイロットたちはたくさんの航法資料と空港情報を入れたケースを持ち込んでいた。

航空機の総重量と外部の温度は、V1、VR、V2（離陸時に使われる速度）を計算するのに用いられる。トリミング（規定の空気力学的な飛行姿勢を維持するための航空機の微調整）も、このとき実施される。

尾部内では、APU（補助パワーユニット：航空機自体に搭載された小さな動力装置）がすでに稼働している。後でエンジンを始動するのに使われる空気はここから生み出される。

搭乗
——プッシュバックの約20〜40分前

キャビンとコックピットの準備がすべて整い、燃料補給が完了したとき、乗客の搭乗が開始される。すべての乗客が機内に入り終えると「Boading completed」（搭乗完了）のアナウンスが行われる。

副操縦士は、ATIS（ターミナルインフォメーションの自動送信システム）を通して、空港の天気と規制に関する最新の情報を得る。このATIS情報は、ICAOアルファベットのAlfaからZuluまでの文字でシリアルコードを伝える。そして、航空交通管制機関に最初に連絡するとき、パイロットはそのコードを伝えることになっている。管制への最初の交信は、クリアランスデリバリー（管制承認伝達席）にルートクリアランスを受けるときだ。

パイロット「Frankfurt Deliverry, CACTUS 632 to Boston, information GOLF, Request Start-up」（フランクフルト・デリバリー、こちらボストン行きCACTUS 632便。インフォメーションコードは"GOLF"、始動許可を要請する）

デリバリー「CACTUS 632, GOLF is correct, creared to destination Boston via Bibos, Squawk 2163, when airborne contact langen radar on 120.850. Start-up approved, CACTUS 632.」（CACTUS 632便、コード"GOLF"で間違いなし。経由地点ビボスで、ボストン行きを許可する。トランスポンダーのコードは2163。飛行中は120.850 MHzでランゲンレーダーに交信せよ。CACTUS 632便の始動を許可する）

パイロット「Cleared to Boston via Bibos, Squawk 2163, when airborne contact langen radar on 120.850. Start-up approved, CACTUS 632.」［聞き取り事項の復唱］

デリバリー「Readback Correct. Contact Apron at 121.850.」（復唱内容に間違いなし。エプロン管制に121.850MHzで交信せよ）

パイロット「121.850, CACTUS 632」［復唱］

252

プッシュバック
──離陸の約10分前

ドアが閉められ、外部電源との接続が切られる。すべてのシステムは、この時点で航空機のバッテリーとAPUに接続する。パッセンジャーボーディングブリッジは引っ込められる。パイロットはエンジン始動前のチェックリストを確認し、エプロン管制［一般的な空港では、グランドコントロール（地上管制席）］に「プッシュバック」の許可を要請する。客室乗務員は、コックピットから「Cabin crew, All Doors in flight.」（客室乗務員はドアモードをオートマチックモードに変更してください）という指示を受ける。

この時点ですべてのドアのレバーが回され、非常用シューターのセーフティロックが解除される。これ以降ドアが開けられると、非常用シューターが直ちに広がって膨らむことになる。

パイロット「Flankfurt Apron, CACTUS 632, at gate A21, Request Pushback.」（フランクフルト・エプロン管制、こちらゲートA21のCACTUS 632便。プッシュバックの許可を要請する）

エプロン管制「CACTUS 632 pushback approved, for taxi contact apron on 121.700.」（CACTUS 632便、プッシュバックを許可する。タキシングするときはエプロン管制に121.700 MHzで交信せよ）

パイロット「121.700、CACTUS 632」［復唱］

そのころまでには、プッシュバックに使われる、出力1044キロワットのトーイングカーが航空機の前脚に接続されている。この特殊車両は高さがわずか1.65メートルで、車高の低いトラックのようだ。

タキシング（地上走行）
──離陸の約7分前

航空機が自由に動けるところまで、トーイングカーが航空機をエプロンから押し出す間、パイロットたちはエンジン始動前のチェックリストを読み上げながら確認する。すべてのエンジンに問題がなければ、トーイングカーが離れた後、パイロットはエンジンを始動し、回転速度を上げる。ボーイング747の場合、通常、第4エンジンが最初に始動される。このエンジンでブレーキの油圧も生じさせるからだ。その後、第1、第2、第3エンジン（エンジンは飛行方向に向いて左から右へ順に数えられる）も始動し、APUはスイッチが切られる。

パイロット「Apron, CACTUS 632 ready to taxi.」（エプロン管制、こちらCACTUS 632便、タキシング準備完了）

エプロン管制「CACTUS 632, Taxi to holding point 18 via GOLF and NOVEMBER. Advise when ready.」（CACTUS 632便、誘導路Gと誘導路Nを経由して待機地点18までタキシングせよ。用意ができたら連絡せよ）

パイロット「holding point 18 via GOLF and NOVEMBER. WILCO. CACTUS 632」（"誘導路Gと誘導路Nを経由して待機地点18までタキシング"、CACTUS 632便了解し実行する）

そこで航空機は地上走行してエプロンを出て誘導路を通り、滑走路の割り当てられた待機場所まで移動する。

この間にキャビン内では、客室乗務員が緊急時の対応について乗客に説明する。

コックピットチェックリスト

チェックリスト	B.747-400F	A320	ATR-42	DHC-8
飛行前	4	–	10	6
エンジン始動前	6	11	–	15
タキシング前	5	4	8	16
タキシング	–	–	7	13
離陸前	1	10	14	6
離陸後	2	4	7	12
巡航時	–	–	4	4
降下時	–	–	6	4
アプローチ	4	6	6	10
着陸時	3	3	7	5
着陸後	–	4	9	12
エンジン停止	7	6	3	15
降機前の安全	4	6	10	5

ICAOアルファベット

A	Alfa	N	November
B	Bravo	O	Oscar
C	Charlie	P	Papa
D	Delta	Q	Quebec
E	Echo	R	Romeo
F	Foxtrot	S	Sierra
G	Golf	T	Tango
H	Hotel	U	Uniform
I	India	V	Victor
J	Juliett	W	Whiskey
K	Kilo	X	X-Ray
L	Lima	Y	Yankee
M	Mike	Z	Zulu

航空機のドアは飛行中に開けられるのか？

答えは「開けられない」──これは物理的に不可能だ。ロックポジションになっているとき、ドアは開口部より大きくなっている。オープニングレバーを回した後、このロックを解除するために、最初にドアを内側に引く必要がある。しかし、飛行中は機内が与圧され外部より気圧が高いため、世界で最も屈強な人間であってもドアを引くことはできない。

フライト

離陸
エプロン管制「CACTUS 632, Contact tower on frequency 124.850.」（CACTUS 632便、管制塔に周波数 124.850 MHzで交信せよ）
パイロット「124.850. CACTUS 632」〔復唱〕
この時点で客室乗務員に指示が出される「Cabin crew, Please be seated.」（客室乗務員は着席してください）。

コックピットクルーは周波数を変え、管制塔に報告する。
パイロット「Tower, CACTUS 632 Heavy, intersection NOVEMBER, ready for departure.」（管制塔、こちらCACTUS 632便Heavy、誘導路Nインターセクション、離陸準備完了）
管制塔「CACTUS 632 Heavy, wind calm, cleared for take-off runway 18.」（CACTUS 632 Heavy、風は穏やかだ。滑走路18からの離陸を許可する）
パイロット「Cleared for take-off runway 18.」〔復唱〕

その少し前に、PF（パイロットフライング）〔操縦桿を握るパイロット〕を誰にするかコックピットで決められる。PFは必ずしも機長である必要はない。他のパイロットはPFを助け、いつでも介入する準備ができている。航空機が滑走路の正しい位置についたら、PFはスロットルレバーを前に倒す。副操縦士は計器類を見て、速度を大きな声で読み上げる。V1（離陸決定速度）は、離陸がまだ問題なく取りやめることのできる速度だ。VR（ローテーション速度）で前脚が持ち上げられる。V2（安全離陸速度）は最初の上昇速度で、この時点で車輪が格納される。

クライムアウト
〔「クライムアウト」とは離陸してから巡航を開始する高度に達するまでの飛行のこと〕
車輪の格納ハッチが閉じられるとすぐ、ターミナル管制所が管制を引き継ぎ、離陸ルートを確実に進めるように援助する。近隣の騒音公害を減らし、空域を整理しておくため、離陸ルートは明確に定められている。この時点で、クルーはディパーチャー（出域管制、DEP）のレーダー管制下にある。
パイロット「Langen Radar, CACTUS 632 Heavy, airborne in Flankfurt.」（ランゲンレーダー、こちらCACTUS 632便Heavy、フランクフルト空域飛行中）
ランゲンレーダー「CACTUS 632 Heavy, radar identified, climb to flight level 100, Turn right inbound Bibos intersection.」（CACTUS 632便Heavy、レーダーで捕捉した。フライトレベル100〈1万フィート〉まで上昇し、右旋回して経由地点ビボスへ向かえ）

乗客と手荷物は必ず一緒に飛ぶこと

手荷物と乗客は、同じ航空機で輸送されなければならない——少なくともこれは、スーツケース爆弾の持ち主が地上に残って航空機を攻撃することを阻止するのに役立つ。もちろん、単に航空機に乗り遅れた人が預けた荷物を取り戻したいというようなことも時々起こる。

いずれにしても、乗客が荷物を預けて飛行機に乗り込まなかった場合、電子監視システムが報告するようになっている。現在では、そのようなスーツケースは正確にピックアップされ、航空機から降ろされなければならない。大きな航空会社は、特定のスーツケースがどのコンテナに入っているかを正確に知らせるソフトウェアを使用しており、荷物は2、3分以内に特定されて取り出される。

北大西洋航路（NAT）

北大西洋を横断する航空機の交通量は、数多くの平行ルート（垂直方向に交差もしている）が生まれるほど増加した。これらのルートは、フライトレベル310（高度9450メートル／3万1000フィート）とフライトレベル400（高度1万2190メートル／4万フィート）の間で、卓越風の状況に基づき、コンピュータで1日数回測定され最適化されている。この空域はレーダー管制の範囲ではなく、ナビゲーション・コンピュータは、離陸前に割り当てられた航路に切り替える。航空機は北米の海岸に接近するまで、二度とレーダーでとらえられないのだ。

エンルート（航空路）

航空機が空港の管轄空域から出ると、国の管制下に引き継がれる。航空機が上昇巡航する間に、客室乗務員は機内サービスを開始する。通常、食事を出す前に、飲み物を提供する。

アプローチ

自動操縦により、かなり単調な大西洋横断飛行が続いた後、目的空港周辺空域に降下するときに、コックピットクルーにかかる負担と仕事量が増えてくる。ここまでくると、空の交通密度は急激に増加する。そのフライトにはアプローチルートが割り当てられ、着陸用の滑走路の1つをあてがわれる。航空機は初期進入フィックスの上空を飛び、最終進入フィックス上空になるまで降下を実行する。

地上施設の計器着陸装置（ILS）からグライドパス［滑走路への進入角］と方向情報が示され、これによって航空機内のコントロールシステムが自動操縦による着陸を可能にする。最近では、濃霧や視界がまったくないような状況でさえ、航空機の着陸が可能になった。しかし、これを可能にするためには地上のインフラに高い投資が必要で、さらに、このようなシステムに対応できる性能を持つのは最新の航空機だけだ。

それ以外の大多数の飛行機には「アプローチ・ミニマム」がある。これは、アプローチを決心する最低降下高度での雲底の高さと視程に関する最低気象条件で、その高度で滑走路が視認できなければそれ以降の進入はできない。もし、視界が改善されなければ、航空機は代替空港に回らなければならない。

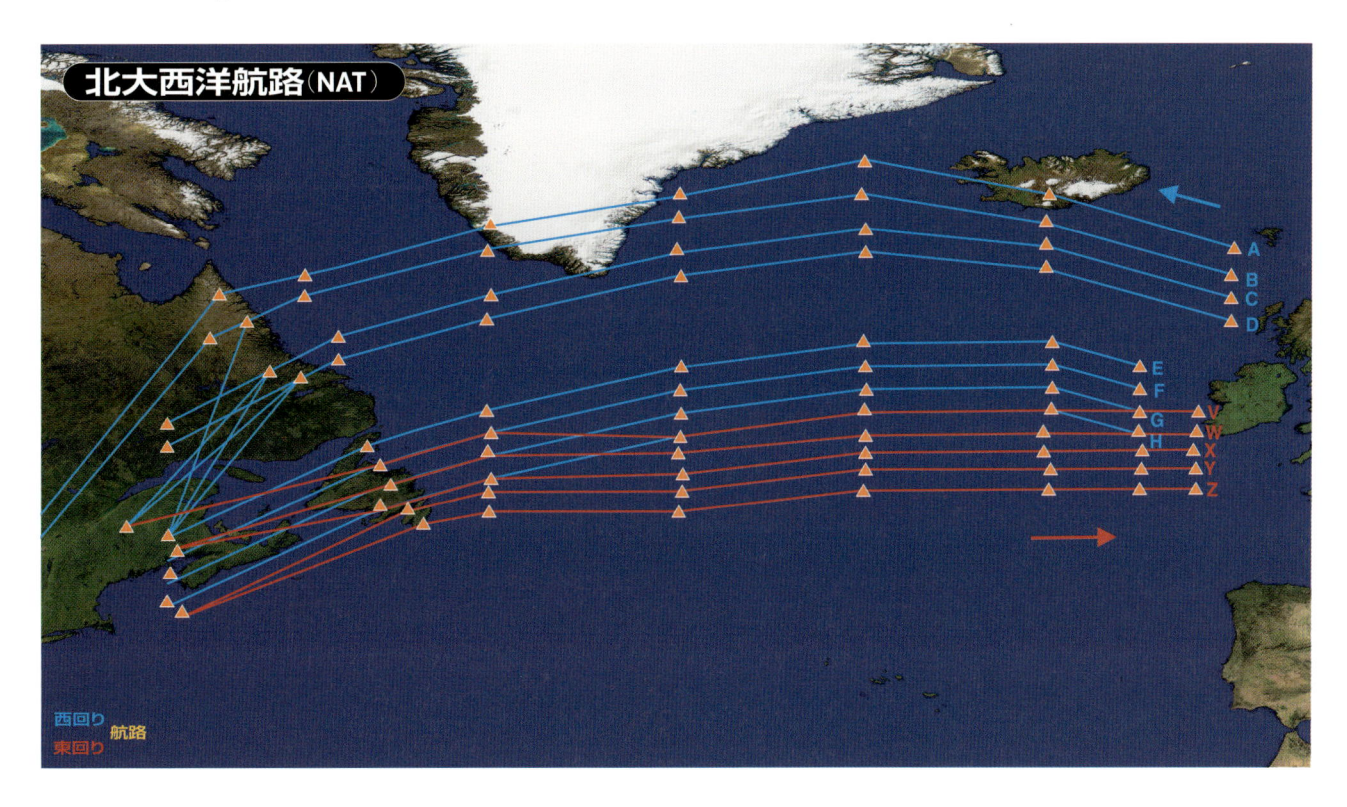

携帯電話とインターネット

航空機内で携帯電話の使用が禁止されている理由は何だろうか？

- たとえアビオニクス［航空機に搭載され飛行に使用される電子機器］への干渉がまだ明確に証明されていないとしても、携帯電話からの電磁波によって機器の故障につながったと考えられるケースがいくつか発生している。
- 高速で飛行している航空機の半径25キロメートルまでの範囲内にあるすべての携帯電話の受信器が信号を受信し、受信器のソフトウェアがクラッシュするだろう。
- 機内に300人の乗客がいれば、生じる話し声の騒音はニューヨーク株式取引所のようになる恐れがある。隣人の話し声をかき消そうと電話で話す声の大きさはどんどんエスカレートし、安らぎは過去のものになってしまうだろう。
- 気難しい性分の持ち主が携帯電話を使い続ける人々に対して攻撃的になり、機内で危険な状況に陥って、緊急着陸しなければならなくなる可能性もある。

場合によっては、機内エンターテイメントシステムのリモコンが、電話機能を備えていることがある。このような衛星電話の場合、クレジットカードを使い、1分間およそ5ドルで電話をかけることができる。機内でのインターネット使用もコストは高い。10ドルのダイヤルアップ接続料金に使用料金が加わり、このような贅沢をするとすぐに50ドル以上かかってしまう。

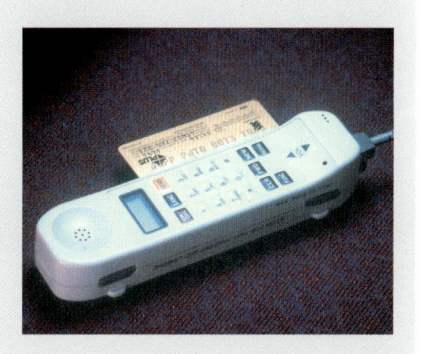

北大西洋航路（NAT）

西回り航路
東回り航路

システムの冗長化

1つよりは2つ、2つよりは3つの方がよりよい——このような考え方に基づき、航空機の重要なシステムはどれがいつ故障しても問題ないように設計されている。

エンジン
双発エンジンの航空機は、エンジン1基でも飛行することができる。しかし、そのような状態に陥った航空機は、最も近い適当な空港に臨時着陸するよう規則で定められている。

油圧系統
大部分の航空機は2つの別々の油圧系統を持っている。これらはそれぞれがもう一方の主要な機能を代わりに果たすことができるようになっている。

フラップ
主翼には何組かのフラップがあり、さまざまな電気モーター、あるいは油圧シリンダーで対称的に動かされる。もし、1組のフラップが機能しなくなっても、航空機の操縦は可能だ。

操縦翼面
昇降舵と方向舵は、電動アクチュエータと油圧アクチュエータの両方を使って動かされる。大きな操縦翼面はいくつかに分けられており、ここでもシステムは冗長化[障害が発生した場合のバックアップが配備されていること]されている。

ラムエア・タービン
航空機のすべての電力供給が機能しなくなった場合、緊急時用の補助発電タービンを運用することができる。機体外側の気流(飛行風)の中に展開すると、風力タービンとして機能し、航空機の最も重要なユニットに必要な電力を発電する。

ナビゲーション
現代の航空機は機内に非常に多くのコンピュータを備えており、パイロットたちが航空機を操縦するのに役立っている。これらのモニターは互いに1台が機能しなくなるともう1台が代わりとなる。もし、すべてのコンピュータが機能しなくなったら、チャールズ・リンドバーグが使ったのと同様の重要な機器にいつでも頼ることができる。

速度計測
これは航空機制御の基本だ。ピトー管(全圧と静圧を計測することにより動圧を算出し流速を求める機器)を複数使用することで、機能停止に陥ることを防いでいる。

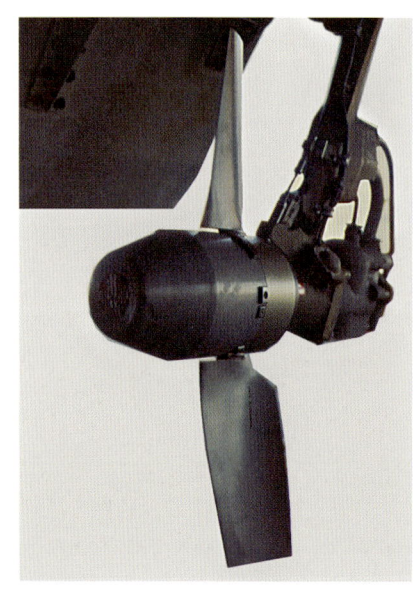

燃料タンク
燃料タンクは、胴体と主翼の空洞部分に装備されている。それらは個々に選んで使用することができるが、非対称に空にならないようになっている。エアバスA380では、尾翼を18トンの燃料で満たすこともできる。

脚(着陸装置)
車輪を自動で展開できない場合、手動で降ろすことができる。

ブレーキ
逆噴射は別として、ブレーキにもバックアップシステムがある。他のすべてが機能しなくなっても、パーキングブレーキがいつでも控えている。

私たちが飛行する上空

雲はいくつかの層になって、重なっていることがある。雲があると地表の眺めが妨げられるので、機内の機器によるナビゲーションと航空交通管制による監視が旅客航空運輸の基本的な必要条件になっている。大部分の種類の雲では、その中を飛んでもまったく何も起こらない。しかし、強い乱気流は、さまざまな形の積乱雲で時々発生する。これらの気団は多くの湿気をもたらし、時々、ひょうや雷を伴う。

飛行高度
コンコルド……………………57 000ft（約17374m）
ジェット機……………………40 000ft（約12192m）
ターボプロップ機……………30 000ft（約9144m）

巻雲 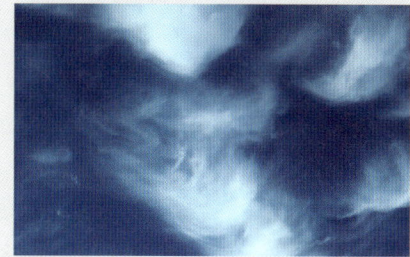
❖ 巻雲……6,000～12,000m

高積雲 
❖ 高積雲……2,000～5,000m

層雲 
❖ 層雲……0～1,000m

積雲 
❖ 積雲……500～2,000m

積乱雲 
❖ 積乱雲……500～2,000m

層積雲 
❖ 層積雲……500～2,000m

ジェット気流

ジェット気流は、対流圏と成層圏の間の狭い領域を流れる強風で、高い気圧傾度を伴い主な前線帯に沿って、西から東へ吹く偏西風である。極地の氷冠［陸地を覆う5万平方キロメートル未満の氷河の塊］上の気団は密度が増すため、寒帯前線ジェット気流は、亜熱帯ジェット気流より高度が低く、より速い。航空界は、これらのジェット気流をフライトに利用している。東に飛ぶ航空機は、どこでも可能な限りこの速い気流に乗って飛行して時間と燃料を節約し、西へ飛ぶ航空機は、できる限りジェット気流にさらされない飛行経路を探して運航している。

寒帯前線ジェット気流
亜熱帯ジェット気流

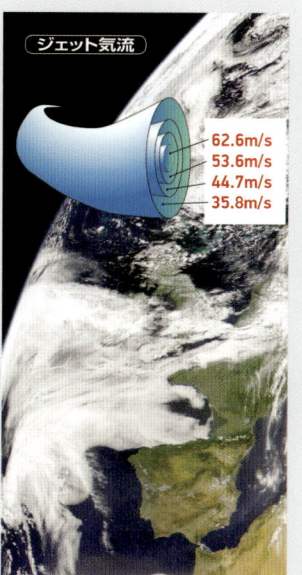

ジェット気流
62.6m/s
53.6m/s
44.7m/s
35.8m/s

257

ケータリング

機内サービスの削減は世界的な傾向だが、それでもまだ、世界の航空会社は毎年1950万リットル以上のワインを機内で提供している。これはボトルに換算すれば2170万本に相当し、その総重量は2万8000トンになる。カンタス航空とニュージーランド航空は、最高のワインを出す——両社は、専門の供給元から仕入れた1本50〜200ドル（US）のワインを保有しているのだ！　日本航空はファーストクラスの乗客に「シャンパーニュ・サロン1997」を提供した。これは6万本しか生産されなかった貴重品だ。

　また、機内で飲み干されるワインの量は、そのフライトの出発地で異なる。たとえば、サンフランシスコから出発する乗客は、ダラス・フォートワース空港から出発するフライトの乗客より多くワインを飲む傾向がある。

　当然のことながら、大部分の乗客にとっては、フライト中に提供されるものといえば、主に食事と飲料のことだ。標準的な食事に加えて、24種類もの特別な食事を選ぶことができる。この中にはおそらく、ヒンズー教やユダヤ教などの食事だけでなく、アジア系の食事、ベジタリアンフード、ベビーフード、糖尿病患者用の食事、自然食品などが含まれるだろう。飲料のサービスに加え、広範囲の機内サービスには、新聞、おしぼりタオル、クッション、毛布、ヘッドホン、おもちゃなど数多くのアイテムが含まれる。税関申告書は、外国から入国する乗客に対して用意されている。これらは、目的地の国と乗客の国籍によって異なる。

　ビーマン・バングラデシュ航空は、機内食のニーズに対応するため、ダッカで30万平方メートルの養鶏場を経営している。この農場は自社のフライトに必要な鶏肉を供給するだけでなく、ダッカに就航している最大手の航空会社の少なくとも5社にも供給しており、1カ月あたり2万5000食の鶏肉料理を生み出している。

　キャセイパシフィック航空は、自社が運営するヴォーグ・ランドリーという会社で、アジア最大のランドリーサービスを行っている。ここでは、座席のカバー、毛布、クロスに加えて、高級な座席クラスの乗客のために使われるテーブルクロスを洗濯している。この会社も自社だけでなく、他の航空会社20社と30軒のホテルにランドリーサービスを提供している。

　また、ケータリングカートの準備には、ロールパンを補充し、仕様に厳密に従ってトレイを準備し、大量に料理を焼き、洗浄設備を整えるなど、乗客の目には触れないところで、ケータリング関連の仕事に関わる数多くの人々が存在している。

機内食

ケータリング

ルフトハンザドイツの子会社、LSGスカイシェフは、世界最大のケータリング（仕出し）業者で、年間およそ4億食の食事を300以上の航空会社に提供し、毎日、100万人分の料理をつくっている。LSGスカイシェフは、その地元地域であるヨーロッパと北米で特に目立つ存在で、カスタマーサービスセンターがヨーロッパに62か所、北米に50か所ある。

航空会社の機内食の準備は、特定の規則の対象となっている。人間の味蕾は上空にいるとき普段とは異なるため、このことが考慮されなければならない（これは高度2000メートル／6652フィートを飛ぶ航空機の機内でシミュレーションされる）。たとえば、あまりにあっさりした味の食物にならないよう、普段より多めの塩分が必要になる。コックは、つくった料理の味を与圧した部屋で試食している。

機内エンターテイメントシステム

長いフライトは退屈だ。飽き飽きした乗客は立ち上がって動き回り、より多くの飲み物を飲む。これは、つまり機体の総重量がより重くなり、経費がより高くつくことを意味する。映画やゲームは人々をくつろがせるため、コスト削減につながるのだ。機内の娯楽は、映画館でしか見られなかった主要映画から、各席に備え付けられたマルチ・エンターテイメント・システム（何千という数のCD、ゲーム、インターネット、テレビ、250以上の映画などが利用でき、早送りや早戻しやスロー再生も可能）まである。機内では検閲がより厳しく適用されている。論争の的となる政治的な内容、性的な内容、宗教的な内容のものは上映されない――特に飛行機事故に関する映画はあり得ない。

「チキン・オア・ビーフ？」

機内食を準備するとき、成り行きまかせはあり得ない。ナプキンやカトラリーなど個々の構成要素を置く位置は、すべて厳密に決められている。ポーク（豚肉料理）は、あまりに多くの人々が宗教的な理由から断るため、機内ではめったに用意できない。標準的に提供される食事の大部分は、鶏肉か牛肉と、パスタかライスだ。他の選択肢がない場合、準備してある食事の中から乗客に選んでもらうよう誘導するのは客室乗務員の仕事になる。

フライト中に起こるさまざまな出来事

心臓発作

「ご搭乗のお客様にお尋ねいたします。お客様の中でお医者様はいらっしゃいますか？」——このようなことは、めったに起こるわけではない。だが、アリゾナ州フェニックスにあるメドエア社の医療センターでは、年間1万7000回、待機している救急医がフライト中の機内で実際に起こっている緊急事態への対応をサポートしている。メドエア社は機上での応急手当へのアドバイスや、緊急着陸が必要かどうかの判断に対する助言などを行い、必要であれば最も適当だと思われる病院の紹介もしている。旅客機の乗務員は、搭乗者が心停止した場合に備えて、注射器やAED（自動体外式除細動器）などの医療機器を用意している。

法律面での対応

すべての航空会社が、妊娠している人、病気の人、障害のある人など、特別な配慮が必要な可能性のある搭乗予定者に対して、予約する前に航空会社に通知することを運送約款で求めている。航空会社が旅行者を乗客として受け入れた場合には運送契約が有効になり、特別な世話が必要なことを理由に乗客が運送を拒否されることはない。妊婦は、妊娠36週目（10カ月）以降に搭乗する場合、診断書の提出が求められる。

フライト中に医学的に深刻な非常事態が起こった場合、最終手段として、機長は最も近い適当な空港に緊急着陸するかどうか決定しなければならない。予定にない空港へ向かうことで、最終目的地への到着や乗り継ぎ便への遅延など、他の乗客が被るかもしれない不測の事態は別として、そのような計画にない緊急着陸は、最低でも4万ユーロ、場合によってはそれ以上のコストがかかる。同様に、機長にのしかかる重圧も相当なものだ。少し前の話だが、あるパイロットが判断を誤った——乗客の1人が、心臓発作の徴候があったにもかかわらず正しく認識されず、その後まもなく機内で死亡したのだ。亡くなった男性の妻は航空会社を訴え、補償金として600万ドルが支払われている。

法的義務

機上では、医師の医療行為が医療保険でカバーされないことを知っておくことも重要だ。一方で、医師は医療支援に失敗した場合、その責任が問われることがある。そのような状況で医師が医療ミスを犯した場合、その医師に個人的に医療過誤賠償責任があるのだ。ルフトハンザドイツ航空は、フライト中に医師が自発的に医療的援助をおこなった場合、そのような金銭面のリスクから医師を守る保険を用意している。

機内迷惑行為

気性の激しい乗客は、たとえば禁煙を強いられたり、アルコールを大量に飲んだりすると、怒りだすことがある。また、携帯電話の使用を止めさせられたり、締めたくないシートベルトの着用を強いられたり、5杯目のウォッカを断られたりした乗客が、客室乗務員の目のまわりに青あざを作るようなこともある。2008年、ミュンヘンからバンコクへ向かったチャーター便の機長は、ウクライナ上空で旅客機を方向転換し、ドイツへ戻ることにした。1人の乗客が、座席に縛りつけなければならないほど狂暴になっていたのだ。ミュンヘン空港が閉まっていたため、乗員はデュッセルドルフ空港へ飛ばなければならず、トラブルメーカーはそこで警察に引き渡された。212人の乗客はホテルに宿泊し、翌日別のクルーとバンコクへ飛んだ。この1泊の滞在費、燃料費、着陸料と乗客への賠償費用は、そのような事態を引き起こした張本人が支払うべきだ。この場合、軽く10万ユーロは超えるだろう。

機内で健康に過ごすための7つのヒント

1.
複数の時間帯を通るようなフライトは、私たちの昼夜のリズムを乱し、いわゆる「時差ぼけ」を引き起こす。その症状を軽くするために、次のようなことをしてみよう。
- 搭乗前に、体を目的地の時間帯に合わせてならしておく。
- フライトの始めに、すぐ腕時計を目的地の現地時間に変えておく。
- 到着次第、すぐに現地時間に従い、外の空気をたくさん吸う。

2.
西に向かって飛ぶときは、タンパク質の豊富な食品（たとえば肉、魚、卵、乳製品など）を摂るとよい。タンパク質の豊富な食物は、体の疲労回復を助ける。
一方、東に向かって飛ぶときは、麺類、米、果物、野菜など、炭水化物の豊富な食品を摂るとよい。消化を助け、睡眠を促してくれる。

3.
家の中の相対湿度は40〜70パーセントの間を変化する。だが、飛行機の中では、5〜15パーセントの間を上下するため、体はより多くの水分を必要とする。巡航高度で飛行中には、1時間あたり250ミリリットルの水分が必要になる。対策として適している飲み物はトマトジュースで、塩こしょう入りのものであれば理想的だ。トマトはヘルシーな野菜で、リコピン（心臓および循環器系の病気の危険性を減らす効果があると言われている）が豊富に含まれている。

4.
フライトの始まりは、高度が増して足がむくむので靴を脱ごう。普通のソックスの上に重ね履きできる、滑らないゴム底のついたフライトソックスが市販されている。ゆったりした快適な衣服、特にウエストまわりにゆとりがあるものは、不快な締め付けや過熱を防ぐ。

5.
定期的にその場でアイソメトリックエクササイズと呼ばれる筋肉を収縮させずに行う軽い運動をすると、血液の循環を良い状態に維持できる。特に狭い席では、時折立ち上がって足を伸ばすことで、「エコノミークラス症候群」として有名な、急性肺血栓塞栓症の予防になる。

6.
機内の乾燥した空気は目を刺激するため、コンタクトレンズを使用している人は、旅行に眼鏡を持参することを考えた方がよい。

7.
潤いを与えるハンドクリームやボディクリームは、皮膚の乾燥防止に役立つ。

❖ 深呼吸する　　❖ 筋肉をゆっくり動かす

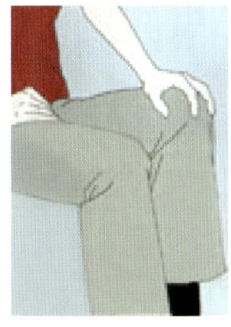

❖ 常に油断しない　　❖ 体をリラックスさせる

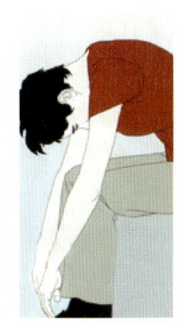

シルエ

1986年当時、ノルウェーの町ホニングスヴォーグには病院がなかった。出産の場合、赤ちゃんは助産師に取り上げてもらうか、そこから180キロメートル離れた都市、ハンメルフェストの病院で生むしかなかった。シルエ・ヨーゲンセンの母は予定より早く産気づき、車で病院まで行くと手遅れになりそうな状況だった。助産師は、航空会社ワイドローが運営する短距離離発着機（STOL）のDHC-6ツインオターで病院へ連れて行くことにした。そうするには、妊婦と助産師と2人のパイロットだけが搭乗し、残りの乗客全員は後に残らなければならなかった。

ところが、肝心の助産師が空を飛んでいることが怖くてパニックを起こし始めた。それでも、赤ちゃんは待ってはくれない。ハンメルフェストへの最終的な降下に入る、ちょうど13キロメートル手前に差し掛かったとき、小さな女の赤ちゃん、シルエが産声を上げた。ツインオターがハンメルフェストに着陸すると、幸せいっぱいの母親は自分の腕に小さなシルエを抱くことができた。待機していた医師と医療スタッフが、母親と赤ちゃん、そして顔から血の気が引いた助産師を介抱した。

ワイドロー航空はユーモアのセンスがある。そのツインオターを「シルエ」と命名し、シルエ自身には生涯にわたってワイドロー航空すべての路線が無料で利用できるというプレゼントを贈っただけでなく、生まれたときからいつでもワイドロー航空の社員として採用すると申し出た。

シルエは、現在トロムソで生物学と数学を勉強しているが、将来、おそらくその仕事のオファーを受けるだろう。若い女性はたいてい旅行が大好きなものだ！

ホールディング

着陸で混雑する時間帯に航空機が空港に到着する場合、待機経路（ホールディングパターン）に入れられ、旋回待機をする航空機群に加わるだろう。ホールディングは、さまざまな理由のために起こる。たとえば、悪天候、除雪作業、目的空港上空の嵐、滑走路上の事件・事故、別の航空機が飛んでいる空域の非常事態、空港の過密状態、航空交通管制の人員不足、レーダーまたは通信装置の故障や損害などが挙げられる。また、近くの空港の閉鎖もホールディングの原因となる。たとえばフィラデルフィアからボストンへ飛行機が回されれば、さらに20～30機が順番待ちに加わることになり、空港の過密状態につながる。

左図のような待機経路をとる指示は以下のようになる。

管制「CACTUS 632, Right hand holding radial 360 ABC VOR between 5 and 10 DME. Maintain flight level 100.」(Cactus 632便、ABC VORから5～10 DMEの地点でラジアル360に沿って右旋回でホールディングせよ。フライトレベル100〈高度1万フィート〉を維持せよ）

着陸

着陸の管制は管制塔によって行われる。

パイロット「Boston Tower, CACTUS 632 Heavy, 6 miles final RWY 22 left. Runway in sight.」(ボストン管制塔、こちらCACTUS 632便 Heavy、滑走路22レフトまでファイナル6マイル、滑走路を視認した）

管制塔「632 Heavy, Boston Tower, Cleared to land Runway 22 left. Wind 180 degrees 8 knots.」（632便 Heavy、こちらボストン管制塔、滑走路22レフトへの着陸を許可する。風向180°風速8ノット）

パイロット「Cleared to land 22 left, CACTUS 632.」[復唱]

実際、すべての航空機はマニュアルで着陸することが可能だが、電波を使った自動着陸が行われれば、より簡単で効率的だ。

地上に設置された着陸誘導システム、ILS（計器着陸装置）は、航空機内の機器で受信・分析される水平および垂直の電波を発している。航空機は、マニュアルでも自動操縦でも、滑走路の着陸地点に向かうグライドパス［装置が指定した着陸進入経路］、およびセンターライン上に非常に正確に誘導される。航空機が濃霧の中でも着陸できるのはこの装置のおかげだ。

スピーチモジュール付きのレーダー高度計も、航空機の高度を読み取って知らせてくれる。

もちろん、パイロットたちが自ら着陸位置に気を配らなければならないのは当然のことだ。

電子機器は、穏やかに航空機を滑走路に着陸させる。エアバスA380は、最も適切な制動圧を決定する自動の滑走路離脱システム（BTV）も搭載している。重い航空機が滑走路の指定された出口から確実に移動できるようにするためだ。

TO/GAスイッチ（テイクオフ・ゴーアラウンド・スイッチ）は、着陸態勢に入りながら何らかの理由で再び上昇する「ゴーアラウンド」（着陸のやり直し）の際に使われる。スイッチを押すと自動で必要な推力が得られるため、離陸のときの加速にも使われている。TO/GAスイッチは、できるだけ早くパイロットに最大出力を与えるだけでなく、自動着陸のスイッチを切って上昇することで飛行位置の変更を可能にする。そのため、パイロットは重要なことに集中することができる。

タキシングの後、パイロットたちは地上管制席（グランド・コントロール）から指示を受ける。

航空機がゲートに到着すると、パイロットは次のように無線で連絡する。

「Boston ground, CACTUS 632 at the gate, shutting down.」（ボストン・地上管制、CUCTUS 632便ゲートに到着、フライトを終了する）

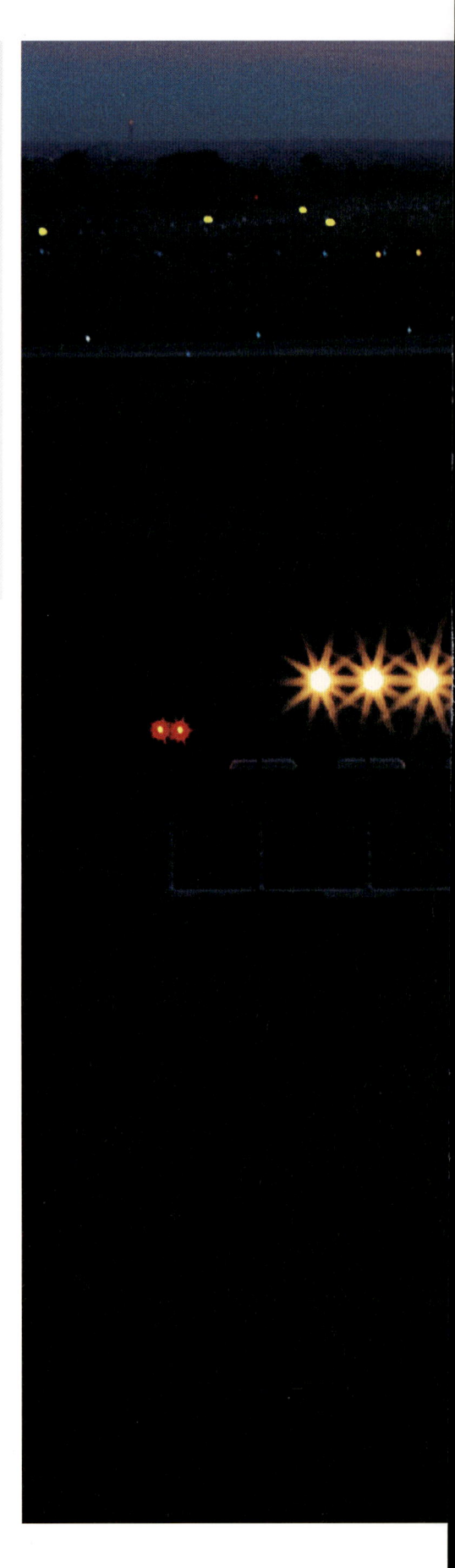

飛行場灯火

- 滑走路の両端には全長にわたって双方向性の**白色の滑走路灯**がある。
- 滑走路の接地帯が始まる地点には、滑走路を横切るように**緑色の滑走路末端灯**の列がある。
- 接地帯の左右に、角度によって見える色が**白色か赤色に変化**し、着陸進入角度を知らせる**進入経路指示灯（VASIS）**がある。**精密進入経路指示灯（PAPI）**の場合は接地帯の片側に4つある。
- 滑走路手前には、アプローチセンターラインに沿って設置された**連鎖式閃光灯**とともに、**白色の進入灯**が等間隔に約1キロメートル続く。また、滑走路の終わりには**赤色の滑走路末端灯**がある。

滑走路灯は別として、これらの灯火は着陸方向からしか見えないようになっている。

- 誘導路灯は全方向性の**青色灯**である。
- カーブには**緑色灯**が埋設されている。
- 建物などすべての障害物には**赤色灯**が設置されている。
- 滑走路付近で活動する車両は、**黄色灯**を点滅させている。
- 出動中の緊急車両は、**赤色灯および／または緑色灯**を点滅させる。

265

考え尽くされたサラエボアプローチ

ROBBYかSTEFYかVINCE上空を飛行。

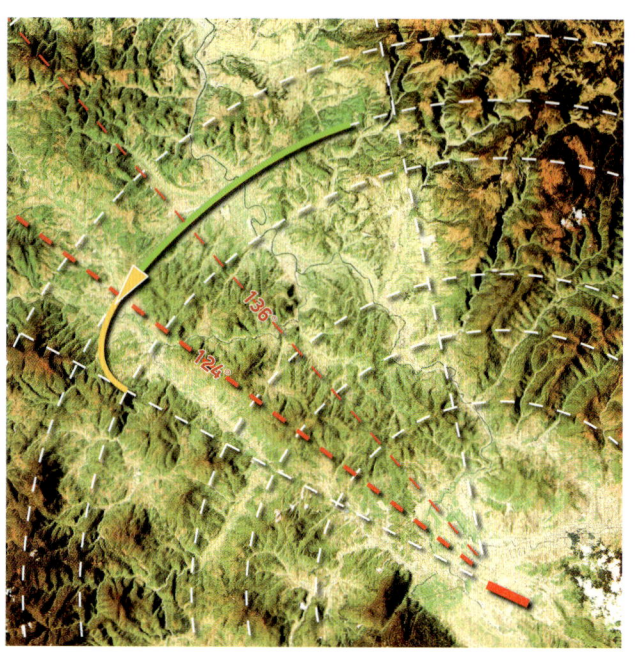

工夫されているが難しい、サラエボ空港へのアプローチ
サラエボ空港は周囲より低いくぼ地にあり、北西方向からしかアプローチ（進入）できない。離陸するときは、航空機は逆向きに出て行かなければならない。そこで、到着便と出発便をうまく調整するために、三角形の飛行方法が生み出された。この空港を離着陸するクルーは、この方法で運航するための特別な資格取得が必要だ。

ラジオコンパスが136°のとき、高度1768メートル（5800フィート）への降下を始め、124°で最終的な降下に向け旋回する。

必要に応じてHANDYかSTEFY上空で旋回飛行して待機。

アプローチの許可が出たら、高度2133メートル（7000フィート）で15DME SARに沿って弧を描き始める。

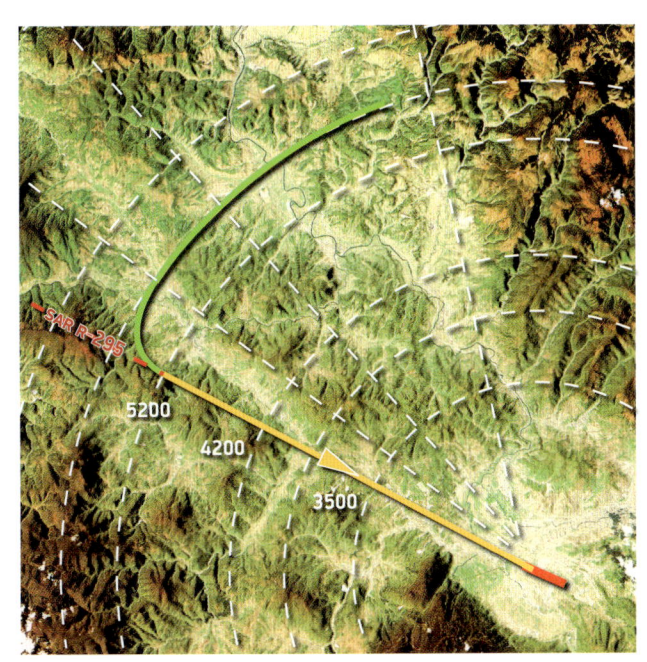

1585メートル（5200フィート）まで降下。ラジアルSAR R-295上を決心高度（この高度で滑走路が見えなければ着陸しないでゴーアラウンド）になるまで、最低高度1585メートル（5200フィート）、1280メートル（4200フィート）、1067メートル（3500フィート）と段階的に降下し続け、完璧に着陸する。

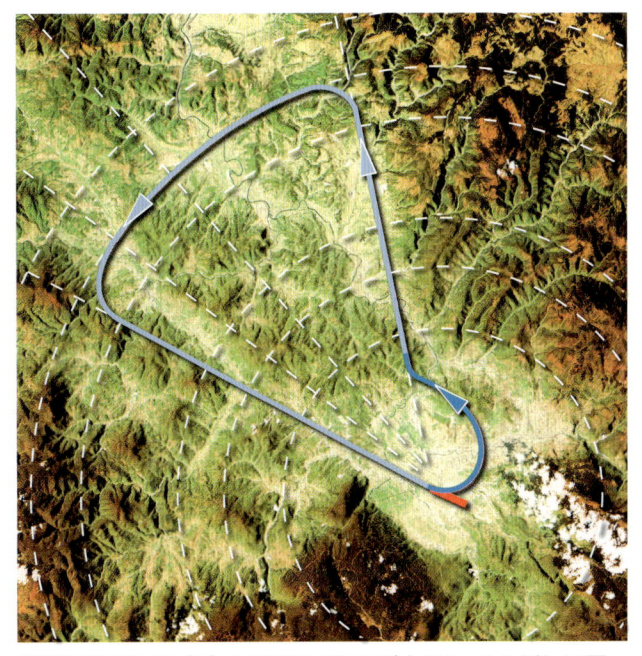

着陸できなければゴーアラウンド。再び上昇し、ふりだしに戻ってやり直しだ。

夜間フライト

典型的なデイタイム（昼間）フライト
ニューヨーク発　ロサンゼルス行き
マイアミ発　シアトル行き
フランクフルト発　アトランタ行き
ムンバイ発　ロンドン行き

典型的な夜間フライト
アトランタ発　フランクフルト行き
メキシコシティ発　マドリード行き
ホノルル発　ニューヨーク行き
ロンドン発　東京行き

乗客を寝不足にする夜間フライト

夜、東の方向に出発し、5時間以内に到着するフライトは、"寝不足フライト"として知られている。乗客は移動日1日分とホテルでの滞在1泊分を節約できるが、たいてい一睡もできずに赤い目をして到着する。

航空会社は、自社の利用する国内空港が夜間閉鎖される場合、夜間フライトを喜んで提供する。そうすることによって、会社が所有する中型の航空機が、夜の間も稼ぎ続けられる。さらにその復路は、空港が再開している時間になるため着陸できるというわけだ。これらの夜間フライトは低コストで提供でき、航空会社にとっては良い収入源になる。

東アジアの典型的な夜間フライトは、香港発東京行き、シンガポール発マニラ行きで、その他には、シンガポール発シドニー行き、パース発シドニー行き、デリー発バンコク行き、フランクフルト発ラルナカ行き、カルガリー発トロント行き、ホノルル発サンフランシスコ行きなどがある。

トリポリ ベイルート
カイロ テルアビブ
クウェート バーレーン イスラムバード
ダンマーム ドバイ デリー
ドーハ アブダビ
マスカット コルカタ ダッカ 北京
ムンバイ 東京
ベンガルール チェンナイ 上海
バンコク 香港

エンテベ
ナイロビ シンガポール
ダルエスサラーム

ルアンダ
ルサカ
モーリシャス

ヨハネスブルク
ケープタウン シドニー

スーツケースの旅

手荷物の仕分け

手荷物の種類　たとえばフランクフルト空港の手荷物搬送システムのルートは長さ67キロメートルもあるが、このようなシステムのおかげで、バーコードスキャナーとオートメーション機能によって制御され、スーツケースが該当する航空機に届かないことなどめったにない。乗客の無数のスーツケースやバッグに加え、サーフボード、子ども用のベビーカー、スキーなどを運搬し、数多くの駐機スポットのいずれかに駐機している、該当する航空機に迅速に無事到着するよう確実に実行すること──これは、空港に求められる最も大変な仕事の1つだ。

到着便の手荷物、乗り継ぎ便の手荷物、出発便の手荷物は、それぞれ区別して分類されなければならない。スーツケースやリュックサックが貨物室にバラ積みされ、網で押さえるような方法は通路が1つのナローボディ機だけだ。それより大きな航空機では、軽金属のコンテナが使われ、コンテナ1つあたり35〜45個のスーツケースが入る。これにより慎重な輸送を確実にし、さらに積み降ろしをよりスピーディーにすることができる。

到着便の手荷物　ボーイング747では、コンテナの積み降ろしを行う場所が地面より5.2メートル高いところにある。航空機内部には、ドッキングされたハイリフトローダーの油圧リフトにコンテナを載せるためのローラーがあるが、一度に載せられるのはコンテナ2台だ。リフトが降りてコンテナが地上に降ろされるとトレーラー（コンテナドーリー）に載せられる。一度にコンテナ2個分、つまり約90個のスーツケースが降ろされることになるが、トーイングトラクターが牽引する数珠つながりのトレーラーが一杯になるまでコンテナは載せられる。大きな空港には、およそ200台のトーイングトラクターと1800台のトレーラーがある。到着ゲートと手荷物受取場のターンテーブルは、飛行機が着陸する前に準備が整っているため、手荷物を受け取る乗客はどの出口で待てばよいかわかる。手荷物は、基本的に国際線、国内線の2つのグループに分類される。（ヨーロッパでは、「国内線」というとシェンゲン圏の国々を意味する）。

　航空会社は、正規料金を払っている人々──つまり、ビジネスクラスとファーストクラスの乗客に先に手荷物を渡すため、出発空港であらかじめ仕分けし、プライオリティータグを付ける。そのため、優先手荷物として、到着次第すぐに降ろすことができ、最初に手荷物受取場のターンテーブルに載せることができる。

　シンガポール航空は、荷物を12のカテゴリーに分類する。ピックアップされなかったか、該当者がなかった荷物は、24時間保管庫に入れられる。1日経っても引き取られなければ、荷物は税関倉庫に送られ、問い合わせに対応できるよう、引き取り手のない手荷物の世界的なデータベースに登録される。

乗り継ぎ便の手荷物　別のフライトの航空機に積み替える必要があるため分類された手荷物は、コンベアベルトに引き続き載せられて、出発便の荷物積み込み施設へ運ばれる。そこは、出発ターミナルから運び込まれた手荷物が分類されコンテナに入れられるところだ。このプロセスは、空港で"針の穴"を探すようなもの──きわめて困難を強いられる。空港によっては、乗り継ぎ時間に最低120分必要とするところがあるが、現代的な空港は、最高でも45分──荷物を降ろすのに15分、空港内輸送に15分、仕分けして運搬し、乗り継ぎ便に積むのに15分だ。到着する航空機によっては、30もの異なる乗り継ぎ便に引き継がれる手荷物を積んでいることもあるかもしれない。だから、空港の端から反対の端まで運ぶにも、15分あるかどうかなのだ。

　定評のある航空会社には、航空機が着陸する前に乗り継ぎ便に移す必要のある手荷物の数に関する情報がすでにある。こうすることで、到着が遅れた場合にも問題が確認でき、事前に計画が立てられる。

出発便の手荷物　一見、単純に見えるが、実際には複雑なプロセスである。たとえば、フランクフルト空港では、乗客は2棟のターミナルと2つの鉄道の駅に設置された408箇所の手荷物チェックインカウンターのいずれでも荷物を預けることができる。手荷物は種々の保安検査手順でチェックされ、重さが計量され、機械で読み取りが可能な手荷物用のタグが取り付けられる。そこにはフライトナンバー、接続フライトナンバー、目的地、乗客の手荷物の数が印刷されている。航空機の

『United Breaks Guitars（ユナイテッド航空はギターを壊す）』

カナダのあるカントリーミュージックバンドが、カナダのハリファックスからシカゴ経由でネブラスカ州のオマハまでユナイテッド航空で移動したときのことだ。彼らはシカゴ空港で乗り継ぐ際、荷物を降ろす手荷物係がギターを放り投げるのを目撃した。そして、オマハに到着後、3500ドル相当のギターのヘッドがとれているのを発見した。そのギターの持ち主は修理代金1200ドルを賠償してもらおうと9カ月間頑張ったが、彼のクレームは航空会社でたらい回しにされ、最後にインドのニューデリーのコールセンターにたどり着いた。航空会社から送られてきた最終的なメールは、彼の請求をそっけなく拒絶する内容だった。彼はこのような対応に対し、この出来事について3曲の曲を作ってその演奏ビデオをYouTubeにアップすると宣言した。最初のビデオクリップ『United Breaks Guitars』がアップされると、CNNがこの話を取り上げ、ビデオの視聴者は4週間で500万人に達した。すぐに北米のすべてのテレビとラジオチャンネルがこの出来事を紹介し、そのビデオは世界中で見られるようになった。ユナイテッド航空には、長距離便を含むフライトのキャンセルが相次いだ。ある新聞の計算では、このキャンペーンによって航空会社が被った損害は、なんと約1億5000万ドルだ！

　法的にいうと、いまだにワルソー条約を適用する国の航空会社は、現在、受託手荷物1キロにつき17特別引出権（SDR）（約20米ドル）までしか責任を負わないが、モントリオール条約を適用する多くの国々の航空会社は、現在1人あたり1131特別引出権（SDR）（約1800米ドル）の補償額の上限が定められている〔SDRは為替変動相場制で換算額は変動する。ただし、もっと高額のものにはチェックイン時に超過評価額申告料を支払い、申告しておけば、賠償責任限度額は適用されない〕。

駐機位置にもよるが、手荷物チェックインカウンターの受付締め切り時間は、離陸の20分前だ。

　フランクフルト空港には、まだ世界でも類を見ない手荷物処理システムがある。乗客には見えないが、リフトに手荷物が

❖ **もう1つのオプション**　ファーストクラスやビジネスクラスを予約すると、着陸空港で受託手荷物を優先的に早く受け取れるよう手配してくれる。

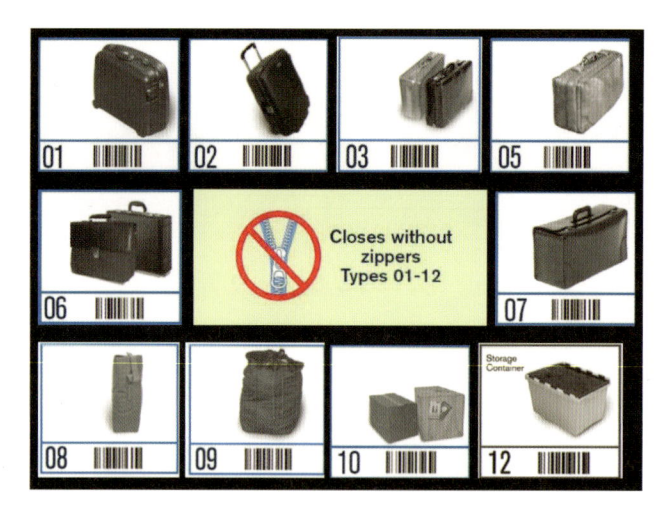

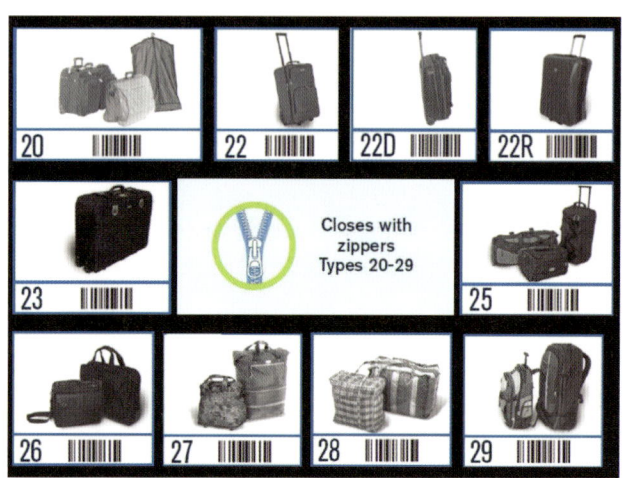

❖**ロストバゲージ** 手荷物の行方がわからなくなった場合、乗客は航空会社の手荷物受取場の係員に伝える。すると、手荷物の荷物ラベルと手荷物管理テーブルを使って検索が開始される。乗客には洗面用具などの非常用キットが渡され、当面必要な日用品の購入代金が補償される。ほとんどの場合なくなった手荷物は、翌日、乗客のホテルに届けられる。

消えると、準備万端整った1万8000個の四角い桶のような形のトレーに入れられて、フライトナンバーと合致される。

トレーには、どの角度からでも読むことができる機械読み取り式のコードがついている。スーツケースは、6000のコンベアベルトと7000台のローラー運搬装置の"迷宮"を、4000の曲がり角を曲がり、1600ポイント以上の分岐点を通って、300台のリフトによってホールとトンネルを通過しながら、1秒間に5メートル（時速18キロメートル）の速さで魔法のように移動する。2000箇所の電子障壁で制御され、1万6000台の駆動装置によって移動しながら、直ちにおよそ87か所のステーションのいずれかに到達する。そしてそこで手荷物コンテナに積まれるのだ。フランクフルト空港の旅客手荷物処理システムは、1時間あたり1万8000個を仕分けすることができ、全長67キロメートルのシステムを270人のスタッフが運用管理しており、3億5900万ユーロ相当の価値がある。

早く預けられた手荷物 フライト時刻よりも数時間前に預けられた手荷物は、8200ユニットの収容能力がある早期預かり手荷物保管庫に送られる。ピックアップされて正しい行き先のステーションに送られる時間になるまで、荷物はそこでぐるぐる回っている。

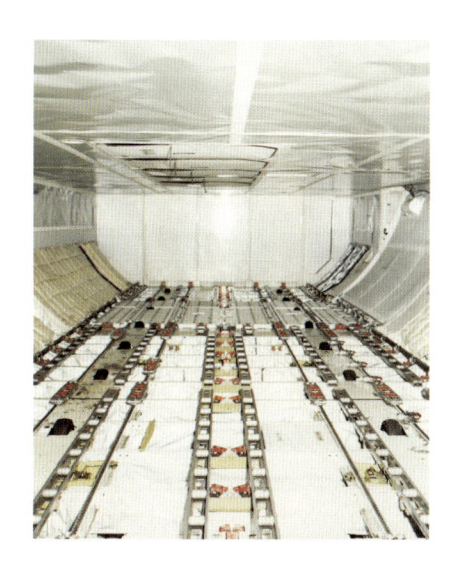

保安検査

固定式か移動式のX線検査機器がいたるところで使われている。手荷物はX線で透視検査され、その所有者が航空機に搭乗しない限り、受託手荷物は輸送されない。これは「旅客と荷物の一致」と呼ばれる原則だ。

手荷物の所有者が時間通りに搭乗できないため、保安上の原則に則り、すでに航空機に載せられた手荷物を再び取り出されなければならない場合、その代償として時々出発が遅れることがある。どのコンテナに該当する手荷物が入っているか教えられるのは有能な電子記録だけ——これは価値ある時間の節約になる。

ロンドン・ヒースロー空港が立ち往生した日

ヒースロー空港はヨーロッパ最大のターミナルで、最も現代的であるはずだった。手荷物の処理が乗客の輸送の重要な要因となるので、ヒースロー空港の新しいターミナルは手荷物処理システムを考慮して設計された。サッカー場50個分のサイズは、まるまる1つの市街地と同じくらい大きい。女王のエリザベス2世が新しいターミナルを開港した——そして、カオスが噴出した。

駐車場で働くある係員が、自分の仕事に対して非常に生真面目な男だった。彼はメイン駐車場をまずきっちり満車にしたいと考えていたので、入りきれない車を入れるサブ駐車場への入り口をすぐには開けなかった。そうこうしているうちに、第5ターミナルで働く人たちの一群が駐車できず、やけになりながら空港周辺の一方通行の道路をぐるぐると周回しだした。まもなく、空港のすべての車が長い渋滞の列にはまって動けなくなった。

このような問題が発生したとたん、空港職員たちは状況を修正することができなかった。まず、乗客の保安検査場への到着が遅れ始めた。そして、出発時間の35分前にゲートに到着できなかった乗客は、手荷物が飛行機から降ろされたことを知った。降ろされた手荷物が返され始め、手荷物処理システムを遮るようになった。また、到着した飛行機から運ばれてきた乗り継ぎ便への手荷物が、出発する乗客の手荷物の上に積まれ始め、出発便の手荷物が手荷物受取場に届いてしまうという混乱が起こった。ターミナルではコンピュータがフリーズし、電力供給は立ち行かなくなった。こうして、ヒースロー空港は世界の航空業界から物笑いの種になった。

この状態は何日も続き、ますます多くの手荷物が列をなした。このカオス状態を解消するため、ある方法にたどり着くまでには数週間かかった。最終的に、2万8000個の手荷物がトラックに積まれてミラノに送られ、そこにある専門会社が手荷物の所有者を特定して返却したのである。

航空機の検査(点検・整備)

検査の種類	検査間隔	検査内容	検査期間
飛行前点検	毎日(毎フライト前)	外観点検	着陸から次の離陸までの間
A整備	飛行時間250〜650時間/2カ月	機体全体、小規模の要所点検整備	1晩
B整備	飛行時間1,000時間/3〜5カ月	機体とシステム(エンジン関係中心)	12時間
C整備	15〜18カ月	機体構造とシステムの入念な点検整備 点検用パネルを開けての点検整備 機体の点検整備	1〜2週間
IL整備	48カ月	キャビンの完全なオーバーホール、胴体、機体構造、主翼、電気系統、油圧系統の点検整備	場合による
D整備	6〜10年	完全なオーバーホール、解体整備	4〜6週間

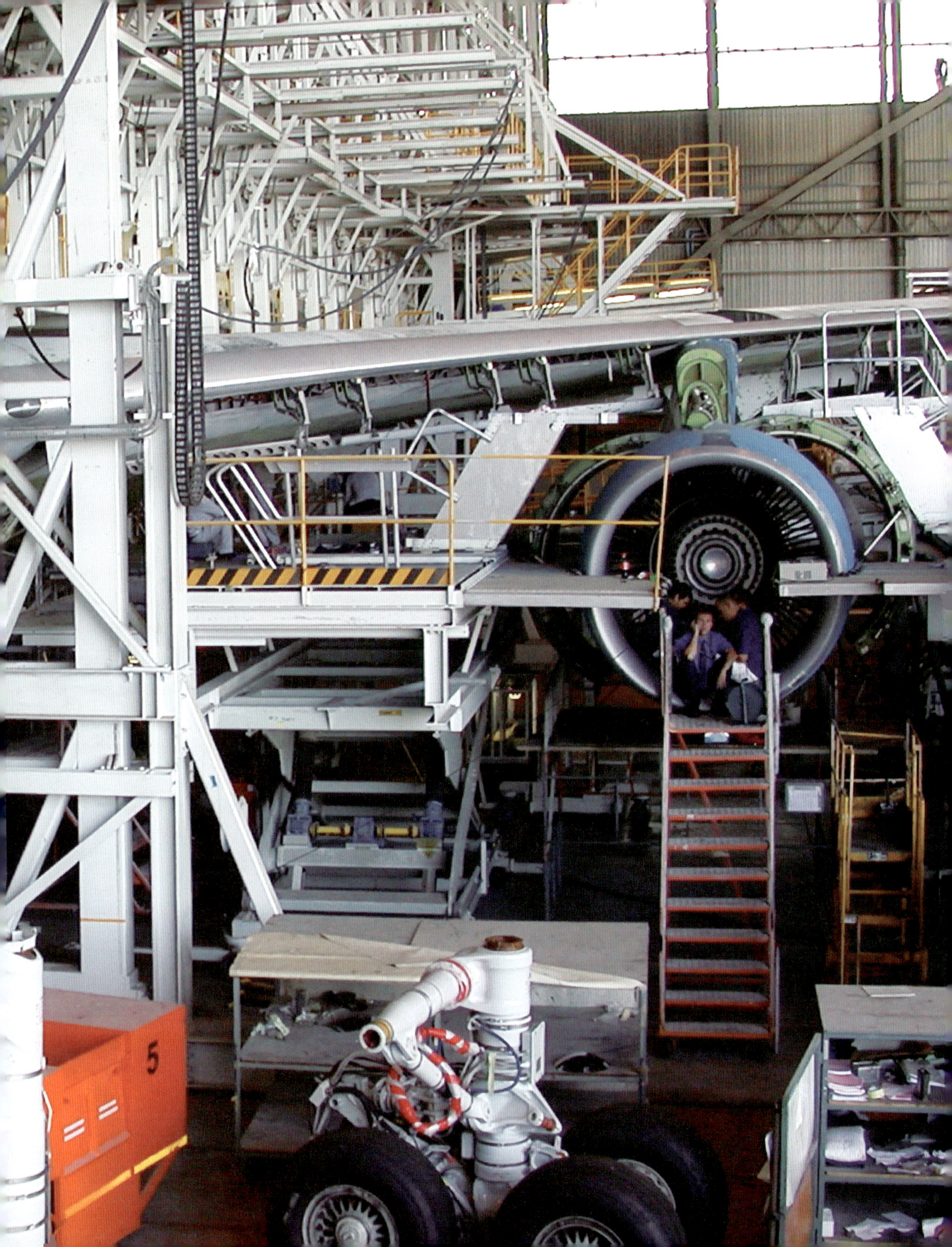
5

航空業界の職業

航空業界の高給取り

パイロット

パイロットの給料は、航空会社、運航年数、航空機の種類、1カ月の飛行距離、フライト時間によって異なる。経験の浅いパイロットは、自らのトレーニング費用の一部を航空会社に支払わなければならない場合があるため、その月収は何年にもわたって2000ユーロ未満ということもある。

アジアの航空会社は伝統的に給与が高い。キャセイパシフィック航空では、副操縦士が6万〜9万5000ユーロ、機長は11〜16万ユーロを稼いでいる。シンガポール航空では、機長は6〜12万ユーロもらっている。

ヨーロッパのフラッグキャリアは高い方で、副操縦士に6〜12万ユーロ(税込み)、1カ月にフライト時間が75時間の機長には12〜20万ユーロ支払っている。

米国の航空会社の給与は最も幅が広く、1万7000〜18万9000ユーロの範囲にある。

カンタス航空は、副操縦士に4〜10万ユーロ、機長に12〜20万ユーロ支払っている。

エミレーツ航空の副操縦士は4〜6万ユーロ、機長は5〜9万ユーロもらっている。

世界中で格安航空会社が次々と設立され、中東の航空会社は2桁の伸び率を経験している。そのうえ、大手航空機メーカーが1つの航空会社から50機、100機、150機といった数の航空機の注文を受けることが珍しくない。エアバスA340のような長距離旅客機をコスト効率よく飛ばすとすれば、1日に約18時間飛ばなければならない。そうすると1機の航空機につき、年間7〜10人のクルーが必要になる。ヨーロッパの格安航空会社もまた平均以上の給与を支払っている。パイロットが不足しているからだ。

しかし、このような状況は恒常的なわけではない。1990年代の終わり頃、パイロットは供給過剰の状態だった。これは、単に給料の伸び悩みの原因になっただけではなかった。人事部長は、失業中のパイロットから、自分の価値ある等級が失効しないようにフライトさせてくれるようほとんどひざまずいて懇願されるような就職の応募を受け続けていた。中にはただで働く用意があるものさえいたほどだった！ このような現象は、定期的に再発する。

ボーイングは、アジア地域で今後5年間に1万人のパイロットの不足を予測した。しかしこれは、東アジアの多くの航空会社が保有機材を10〜20パーセント減らさざるを得なくなった現在の財政危機が起こる前の話だ。

航空管制官

多くの国々で、航空管制官はパイロットと同等の高水準の待遇を享受している。高い給与、短い労働時間、比較的早い定年は、この仕事特有の責任の大きさを反映している。世界の大部分の国々で、公的予算は厳しい削減を余儀なくさせられているため、航空交通管制官は古くなった機器の使用や人員不足と戦わなくてはならない場合が多い。ヨーロッパの典型的な平均的給与は、6〜10万ユーロだ。

客室乗務員

米国での客室乗務員の年間給与は1万2000〜5万5000ユーロ。アジアの航空会社の給与ではさらに低い。

制服の袖の等級

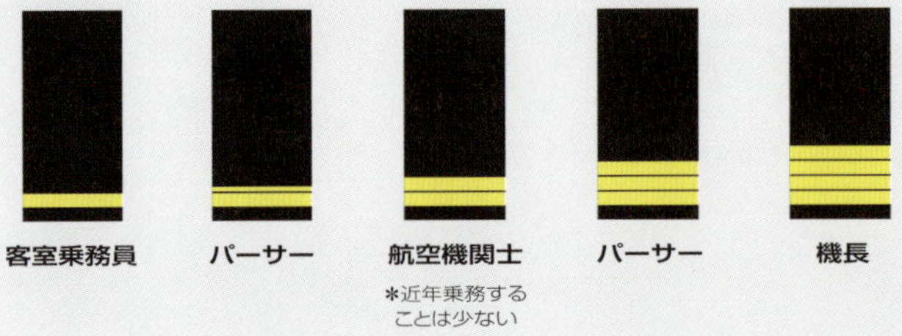

客室乗務員	パーサー	航空機関士	パーサー	機長

*近年乗務することは少ない

航空会社によっては、乗員の等級を制服の色の違いで表す場合もある(キャセイパシフィック航空、シンガポール航空など)。

職業	就業最低年齢	仕事内容	訓練期間	年収
パイロット	18	商業旅客機または貨物機の操縦	航空会社か航空学校で2〜3年間または4年間の訓練	40000 – 130000ユーロ
運航管理者（ディスパッチャー）	18-21	風や気象データなど、「フライトプラン」を作成する。	航空会社で13か月間の訓練	50000ユーロ
航空交通管制官	19	管制塔またはレーダー管制室で、規則に則った安全で円滑な航空機の運航と、最も効果的な航空交通を確実に管理する。	航空保安大学校などで3〜4年間の訓練に加え、実地訓練	60000 – 100000ユーロ
航空機誘導員（マーシャラー）	-	着陸後、航空機を正しい駐機位置へ導き、駐機させる。	航空会社で3〜4年間の訓練	20000ユーロ
客室乗務員、パーサー	18	航空機に搭乗し、乗客の世話をする。乗客の安全と快適性に対して責任がある。フライト中に食事と飲料を提供する。緊急時には、乗客の避難を監督する。	航空会社で6週間〜4か月間の訓練	30000ユーロ
航空業界の技術職				
航空整備士	-	航空機とその部品を修理・維持管理する。	3年半	30000ユーロ
航空電子技術者	-	電気・電子系統とその器材を航空機に装備し、円滑に機能するよう気を配り、これらの部品の修理とメンテナンスを行う。	業界で3年半の訓練	30000ユーロ
航空エンジニア	-	航空機や各部品を開発・製造・完成する産業で働く。航空会社では、保有機材を計画・監督し、メンテナンスプログラムを実行する。	3〜4年間、大学またはそれに相当する教育機関で航空工学専攻	60000 – 100000ユーロ
技術コンサルタント／交通運輸エンジニアなど	-	輸送の構想を専門とする。	3〜4年間、大学で経済工学専攻	60000ユーロ
航空業界のその他の職業				
グランドスタッフ	-	空港で乗客にアドバイスしたり面倒をみたりする。インフォメーションの提供、チケットの販売、乗客と手荷物のチェックインの他、商業的な仕事に従事する。	航空会社または空港運営会社で3年間の訓練	30000ユーロ
航空運送事業（航空会社社員）	-	旅客および貨物輸送の計画・組織・管理を行う。仕入れ、販売、マーケティング、人事、財務、カスタマーサービスの各部門で雇用される。	航空会社または空港運営会社で3年間の訓練	30000ユーロ
貨物取扱業（運送物流管理会社社員）	-	国内および国際貨物輸送を計画・組織する。税関法規や外国貿易法規に気を配る。料金を計算し、賠償について手続きをする。	運送業社で3年間の訓練	30000ユーロ
飲食業管理者	-	レストランのすべてのエリアで、基準に準拠し一元的に管理された食品コンセプトを具現化する。	サービス業で3年間の訓練	20000ユーロ

＊給与の総額は、一律ではなく、手当、所得階層、雇用主、国などによって相違がある。　＊この表の内容は海外での一例であり、日本では該当しない場合もある

航空機に降りかかる出来事

乱気流

積乱雲が発生している周辺地域では、常に強い乱気流がある。しかし、「晴天乱気流（CAT）」という、見えない乱気流の方がさらにもっとひどい。この上下方向に不規則に変動する垂直な気流は、俗に「エアポケット」と呼ばれることがある。その爆発的な力は人間や飲み物カートを天井にぶつけてしまうほど強く、機内を大混乱に招きかねない。だから、航空会社はシートベルトのサインが消えていても、乗客に締めたままにしておくよう促しているのだ。乱気流が、航空機自体に損傷を与えることはほとんどない。

フライト中のエンジン故障

フライト中のエンジン故障の原因には、バードストライク、出火、火山灰などが挙げられる。1982年、ブリティッシュ・エアウェイズのボーイング747が、火山灰の雲の中に入り、4基すべてのエンジンが故障してしまった。ジャンボ機は高度1万1280メートル（3万7000フィート）から3960メートル（1万3000フィート）にまで降下したが、その位置で、パイロットはなんとか第4エンジンを始動することができた。続いて第3エンジンと第1エンジンも復活し、事なきを得た。その数年後、世界に9つの航空路火山灰情報センター（VAAC）が設立された。これらは火山灰雲の通り道を追跡し、航空機へ警告を発している。9つのセンターは、ロンドン、トゥールーズ、アンカレッジ、ワシントン、モントリオール、ダーウィン、ウェリントン、東京、ブエノスアイレスにある。

❖ **バードストライク** 1羽の小鳥のせいでエンジンが壊れるようなことはめったにない。最悪なのは、猛禽類、ガチョウ、コウノトリで、コックピットの窓やレドームを突き抜けることも、エンジンを破壊することもある。

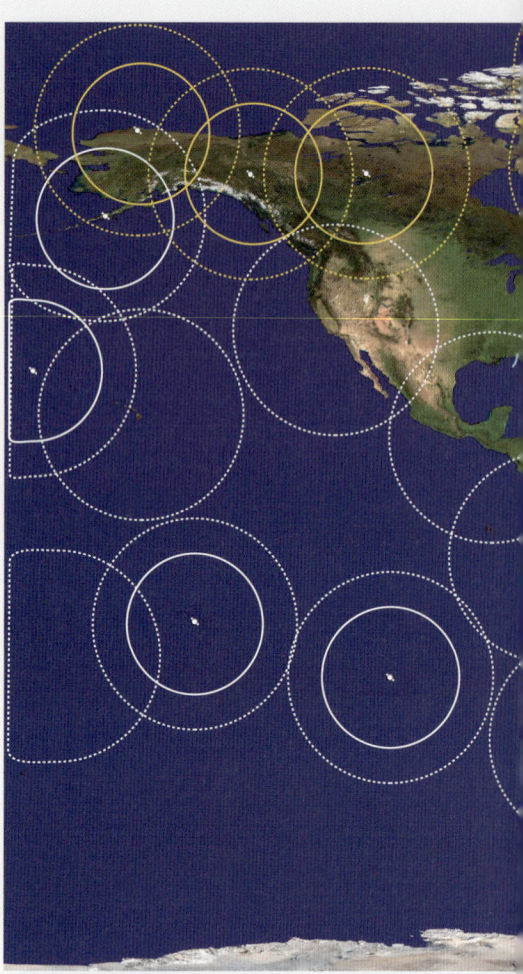

ETOPS（イートップス）

双発機は大西洋横断飛行が許されているのだろうか？ あるいは太平洋横断飛行はどうだろう？ 国際民間航空機関（ICAO）は、「ETOPS」と呼ばれる決まりを定めている。ETOPSとは「Extended-Range Twin-Engine Operation Performance Standards」（双発機の長距離運航に関する規則）を表している。当初、ICAOは、2基のエンジンのうち1基に故障が生じた場合、飛行機は60分以内に緊急着陸ができなければならないとした。そこで当時のフライトはこの必要条件を常

急減圧

航空機が高度9750メートル（3万2000フィート）で飛行している間、機内の気圧は高度約2400メートル（約8000フィート）にいるのと同じに保たれている。しかし、航空機の外は、気温マイナス50°Cで、呼吸する

278

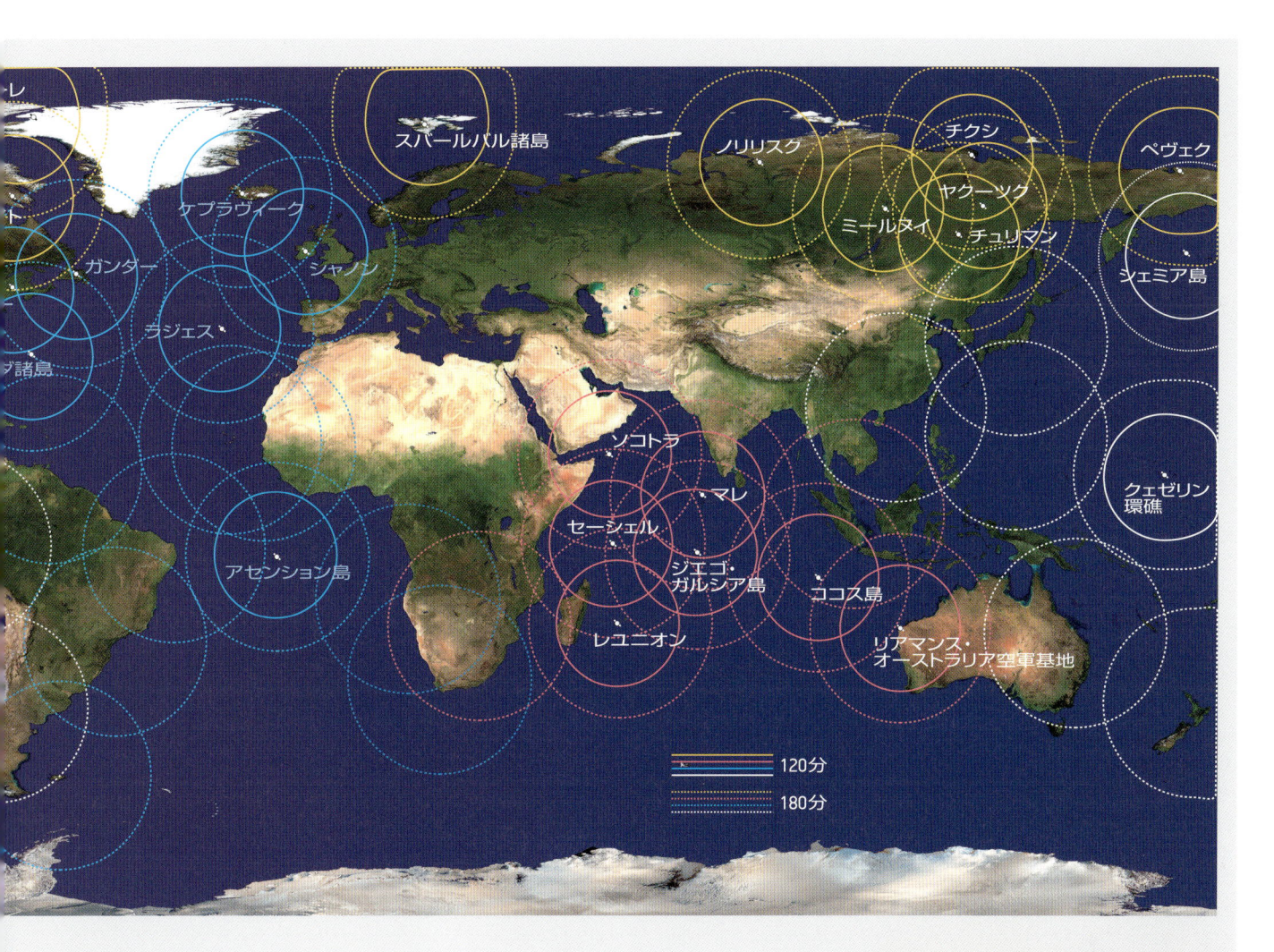

に満たすルートしか運航されなかった。しかし、後に、エンジンの信頼性が高まり、着陸までの目標時間は75分に延長された。模範的なスケジュールでエンジン整備を行う航空会社や、特定の種類の航空機やエンジンに対しては、120分や180分など、さらに寛大な規則を適用している。現在、最も長いETOPSルールの目標時間はボーイング777の330分だ。もちろん、ETOPSは2地点間の距離や、燃費にも関わっている。また、この決まりでは、認定された航空機は緊急着陸に適した特定の空港に着陸できなければならないとしている。もし、この条件に当てはまらなければ、代わりのルートを飛ばなければならない。

以下の島と空港は、緊急着陸地として24時間開いている。

大西洋ルート
- バンゴー国際空港
- ガンダー国際空港
- ケプラヴィーク国際空港
- シャノン空港
- バミューダ国際空港
- ラジェス航空基地
- アセンション島

太平洋ルート
- ミッドウェー環礁
- イースター島
- パペーテ・タヒチ国際空港
- ウェーク島
- クェゼリン環礁
- シェミア島
- コールドベイ空港

北極ルート
- スバールバル諸島
- チューレ空軍基地
- イカルイト空港
- ホワイトホース国際空港
- イエローナイフ空港
- バロー空港
- ノリリスク空港
- チクシ空港
- ヤクーツク空港
- ミールヌイ空港
- チュリマン空港
- ペヴェク空港

インド洋ルート
- ソコトラ空港
- セーシェル国際空港
- レユニオン(ローラン・ギャロス空港)
- マレ国際空港
- ジエゴ・ガルシア島
- ココス島国際空港
- リアマンス・オーストラリア空軍基地

にはあまりに薄い空気に包まれ、人間が生きてはいけない状況になっている。もし、何らかの理由でどこかに漏れが生じ、機内から空気が出て行くようなことがあって、機内の圧力が下がれば、機内温度が低下し、酸素マスクが上から降りてくる。マスクは引き下げられて装着されるとすぐに機能し始める。

客室乗務員は携帯用酸素装置も持っている。コックピットのクルーが航空機をすぐさま高度3050メートル(1万フィート)まで降下(急減圧急降下)させると、マスクを外すことができる。次の適当な空港までの残りのフライトは、さらなるトラブルがないように切り抜けなければならない。

エンジン火災

ありがたいことに、エンジン火災はきわめてまれな出来事だ。最も有名なのは、2000年にパリで発生したコンコルドの事故である。離陸の際、滑走路に落ちていた小さな金属部品をコンコルドのタイヤの1つが踏みつけ、タイヤが破裂した。その破片が前脚の後部上方に位置するタンクに直撃し、燃料漏れの原因となる衝撃波を引き起こした。さらに多くの破片が着陸装置の電気系統にダメージを与え、制御不能に陥らせた。漏れ出した燃料が火花で着火し、左側のエンジンが両方とも推力を失った。この時点で、飛行機はすでに離陸を中止できないほど加速していた。火災により、主翼とフラップのパーツが溶け、機体は横向きに傾き、近くのホテルに衝突した。

もしもエンジン火災が飛行中に起こった場合、内部の装備を用いて消火することが可能だ。

ゴーアラウンド

世界中でごく普通にある出来事にゴーアラウンド（着陸復行）と呼ばれる着陸のやり直しがある。たとえば、先に着陸した飛行機が滑走路から退去するのが間に合わない場合や、車が滑走路を走っていて飛行機の無線に応答しない場合、またシカが滑走路を横切るなどという場合もある。たいていは、管制塔がコックピットにゴーアラウンドの指示を与えるが、航空機が着陸直前に突風を受けたときや、横風が強くなったので他の滑走路に着陸したいと判断したときには、パイロット自らゴーアラウンドの決断をすることもある。

嵐

大気の層が不安定で、湿った空気が地面近くにあり、垂直方向に空気の流れがあると、積乱雲の形成につながる。暖かい空気は上昇すると急速に冷やされる。嵐の発生している場所では、強い上昇気流が雨粒を非常に高い所まで運び、凍らせる。下向きの気流はその氷の粒をさらに多くの水分を集める場所まで再び強制的に下降させる。このプロセスは雲の中心が大きく重く成長し、下に下がらずを得なくなるまで繰り返される。

あられやひょうは航空機にとって危険なものだ。重い氷の結晶は、弾丸のように機体にぶつかるからだ（下の写真を参照こと）。

ブラックリスト

EU

ヨーロッパ連合はEU域内を飛行しようとする航空会社の安全基準を監督している。EU加盟国は他国の機関とともに世界中の安全基準を向上させようと働いている。しかし、必要とされる安全基準以下の状況で運航している航空会社もいまだに存在する。このような会社は絶えず更新されるブラックリストに入れられ、EU域内乗り入れ禁止となる。
http://ec.europa.eu/transport/modes/air/safety/air-ban/doc/list_en.pdfを見てみよう。

FAA

連邦航空局（FAA）は、航空会社の監督機関としての役割を持ち、IASAの安全監査プログラムを用いて航空機関の状況を監査している。もし、ICAOの基準を満たしていない、あるいは実行していない国があれば、米国内の運航を制限されるブラックリスト入りすることになる。
http://www.faa.gov/about/initiatives/iasa/このページの「Assessments-Results」を見てみよう。

IATA

国際航空運送協会（IATA）は国際運航安全監査プログラム（IOSA）に合格した航空会社に対して認証を与えている。
http://www.iata.org/whatwedo/safety/audit/iosa/Pages/registry.aspx?Query=allを見てみよう。

落下速度が速いとき、大小大きさの違う氷の粒は異なる電荷に帯電することがある。この放電が稲妻として現れる。

現代の旅客機には主翼のフラップなどにスタティックディスチャージャーと呼ばれる放電装置が取り付けられており、その大きな機体構造が雷の直撃に対する良い防御になっている。

雷雨、ひょうやあられ、稲妻が別々に起こった場合、身に迫る危険があるわけではない。たいていの航空機は退役するまでに、数回は稲妻に打たれるものだ。危険性が少ないとしても、航空機は常に嵐にはできるだけ近づかず、遠巻きに飛行する。もし、空港の上空で嵐が発生した場合、乗客は我慢が必要だ。嵐の中では、緊急事態でもない限り、パイロットは離陸するよりしばらく地上で待つ方を、着陸を敢行するより上空で待機経路（ホールディングパターン）を旋回して待つ方を選択するからだ。

着陸装置の破損

タイヤの破裂は時々起こること。もし、これが離陸の際に起きたのなら、さほど問題ではない。機首が上がり、飛行機にかかる荷重が機体前方から急激に除かれるからだ。しかし、その後着陸するときは、機体へのダメージをできるだけ少なくするよう予防措置をとらなくてはならない。ゴムがついていないホイールリムが滑走路に接地すると、火花が発生し、摩擦により生じた熱によってリムが燃焼を始める温度にまで達し、2番目のタイヤも破裂してさらなる損傷の原因となる。加えて、機体の操縦が難しくなり、滑走路から外れてしまうこともあり得る。

このような場合、着陸の際に滑走路上で損傷したタイヤが最も地面と接しそうな場所を中心に、事前に消防隊が泡状の消化剤を散布する。ここでは、時間が非常に重要になってくる。もし、消化泡の散布が早すぎれば、泡がつぶれてしまい（これは気温に左右される）、効果がなくなってしまうし、遅すぎれば、泡で滑走路を覆うのが間に合わず、着陸を中止しなければならない。すべてがうまくいった場合、消化泡が火花の過剰な発生を防ぐ。ひとたび機体が静止すれば、消防隊が着陸装置を冷却できるようになり、非常事態は終わる。

❖ 翼のフラップにスタティックディスチャージャーが取り付けられているのが見てとれる。これが雷の電荷を放電する。また、機体のさまざまな構成部分とボルトやリベットの端との間の空間からも放電される。

シミュレータ

飛行訓練には費用と時間がかかる。パイロットは、起こりうるあらゆる事故や非常事態に対応する訓練を定期的に受けなくてはならない。このような目的で、1時間あたり500ドルというそれほど高くはないコストでシミュレータが使用されている。この中ではエンジン故障、機内火災、不時着水などを含む300ものさまざまな非常事態の訓練ができる。

パイロットは、特定の"暗記事項"に精通していることが証明されていなければならない。これは緊急時にとるべき行動のことで、実際の場面でチェックリストを見る必要がないように、暗記して覚えていなければならない。シミュレータは何よりも真っ先に行う訓練装置だが、訓練を受ける者にとってはきわめてストレスが多い。訓練の日付、音、映像など、すべてが記録されるのだ。落ち着いて冷静かつ正しい態度で対応していたか？──航空会社によっては、その結果が記録として残る。

シミュレータは、避難誘導や気難しい乗客への対応など、客室乗務員にとっての緊急時の訓練にも使われている。

大きな航空会社では、すべての保有機に対応する一連のシミュレータを維持しており、各機器を購入するのにかかる費用は何千万ドルにも及ぶ。

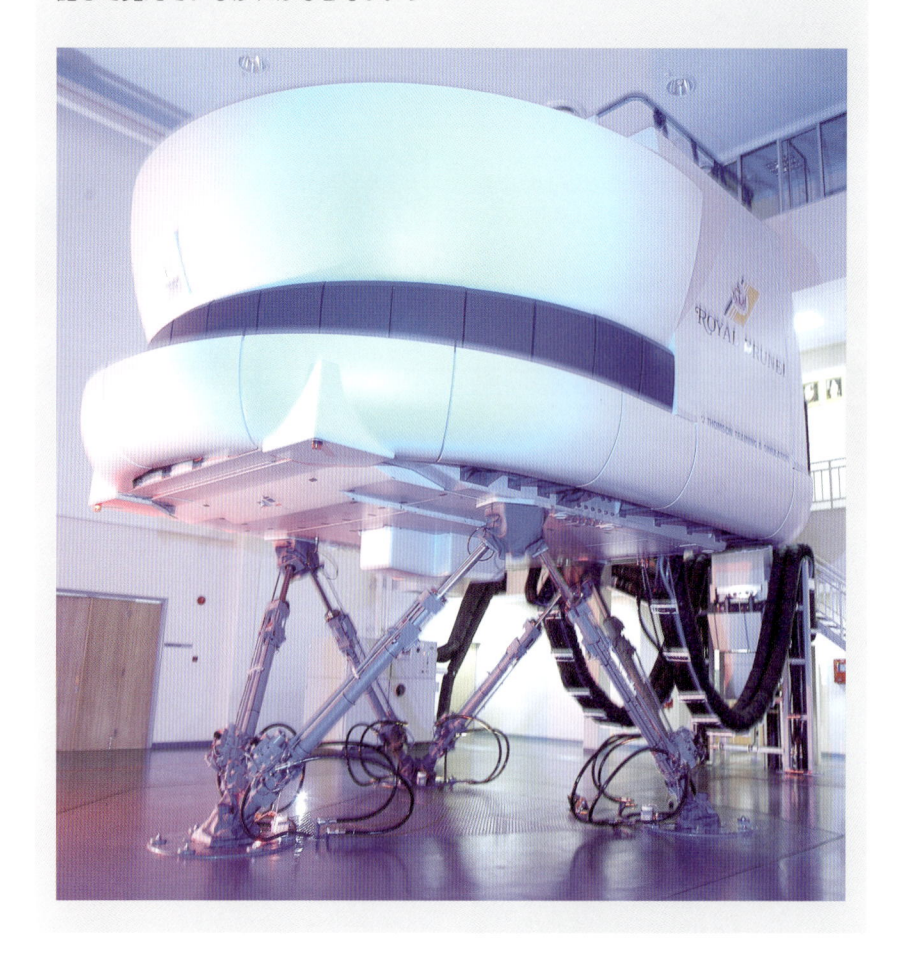

救命胴衣

1954年にスイス航空のコンベア240が英仏海峡に不時着した際、救命胴衣がなかったために数人の乗客が溺死した。それ以来、海を越えるフライトにはこの救命具を必ず装備することが法で定められた。1956年、パンアメリカン航空のフライトで不時着水に成功したときには、31人の乗客が全員生き残った。1963年には、ツポレフTu-124のパイロットが川になんとか不時着水したが、またも、52人の乗客全員が無事だった。1968年には、日本航空のダグラスDC-8がサンフランシスコ空港の滑走路を見誤って湾に着水したが、乗客全員が生還した。1970年、飛行中に燃料切れになったDC-9の乗員乗客63名は、カリブ海の水中に放り出された。そのうち40人はヘリコプターで救助されたが、23人は死亡してしまった。1996年には、エチオピア航空のボーイング767がハイジャックされ燃料切れで着水した。このとき「飛行機から出る前に救命胴衣を膨らましてはいけない」という乗員の指示を無視した一部の乗客が飛行機から出られなくなり、乗客の大半がそのまま溺死してしまった。乗客乗員175人中52人しか生還できなかったのだ。2002年には、インドネシアでの不時着水で60人が生き残った。2005年には、シチリア沖でATR-72が着水し、39人の乗客中23人が生還した。そして2009年、USエアウェイズ1549便がバードストライクの後にハドソン川へ不時着水した──155人の乗客乗員全員が無傷で生還した。中には自分の手荷物を探すという大胆さを持った乗客もいた。なんと彼らは救命ボートに手荷物を持っていくことができたのだ！

なぜパラシュートを積まないのか？

1. 80人の降下部隊を輸送機から降下させるには、最大級の勇気と自制心、長期間に及ぶ基礎訓練が必要とされる。降下用のロープを取り付けるだけなら数分しかかからないが、多くの練習とマネジメントが必要だ。高度1万メートル（3万2800フィート）を時速400キロメートルで移動する飛行機から、訓練を受けていない300〜400人もの乗客が飛び降りるように組織することなど単純に不可能なのだ。
2. 仮にドアが開いたとしても、飛び降りた乗客は主翼や尾翼にたたきつけられてしまうだろう。
3. パラシュートは早くても高度1500メートル（4920フィート）からしか開くことができない。乗客の経験のなさを考慮すると、パラシュートは自動で開く機構を持っている必要があり、また非常に高い高度から飛び降りるので、酸素タンクと高度計が必要である。これらがすべて準備され、乗客に装着されなければならない。
4. 乗客は、他の乗客が協調性を欠いて飛び降りた場合に起こりうるけがを防ぐため、各自がヘルメットを装着する必要がある。
5. 緊急脱出は夜でも実行可能である必要がある。
6. 万が一、乗客が水上に落ちた場合、パラシュートはたいていその人の頭の上に落ち、窒息死させてしまう。乗客はハーネスを取り外し、ひもに絡まらないようにパラシュートの下から出てくる必要があるだろう。救命胴衣は、パラシュートの下に装着される必要があり（パニック状態では簡単なことではない）、膨らますことができるのはハーネスを外してからだ。
7. 嵐や強風の中では、訓練を受けていない人がパラシュートを使うと、着地の際に地面で引きずり回される恐れがある。
8. 市街地ではキャノピー（傘）の部分が壊れ、最後の20メートルをフルスピードで落下する危険がある。
9. 300人からそれ以上の乗客を旅客機から緊急脱出させるのは、訓練を受けた降下部隊を低速で飛行している輸送機から降下させるのに比べ、ずっと時間がかかる。旅客機は音速に近い速度で飛行している。これは降下地帯が300キロメートルもの広域にわたることを意味している。
10. 航空機事故の90パーセント以上が離着陸の際に起こり、なおかつほとんど警告がなく発生している。パラシュートを使って乗客を救うことができるのは爆弾やロケット弾に狙われている場合だけだ。だが、ロッカビー上空での旅客機爆破事件やサハリンでの大韓航空機撃墜事件の墜落では、両方の乗客とも、機内圧力の低下によって一瞬で意識を失っている。
11. 2001年の8月に、エア・トランザットのエアバスA310が大西洋上の高高度で燃料漏れを生じ、20分間推力なしで高度6000メートル（1万9700フィート）からアゾレス諸島まで滑空することを余儀なくされた。これは冷静な空中退避が行われたまれな例の1つだ。しかし、たとえそのような場合だったとしても、306人の人間が即座に飛行機から脱出して、地上に無傷で降りるのはきわめて可能性が低いように思われる。実際には、この飛行機はテルセイラ島のラジェス空軍基地に緊急着陸し、無傷で停止している。
12. 飛行機には余分に25キログラムの特別装備を搭載するスペースがないため、チェックイン、パスポート審査、保安検査を通過した乗客は、飛行機に向かって歩く前に耐熱スーツ、救命胴衣、パラシュート、酸素タンクを装着する必要があるだろう。

❖ フランス外人部隊のパラシュート降下の訓練風景

飛行機恐怖症

あらゆる統計から考えると飛行機恐怖症はばかげたものに思える。しかし人間の自律神経は統計には反応しないものだ。

高度1万メートル（3万2800フィート）で、音速に近い速度で移動していると、どうしようもなく不安に感じ、発汗量や心拍数の増加、息切れ、膝の震え、めまいなどを経験する人がいる。突然の物音、たとえばエンジンの伸縮やトリミングの機械音は、経験のない旅行者にとっては恐怖になりかねない。

飛行機恐怖症を乗り越える手助けをするため、多くの航空会社では特別なコースを用意している。このようなコースでは、飛行機はどのようにして動くのか、どれほど徹底的に整備されているかをパイロットが説明する。飛行機の見学ツアーも行われ、最後は短い飛行体験をして終わることが多い。

真実を1つ教えよう。飛行機旅行で最も危険なのは、空港までのドライブだ！

各時間帯の現地時間に時間帯の数字を加えると、UTCの時刻になる。UTCの時刻から各時間帯の数字を引くと、その時間帯の現地時間になる。**西側**

国際日付変更線を越えるフライト

子どもは皆、太陽が東から出て西に沈むことを知っている。たとえば、5月18日月曜日にロサンゼルスからホノルルへ向かう予定だとしよう。ロサンゼルスが午前10時の場合、ホノルルはまだ午前8時なので、時計の針を2時間戻さなくてはならない。フライトは約5時間かかるため、ハワイには現地時間で午後1時に到着することになる。

もしミクロネシアへの旅を同日に続けるとすると、国際日付変更線（IDL）をまたぐことになる。ホノルルを月曜日の午後4時に出発したとき、マーシャル諸島のマジュロは午後2時だ。しかし、マジュロはすでに5月19日の火曜日になっている。西へ向かって5

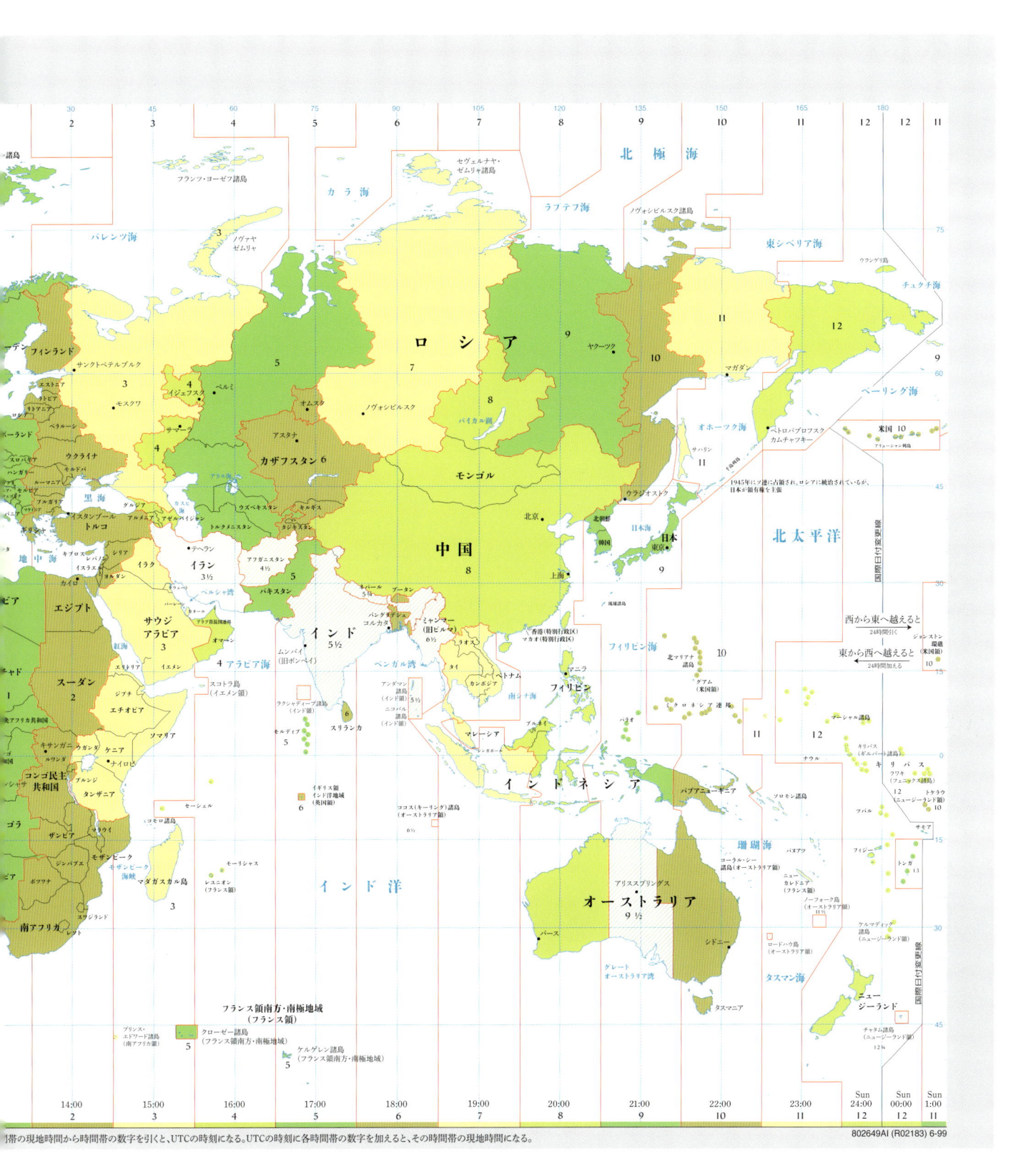

時間のフライトの後、時計を2時間戻す必要があるが、日付は1日進めなければならない。

復路はもっとおもしろい。5月27日水曜日の午後8時にマジュロを出発するとき、ホノルルは午後10時になっているが、まだ日付は5月26日火曜日だ。ホノルルへは5時間後、現地時間の午前3時に到着する。そこではまた5月27日なのだ。つまり、ハワイには出発時間の17時間前に到着することになる。だから、あなたがとりわけ長い誕生日の祝福を受けたいのなら……。

ホテルを予約するときには注意しよう。往路で1泊余分に予約してしまって代金を支払ったり、復路で部屋がなかったりするくらいなら、繰り返し確認した方がよい。

285

機内アナウンス

英国	ドイツ	フランス	スペイン	日本
1	Good morning/afternoon/evening, ladies and gentlemen! On behalf of XXX we would like to welcome you on this flight to … on board our Airbus …/Boeing…/Fokker …	Guten Morgen/Tag/Abend, sehr geehrte Damen und Herren! Im Namen von XXX heißen wir Sie sehr herzlich willkommen an Bord dieses Airbus …/dieser Boeing …/ dieser Fokker … auf diesem XXX-Flug nach …	Bonjour/bonsoir mesdames et messieurs! Au nom de XXX, nous aimerions vous souhaiter la bienvenue sur ce vol à destination de XXX à bord de notre Airbus …/Boeing …/Fokker …	Buenos/as (días, tardes, noches), y bienvenidos. Sobrecargo responsable del servicio a bordo. Muchas gracias por volar con XXX en este vuelo con destino a … servicio con el deseo de que tengan un vuelo agradable. Es necesario que tengan la mesa plegada, el respaldo de su butaca vertical y el cinturón de seguridad abrochado.	ご搭乗の皆様、おはようございます／こんにちは／こんばんは。×××航空に代わり、皆様に当機エアバス〜／ボーイング〜／フォッカー〜へのご搭乗を心より歓迎申し上げます。
2	We kindly ask you to stow your carry-on baggage either under the seat in front of you or in the overhead compartment. Please note that the emergency exit rows and the first seat row(s) must be cleared of any carry-on baggage. Thank you.	Bitte verstauen Sie Ihr Handgepäck entweder unter Ihrem Vordersitz oder in einem Gepäckfach. Beachten Sie bitte, dass Reihen beim Notausstieg, sowie die erste(n) Sitzreihe(n) frei von Handgepäck sein müssen. Vielen Dank.	Nous vous prions de bien vouloir ranger vos bagages à main, soit sous le siège devant vous ou dans le compartiment à bagages. S'il vous plaît noter, que la première rangée de sièges doit être maintenue libre de tout bagage à main. Merci.	Para agilizar el embarque, agradecemos que ocupen su asiento lo antes posible, y coloquen su equipaje en los compartimentos superiores o debajo del asiento delantero. Muchas gracias.	手荷物は前の座席の下、または、頭上の荷物入れにご収納ください。通路や非常口、そして一番前のお座席の前には何も置かないようお願い申し上げます。
3	We'll be leaving very shortly, so please switch off your mobile phone and any other electronic devices and respect the smoking ban on board. Thank you!	Wir starten in wenigen Minuten: Schalten Sie bitte Ihr Mobiltelefon und Ihre elektronischen Geräte aus, und beachten Sie das Rauchverbot an Bord. Herzlichen Dank!	Nous partons très bientôt, donc s'il vous plaît, veuillez éteindre votre téléphone portable et autres appareils électroniques et respecter l'interdiction de fumer à bord. Merci!	Por favor, ahora deben apagar sus teléfonos, manteniéndolos desconectados durante todo el vuelo. Otros dispositivos electrónicos solo deberán estar apagados durante el despegue y el aterrizaje. Muchas gracias.	当機はまもなく離陸いたします。お客様の携帯電話や電子機器の電源が切れているか、今一度ご確認ください。なお、当機内は禁煙です。
4	Ladies and gentlemen, we want to inform you about the international safety regulations:	Meine Damen und Herren, wir informieren Sie über die internationalen Sicherheitsbestimmungen:	Mesdames et Messieurs, Nous tenons à vous informer sur les règles de sécurité internationales:	Por favor presten atención. A continuación vamos a realizar una demostración sobre los aspectos de seguridad de este vuelo.	ご搭乗の皆様、これから国際安全規定についてご説明申し上げます。
5	Our aircraft has 6 emergency exits: 2 exits in the rear of the cabin, 2 overwing exits and 2 exits in the front of the cabin. They are marked with AUSGANG and EXIT. Floor-mounted escape path lights will guide you to the exits.	Unser Flugzeug hat 6 Notausgänge: 2 Notausgänge befinden sich im hinteren Bereich, 2 über den Tragflächen und 2 befinden sich im vorderen Bereich der Kabine. Sie sind als AUSGANG und EXIT gekennzeichnet. Lichter an den Sitzreihen führen zu diesen Ausgängen.	Notre avion a 6 issues de secours: 2 sorties dans la cabine arrière, 2 sorties sur les ailes et 2 sorties à l'avant de la cabine. Ils sont marqués avec AUSGANG et EXIT. Un sentier de lumières au sol vous guidera vers les sorties.	Observen que hay … puertas de salida, … a cada lado del avión. Cada una de ellas está señalizada con la palabra SALIDA. En el lateral inferior de las butacas o en el suelo a lo largo del pasillo, hay unas luces que se iluminan en caso de emergencia, marcando las vías de evacuación. Todas las salidas de emergencia, incluidas las ventanillas sobre las alas disponen de una rampa inflable de evacuación.	この飛行機は、6箇所の非常口がございます。そのうち2つは後方に、2つは機体の翼部分、2つは前方にございます。AUSGANGまたはEXITの文字が目印です。非常時には、避難路を示す誘導灯が点灯いたします。
6	There are oxygen masks located in panels above your seats. These will open automatically with a decrease in cabin pressure. Pull the mask towards you, place it firmly over your mouth and nose and secure the elastic band. Important: first help yourself before assisting children.	Unser Flugzeug ist mit Sauerstoffmasken ausgerüstet, die sich über Ihren Sitzen befinden, und bei einem Druckverlust automatisch herausfallen. Ziehen Sie die Maske zu sich heran, drücken Sie die Öffnung auf Mund und Nase und befestigen Sie das Band um Ihren Kopf. Wichtig: Legen Sie zuerst Ihre eigene Maske an, und helfen anschließend Sie Ihren Kindern.	Il existe des masques à oxygène dans les panneaux situés au dessus de votre siège. Ils s'ouvriront automatiquement en cas de dépressurisation de la cabine. Tirez le masque vers vous, placez-le fermement sur la bouche et le nez en garantissant l'étanchéité avec la bande élastique. Important: faîtes-le d'abord à vous-même avant d'aider les enfants.	En caso de despresurización de la cabina se abrirá automáticamente un compartimento situado encima de sus asientos que contiene las máscaras de oxígeno. Si esto ocurriera, tiren fuertemente de la máscara, colóquenla sobre la nariz y la boca, y respiren con normalidad.	皆様のお座席の上部には、酸素マスクがございます。これは、急激な気圧の変化により、自動的に降りてきます。マスクを引き寄せ、口と鼻がかぶさるように装着し、バンドは頭にかけてください。まず初めにご自分がマスクを装着されてから、お子様に装着してください。

フライト・エピソード

ニューヨークのJFK空港から離陸した機長がアナウンスを始めた。「ロサンゼルスへの直行便にご搭乗の皆様、ようこそ。途中の天候は良好ですので、フライトはスムーズで快適な旅となるでしょう。皆様、ごゆっくりおくつろぎくださ……ああ、なんてことだ！」
　放送が途絶え、しばしの沈黙。しばらくして、再び機長の声が聞こえてきた。
「皆様、先ほどは驚かせてしまい、申し訳ありませんでした。アナウンス中に客室乗務員が私のひざにコーヒーをこぼしてしまったのです。私のズボンの前がどうなっているか見ていただきたいものです」。ある乗客が客室乗務員を呼び、機長への伝言を頼んだ。
「機長のズボンの前なんてどうでもいい。機長は私のズボンの後ろがどうなっているか見るべきだ」。

管制塔「Have you reached Flight Level 200 or not?」(フライトレベル200に到達しましたか、まだですか？)
パイロット「Yes.」(はい)
「はい」だけでは返事がどちらかなのかわからないため、管制官が尋ねた。
管制塔「Yes, what ?」(『イエス』の後は？)
パイロット「Yes, Sir.」(イエス、サー)

そのフライトは、多く見ても全席の20パーセントしか埋まっていなかった。客室乗務員は搭乗する乗客にこうアナウンスした――「ライバル会社に満席だと思わせるため、皆様窓際のお席にお座りください」。

英国のエンジニアたちが、航空機のフロントガラスの耐性を試すため、ガラスにニワトリの死骸を発射する"チキン銃"を開発した。1回のテストで、ニワトリはフロントガラスを粉々にし、パイロットのヘッドレストも破壊して、客室の後部まで弾丸のように飛んだ。この結果に対するNASAの反応は、エンジニアたちへの次のような助言だった――「まず初めにチキンを解凍するように」。

かなり前のことだが、フランクフルト空港に着陸したばかりのブリティッシュ・エアウェイズのあるパイロットが、タキシングしてゲートに向かう途中で幾度も誘導路を間違って曲がったため、地上管制官は繰り返し介入しなければならなかった。とうとう、管制官はこらえかねて尋ねた。「フランクフルトにこれまで来たことがないのですか？」パイロットはこう応答してきた――「いいえ、ありますよ、1944年に。着陸はしてないですがね」。[1944年は、連合国軍がフランクフルト大空襲をおこなった年である]

パイロット「Good morning, Frankfurt ground, KLM 242 request start up and push back, please.」(おはようございます。フランクフルト地上管制、こちらKLM242便、始動とプッシュバックを要請します)
管制塔「KLM 242 expect start up in two hours.」(KLM 242便、始動は2時間以内の予定です)
パイロット「Please confirm: two hours' delay?」(確認です。2時間の遅れということですか？)
管制塔「Affirm.」(その通りです)
パイロット「In that case forget about the good morning.」(そうであれば、先ほどの『おはようございます』はなかったことにしてください)。

ストレスの多いチェックイン。イライラした1人の乗客が人をかき分けて列の先頭に進もうとしたが、後ろに送り返された。彼は猛烈な勢いで叫んだ――「君たちは、私が誰だかわかっているのか？」。すると、カウンターの職員が次のようにアナウンスした。「ご自分が誰だかわからない男性が、デルタ航空のチケットカウンターにいらっしゃいます。どなたかこの男性が誰なのかご存知の方がいらっしゃいましたら、お申し出いただけませんか？」

テキサスのアマリロ国際空港で、かなり荒っぽい着陸の後、機内アナウンスがあった。
「皆様、しばらくはお座席から離れず、シートベルトを着けたままお待ちください。機長がとりあえず残った機体をゲートへ走行させます」。
　また、あるフライトで衝撃の強い着陸の後、降りるとき初老の女性が尋ねた。
「1つ伺ってもよいかしら？」
「もちろんですとも、何でしょうか？」と挨拶のため出口に立っていた機長が応対した。女性が続けた。
「私たちは着陸したのかしら、それとも撃ち落とされたのかしら？」
　別の航空機が荒っぽい着陸をしたときには、搭乗していたパーサーがこうアナウンスした。
「カンガルー機長が私たちを弾ませながらターミナルにお連れいたします。座席についたままお待ちください」。

こんな場面にもかかわらず……
フライトの安全性は絶えず向上し続けている

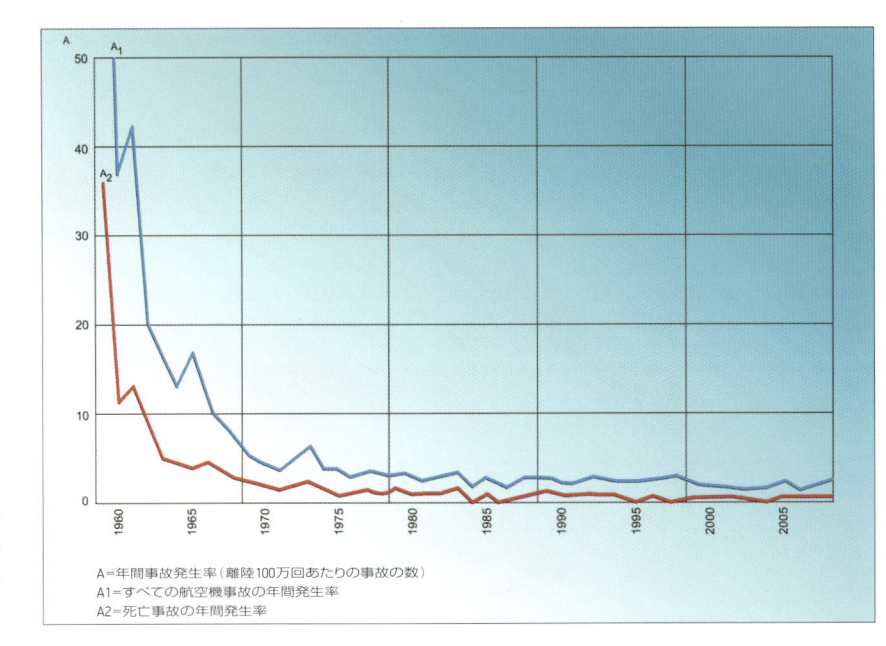

航空機の飛行はどれほど安全なのか？
2008年のIATAの統計データによれば、ヨーロッパの航空会社で航空機事故が起こる可能性は、238万952回のフライトに1回の割合だ。あなたがこれだけ飛ぶには、1年365日毎日1回飛行機に乗ったとしても6523年かかる。

A＝年間事故発生率（離陸100万回あたりの事故の数）
A1＝すべての航空機事故の年間発生率
A2＝死亡事故の年間発生率

なぜ事故は起こるのか

航空界において、航空機事故はあらゆる点で遺憾の極みだ。1926年と1927年には定期運航路線で合わせて24件の事故があった。1928年には26件、1929年には51件の事故が発生している。これは事故統計上、これまでのところ最悪の記録である。飛行距離160万キロメートル毎に1件の事故が起きている計算になり、現在の航空交通の規模でこれと同じ比率なら、年間7000件の事故が起こることになるだろう。しかし、その後現在までの間に、統計的には飛行距離32億キロメートル毎に1件の事故が起こるという割合にまで発生率は低下している。事故というものは、1つの原因だけで起こることはめったにない。不運な出来事が続いた後に起こるのが常だ。

最も一般的な事故の原因には以下のようなものがある。

環境的な原因

風、嵐、雲、霧、雨、ひょうやあられ、稲妻、熱、冷気、氷や雪などは、航空機の飛行にとって過酷だ。しかし、空中の鳥や地上の動物も潜在的なリスクとなる。人間は起こりうるすべての危険を最小限にしようと努力しているが、このような自然の要因を完全に避けるのは不可能だ。

技術的な原因

年代物のダグラスDC-3は当時の金属加工技術を示す好例である。その時代はまだ、金属板にリベットをハンマーで打ち付けていた。今日では、可鍛性の合成素材が用いられ、蜂の巣状の合成素材が敷かれている。これは従来の重い床板の強度を上回る。このような技術はかなり高価にはなるが、明らかに安全な飛行に貢献している。また、あらゆる系統は何度も修理されている。現在、大型の航空機では最大850人の乗客を収容できる。エンジンはより大きく、強力に、そして信頼できるようになり、航続距離も長くなっている。航空機はより高い穏やかな大気の層の中を飛行している。このような複雑な技術であっても時々故障することがあるが、最も一般的な事故は人為的なミスによるものだ。

装備

航空機が高高度から灼熱の砂漠に着陸するため降下するとき、ほんの数分前にはマイナス60℃もの低温の中を飛んでいることになる。窓から着陸装置にいたるまで、航空機のあらゆる装備はそのような急激な温度変化に対応できなければならない。中でもタイヤは60℃以上にもなる熱い滑走路上を、静止状態から一気に時速250キロメートルまで加速する必要があり、同時に数トンの機体の重さに耐えなければならないのだ。このような理由から、すべての装備は定期的に点検、交換される。そうしていても、非常に細かいヒビは検知されないかもしれないし、ボルトが壊れたり、モーターが故障したりすることがある。ここでも、人為的なミスが重大な部分を占める。

電気系統

古い時代には、航空機は物理的な力に頼って飛んでいた。ラダーやフラップはケーブルとワイヤで操縦輪（車のハンドルに似た形状のもの）に結ばれ、コントロールされていた。今日では、機内に搭載された何百ものコンピュータがかつてのボーデンケーブルの代わりとなっている。これによりアクチュエータやモーターに電子的な操縦指示が与えられる。一方、パイロットはコントロールスティックの操作をおこなって飛行し、最終的に操縦の全面的な責任を負っている。自動操縦装置は高度と進路を監視し、コンピュータは最も効率の良いエンジン出力を計算する。飛行管理装置（FMS）はパイロットに燃料消費量や飛行距離、次の代替空港への進路やシステムの健全性などについて教える。これらは皆、マルチタスクのインターフェイスで行われ、もちろん機能しなくなった場合のバックアップも用意されている。モニターは従来の「時計屋（大量の計器類のこと）」の代わりとなった。多面的機能を持つコンピュータがパイロットを監視し、パイロットの誤った反応を予防、制御することができる。しかし、2009年にブラジルで起こったエールフランスの事故のように、コンピュータは非論理的なデータが与えられると機能しなくなる。
［片方のピトー管が着氷し、2つの速度計が異なる値を示したので自動操縦ができなくなった］

コミュニケーションの問題

一連の行動の申し合わせは、関係者全員が互いにコミュニケーションをとって初めて実現する。つまり、あらゆる必要な情報が交換され、理解されるときだ。だからこそ、与えられた情報が正しく受け取られ、処理され、確認されるということが何よりも重要なのだ。このためには一般基準が不可欠であり、最も重要なのは、そこに関わるすべての人間が共通言語（英語）だけを使うということである。

人為的要因

事故の最大のリスクをもたらすのはいつも人間である。意見、感情、能力、知性、知識が人間の行動を決定する。同時に、外部の状況が人間の判断やためらいに影響を与え、それらを左右する。これは、技術スタッフだけでなく、パイロット、プランナー、管制官などに関わる問題だ。仕事、スタッフ、訓練、品質管理、報酬などを体系化する中で、好ましくない行動を排除するために多大な努力がなされている。

航空産業が、このような起こりうるあらゆる事故原因の大部分をコントロールしているという事実は、常に改善され続けてきた驚異的な事故統計結果からも明らかだ。しかし、悲劇的な犠牲者の数を出した個々の事故を見れば、まだできることはたくさんある。これらの事故はたいていいくつかの出来事が続いた結果として起こっており、ほとんどのケースで、事故につながる事象の連鎖はたった1つの要因さえなければ防げたのだ。それは人為的要因である。

2008年の航空会社の所属地域別事故発生率（IATA調べ）

地域	100万フライトあたりの事故数	1事故あたりのフライト数
世界全域	0.81	1,234,568
ヨーロッパ	0.42	2,380,952
北アメリカ	0.58	1,724,138
アジア	0.58	1,724,138
北アフリカ、中東	1.89	529,101
アフリカ	2.12	471,698
中央、南アメリカ	2.55	392,157
CIS	6.43	155,521

＊CISはバルト3国を除く旧ソ連諸国12か国の共同体

緊急事態訓練

セオリー……

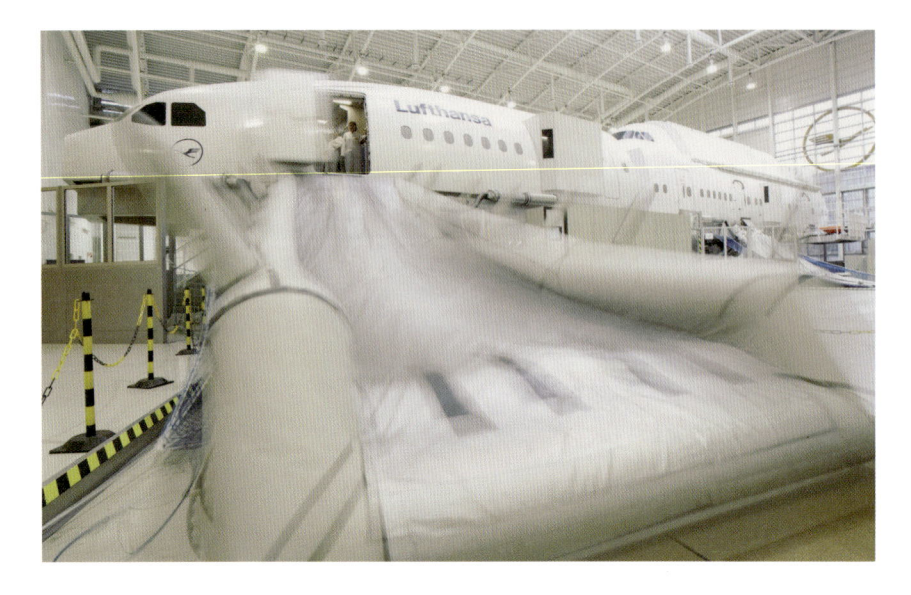

緊急脱出

大手航空会社では訓練施設内に客室のシミュレータがあり、乗務員が1年に数回緊急事態訓練をおこなっている。乗客のパニックへの対処、救命胴衣の装着手順や緊急用スライダーを用いた脱出などは、本当に起きたときに備えて定期的に必ず訓練しなければならない。この訓練がどれほど重要か、2005年にフランスの航空会社のエアバスA340がトロント空港に着陸する際、滑走路をオーバーランしたときに証明された。乗っていた乗員乗客309人は、火災がすでに発生し、しかも2つの非常口がふさがれていたにもかかわらず、なんとか脱出できたのだ。

規制により、どんな状況下でも航空機から全員が脱出できる最大時間を定めた厳しいルールがある。それによれば、航空機メーカーは、機内にいるすべての乗員乗客が90秒以内に脱出できるように設計しなければならない。

緊急脱出試験は以下のような条件下で行われる。
- 客室内は暗闇
- 乗客のほとんどは健康体
- 40%は女性
- 35%は50歳以上
- 50代のうち15%以上は女性
- 3体の等身大の赤ちゃん人形
- 窓は外からふがれている
- 通路はクッション、ブランケット、手荷物で邪魔されている
- 乗客は試験条件を知らない
- 半数のドアしか使用されない場合がある
- 緊急脱出スライドは一時的に固定されている
- 乗客はシートベルトを着用していなければならない
- 客室内は非常用照明しか点灯しない場合がある
- 客室乗務員は標準的な緊急事態の説明を行わなければならない
- 乗員は現在営業している航空会社で働いていなければならない
- クルーは同様の訓練に最近6カ月間参加していないことがある
- クルーには性別、年齢、体型、経験などの観点で平均的な人を含まなくてはならない

❖ エアバスA380の緊急脱出試験では両方の階から873人の脱出を行い、なんと78秒で完了した！

……そして実践へ

墜落火災の救助

世界中のどの空港でも、空港消防隊は厳格に統制された訓練プログラムに従っている。2年毎にこれは国際民間航空機関（ICAO）によってチェックされるが、以下の項目が特によく検査される。
- 活動への準備
- 装備
- 消火装置
- 負傷者の救助
- 応急手当
- 各組織間の連携（空港の消防隊、地元の消防隊、医師、病院、警察、軍隊）
- 業務の管理

たとえば「シンバ」のような巨大な空港用化学消防車は最も目立つ存在だ。全地形万能車で、通常746キロワット以上の力を持ち、1万2000リットルもの水を運ぶ。必要ならばその中に2×600リットルの泡消化剤、そして（または）2トンもの粉末消火剤を混ぜることもできる。屋根に取り付けられた放水用アームの209キロワットの強力なポンプは、消防署のジョイスティック、あるいは搭載装備で操作できる。化学消防車はタイヤに特別な保護装置が備わっている。たとえば、燃え盛る灯油の海の中を車両が進まなくてはならないとき、この車は1分あたり60リットルもの水を7つのノズルからタイヤにかけることができる。

空港の大きさと能力によって、救助・消防隊は巨大タンクを持つ消防車を最大2台と補助の消防車、装備車、ホース車、装甲車、救助用トラックなどを必要とする。

もし緊急事態が宣言された場合、素早く応答した消防車が数秒で待機位置から飛行機まで駆けつけ、起こりうるどんな火災にも対応できるように消火装置を設置できる。続いてはしごを持つ特別な消防車が到着する。防火服と酸素マスクを着用した消防隊員が飛行機火災の消火と乗客の救助に備える。

消防艇

水辺に位置する空港では沖で発生した緊急事態にも準備しなければならない。このような空港は、消火設備を備えた小型船を保有し、いつ何時でも出発できるよう常に隊員が乗船している。

トリアージ

本当に墜落が起きた場合、救助活動が長く続くほど、到着する救助車は増えていく。周辺の町や都市から来る救助隊に備えて配備計画が立てられ、必ず警察や軍隊への連絡がいくようにする。救助ヘリコプターも飛んでくるかもしれない。このような場合、規律が大事だ。あらゆる組織が現場の指揮官に報告しなければならない。数分以内にテントが設営され、トリアージステーションが設置される。大きな事故では、救急医療は「30秒ルール」に従っている。事故に巻き込まれたすべての人々に対し、最大でも1人あたり30秒間のうちに赤、黄、緑で分けられた異なるカテゴリーに分類するのである。30秒後には次の患者を調べるために移動する。「トリアージ」という言葉はフランス語で「分ける」を意味する「trier」からきている。

「赤」は、患者がひどく負傷し、生存のためには緊急な医療援助を必要とすることを意味している。「黄」に分類された患者も医療援助が必要であるが、深刻な危険にはさらされておらず、早急な手当てがなくても助かる見込みがある。「緑」に分類される人は軽症で、自力で動くことができ、医療援助を必要としない場合もある。

トリアージされた犠牲者には、タッグやバンド、あるいはステッカーなどのトリアージタッグ（識別表）が取り付けられる。こうしておけば、さらに多くの医師が到着したとき、医師たちはその目印によってすぐに負傷者を識別でき、与えられた優先順位に従って治療を行うことができる。

主な航空機事故

＊犠牲者数（　）内は、地上で事故に巻き込まれた犠牲者の数

日付／航空会社名／場所	便名／機体／機体記号	犠牲者数	事故の概要
1962年6月3日 エールフランス フランス	AF007 ボーイング707-328 F-BHSM	130	ボーイング707が離陸に失敗し滑走路をオーバーランして炎上
1966年2月4日 全日空 日本	NH 60 ボーイング727-81 JA8302	133	ボーイング727が空港へのアプローチの途中で東京湾に墜落。
1971年7月30日 全日空 日本	NH 58 ボーイング727-281 JA8329	162	ボーイング727がF-86F戦闘機と衝突。
1972年12月3日 スパンタックス航空 スペイン	― コンベアCV-990-30A-5 EC-BZR	155	離陸の際、霧による視界不良で操縦を誤り墜落。
1974年3月3日 トルコ航空 フランス	TK 981 マクドネル・ダグラスDC-10-10 TC-JAV	346	閉鎖が不完全だった貨物室のドアがフライト中に開いたことが原因と考えられている。貨物室の急激な気圧低下が客室の床の一部崩落を招き、6人の乗客が機外に吸い出された。飛行機の構造の一部も損傷して第2エンジンと制御系統の故障につながり、マクドネル・ダグラスDC-10は制御不能となって墜落した。
1974年11月20日 ルフトハンザドイツ航空 ケニア	LH540 ボーイング747-130 D-ABYB	59	ルフトハンザ航空のジャンボ機がナイロビ空港から離陸する際に墜落。
1976年9月10日 ブリティッシュ・エアウェイズ ユーゴスラビア（現クロアチア）	BA 476 ホーカー・シドレー・トライデント （HS-121） G-AWZT	176	旧ユーゴスラビアのアドリア航空所有のダグラスDC-9が空中でHS-121と衝突。
1977年3月27日 KLMオランダ航空 スペイン	KL 4805 ボーイング747-206B PH-BUF	583	濃霧に包まれた滑走路上で、タキシング中のパンアメリカン航空1736便のジャンボ機（747-121, N736PA）が離陸中のKLMオランダ航空のジャンボ機と衝突――民間航空史上最も死亡者数の多い事故となる。KLMのジェット機は離陸の許可を受けていなかった。
1977年11月19日 TAPポルトガル航空 ポルトガル	TP 425 ボーイング727-282 CS-TBR	131	飛行機は短すぎる滑走路への着陸に失敗し、切り立った崖から転落。滑走路はその後延長された。
1978年1月1日 エア・インディア インド	AI 855 ボーイング747-237B VT-EBD	213	ボーイング747が離陸の数分後に海に墜落。このとき、計器の故障により、パイロットは航空機の本当の姿勢がわからなくなっていた。
1978年9月25日 パシフィック・サウスウエスト航空 米国	PS 182 ボーイング727-214 N533PS	144 （＋7）	ボーイング727がサンディエゴ上空で軽飛行機のセスナ172と衝突し両機とも墜落。
1979年5月25日 アメリカン航空 米国	AA 191 マクドネル・ダグラスDC-10-10 N110AA	271	マクドネル・ダグラスDC-10(アメリカン航空191便)が離陸の際にエンジンが1つ脱落し墜落。
1979年11月28日 ニュージーランド航空 南極	TE 901 マクドネル・ダグラスDC10-30 ZK-NZP	257	南極上空を飛ぶ観光フライトの途中、ニュージーランド航空のマクドネル・ダグラスDC-10がエレバス山に墜落。
1980年8月19日 サウジアラビア航空 サウジアラビア	SV 163 ロッキードL-1011-200トライスター HZ-AHK	301	ロッキードL-1011トライスターが貨物室の火災後、緊急着陸したにもかかわらず、301人の乗客は助からなかった。乗客は、乗員と救援隊が着陸後素早く避難誘導するのに失敗したため犠牲となった。

日付／航空会社名／場所	便名／機体／機体記号	犠牲者数	事故の概要
1982年7月9日 パンアメリカン航空 米国	PA 759 ボーイング727-235 N4737	145 （＋8）	ボーイング727が離陸直後に乱気流の影響を受け墜落。
1983年9月1日 大韓航空 太平洋	KE 007 ボーイング747-230B HL7442	269	航路を外れサハリン島上空を飛行中のボーイング747をソ連空軍機が撃墜。
1983年11月27日 アビアンカ航空 スペイン	AV 011 ボーイング747-283B HK-2910	181	アビアンカ航空のボーイング747がマドリード空港へのアプローチの際に墜落。
1985年2月19日 イベリア航空 スペイン	IB610 ボーイング727-256 EC-DDU	148	ボーイング727がビルバオ空港へのアプローチの際にアンテナに衝突し左翼が取れ、墜落。
1985年6月23日 エア・インディア 大西洋	AI182 ボーイング747-237B VT-EFO	329	ボーイング747の貨物室に載せられていた手荷物爆弾が爆発した後、大西洋に墜落。
1985年8月2日 デルタ航空 米国	DL 191 ロッキードL-1011-385-1トライスター N726DA	134 （＋1）	ロッキードL-1011トライスターがダラス空港付近で嵐に突入し、墜落。
1985年8月12日 日本航空 日本	JA 123 ボーイング747SR-46 JA8119	520	ボーイング747が垂直尾翼を破損した後、墜落。7年前の事故の際に行われた修理が不完全だったことが原因とされた。
1987年8月16日 ノースウエスト航空 米国	NW 255 DC-9-82 N312RC	154 （＋2）	DC-9-82（後のMD-82）がフラップを展開せずに離陸し、直後に交通量の多い道路に墜落。
1987年11月28日 南アフリカ航空 インド洋	SA 295 ボーイング747-244B ZS-SAS	159	モーリシャスにい緊急着陸しようとしていたボーイング747（台湾発南アフリカ行き）が海に墜落。機内で火災が発生したと思われるが、機体が水没したため原因は不明。
1988年3月17日 アビアンカ航空 コロンビア	AV 410 ボーイング727-21 HK-1716	143	ボーイング727がコロンビアの都市ククタの近くで墜落。
1988年7月3日 イラン航空 インド洋	IR 655 エアバスA300B2-203 EP-IBU	290	エアバスA300を米国海軍のミサイル巡洋艦「ヴィンセンス」が誤って撃墜。
1988年12月21日 パンアメリカン航空 英国	PA 103 ボーイング747-121 N739PA	259	ボーイング747が、貨物室で爆弾が爆発した後、スコットランドのロッカビーの町に墜落。このテロ攻撃に対してリビアが責任を認め、被害者の遺族に27億ドルの賠償金を払ったのは2003年8月16日になってからだった。
1990年10月2日 廈門航空 中国	UM 8301 ボーイング737-247 B-2510	132	ハイジャックされたボーイング737が緊急着陸しようとしたとき、パイロットと犯人がもみ合いになり、飛行機は制御を失った。737は地上に駐機していた中国南方航空のボーイング707と757に衝突した。
1991年5月26日 ラウダ航空 タイ	NG 004 ボーイング767-3Z9ER OE-LAV	223	ボーイング767がバンコク離陸後、エンジンシステムの故障が起き、飛行中に逆噴射装置が作動して、バンコクの近くに墜落。
1991年12月27日 スカンジナビア航空 スウェーデン	SK 751 マクドネル・ダグラス MD-81 OY-KHO	0	出発前の点検で機体の除氷が完全でなかったため、離陸後、翼からはがれ落ちた氷を吸い込んだエンジンが損傷し停止、飛行機は墜落して機体は3つに分断されたが、すべての乗員乗客が生き残った。

日付／航空会社名／場所	便名／機体／機体記号	犠牲者数	事故の概要
1992年11月24日 中国南方航空 中国	CS 3943 ボーイング737-3Y0 B2523	141	ボーイング737がアプローチの際、目的地の桂林から20km離れた地点に墜落。
1994年9月8日 USエア 米国	US 427 ボーイング737-3B7 N513AU	132	ボーイング737がアプローチの際、突然ラダーが操作不能となり墜落。
1995年12月20日 アメリカン航空 コロンビア	AA 965 ボーイング757-223 N651AA	159	ボーイング757がアプローチの際に墜落。飛行中にパイロットが誤った中継地点を入力してしまい、進路を正そうとしている最中に山に墜落した。
1996年2月6日 バージェン航空（実際の運航はアラス・ナショナル航空） 大西洋	KT 301 ボーイング757-225 TC-GEN	189	ボーイング757がドミニカ共和国沿岸にあるプエルト・プラタ空港を離陸した直後、海に墜落。対気速度計が異常に高い値を示したのに、パイロットが適切な行動を取らなかったことが原因だと考えられている。
1996年7月17日 トランス・ワールド航空 米国	TW 800 ボーイング747-131 N93119	230	ニューヨークのJFK空港を離陸してすぐ、ボーイング747は高度4000m（1万3120ft）で爆発。主翼の燃料タンク内で気化した燃料に火花が引火して爆発した。
1996年11月12日 サウジアラビア航空 インド	SV 763 ボーイング747-168B HZ-AIH	349	ニューデリーから離陸したボーイング747と、指示された高度よりも低く降下したカザフスタン航空のイリューシンIl-76が空中で衝突。
1997年8月6日 大韓航空 グアム	KE 801 ボーイング747-3B5 HL7468	228	ボーイング747がアプローチの際、グアム空港から約5kmの丘に墜落。その日空港のILSが運用停止中で、パイロットは低すぎる高度で進入していたが、管制塔からの指摘もなかった。
1997年9月26日 ガルーダ・インドネシア航空 インドネシア	GA 152 エアバスA300B4-220 PK-GIA	234	エアバスA300がメダンへのアプローチ中に墜落。視界不良のため進入の誘導を依頼された管制が指示を誤ったことと、パイロットが低く飛びすぎたことが原因とされる。
1998年2月16日 チャイナエアライン 台湾	CI 676 エアバスA300-622R B-1814	196 (+6〜7)	霧と小雨で視界不良の中、エアバスA300が台北空港に着陸しようとしたが、高度が高すぎたため、ゴーアラウンドしようとして制御不能となり、墜落。
1998年9月2日 スイス航空 カナダ	SR 111 マクドネル・ダグラスMD-11 HB-IWF	229	ニューヨークのJFK国際空港からジュネーブへのフライト中、離陸から約1時間後にコックピットで火災が起き、煙の発生と機器の故障を招いた。そこでハリファックスへ緊急着陸しようと飛行しているとき、ノバスコシア州の沖合の大西洋に墜落した。
1999年10月31日 エジプト航空 大西洋	MS 990 ボーイング767-366ER SU-GAP	217	ボーイング767がニューヨークのJFK国際空港からエジプトのカイロへのフライト途中で大西洋に墜落。墜落の直前、副操縦士の操縦によって飛行機は明らかに急降下していた。
2000年4月19日 エア・フィリピン フィリピン	3G541 ボーイング737-2H4 RP-C3010	131	ボーイング737がダバオ空港上空で待機中、空港の6km手前に墜落。
2000年8月23日 ガルフエア バーレーン	GF 072 エアバスA320-212 A40-EK	143	エアバスA320がゴーアラウンドして旋回中に、機長が空間識失調に陥り操縦を誤って海に墜落。
2000年10月31日 シンガポール航空 台北	SQ 006 ボーイング747-412 9V-SPK	83	台風の中、ボーイング747は誤って工事で閉鎖された滑走路から離陸しようとして建設機に衝突し、バラバラになって爆発した。
2001年10月8日 スカンジナビア航空 イタリア	SK 686 マクドネル・ダグラスMD-87 SE-DMA	114 (+4)	濃霧の中、マクドネル・ダグラスMD-87が離陸するとき、滑走路内に誤ってタキシングしてきたセスナ・サイテーション2と衝突。

日付／航空会社名／場所	便名／機体／機体記号	犠牲者数	事故の概要
2001年11月12日 アメリカン航空 米国	AA 587 エアバスA300B4-605R N14053	260 （＋5）	エアバスA300がJFK国際空港から離陸わずか3分後に住宅地に墜落。乱気流で不安定になった機体を回復しようとラダーを過剰に操作したため垂直尾翼から落下したことによる。
2002年4月15日 中国国際航空 韓国	CA-129 ボーイング767-2J6ER B-2552	129	ボーイング767が金海空港へのアプローチの際に操縦ミスから丘に墜落。
2002年5月25日 チャイナエアライン 太平洋	CI 611 ボーイング747-209B B18255	225	チャイナエアラインのボーイング747が巡航中に金属疲労のため空中分解。
2004年1月3日 フラッシュ航空 エジプト	FSH 604 ボーイング737-3Q8 SU-ZCF	148	ボーイング737が紅海に墜落。確実な原因は空間の方向感覚の喪失、操縦士間でのコミュニケーション不足だった。
2006年9月29日 ゴル航空 ブラジル	G9 1907 ボーイング737-8EH PR-GTD	154	高度1万1000m（3万6000ft）で巡航中のボーイング737に、フライトプランより高い高度で飛んで来たエンブラエル・レガシージェット機が衝突。737は北部のマットグロッソ州の熱帯雨林に墜落した。
2007年7月17日 TAM航空 ブラジル	JJ 3054 エアバスA320-233 PR-MBK	187 （＋12）	エアバスA320はサンパウロのコンゴニャス空港の雨で濡れた滑走路に着地したが、エンジン逆噴射装置が左側しか作動せず、滑走路を左に外れて進み、175kmで空港外のガソリンスタンドと建物に衝突。
2008年8月20日 スパンエアー スペイン	NR 5022 マクドネル・ダグラスMD-82 EC-HFP	154	マクドネル・ダグラスMD-82がマドリード空港を離陸直後に墜落、機体は分解し、完全に焼失した。
2009年6月1日 エールフランス 大西洋	AF 447 エアバスA330-203 F-GZCP	228	エアバスA330がリオデジャネイロ発パリ行きの447便のフライト中に大西洋に墜落。速度計の故障と操縦士の不手際が原因だったと2012年に発表された。
2009年6月30日 イエメニア インド洋（コモロ付近）	IY 626 エアバスA310-324 70-ADJ	152	パイロットの操縦ミスのため、エアバスA310がグランデコモロ島の5〜10km手前で墜落。12歳の少女がたった1人生き残っていた。

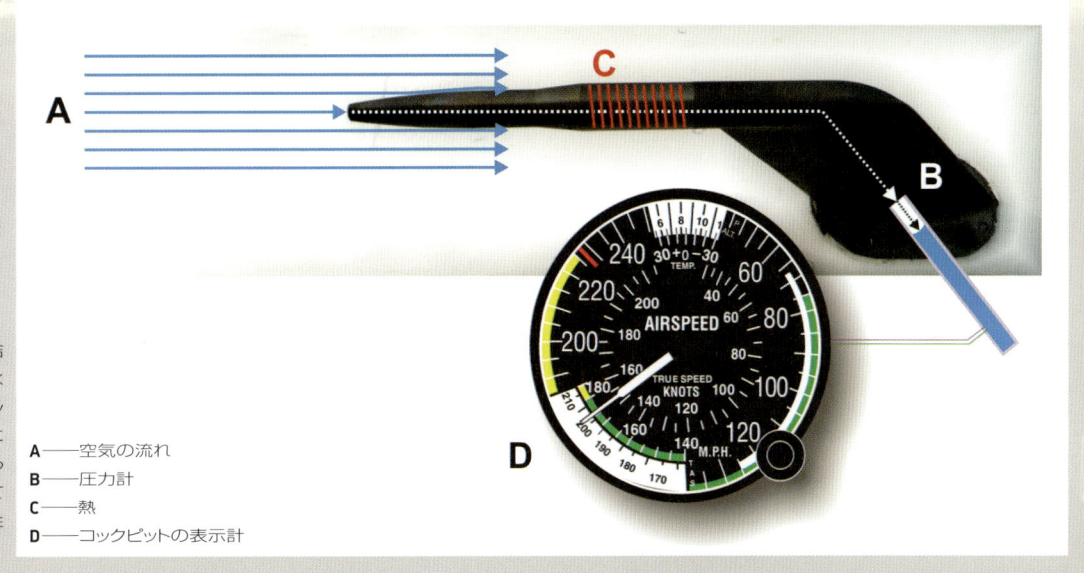

❖ **ピトー管** 過去に、管が詰まったり、塞がったり、着氷したりしたとき、コックピットのコンピュータが正常に作動しなくなることがあった。これはクルーにとって深刻な状況になる可能性がある。

A——空気の流れ
B——圧力計
C——熱
D——コックピットの表示計

ハイジャック

最初のハイジャックは1948年7月16日に起こった。キャセイパシフィック航空の飛行艇、コンソリデーテッドPBYカタリナがハイジャックされ、マカオの沖に墜落した事件である。

1960年代から1970年代にかけては、数機の旅客機がパレスチナのテロリストによってハイジャック、つまり乗っ取られた。

1971年、ダン・クーパーという男がノースウエスト航空のボーイング727を乗っ取った。クーパーはハイジャック中きわめて紳士的で、用意周到だった。彼は客室乗務員にブリーフケースの中に爆弾を持っていることを伝え、シアトルにいったん着陸する際、乗客と引き換えに20万ドルを要求した。フライトを続行させようとして、4つのパラシュートも要求したが、自分のパラシュートに何か細工をほどこされないように、他の3つはパイロット、副操縦士、そして客室乗務員用だと告げる周到さだった。

乗客を解放してから、クーパーは機長に高度3000メートル（1万フィート）でフラップを15°下げてネバダ州リノに向かうように命令した。戦闘機が追ってくることを想定し、飛行機が濃い雲の中を飛んでいるときに彼はリアドア［昇降用階段。機体後部腹側にあり下向きに開く］から飛び降りた。FBIは着地したと思われる地域一帯を18日間徹底的に捜索したが、人がいた痕跡も

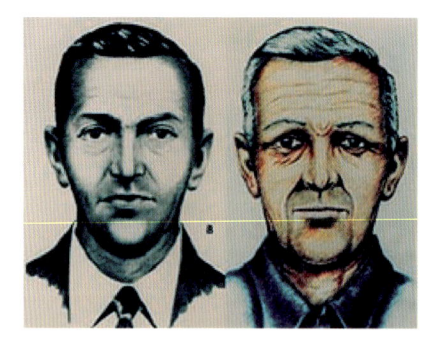

❖FBIによるダン・クーパーのモンタージュ写真。

身代金もパラシュートも発見できなかった。

避けられないことだが、その後、彼を模倣したハイジャック犯が現れた。しかし、どれもうまくはいかなかった。その理由の1つとして、当局が対策をうまく講じたということもあるが、ハイジャック犯がこの方法に向かない機種を選び、脱出時に水平尾翼の昇降舵に衝突して死亡した事例もあった。

GSG9（ドイツの連邦警察局に所属する特殊部隊）が1977年、ソマリアのモガディシュで起きたハイジャック事件に対して、素晴らしい結果を出したこともあった。ハイジャックされてから5日後、飛行機に強行突入し、4人中3人のハイジャック犯を射殺し、86人の乗客が皆解放されたのだ。

しかし、すべての解放作戦がこれほど首尾よくいくわけではない。1982年にマルタで起こったハイジャック事件のとき、エジプト軍兵士によって飛行機への強行突入が行われたが、59人の犠牲者を出す結果に終わっている。

1990年10月2日に起きた中国でのハイジャックはとりわけ悲劇的な結末を迎えた。15キログラムの爆弾を持ったハイジャック犯が台湾に飛ぶよう要求したのだが、当局から指示を受けた機長は要求に応じるふりをして、広州に戻ってきていた。ハイジャック犯は着陸計画が変更されているのに気づき、コックピット内で乱闘が発生した。ボーイング737は滑走路に墜落し、駐機していた707を横殴りにした後、離陸待機中だった757と衝突したため、757は炎上した。737はその後横転し、滑って停止した。その結果、乗員乗客と空港内の車両運転手を含む132人の死者が出た。

1996年11月23日、エチオピア系の3人の男がエチオピア航空のボーイング767のコックピット内に押し入った。彼らは767の航続時間［燃料を最大積載量まで積んで飛行できる時間］を知っていたので、オーストラリアまで飛ぶことを要求した。だが、その便は経由地で給油予定だったため元々積載燃料が少なく、無理な要求だった。機長はそう説明したのだが、犯人たちはこれを信じず無視した。マダガスカルとコモロ諸島の間で燃料が切れたとき、機長のレウルアバートは767を浅い水辺に着水させようとした。しかし、コックピット内でもみ合いが始まり、主翼の先が水について、飛行機は3つに分解した。乗っていた175人中、125人が死亡した。多くの乗客が助からなかったのは、その一部がクルーの指示に従わず、機内で救命胴衣を膨らましてしまい、混乱した状態の中、脱出できなかったからだ。3人のハイジャック犯は全員死亡した。

しかし、これまでのあらゆるハイジャックの中で最も規模が大きく、死者の多かったのは、2001年9月11日のあの日だ。

飛行機を遠隔操作したらどうだろう？

技術と電子工学は非常に発達してきており、飛行機はある場所から離陸して別の場所に着陸するまで完全に自動操縦で飛ぶことができる。これを証明する良い例が、航続距離が2万5000キロメートルある、プレデターやグローバルホークなどの軍事用無人機だ。しかし、このような航空機には乗客はいない。従来の方法でないことをするのは多くの人々がまだ準備できていないパラダイムシフトだろう。

ハイジャックが起きた場合、単純にコックピットを閉鎖し、飛行機は地上から遠隔操作すべきなのかどうかも考えられてきた。これまで見てきたように、パイロットもハイジャック犯も、その先にある適切な空港に着陸する準備が必ずしもできているとは限らない。しかし、これはおそらく地上からは正しく判断できない暴力の拡大につながるだろう。

コンピュータハッカーは常に技術の発達の一歩先にいるように見える。だから、テロリストが地上から自分の命を危険にさらすことなく飛行機の操縦を手中にし、ハイジャックすることはおそらく可能なのではないだろうか。

2001年9月11日 米国同時多発テロ事件

時刻	事件の推移
6:20	ハイジャック犯がボストン空港に現れ、アメリカン航空11（AA11）便に搭乗。
6:20	ハイジャック犯がボストン発ロサンゼルス行きのボーイング767、ユナイテッド航空175（UA175）便に搭乗。
7:03	ハイジャック犯がニューアークでユナイテッド航空93（UA93）便にチェックイン。
7:25	3人のハイジャック犯がワシントンでアメリカン航空77（AA77）便に搭乗する。
7:40	ボストン発ロサンゼルス行きのボーイング767、AA11便のプッシュバック開始。
7:59	ハイジャック犯が互いに電話で連絡をとる。
8:01	UA93便が遅れる。
8:13	AA11便の管制塔との最後の交信。
8:13	AA11便の応答機がオフにされる。
8:14	AA11便がハイジャックされる。
8:14	UA175便が16分遅れで離陸。
8:19	AA11便の客室乗務員ベティ・オングが電話でハイジャックを報告。この電話は最初真剣に受け取られなかった。
8:20	AA11便が航路から外れる。
8:20	ワシントン発ロサンゼルス行きのボーイング757、AA77便が10分遅れで離陸。
8:22	AA11便の客室乗務員のマデリン・スウィーニーがアメリカン航空に電話でより詳しい内容を伝える。
8:33	ベティ・オングが乗客1名の死を報告。
8:37	UA175便のパイロットがAA11便を探すよう要求される。
8:38	空軍隊員は自分たちが訓練の最中であるとまだ認識していた。
8:39	AA11便が原子力発電所の上空を通過。
8:40	UA175便がニューヨークセンター航空路管制の空域に入る。無線交信がある。
8:42	ハイジャック犯がUA175便を乗っ取る。
8:42	UA93便のボーイング757が41分遅れでニューアークからサンフランシスコに向けて離陸。
8:44	AA11便の客室乗務員が押し殺した声で解明されつつあるこの大惨事について説明。
8:46	AA11便が国際貿易センターの北棟に衝突。
8:46	ニューヨークセンターの航空交通管制がUA175便の状況を把握。

時刻	事件の推移
8:48	国家安全保障局の早期警戒センターはテレビで米国が攻撃を受けていることを知る。
8:50	UA175便が運航航路を外れる。
8:51	AA77便との最後の無線交信。
8:52	UA175便の客室乗務員が電話でハイジャックを報告。
8:54	AA77便が運航航路を外れる。
9:03	UA175便が国際貿易センターの南棟に衝突。
9:04	ニューヨークとワシントンの空域が閉鎖される。
9:09	ラングレー空軍基地の戦闘機部隊が司令部に就く。
9:09	ハイジャックに関するたくさんの誤った発表で混乱が生じる。
9:12	AA77便の客室乗務員が、同機に乗っている6人のハイジャック犯を説明。
9:15	アメリカン航空は飛行中のすべてのパイロットに緊急着陸するよう要求。
9:17	ニューヨークのすべての空港が閉鎖される。
9:19	UA23便は離陸を中止。おそらくこれがもう1つのハイジャックを防いだ。
9:21	ニューヨークに通じる橋、トンネルがすべて閉鎖される。
9:26	連邦航空局（FAA）がアメリカ全土ですべての航空機の離陸を禁止。
9:27	UA93便の乗客トム・バーネットが妻に数回電話をかける。
9:28	ハイジャック犯がUA93便を操縦。
9:31	UA93便の客室乗務員が窒息死。
9:34	UA93便の乗客トム・バーネットは妻から現状報告を受ける。
9:34	ワシントンDC病院は飛行機の接近を知らされ、大災害対策に着手。
9:37	AA77便がペンタゴンに墜落。
9:45	仕事初日だった連邦航空局の新局長が、全50州の上空に何も飛ばないよう命令。
9:54	UA93便の乗客トム・バーネットが飛行機の操縦を犯人から取り返そうと決心する。
9:57	コックピット内で乗客たちがハイジャック犯と戦う。
9:59	国際貿易センターの南棟が崩壊。
10:06	UA93便がペンシルベニアに墜落。
10:15	ペンタゴンの一部が崩壊。
10:28	国際貿易センターの北棟が崩壊。
12:16	米国領空では何も飛行しなくなる。
13:27	ワシントンでは、政府が国家危機宣言を発表。

砂漠にある航空機の墓場、トゥーソン（アリゾナ州）
——通常、飛行機は乾燥した砂漠で最後を迎える。
置かれた機体からスペアの部品を類似した航空機
に提供することもある。

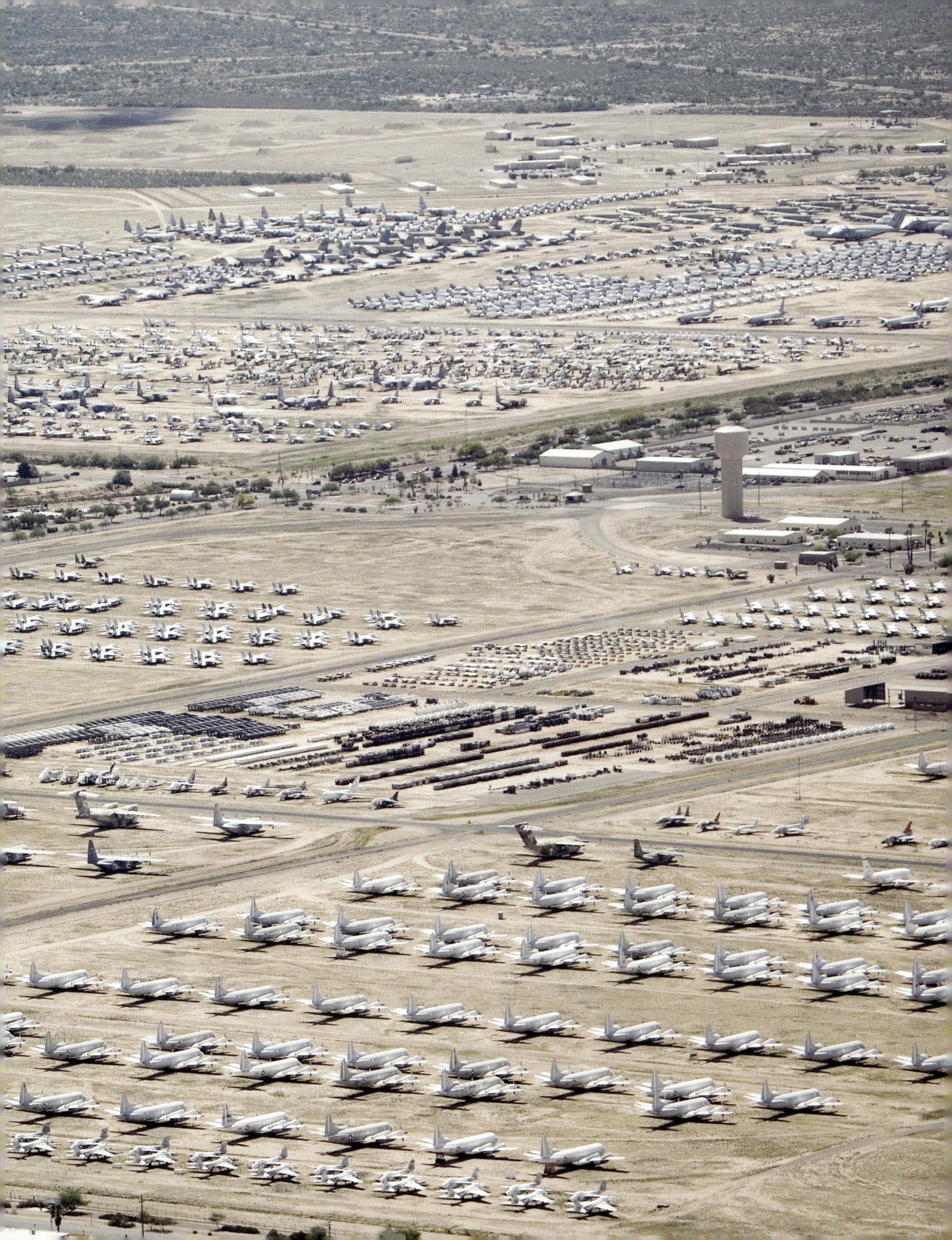

日本版監修者あとがき

今、航空関係の仕事をしていることとは関係ないのですが、私は故あって、非常に幼い頃に〈飛行機による旅行〉を体験しています。もちろん記憶には全く残っていないのですが、私が3歳の時に、家族が青森県から鳥取県に引っ越す際のことだったと聞かされています。

自分の記憶に残っている最初の旅客機の旅は、1964年8月のことです。夏休みに生まれ故郷の北海道の札幌に帰省し、東京に戻る際に、導入されたばかりといってよい全日空のボーイング727-100で、千歳～羽田間に搭乗しました。まだ小学校4年生でしたから、〈早熟のジェット旅客機初体験〉といえるでしょう。

その時のことで、はっきりと覚えているエピソードがあります。

このフライトで全日空は予約を受け付けすぎていて、いわゆるオーバーブッキングの状態になっていました。そうした中、どうしても急いで東京に帰らなくてはならないお客さんが一人いました。

私は、子供の頃は病弱だったこともあって、身長と体重は常に、同年齢の平均をかなり下回っていて小柄でした。

そこで全日空の地上職員の方が、飛行中母親が常に私を抱っこしていることで1席空けて、そこにその人を座るようにできないかと母親に交渉しました。もちろん、私の運賃（今でいう小児運賃）は払い戻されるとのことでした。

母親が亡くなった今では、親切心からなのか払い戻し運賃が欲しかったからなのかわかりませんが、母親は全日空からのその提案を受け入れたのです。

その結果、私の人生初のジェット旅客機の旅は、母親の膝の上で1時間余りを過ごすというものになりました。

もちろん今日では、こんなことは許されません。空の旅がまだ特別だった時代のおおらかさだった、ともいえる出来事でした。

そうした当時から今日までの間に、航空輸送はめざましい進歩を遂げました。最も重要な安全性も、飛躍的に高まっています。そしてまたそれらが、空の旅を身近なものにしました。

2012年の世界全体の航空旅客総数は、約28億7,800万人でした。日本だけでも2012年の航空旅客数は約1億4,520万人で、日本の人口が約1億2,080万人ですから、数字上は2012年に日本人全員が一人1回は空の旅をしたことになります。

数字の取り扱いが少々乱暴なのはご容赦いただくとして、それだけ空の旅が普及していて、多くの人が少なからず経験・体験しているとのいい方は、過言ではないでしょう。

空の旅をするときに、通常、利用客が接するものとしては、搭乗する旅客機はもちろん、それを運航する航空会社、そして出発地と到着地や経由地の空港などがあります。自分が座った座席や、食した機内食などももちろんその一つになるでしょう。

そしてそれらはどれも、旅の思い出として胸に刻まれるものであることは間違いありません。

本書は、そうした空の旅の要素を一つ一つ取り上げた百科図鑑です。以前の旅を思い出すきっかけとして読んでいただいてもよいと思いますし、これからの空の旅をより楽しい思い出にするための予習にお使いいただいてもよいかと思います。さぁ、再び空の旅を満喫しましょう。

青木謙知［航空評論家］

索引

ATR-42　ATR-42　090, 096
ATR-72　ATR-72　090, 096, 282
ESTOPSルール　ETOPS rules　074, 076, 278-9
eチケット　electronic tickets　224
ICAOアルファベット　ICAO-alphabet　253
KLMオランダ航空　KLM　013, 032, 043, 183
PANAGRA　PANAGRA　032

あ

アップグレード　upgrades　226
アプローチルート　approach route　255
嵐　storms　280-1
安全基準　safety standards　278-9, 280
アントノフ124（An-124）　Antonov An-124　029

い

イアンハート，アメリア　Earhart, Amelia　019, 020, 021
イーガー，チャールズ"チャック"　Yeager, Charles 'Chuck'　022
インターネット　internet　224, 232, 261

う

ウェナム，フランシス　Wenham, Francis　010
ウォークアラウンド　walk around　251
運賃　ticket prices　014, 034, 225, 228

え

エアバスA300　Airbus A300　027, 028, 029, 072, 073
エアバスA310　Airbus A310　029, 073, 182, 199, 283
エアバスA318　Airbus A318　074, 161
エアバスA319　Airbus A319　030, 074, 161, 171
エアバスA320　Airbus A320　029, 051, 072, 074, 075, 076, 094, 097, 116, 158, 161, 198
エアバスA321　Airbus A321　075
エアバスA330　Airbus A330　076, 077, 130, 172-3
エアバスA340　Airbus A340　030, 069, 076, 077, 094, 097, 189, 240, 290
エアバスA350　Airbus A350　076, 077, 194
エアバスA380　Airbus A380　014, 025, 030, 031, 072, 076, 078-81, 094, 112, 113, 152, 194, 200, 204, 240, 256, 264, 290
エアバスA400　Airbus A400　249
エアバス社　Airbus Industrie　72-81
エコノミークラス　economy class　027, 225, 226, 228, 229, 240
エコノミークラス症候群　economy class syndrome　263
エッケナー，フーゴー　Eckener, Hugo　019
エンジン　engines　010, 248-9, 253, 256
エンジン火災　engine fires　280
エンジン故障　engine failure　278
エンブラエル　Embraer　087
エンルート　en route　254

お

オーバーラン　overruns　280
オープンスポット　remote parking positions　241
主な航空機事故　crashes　292-5

音速の壁　sound barrier　022

か

カーチス，グレン　Curtiss, Glenn　013
格安航空会社　low-cost carriers　028, 212-13, 276
過重手荷物　baggage, excess　232
滑走路　runways　242, 265
カナディア・リージョナル・ジェット　Canadair Regional Jet series　089
貨物センター　cargo centre　243
管制塔　control towers　243
カンタス航空　Quantas　023, 026, 030, 043, 210, 276

き

気球飛行　balloon flights　010, 011, 020
規制緩和　deregulation　029, 034
北大西洋航路　North Atlantic Track System　254
機内アナウンス（機内放送）　cabin announcements　251, 286
機内エンターテインメントシステム　entertainment, in-flight　228, 229, 255, 261
機内で健康に過ごすためのヒント　healthy flying　263
機内での喫煙　smoking　023, 038
機内迷惑行為　air rage　262
機内持ち込み禁止品　prohibited goods, on-board　235
機内持ち込み手荷物　baggage, cabin　240
客室乗務員　cabin crew　20, 251, 253, 254
客室乗務員　flight attendants　276, 277
逆噴射　reverse thrust　256
救命胴衣　lifejackets　282, 290
極限の環境下　extreme weather conditions　244-5
緊急事態　emergencies　262, 264, 280, 282
緊急事態訓練　emergency training　290-1

く

空港間距離　airport-to-airport distances　154-5
空港敷地内の施設　airport site　242-3
空港消防部　firefighting service　243, 281, 291
空港税（旅客施設使用料）　airport tax　235
雲の種類　cloud types　257
グライダー　gliders　011, 012, 022
クライムアウト　climb out　254
クロスチケット　cross-ticketing　225
クロワ，フェリックス・デュ・タンプル・ド・ラ　Croix, Félix du Temple de la　010

け

計器着陸装置（ILS）　instrument landing system (ILS)　255, 264
携帯電話の使用禁止　mobile phones, prohibited use of　255
ケータリング，機内食　catering, in-flight　047, 228, 241, 251, 258-61
減圧　pressure loss　278-9

こ

航空会社の系図　genealogy of airline companies　032-5
航空貨物輸送　freight services　018, 049, 054
航空管制の共通言語，標準化　language, standardized　130, 250, 289

航空機事故の原因　accidents, causes of　289
航空機の検査（点検・整備）　technical inspections　274-5
航空機のドア　aircraft doors　253
航空業界の職業　careers in aviation　276-7
航空券（チケット）　tickets　224-5, 232
航空交通管制官　air traffic controllers　029, 130, 243, 276, 277
航空路火山灰情報センター（VAAC）　Volcanic Ash Advisory Centres　278
航空郵便事業　airmail service　013, 018
航空連合（アライアンス）　alliances　226-7, 238-9
コードシェアリング　codesharing　032, 225
国際航空運送協会（IATA）　IATA (International Air Transport Association)　007, 013, 022, 114, 118, 138, 150, 230, 280
国際日付変更線（IDL）　International Date Line (IDL)　284-5
国際民間航空機関（ICAO）　ICAO (International Civil Aviation Organisation)　022, 114, 118, 138, 150, 230, 278, 291
国際民間航空条約（別名：シカゴ条約）　Chicago Convention　022
コックピットチェックリスト　cockpit checklist　253
コックピットデザイン　cockpit design　062-3, 080-1
子どもの乗客　child travellers　225, 240
コンコルド　Concorde　027, 028, 031, 094-5, 280
コンベア240（CV-240）　Convair CV-240　070
コンベア340（CV-340）　Convair CV-340　070
コンベア440（CV-440）　Convair CV-440　070, 071
コンベア990（CV-990）　Convair CV-990　070, 071

さ

サーチャージ　surcharges　225
サーブ2000　Saab 2000　086
サーブ340　Saab 340　086
最短飛行距離のフライト　shortest flight　014
最長航続距離記録　distance records　017, 022, 028, 029
最長航続時間記録　endurance records　020, 023
座席　seats　096, 097, 228, 229
座席の割り当て　seat allocation　232
サッター，ジョー　Sutter, Joe　055
サラエボアプローチ　Sarajevo, approach to　266-9

し

シートマップ　seat maps　240
ジェットエンジン　jet engines　020, 248
ジェット気流　jetstream　257
事故発生率　accident rates, current　019, 288, 289
時差　time zones　284-5
時差ぼけ　jetlag　263
システムの冗長化　system redundancy　256
シミュレータ　simulators　282, 290
シャルル・ルナール　Renard, Charles　011
出入国スタンプ　immigration stamps　235
出発ターミナル　departure hall　242-3
シュド・カラベル　Caravelle　040-1, 062
主翼の形　wing shapes　247
乗客数　passenger numbers　007, 014
昇降舵、方向舵　rudders　256
新型航空機の開発　new aircraft development　92
シンガポール航空　Singapore Airlines　025, 030, 056, 076, 204, 271, 276

心臓発作　heart attacks　262
人類の飛行と航空機の歴史　history of flight　010-31
人類初の動力飛行　first flight　015

す

スカイチーム　SkyTeam Alliance　227, 239
スターアライアンス　Star Alliance　226, 238
スペースシャトル　Space Shuttle　054

せ

整備・運航準備　provisioning　241
整備区域　technical area　242
制服の袖の等級　cabin crew rankings　276
世界最高到達高度記録　altitude records　020, 021
世界の主要エアライン　airlines　158-221
世界の主要空港　airport listings　100-55
世界の主要空港一覧　airport names　100-1
世界初の乗客　first passenger　015

そ

操縦翼面　control surfaces　247
速度記録　speed records　021, 022
速度計測　speed measurement　256

た

ターボファンエンジン　turbofan engines　248
ターボプロップ機　turboprop aircraft　096
ターミナル　terminals　233
ターンアラウンド　turnaround　241
大西洋横断飛行　transatlantic flight　018, 019
タキシング　taxi　253
ダグラス DC-1　Douglas DC-1　020
ダグラス DC-2　Douglas DC-2　060, 061, 062
ダグラス DC-3　Douglas DC-3　020, 060, 061, 062, 064
ダグラス DC-4　Douglas DC-4　064, 065
ダグラス DC-5　Douglas DC-5　060, 064, 065
ダグラス DC-6　Douglas DC-6　023, 026, 060, 065
ダグラス DC-7　Douglas DC-7　026, 028, 029, 060, 065, 066
ダグラス DC-8　Douglas DC-8　027, 066-7
ダグラス DC-9　Douglas DC-9　060, 066-7
ダグラス，ドナルド・ウィルズ　Douglas, Donald Wills　060
ダグラス・スリーパー・トランスポート（DST）　Douglas Sleeper Transport (DST)　020
タタン，ヴィクトル　Tatin, Victor　010-11

ち

チェックイン　check-in　225, 229, 232, 235, 237, 271
着氷　icing　244-5
着陸　landing　264
着陸装置（脚）　landing gear　245, 251, 256
着陸装置の破損　landing gear problems　281

索引

つ
ツェッペリン型飛行船、グラーフ・ツェッペリン　Zeppelins　013, 019, 020
翼の設計　wing design　246
ツポレフ104（Tu-104）　Tupolev Tu-104　026
ツポレフ144（Tu-144）　Tupolev Tu-144　027, 028
ツポレフ154（Tu-154）　Tupolev Tu-154　083
ツポレフ204（Tu-204）　Tupolev Tu-204　083

て
デ・ハビランド・カナダ　de Havilland Canada　088
デ・ハビランド・カナダ DHC-6 ツイン・オッター　DHC-6　088, 089, 263
デ・ハビランド・カナダ DHC-8（DASH 8）　DHC-8　089
低温気候試験・高温気候試験　cold- and hot-weather tests　245
低温技術　cryogenic technology　083
手荷物X線検査　baggage, scanning　234, 270, 273
手荷物許容重量　baggage allowances　229
手荷物の損害／紛失　baggage, damaged/lost　230, 271
デルタ航空　Delta Air Lines　018, 030, 032, 033, 045, 056, 162
デルタ翼（三角翼）　delta wings　010, 247
テロ行為、テロリズム　terrorism　026, 028, 029, 296–7

と
搭乗　boarding　240, 252
搭乗券　boarding pass　224, 232, 235
トランス・ワールド航空（TWA）　Trans World Airlines (TWA)　023, 027, 034, 043, 045
トリアージ　triage　291
ドルニエ Do-228　Dornier Do-228　084, 085
ドルニエ Do-328　Dornier Do-328　085
ドルニエ Do-X　Dornier Do-X　019, 020, 084

な
ナビゲーション　navigation　256, 257
ナローボディ機　narrowbody jets　096–7

に
ニコライ・テレショフ　Teleshov, Nikolai　010
荷物の積み込み　loading　251
妊婦の乗客　pregnant travellers　262

ね
燃料タンク　fuel tanks　256
燃料補給　refuelling　251

の
ノースロップ・グラマン B-2　Northrop B-2　029
乗り継ぎ便　transfers　271

は
バードストライク　bird strikes　278, 282

ハイジャック　hijackings　28, 296–7, 297
賠償責任　liability　230, 262, 271
パイロット　pilots　252, 253, 264, 276, 277, 282
バインホルン、エリー　Beinhorn, Elly　016, 017
ハブ・アンド・スポーク方式　hub-and-spoke system　230–1
パラシュート　parachutes　283
パンアメリカン航空　Pan American World Airways　018, 021, 022, 026, 030, 043

ひ
飛行管理システム（FMS）　flight management system (FMS)　252, 289
飛行機恐怖症　fear of flying　283
飛行機酔い　airsickness　38
飛行場灯火　airfield lighting　265
飛行船　airships　019, 020, 027
飛行艇　airboats　013, 014, 020, 047
ビザ　Visas　235
ビジネスクラス　business class　225, 226, 228, 229, 237, 240
避難　evacuations　283, 290
ヒューズ、ハワード　Hughes, Howard　21, 47
ピルチャー、パーシー　Pilcher, Percy　012

ふ
ファーストクラス　first class　225, 226, 228, 229, 237, 240, 259
ファーナス、チャールズ・W　Furnas, Charles W.　015
フィリップス、ホレイショー　Phillips, Horatio　011
風洞　wind tunnels　011, 046
フェール、エイブ・C　Pheil, Abe C.　013, 014
フォード、ヘンリー　Ford, Henry　018
フォッカー、アンソニー　Fokker, Anthony　013, 091
フォッカー100　Fokker 100　091, 096
フォッカー70　Fokker 70　091
フォッカーF27　Fokker F-27　091
フォッカーF28　Fokker 28　091
不時着水　ditching　282
プッシュバック　pushback　253
フライト・エピソード　anecdotes　287
フライト準備　flight preparation　250–3
フライトの予約　booking flights　224
ブラックリスト　blacklists　280
フラップ　flaps　256
ブリティッシュ・エアウェイズ　British Airways　032–3, 174
プリフライトチェック（飛行前点検）　preflight checks　196, 252
ブレリオ、ルイス　Blériot, Louis　013
プロペラ　propellers　011, 249

へ
米国同時多発テロ事件　11 September 2001　030, 104, 105, 108, 160, 163, 297
米国連邦航空局（FAA）　FAA (Federal Aviation Administration)　137, 230, 280
ベルブリンガー、アルブレヒト　Berblinger, Albrecht　010
ベルリン空輸　Berlin Airlift　022–3, 159

ほ
保安検査　security　234–5, 273

ポイント・ツー・ポイント方式　point-to-point connections 230-1
ボーイング、ウィリアム　Boeing, William 013, 046
ボーイング・エア・トランスポート（BAT）　Boeing Air Transport Company 018
ボーイング247　Boeing 247 020, 046
ボーイング307　Boeing 307 021, 046, 047
ボーイング314　Boeing 314 021, 046, 047
ボーイング377　Boeing 377 025, 046, 047
ボーイング707　Boeing 707 027, 048, 066
ボーイング727　Boeing 727 028, 045, 049, 296
ボーイング737　Boeing 737 029, 050-1, 074, 075, 170, 171, 182, 199, 202, 205, 240, 250
ボーイング747　Boeing 747 007, 015, 027, 028, 029, 030, 046, 052-5, 060, 062, 068, 077, 169, 182, 188, 189, 240, 250, 271
ボーイング757　Boeing 757 030, 056, 057
ボーイング767　Boeing 767 029, 030, 056, 057, 076, 187, 282, 296
ボーイング777　Boeing 777 056, 057, 069, 094, 096, 194, 204, 206, 240
ボーイング787　Boeing 787 058-9, 077, 094
ボーイング787-8　Boeing 787-8 052
ボーイング社　Boeing 046-59
ホールディングパターン（待機経路）　holding pattern (stacking) 264
ポスト、ウィリー　Post, Wiley 020
ボディスキャナー　body scanners 133, 234
ボンバルディア・エアロスペース　Bombardier Aerospace 088-9

ま
マイレージ（航空マイル）　air miles 226-7
マクドネル、ジェームズ・スミス　McDonnell, James Smith 060
マクドネル・ダグラスDC-10　McDonnell Douglas DC-10 28-9, 060, 069, 097
マクドネル・ダグラスMD-11　McDonnell Douglas MD-11 030, 060, 069
マクドネル・ダグラスMD-80　McDonnell Douglas MD-80 075
マクドネル・ダグラスMD-81　McDonnell Douglas MD-81 066, 067
マクドネル・ダグラスMD-87　McDonnell Douglas MD-87 062, 067
マクドネル・ダグラスMD-90　McDonnell Douglas MD-90 066, 067, 097
マクドネル・ダグラス社　McDonnell Douglas 047, 060-9

め
免税　duty-free 236

も
モンゴルフィエ兄弟　Montgolfier brothers 010, 100
モントリオール条約　Montreal Convention 230, 271

や
夜間飛行　night flights 018, 227, 268-9
夜間フライト（寝不足フライト）　red-eye flights 268

ゆ
油圧系統　hydraulic systems 256
ユンカースF13　Junkers F13 013
ユンカースJu-52　Junkers Ju-52 038-9
ユンカース、フーゴー　Junkers, Hugo 038

よ
揚力　lift 010, 011, 244, 245, 246, 247
予約クラス（ブッキングクラス）　booking classes 225

ら
ライト兄弟　Wright brothers 012, 015, 022
ラウンジ　lounges 229, 237
ラムエア・タービン　ram air turbines 256
乱気流　turbulence 244, 251, 257, 278

り
リヒトホーフェン、マンフレッド・フォン　Richthofen, Manfred von 091
旅客手荷物処理システム　baggage handling system 241, 251, 254, 270-3
リリエンタール、オットー　Lilienthal, Otto 011-12, 013
離陸　take-off 254
リンドバーグ、チャールズ　Lindbergh, Charles 018, 105, 256

る
ルフトハンザドイツ航空　Lufthansa 013, 023, 026, 043, 048, 051, 052, 182, 225, 237, 240, 260, 262

れ
レオナルド・ダ・ヴィンチ　Leonardo da Vinci 010, 011, 100
連邦倒産法第11章　Chapter 11 030, 34

ろ
ロジャース、ウィル　Rogers, Will 020
ロッキードC-5A ギャラクシー　Lockheed C-5A Galaxy 027
ロッキードL-1011トライスター　Lockheed TriStar 044-5
ロッキードL-1049 スーパー・コンステレーション　Lockheed Super Constellation 026, 042-3
ロッキードL-1649 スターライナー　Lockheed Star Liner 043

わ
ワイドボディジェット機　widebody jets 097
ワルソー条約　Warsaw Convention 230
ワンワールド　Oneworld Alliance 226, 239

図版クレジット

行頭の数字はページを示す。

略記号……t=上　b=下　r=右　l=左　c=中央

cover (large photograph on front cover) ©Getty Images / James Porto
003　Peter Unmuth
006　Ruben Hofs
008　Air New Zealand
010　PD
011　PD
012　PD
013　Lilienthal-Museum
013　b. PD
014　t.l. Betsy Pheil Collection
014　PD
015　PD
016　Andreas Fecker
017　Bernd Rosemeyer Collection
018　t.l. Lufthansa
018　t.r. Lufthansa
018　b. Los Angeles Airport Authority
019　t.l. Lufthansa
019　t.r. Lufthansa
019　b. United Airlines
020　t.l. Lufthansa
021　t.l. ATI Collection
021　b.r. Condor
022　t.r. Joint Export Import Agency, Courtesy of Harry S. Truman Library
022　b.r. NASA Dryden Flight Research Center
023　t.l. USAir Force
023　b.r. Lufthansa
024　ATI Collection
025　b.r. Kok Chwee Sim
026　SAS
026　Air New Zealand
028　t. SAS
028　b. NASA Dryden Flight Research Center
029　t. Hahn Airport Authority
029　b. US Air Force
029　Halifax Airport Authority
030　t. Air France
031　b. Andreas Fecker
036　Juan Carlos Guerra
038　Bernd Rosemeyer Collection
039　t. Lufthansa
040　Bill Blanchard, AirTeamImages
040　t. United Airlines
042　t. Andreas Fecker
042　Lufthansa
044　t.l. Juan Pablo Marini
044　Chris Sheldon AirTeamImages
046　H.F.Walther
047　t.l. AF Collection
047　b.l. PD
047　t.r. PD
047　b.r. ATI Collection
048　Carl Ford, AirTeamImages
049　Jean, AirTeamImages
050　t. Javier Guerrero, AirTeamImages

050　b. Gert Rosmann
051　Max Teuber
052　t. Mike Moores
052　b. Lufthansa
053　t.l. Keith Blincow, AirTeamImages
053　b.l. NASA Dryden Flight Research Center
053　t.r. Condor
053　b.r. Air France
054　t.l. NASA Dryden Flight Research Center
054　c. Stuart Yates
054　t.r. Condor
0054　b.r. Boeing
056　t.l. Icelandair
056　b.l. Philippe Noret, AirTeamImages
057　Marco Toso
058　Ethiopian Airlines
059　Oliver Hessmann
060　United Airlines
061　t. KLM
061　b. United Airlines
062　t. Simon Gregory AirTeamImages
062　t.c. Europix AirTeamImages
062　b.c. Danish Aviation Photo AirTeamImages
062　b. Lexy AirTeamImages
063　Tim de Groot AirTeamImages
064　t. Air Canada
064　b. PD
065　t. Simon Willson, AirTeamImages
065　b. SAS
066　t. United Airlines
066　b. Finncomm
068　United Airlines
069　t. Finnair
069　b. Marek Wozniak
070　VARIG
071　t. VARIG
071　c. NASA Dryden Flight Research Center
071　b. Finnair
072　Airbus
073　l. Condor
073　r. Royal Jordanian Airlines
074　t.l. Frontier Airlines
074　b.l. Air France
074　t.r. Air France
074　t.r. Andreas Fecker
075　Andreas Fecker
075　b. Weimeng
075　Andreas Fecker
076　t. Andreas Fecker
076　b. Andreas Fecker
077　Hawaiian Airlines
078　Singapore Airlines
079　Andreas Fecker
079　Andreas Fecker
079　Airbus
081　Airbus
082　t.l. Tupolev

082　b.l. Weimeng
083　r. Tupolev
083　t. Weimeng
083　c. Tupolev
084　t. Lufthansa
084　b. Limo Borges
085　b. Christian Ettelt
085　t. Welcome Air
086　t. Skyways
086　b.r. Max Teuber
087　Finncomm
088　Andreas Fecker
089　Adria Airways
090　t. ATR
090　b. ATR
091　KLM
095　Air France
098　Hong Kong Airport Authority
104　t.l. Ed Fleming
104　b.l. Atlanta Airport Authority
104　t.r. Calgary Airport Authority
104　b.r. Florian Trojer, AirTeamImages
105　t.l. Jean AirTeamImages
105　c. Gabriel Savit, AirTeamImages
105　b.l. Andreas Fecker
105　b.r. Dallas Airport Authority
106　t.l. Ben Wang
106　b.l. jetBlue Airways
107　t.r. Los Angeles Airport Authority
107　t.c. Los Angeles Airport Authority
107　b.r. Tom Bukowski
107　b. San Francisco Airport Authority
108　t.l. Serge Bailleul, AirTeamImages
108　b.l. Simon Willson, AirTeamImages
108　r.c. Garry Lewis, AirTeamImages
108　b. Toronto Airport Authority
109　t. Washington Airport Authority
109　b. Bertil Svensson
110　Miami Airport Authority
112　t. Jelson
112　c. Jeff Miller
112　b.l. Tim de Groot, AirTeamImages
113　t.l. Detroit Airport Authority
113　r.c. Andreas Fecker
113　t.r. Edmonton Airport Authority
113　b. Honolulu Advertiser
118　l.c. Krasivaja
118　b. Adrian Leon Aja
116　t. Juan Carlos Guerra
116　r.c. Juan Carlos Guerra
116　b.r. Leonardo Perez
116　b.l. Andreas Fecker
117　t.r. Bernardo Andrade
117　l.c. Stephen Aranha
117　b.l. Javier F. Bobadilla
117　b.r. Rommel Dorado
120　t.l. Ander Aguirre, AirTeamImages

306

120 c. TT, AirTeamImages	140 b.r. Etihad	165 t.r. Aeromexico
120 b. Jan Mogren	141 t. Konstantin von Wedelstädt	165 l.c. Juan Carlos Guerra
120 t.r. Lima Airport Authority	141 b. Konstantin von Wedelstädt	165 c. Mexicana
121 t.r. Andrés Contador, AirTeamImages	141 c. Matthew Lee	165 b. Max Teuber
121 t.l. Pawel Drozd	144 t.l. T. Laurent	166 t. Air Jamaica
121 b.l. Michael Fritz	144 t.r. Waqas Usman	166 b. Fabricio JomeÁLnez
121 r.c. Juan Pablo Marini	144 b.l. Delhi Airport Authority	166 l.c. Juan Carlos Guerra
121 b.r. LAN Airlines	144 b.r. Nitin Sarin, AirTeamImages	166 r.c. Juan Carlos Guerra
124 t.l. Konstantin von Wedelstädt	145 t. Malaysia Airlines	167 b.l. Andres Ramirez
124 r.c. Copenhagen Airport Authority	145 b. Andrew Hunt, AirTeamImages	167 b.r. Avianca
124 r.c. SilverWingPix, AirTeamImages	146 t.l. AirTeamImages	168 l.c. GOL
124 b. Guy Daems	146 r.c. Bangkok Airport Authority	168 r.c. Stephan Klos Pugatch
125 t. Ismael Jorda	146 t.r. Li Jing	168 b.l. TAM
125 r.c. Chris Lofting	146 b. Bangkok Airport Authority	168 b.r. TAM
125 b.l. Stephen Aranha	147 t. Allen Yao	169 c. Juan Pablo Marini
125 b.r. Mike Moores	147 b. Andrew Hunt, AirTeamImages	169 b.r. LAN
126 t.l. Tim de Groot, AirTeamImages	147 c. Tek	169 b. LAN
126 t.r. Marco Louwe	148 t.r. Bailey, AirTeamImages	170 t. Icelandair
126 b.l. Daniel Alaerts, AirTeamImages	148 l.c. Ben Wang	170 r.c. Piotr Kaczmarek
126 l.c. Zurich Airport Authority	148 r.c. Kanehoshi	170 b.r. Hahn Airport Authority
126 b.r. Vienna Airport Authority	148 b. Bailey, AirTeamImages	170 b. Ryanair
127 t.l. Frankfurt Airport Authority	149 b. Ding Ding	171 c. Condor
127 l.c. Frankfurt Airport Authority	149 t. Jeroen Hribar, AirTeamImages	171 b.c. easyjet
127 b.l. Max Teuber	150 Melbourne Airport Authority	171 b.l. easyjet
127 r.c. Frankfurt Airport Authority	151 Wolodymir Nelowkin	171 t.r. Virgin Atlantic
127 t.r. Frankfurt Airport Authority	152 t.l. Sascha Linkemeyer	171 b.r. Virgin Atlantic
127 b.r. Max Teuber	152 b.l. Petter Lundkvist	172 Joergen Eliassen
128 Denis Roschlau	152 b.r. Raymond Ngu	174 l. British Airways
130 CDG Airport Authority	152 t.r. Thomas Posch	174 c. British Airways
131 t.l. Gerhard Vysocan	153 t. Phil Vabre	174 t.r. Pere Davesa
131 l.c. Ismael Jorda, AirTeamImages	153 b. Tahiti Visitor Authority	174 b. British Airways
131 t.r. Jan Severijns, AirTeamImages	153 b.r. Air Tahiti Nui	175 t. bmi
131 r.c. Miguel Nóbrega	158 t.l. Air Canada	175 c. bmi
131 b. Miguel Nóbrega	158 l.c. Air Canada	175 b. Wideroe
132 t.l. Mario Serrano	158 b.r. Marek Wozniak	176 l.c. SAS
132 l.c. Riccardo Braccini	159 t. Alaska Airlines	176 t.l. SAS
132 r.c. Irfan Caliskan, AirTeamImages	159 b. Westjet	176 r.c. Finnair
132 b.r. Bailey, AirTeamImages	160 t.l. American Airlines	176 t.r. Finnair
133 t.l. Adams	160 t.r. American Airlines	177 t. LOT
133 r.c. Andreas Fecker	160 l.c. Andreas Fecker	177 c. CSA
133 b.l. Fyodor Borisov, AirTeamImages	160 b. Jerrold Wu	177 b. Malev
133 b.r. Fyodor Borisov, AirTeamImages	161 t.l. Andreas Fecker	178 t. TAROM
136 t.l. Michael Sender	161 l.c. Andreas Fecker	178 b. Cyprus Airways
136 b.l. AJL	161 r.c. Continental Airlines	178 c.r. Turkish Airlines
136 t.r. Fraport	161 t.r. jetBlue Airways	178 c. Turkish Airlines
137 t.l. Kenneth Iwelumo	161 b. Andreas Fecker	179 t. Aegean
137 t.r. BMVg	162 l.c. Delta Air Lines	179 b. Croatia
137 l.c. Julian Whitelaw	162 r.c. Delta Air Lines	180 b.l. Swiss
137 b.r. South African Airways	162 b. Delta Air Lines	180 c. AUA
139 c. EL AL Airlines	162 t. Horizon Air	180 t.r. AUA
139 t. Tel Aviv Airport Authority	163 t.l. United Airlines	180 b.r. Swiss
139 b. Ian Lim	163 t.r. United Airlines	181 t.r. Luxair
140 t.l. Taha Ashoori	163 b.r. Northwest Airlines	181 b.c. Air Berlin
140 b.l. Fraport	164 t.l. Juan Carlos Guerra	181 r.c. Condor
140 c. Azizul Islam	164 t.r. Andreas Fecker	181 b.r. Air Berlin
140 t.c. PD	164 b.r. Southwest Airlines	182 l.c. Lufthansa
140 t.r. US Department of Defense	165 t.l. Aeromexico	182 t.l. Andreas Fecker

図版クレジット

182 t.r. Lufthansa	201 t.r. Christian Ettelt	237 b. Andreas Fecker
182 b.r. Brussels Airlines	201 b.r. China Eastern	242 Zurich Airport Authority
183 t. KLM	201 b. Andreas Fecker	244 b. Stuttgart Airport Authority
183 c. KLM	202 t.l. China Southern	248 m. MTU Aero Engines, airstream overlay by Andreas Fecker
184 t. Air France	202 l.c. Kok Chwee Sim	
184 c. Air France	202 t.c. Weimeng	248 b. Iberia
184 b. Air Dolomiti	202 b.r. Weimeng	249 t. ATR
185 t.l. Alitalia	203 t.r. Vietnam Airlines	249 b. ATR
185 t.r. David Roura	203 c. Thai Airways	250 Lufthansa
185 b.r. Andreas Fecker	203 b. Thai Airways	251 t.l. Peter Unmuth, AirTeamImages
185 b. Iberia	204 l.c. Star Alliance	251 c. Andrew Hunt, AirTeamImages
186 t.r. Bianca Renz	204 r.c. Montague Smith	251 b.c. Mario Aurich, AirTeamImages
186 b.r. TAP	204 t.r. Colin Hunter	251 t.r. Daniel Alaerts, AirTeamImages
186 b.l. TAP	204 b. Singapore Airlines	252 t. Ismael Abeytua, AirTeamImages
187 t.r. Ethiopian Airlines	205 Kok Chwee Sim	252 b. Christian Galliker, AirTeamImages
187 r.c. Kenya Airways	206 t.l. Kok Chwee Sim	253 Christian Galliker, AirTeamImages
187 c. Tina Poole, AirTeamImages	206 l.c. Kok Chwee Sim	254 Lufthansa
188 Air Madagascar	206 b.c. Andreas Fecker	255 t.r. Malaysia Airlines
189 t. South African Airways	206 r.c. China Airlines	256 t. JPC van Heijst, AirTeamImages
189 c. South African Airways	206 b.r. China Airlines	256 c.r. Royal Brunei Airlines
190 r. David Roura	207 t.r. Marek Wozniak	256 c.l. United Airlines
190 b. Max Teuber	207 c. Cathay Pacific	256 b. Andreas Fecker
191 t. Andreał Oferta	207 b.l. Cathay Pacific	257 t. US Meterological Service
191 t.r. Andreas Fecker	207 t.l. Andreas Fecker	258 Andreas Fecker
191 r.c. David Nolan	208 b.l. Andreas Fecker	259 Andreas Fecker
191 l.c. Kok Chwee Sim	208 t.l. Kok Chwee Sim	260 t.r. Malaysia Airlines
192 t. MEA	208 t.r. Weimeng	260 c. LSG
192 l.c. EL AL Airlines	208 b.r. Korean Air	260 b. LSG
192 b.c. EL AL Airlines	209 t. Kok Chwee Sim	261 t.l. Cathay Pacific
192 b.r. Royal Jordanian Airlines	209 l.c. JAL	261 t.r. Cathay Pacific
193 t. Mario Andreya	209 t.r. JAL	261 t.r. Cathay Pacific
193 c.r. Gulf Air	209 b.l. Star Alliance	261 b. Royal Brunei Airlines
193 c. Gulf Air	209 b.r. Weimeng	262 t. MedAire
193 b.r. Qatar Airways	210 t. Qantas	262 b. MedAire
193 b. Qatar Airways	210 c. Qantas	263 b. Silje Jorgensen
194 t.l. Emirates	211 c. Air New Zealand	265 t.l. Siemens
194 l.c. Emirates	211 b. Air New Zealand	266 t. Denis Roschlau
194 t.c. Etihad Airways	222 Hans-Jürgen Koch, DFS	266 b. NATO TERPS
194 c. Etihad Airways	224 American Airlines	270 t. Los Angeles Airport Authority
195 t.r. Rossiya	228 Gulf Air	270 b. Bangkok Airport Authority
195 c. Weimeng	229 t.l. Turkish Airlines	271 t. Dave Carroll
195 b. Aeroflot	229 c. Turkish Airlines	271 b. Turkish Airlines
196 Bailey, AirTeamImages	229 b.r. Afriqiyah Airways	273 t.r. London Airport Authority
198 t.r. Dimitry Belov	230 Henrickson	273 Paris CDG Airport Authority
198 c.r. S7 Airlines	232 l.c. Delta Air Lines	273 Andreas Fecker
198 c. Andreas Fecker	232 r.c. Lufthansa	274 Andreas Fecker
199 t.l. Weimeng	232 t.r. Air Berlin	276 t. Hans-Jürgen Koch, DFS
199 c.r. PIA	232 b.r. jetBlue Airways	276 c. Lufthansa
199 t.r. Christian Ettelt	234 t.l. Andreas Fecker	278 t. NASA
199 b.r. Kok Chwee Sim	234 b.l. Andreas Fecker	278 b. BFU Braunschweig
200 t.l. Indian Airlines Flying	234 c.r. Andreas Fecker	280 t. BFU Braunschweig
200 c. ATR	234 b.r. Andreas Fecker	280 t.l. Jorge Doblado
200 b.c. Sri Lankan	234 t.r. Mattes	280 b.r. BFU Braunschweig
200 t.r. Kok Chwee Sim	236 t. Emirates	281 t.l. BFU Braunschweig
200 b.r. Jerry Pang	236 c. Andreas Fecker	281 t.c. BFU Braunschweig
201 t.l. Kok Chwee Sim	236 b. Dresden Airport Authority	281 b.l. US Meterological Service
201 c. Kok Chwee Sim	237 t. Lufthansa	281 t.r. Aeroflot

308

281 b.r. Andreas Fecker
282 t.l. Bailey, AirTeamImages
282 t.r. Royal Brunei Airlines
283 US Department of Defense
287 Andreas Fecker
288 Leonardo Perez
290 t.l. Lufthansa
290 r. Airbus
291 t.r. Andreas Fecker
291 b.l. Colin Parker
291 b.c. Zurich Airport Authority
294 FBI
296 Europix AirTeamImages

❖日本版監修者
青木謙知
Yoshitomo Aoki

1954年、北海道札幌市生まれ。立教大学卒業。航空評論家。日本テレビ客員解説員。『ジェット旅客機をつくる技術』(ソフトバンククリエイティブ)、『旅客機年鑑』(イカロス・ムック) など航空・軍事関連の編著書が多数あり、航空専門誌をはじめ、新聞や週刊誌への寄稿も多い。

❖著者
アンドリアス・フェッカー
Andreas Fecker

1950年生まれ。航空コンサルタント、元航空交通管制官。退官後は旅客機や軍用機、また航空会社や航空管制など、航空全般に関する執筆活動を行っている。

❖訳者
上原昌子
Masako Uehara

翻訳家。訳書に、サンプル『ヒッグス粒子の発見』(講談社ブルーバックス)、エイメン『「健康」は脳が99%決める』(イースト・プレス)、パーカー『最先端ビジュアル百科「モノ」の仕組み図鑑4──船・潜水艦』(ゆまに書房) などがある。